U1076495

LEI'ANZHENGMING
BIAOZHUNYANJIU

类案证明标准研究

山东省高级人民法院研究室 / 编

中国法制出版社
CHINA LEGAL PUBLISHING HOUSE

类案证明标准的研究价值及路径
（代序）

近年来，最高人民法院和地方各级人民法院在统一法律适用等方面做了大量工作，单纯的法律适用争议已非常态，而案件事实的认定往往成为困扰法官的问题。审判实践中，法官在认定案件事实时，会因法律素养、知识结构、思维方式等方面的差异而采取程度不同的证明标准，导致在相同证据面前作出不同的事实认定，进而导致类案不同判，影响了司法公信。如何统一类案证明标准，让法官以同类案件同样处理的方式办案，让当事人对裁判结果形成理性预期、对司法公正增强内心确信，显得尤为现实和重要。

一、统一类案证明标准的价值

衡量法治文明程度的重要标尺。党的十九大明确提出，坚持全面依法治国是新时代坚持和发展中国特色社会主义的基本方略，强调坚定不移地走中国特色社会主义法治道路，完善以宪法为核心的中国特色社会主义法律体系，建设中国特色社会主义法治体系。从法治角度看，建设中国特色社会主义法治文明，是增强我国文化实力和制度实力的重要环节。微观层面看，证明标准是衡量文明程度特别是法治文明程度的重要标尺。统一类案证明标准，实质上是为法官权力量身定做一个制度性笼子，对法官权力进行必要限制，以达到统一事实认定标准、防止法官滥用自由裁量权的目的，从而发挥好维护社会公平正义的最后一道防线的作用。

落实诉讼制度改革的关键环节。党的十八届四中全会决定提出，要推进以审判为中心的诉讼制度改革，保证庭审在查明事实、认定证据、保护诉权和公正裁判中发挥决定性作用。为落实这一改革要求，最高人民法院“四五”改革纲要提出“四个在法庭”的要求，即“诉讼证据质证在法庭、案件事实查明在法庭、诉辩意见发表在法庭、裁判理由形成在法庭”。由此表明，以审判为中心的诉讼制度改革的关键在于庭审实质化。因为围绕证明标准改革证据审查方式是庭审实质化的必然要求，故科学规范的证明标准是庭审实质化的关键因素。基于庭审实质化要求，证据审查必须由简单印证审查走向科学验证审查，以进一步夯实证明体系。

统一类案裁判尺度的重要举措。最高人民法院院长周强指出，司法改革过程中有些问题解决得不够好，有些案件裁判不公、效率不高、裁判尺度不统一，有的法官审判能力不适应形势需要。不可否认的是，司法责任制改革后，案件“谁办案，谁负责”，不再层层审批把关，使得法官能力方面的差异被放大，出现类案不同判的概率相应增加。研究类案证明标准，旨在通过研究类案裁判文书，抽象出类案之司法实践经验，最终形成“类案辅助办案系统”，法官可以借助它的技术手段来帮助判断，以达到“统一”司法裁判、提高司法公信力的效果。

提升法官司法能力的重要抓手。实现审判体系和审判能力现代化，是建设公正高效权威的社会主义法治体系的必然要求。全面深化司法改革、全面推进信息化建设是实现审判体系和审判能力现代化的必由之路，是人民司法工作发展的车之两轮、鸟之双翼。通过全面推进信息化建设，借助现代科技手段，改变传统的思维方法和工作方式，再造审判流程，深化司法公开，助推司法改革，为实现审判体系和审判能力现代化提供了有力支撑。然而，信息化的运用需要大量基础性工作作为支撑，类案证明标准研究就是其中重要的基础性工作，是帮助法官裁判的辅助手段，也是提升法官审判能力的重要抓手。

二、类案证明标准的基本范畴

实践中的证明标准。当前刑事诉讼法、民事诉讼法、行政诉讼法尽管文本表述不同，但均采用了“案件事实清楚，证据确实、充分”的证明标准。但三大诉讼的证明标准存在差异，且“案件事实清楚，证据确实、充分”的证明标准过于强调对案件事实的客观追求，而忽视了客观实在与法官主观能动性之间的辩证关系。刑事诉讼案件，必须达到对客观真实形成科学、合理的确信，也即“排除一切合理怀疑”的确信，方可达到“案件事实清楚，证据确实、充分”的证明标准。民事诉讼案件，《最高人民法院关于民事诉讼证据的若干规定》确立了“明显优势”的证明标准，民事诉讼法司法解释在此基础上确立了高度盖然性、证据优势与排除合理怀疑三种证明标准。行政诉讼案件，《最高人民法院关于行政诉讼证据若干问题的规定》没有对证明标准作出具体规定，实践中发展出了以清楚而有说服力的证明标准为主，合理怀疑和优势证明标准为特例的多元化证明标准。

关于类案的界定。何为类案？案由作为人民法院对诉讼案件所涉及的法律关系的性质进行概括后形成的案件名称，为类案提供了界定标准。所谓类案，是指统一案由之下的所有案件的总和。根据最高人民法院关于相关案由的规定，民事案件、行政案件、国家赔偿案件的案由具有层次性。刑事案件案由则是指涉嫌的罪名，根据法律规定，其也具有层次性。因此，类案基于案由之不同而存在区分，某一类案可能与另一类案属于不同范畴，也可能是另一类案的组成部分。《最高人民法院司法责任制实施意见（试行）》新创设了类案与关联案件检索机制，要求承办法官在审理案件时，应当依托办案平台、档案系统、中国裁判文书网、法信、智审等，对已经审结或正在审理的类案与关联案件进行全面检索，并制作检索报告。该意见为类案检索指明了方向与路径，即类案之案件为生效判决，其源于中国裁判文书网等平台以及本辖区内法院所审理的案件。

类案证明标准：司法实践经验的总结。所谓类案证明标准，是指法律要求的诉讼证明中运用证据证明该类案件事实所要达到的程度。类案证明标准源于个案证明标准，但是又不同于个案证明标准。实质上，类案证明标准是基于对某一类案之下所有个案的研究，总结出该类案中只有证据达到什么样的程度才能算作事实得到证明。因此，证明标准是对司法实践经验的总结。通过对某一类案司法实践经验的总结，以明确该类案中判断待证事实的基准。这类似于大陆法系国家的“确定性判例原则”，该原则是类似普通法系“遵循先例”原则的一个遵照既往司法审判原则的原则，即适用于统一法律规则的系列生效裁决是非常重要的，可能对后来的案例起决定性作用。但与“确定性判例原则”作为一种补充性法源相类似，通过总结司法经验得出的类案证明标准不具有强制性，仅具有引导作用，也就意味着法官可以在一定范围内对标准进行修正。

三、类案证明标准的研究路径及其应用前景

适用类案证明标准的基本定位。司法体制改革的目的在于全面提升司法公信力，努力让人民群众在每一个司法案件中感受到公平正义。研究并统一类案证明标准，旨在统一裁判尺度、提升司法公信力。具体而言，通过对个案中不同形态证据的证明力进行研究，以构建完整的证据链条，达到法官内心确信的标准。依此，法官再审理此类案件时可以自信下判，统一类案证明标准旨在适当限制法官在证明标准上的自由裁量权，从而弱化员额制改革后因法官职业能力等方面差异所带来的负面影响。

类案证明标准的研究路径。统一类案证明标准的实质就是基于对生效裁判文书的分析来总结司法经验。研究类案证明标准可基于以下两个步骤。

第一步：证据采集及分类。类案证明标准是刑事证明标准、民事证明标准、行政证明标准的下位证明标准。研究类案证明标准原则上应该以最低层次的案由为检索条件所形成的类案为研究对象。实践中，可依托中国裁判文书网，以具体案由为检索条件搜集类案，从每个裁判文书中提取具体证据，按照法定证据种类进行归类，根据裁判文书中法官的认定，结合法律、司法解释及各地审判经验中的证据规范，明确各种证据的形式要件、内容要素和不可采情形。特别是既要注重采信证据的研究分析，又要注重对不采信证据等反证的研究分析。

第二步：统一证明标准规则。从裁判文书入手，研究各类证据之间的互相印证程度，以及证据之间的逻辑关系等。依托实践经验，从裁判结果入手，比较不同判决之间的证据证明标准的差异。分析类案中相同裁判结果的裁判文书，研究其证明标准，明确各类证据的证明力以确定统一的规则。通过研究海量生效类案裁判文书，总结司法经验，将类案证明标准“客观化”。

举例示之，以“故意杀人”案由为检索条件从中国裁判文书网上搜集所有裁判文书，根据是否判决被告人构成故意杀人罪将裁判文书分为两类：构成故意杀人罪案件、不构成故意杀人罪案件。从裁判文书中提取出具体证据，按照刑事诉讼法及相关司法解释关于证据的规定将具体证据归类为：（一）物证；（二）书证；（三）证人证言；（四）被害人陈述；（五）犯罪嫌疑人、被告人供述和辩解；（六）鉴定意见；（七）勘验、检查、辨认、侦查实验等笔录；（八）视听资料、电子数据。围绕“客体要件、客观要件、主体要件、主观要件”四要素，研究每一个有罪案件中，各证据达到什么样的证明力以及证据之间达到什么样的印证程度时，能够认定行为人的行为侵犯了他人的生命权、行为人非法实施了剥夺他人生命的行为、行为人达到法定刑事责任年龄且具备刑事责任能力、行为人主观上存在非法剥夺他人生命的故意，然后通过数据汇总统计各类形态证据之间的证明力大小以及印证关系等。依此，明确“客体要件—客观要件—主体要件—主观要件”这一链条需要的证据及证据规则。以上述方法分析不构成故意杀人罪案件的出罪证据及其相互印证程度与逻辑关系。最终明确“故意杀人”这一类案的证据链条，即“客体要件—客观要件—主体要件—主观要件”证据链条。依据此证据链条，能够排除一切合理怀疑，明确故意杀人罪与非罪、此罪与彼罪的界限。

类案辅助办案模型的应用前景展望。类案证明标准研究，重在实践，贵在应用。统一类案证明标准并通过信息化手段将之运用于实践将是推动司法体制改革和科技应用深度融合的典范。依据研究类案得出的统一证明标准规则，结合法定的证据规则，构建完整的证据链条，在此基础上，运用计算机技术建设“类案辅助办案系统”。“类案辅助办案系统”在于向科技要效能，其实质上是为法官配备了一名“智能办案助手”，而不是让“机器办案”。正如世界上没有两片相同的树叶一样，完全相同的案件也是不存在的，系统只是辅助法官办案，审判权的实施主体最终还是法官，维护社会的公平正义还要依赖所有法官的良知、能力和智慧。

2020 年 9 月

目　　录

环境侵权类案证明标准研究报告*

引　言

近年来，最高人民法院和地方各级人民法院在统一法律适用等方面做了大量工作，单纯的法律适用争议已非常态，而案件事实的认定往往成为困扰法官的问题。审判实践中，法官在认定案件事实时，会因法律素养、知识结构、思维方式等方面的差异而采取程度不同的证明标准，导致在相同证据面前作出不同的事实认定，进而导致类案不同判，影响了司法公信。如何统一类案证明标准，让法官以同类案件同样处理的方式办案，让当事人对裁判结果形成理性预期、对司法公正增强内心确信，显得尤为现实和重要。

对此，为进一步深化落实司法责任制改革，切实提升法官裁判能力，推进类案规范化，统一裁判尺度，为完善中国特色社会主义诉讼制度贡献山东法院的智慧，省法院党组立足解决审判实践中的突出问题，决定在省法院开展类案证明标准专项课题研究。

2018 年 5 月 14 日下午，省法院召开第二次类案证明标准研究会议，就类案证明标准具体安排进行部署。根据张甲天院长的要求及会议部署，结合环境资源审判实际，环境资源审判庭决定研究“环境侵权案件证明标准”。为保证课题顺利开展，由李军庭长、张传毅副庭长牵头，综合庭

*课题主持人：李　军　山东省高级人民法院环境资源审判庭　庭　　长
课题组成员：张传毅　山东省高级人民法院环境资源审判庭　副 庭 长
赵世德　山东省高级人民法院环境资源审判庭　法官助理
梁　勇　山东省高级人民法院环境资源审判庭　法官助理
李　宁　山东法官培训学院　副 教 授
课题执笔人：李　宁　梁　勇　赵世德

室及法官学院骨干力量赵世德、梁勇、李宁组成课题组，其间结合环境资源审判实际以及实际调研情况等，在高校相关环境法教师的指导与参与下，完成了本研究报告。本研究报告分为三个部分。

第一部分　环境侵权类案来源及说明

一、环境侵权类案之界定

何为类案呢？案由作为人民法院对诉讼案件所涉及的法律关系的性质进行概括后形成的案件名称，为类案提供了界定标准。所谓类案，是指统一案由之下的所有案件的总和。根据最高人民法院关于相关案由的规定，民事案件、行政案件、国家赔偿案件的案由具有层次性。刑事案件案由则是指涉嫌的罪名，根据法律规定，其也具有层次性。因此，类案基于案由之不同而存在区分，某一类案可能与另一类案属于不同范畴，也可能是另一类案的组成部分。最高人民法院《司法责任制实施意见（试行）》新创设了类案与关联案件检索机制，要求承办法官在审理案件时，应当依托办案平台、档案系统、中国裁判文书网、法信、智审等，对已经审结或正在审理的类案与关联案件进行全面检索，并制作检索报告。该意见为类案检索指明了方向与路径，即类案之案件为生效判决，其源于中国裁判文书网等平台以及本辖区内法院所审理的案件。

2011 年，修改后的《民事案件案由规定》以民法理论对民事法律关系的分类为基础，以法律关系的内容即民事权利类型来编排体系，结合现行立法及审判实践，在 2008 年《民事案件案由规定》关于案由的编排体系划分的基础上，将侵权责任纠纷案由提升为第一级案由。在第一级案由项下，细分为四十三类（以大写数字表示）案由，作为第二级案由；在第二级案由项下列出了 424 种（以阿拉伯数字表示）案由，作为第三级案由，第三级案由是司法实践中最常见和广泛使用的案由。

本研究报告所指“环境侵权类案”是指基于《民事案件案由规定》

第一级案由“第九部分侵权责任纠纷”内第二级案由“三十、侵权责任纠纷”之下的第三级案由“352. 环境污染责任纠纷”，在中国裁判文书网等平台收集到的本辖区内法院所审理的所有终审裁判案件。

二、环境侵权类案数量

以中国裁判文书网为主要载体，结合本省环境资源民事案件，共搜集到以“环境污染责任纠纷”为案由的生效裁判文书共计 627 份。其中一审 340 份，二审 212 份，再审 75 份。

三、关于遴选环境侵权类案样本的说明

针对中国裁判文书网上部分文书存在瑕疵，如未知判决结果，尤其是部分案件经由一审、二审甚至再审等情况，为保证研究客观性，最大程度还原案件实际情况，本课题组剔除瑕疵裁判文书的同时，仅以最终生效裁判文书为样本进行分析。针对环境侵权类案证明标准所遴选的样本情况作如下说明：

1. 原则上，本课题组以最终生效裁判文书为研究报告分析样本。但研究具体案件证据及证据规则，需分析所有与本案相关的生效裁判文书。

2. “环境污染责任纠纷”案由除涵盖了环境侵权责任纠纷案件之外，还包括环境公益诉讼案件与生态环境损害赔偿案件。但是环境公益诉讼案件、生态环境损害赔偿案件与环境侵权案件存在一定不同，而且鉴于环境公益诉讼案件、生态环境损害赔偿案件数量相对较少，因此本课题组只分析环境侵权责任纠纷案件。

3. “环境污染责任纠纷”为民事案件第三级案由，其下第四级案由包括：大气污染责任纠纷、水污染责任纠纷、噪声污染责任纠纷、放射性污染责任纠纷、土壤污染责任纠纷、电子废物污染责任纠纷、固体废物污染责任纠纷。根据实际案件数量，水污染案件、噪声污染案件、大气污染案件、土壤污染案件数量最多，其他三类案件数量过少。基于以上分析，共收集裁判文书 627 件，其中，大气污染责任纠纷一审 103 件，

二审56件，再审12件；水污染责任纠纷一审120件，二审72件，再审16件；噪声污染责任纠纷一审60件，二审28件；土壤污染责任纠纷一审56件，二审24件，再审20件，其余三类案件较少，共60件。

最终，剔除瑕疵裁判文书、撤诉裁判文书等后，经整合，共收集裁判文书344份。其中，大气污染责任纠纷84份，水污染责任纠纷140份，噪声污染责任纠纷40份，土壤污染责任纠纷80份。[①] 鉴于放射性污染责任纠纷、电子废物污染责任纠纷、固体废物污染责任纠纷等四类案件数量太少，本研究报告对此不作分析。

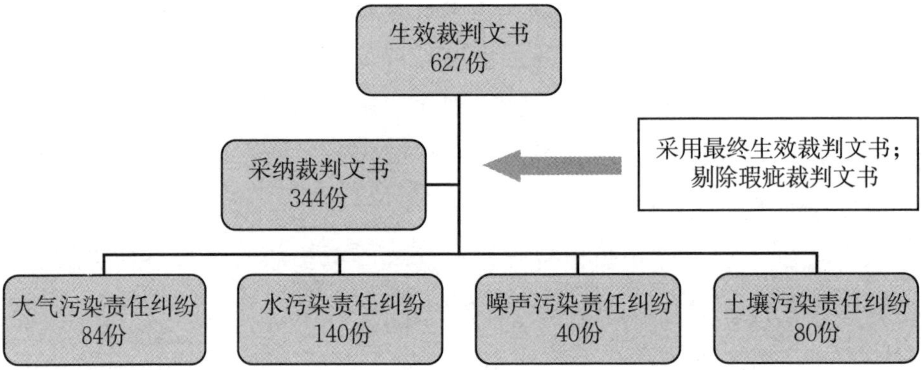

环境侵权责任纠纷类案裁判文书数量与有效裁判文书数量及分类

①这一司法实践情况非常符合最高人民法院发布的典型案例情况。2013年6月8日至2017年6月22日，最高人民法院发布的八批81个典型环境案例，形式上分为五类，即环境民事案例19个、环境行政案例22个、环境刑事案例15个、环境公益诉讼案例14个、矿业权纠纷案例11个。环境民事典型案例，以环境污染案件为主，关涉多种环境要素，案件类型多元化分布。其中，水污染案件最多，有7件；噪声污染其次，有5件；大气污染再次，有4件；其他类案件，有3件，包括非法占有土地、养殖纠纷。

典型环境案例由最高人民法院通过特定程序发布，旨在为环境案件审判提供借鉴和指导。与指导性案例不同，典型案例不具有直接的裁判拘束力，但由于经过一定程序遴选出来的典型案件本身具有事实认定、法律适用方面的特殊性，可能对同类案件的审判产生一定的示范效应，因此，可以认为典型案例在较低的效力位阶、相对局限的专业案件领域发挥着“准指导”的参考作用。

第二部分　环境侵权类案证明标准的研究方法及步骤

一、环境侵权类案证明标准的研究方法

（一）以最底层类案为研究起点

类案证明标准是刑事证明标准、民事证明标准、行政证明标准的下位证明标准。研究类案证明标准原则上应该以最低层次的案由为检索条件所形成的类案为研究对象。实践中，可依托中国裁判文书网，以具体案由为检索条件搜集类案，从每个裁判文书中提取具体证据，按照法定证据种类进行归类，根据裁判文书中法官的认定，结合法律、司法解释及各地审判经验中的证据规范，明确各种证据的形式要件、内容要素和不可采情形。特别是既要注重采信证据的研究分析，又要注重对不采信证据等反证的研究分析。

上面已述，民事案件案由具有层次性，研究类案证明标准原则上应该以最低层次的案由为检索条件所形成的类案为研究对象。所以，研究环境侵权类案证明标准需研究“环境污染责任纠纷”这一第三级案由下辖的第四级案由“大气污染责任纠纷”“水污染责任纠纷”“噪声污染责任纠纷”“放射性污染责任纠纷”“土壤污染责任纠纷”“电子废物污染责任纠纷”“固体废物污染责任纠纷”的证明标准，然后再统一环境侵权类案证明标准。

（二）类型化与一般化相结合研究

原则上，民事案由层级性决定了民事案件证明标准类型化或者一般化之程度：案由层级越低，该案由之类案证明标准就越类型化；反之，则越一般化。但是类型化与一般化是相对而言的，如环境侵权类案证明标准相对于民事案件证明标准而言，是类型化的；但是相对于大气污染责任纠纷类案证明标准、水污染责任纠纷类案证明标准、噪声污染责任纠纷类案证明标准、土壤污染责任纠纷类案证明标准等，其又是一

般化的。

上面已述，研究环境侵权类案证明标准首先应该研究大气污染责任纠纷、水污染责任纠纷、噪声污染责任纠纷、土壤污染责任纠纷等类案证明标准，然后在此基础上统一环境侵权类案证明标准。因此，研究环境侵权类案证明标准是大气污染责任纠纷、水污染责任纠纷、噪声污染责任纠纷、土壤污染责任纠纷等类案证明标准类型化基础上再一般化的过程。

（三）区分胜诉与败诉案件，注重反面证据清单

分析类案中胜诉裁判文书，研究其证明标准，明确各类证据的证明力以确定统一的规则。分析类案中败诉裁判文书，研究阻断被告承担责任的原因及具体证据形态等。

二、环境侵权类案证明标准的研究路径及具体步骤

统一类案证明标准的实质就是基于对生效裁判文书的分析来总结司法经验。研究类案证明标准可基于以下两个步骤。

（一）第一步：证据采集及分类

类案证明标准是刑事证明标准、民事证明标准、行政证明标准的下位证明标准。研究类案证明标准原则上应该以最低层次的案由为检索条件所形成的类案为研究对象。实践中，可依托中国裁判文书网，以具体案由为检索条件搜集类案，从每个裁判文书中提取具体证据，按照法定证据种类进行归类，根据裁判文书中法官的认定，结合法律、司法解释及各地审判经验中的证据规范，明确各种证据的形式要件、内容要素和不可采情形。特别是既要注重采信证据的研究分析，又要注重对不采信证据等反证的研究分析。

（二）第二步：统一证明标准规则

从裁判文书入手，研究各类证据之间的互相印证程度，以及证据之间的逻辑关系等。依托实践经验，从裁判结果入手，比较不同判决之间

证据证明标准的差异。分析类案中相同裁判结果的裁判文书，研究其证明标准，明确各类证据的证明力以确定统一的规则。通过研究海量生效类案裁判文书，总结司法经验，将类案证明标准“客观化”。

以环境侵权案件为例，以“环境污染责任纠纷”案由为检索条件从中国裁判文书网上搜集所有裁判文书，根据裁判结果是否支持原告诉求将裁判文书分为三类：胜诉案件、部分胜诉案件、败诉案件。从裁判文书中提取出具体证据，按照《民事诉讼法》及相关司法解释关于证据的规定将具体证据归类为：（一）当事人的陈述；（二）书证；（三）物证；（四）视听资料；（五）电子数据；（六）证人证言；（七）鉴定意见；（八）勘验笔录。围绕“侵权行为、损害后果、因果关系、法律责任”四要素，研究每一个胜诉案件中，各证据达到什么样的证明力以及证据之间达到什么样的印证程度时，能够认定构成侵权行为、存在损害后果、存在因果关系以及可以裁决被告承担法律责任，然后通过数据汇总统计各类形态证据之间的证明力大小以及印证关系等。依此，明确“侵权行为—损害后果—因果关系—法律责任”这一链条需要的证据及证据规则。以上述方法分析部分胜诉案件、败诉案件的证据及其相互印证程度与逻辑关系，分析没有完全胜诉的证据层面原因。最终明确环境污染责任纠纷这一类案的证据链条，即“侵权行为—损害后果—因果关系—法律责任”证据链条。依此证据链条，可以明确行为人是否承担责任甚至是责任大小。

第三部分　环境侵权类案的证明标准

根据《侵权责任法》第六十六条、《民事诉讼法》相关条款及《最高人民法院关于民事诉讼证据的若干规定》第四条、《最高人民法院关于审理环境侵权责任纠纷案件适用法律若干问题的解释》第六条至第七条[①]、《最高人民法院关于审理环境民事公益诉讼案件适用法律若干问题的解释》第八条[②]等相关法律法规规定，结合法院办案经验，在案件具体举证责任分配上，原告需就侵权行为、损害事实、因果关系承担初步证明责任，即污染者排放了污染物；被侵权人的损害；污染者排放的污染物或者其次生污染物与损害之间具有关联性。被告需就"（一）排放的污染物没有造成该损害可能的；（二）排放的可造成该损害的污染物未到达该损害发生地的；（三）该损害于排放污染物之前已发生的；（四）其他可以认定污染行为与损害之间不存在因果关系的情形"承担举证责任，否则将承担不利的法律后果。对于被告承担的具体法律责任，除依据相关法律规定外，实践中还存在原告和被告协商、法官依职权根据案件实施直接作出裁判、法官依职权进行鉴定、当事人申请鉴定等情形。

根据《民事诉讼法》第六十三条[③]关于证据类型的规定，《最高人民法院关于适用〈中华人民共和国民事诉讼法〉的解释》第一百零四条至第一百零五条关于证据规则的规定以及第一百零八条第一款、第二款与第

---

①第六条　被侵权人根据《侵权责任法》第六十五条规定请求赔偿的，应当提供证明以下事实的证据材料：（1）污染者排放了污染物；（2）被侵权人的损害；（3）污染者排放的污染物或者其次生污染物与损害之间具有关联性。

第七条　污染者举证证明下列情形之一的，人民法院应当认定其污染行为与损害之间不存在因果关系：（1）排放的污染物没有造成该损害可能的；（2）排放的可造成该损害的污染物未到达该损害发生地的；（3）该损害于排放污染物之前已发生的；（4）其他可以认定污染行为与损害之间不存在因果关系的情形。

②第八条　提起环境民事公益诉讼应当提交下列材料：（1）符合《民事诉讼法》第一百二十一条规定的起诉状，并按照被告人数提出副本；（2）被告的行为已经损害社会公共利益或者具有损害社会公共利益重大风险的初步证明材料；（3）社会组织提起诉讼的，应当提交社会组织登记证书、章程、起诉前连续五年的年度工作报告书或者年检报告书，以及由其法定代表人或者负责人签字并加盖公章的无违法记录的声明。

③第六十三条　证据包括：（1）当事人的陈述；（2）书证；（3）物证；（4）视听资料；（5）电子数据；（6）证人证言；（7）鉴定意见；（8）勘验笔录。

证据必须查证属实，才能作为认定事实的根据。

一百零九条[①]确立的高度盖然性、证据优势与排除合理怀疑三种证明标准，按照上述研究方法，结合法官办案经验，依据以下流程来研究类案证明标准：

原告举证

(初步证明责任)

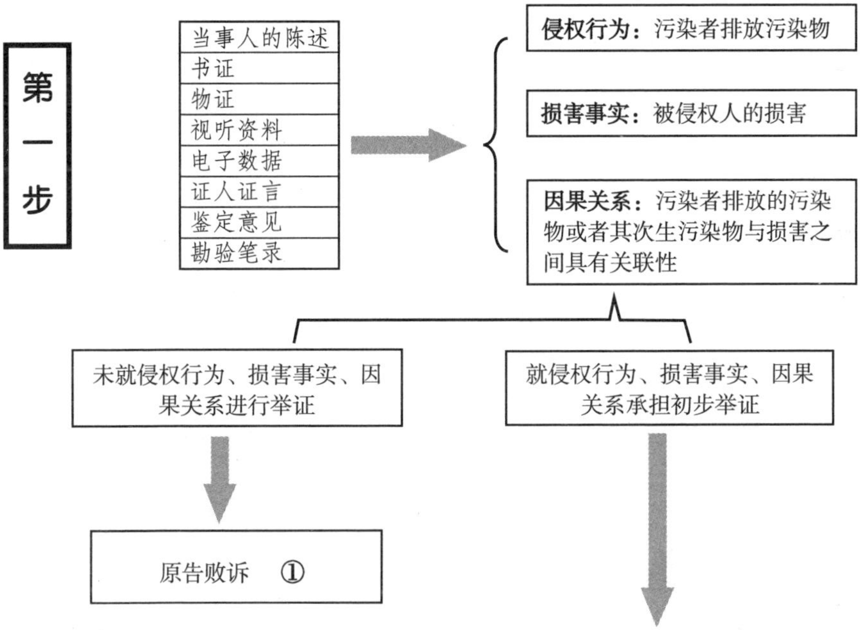

①第一百零四条　人民法院应当组织当事人围绕证据的真实性、合法性以及与待证事实的关联性进行质证，并针对证据有无证明力和证明力大小进行说明和辩论。

能够反映案件真实情况、与待证事实相关联、来源和形式符合法律规定的证据，应当作为认定案件事实的根据。

第一百零五条　人民法院应当按照法定程序，全面、客观地审核证据，依照法律规定，运用逻辑推理和日常生活经验法则，对证据有无证明力和证明力大小进行判断，并公开判断的理由和结果。

第一百零八条　对负有举证证明责任的当事人提供的证据，人民法院经审查并结合相关事实，确信待证事实的存在具有高度可能性的，应当认定该事实存在。

对一方当事人为反驳负有举证证明责任的当事人所主张事实而提供的证据，人民法院经审查并结合相关事实，认为待证事实真伪不明的，应当认定该事实不存在。

第一百零九条　当事人对欺诈、胁迫、恶意串通事实的证明，以及对口头遗嘱或者赠与事实的证明，人民法院确信该待证事实存在的可能性能够排除合理怀疑的，应当认定该事实存在。

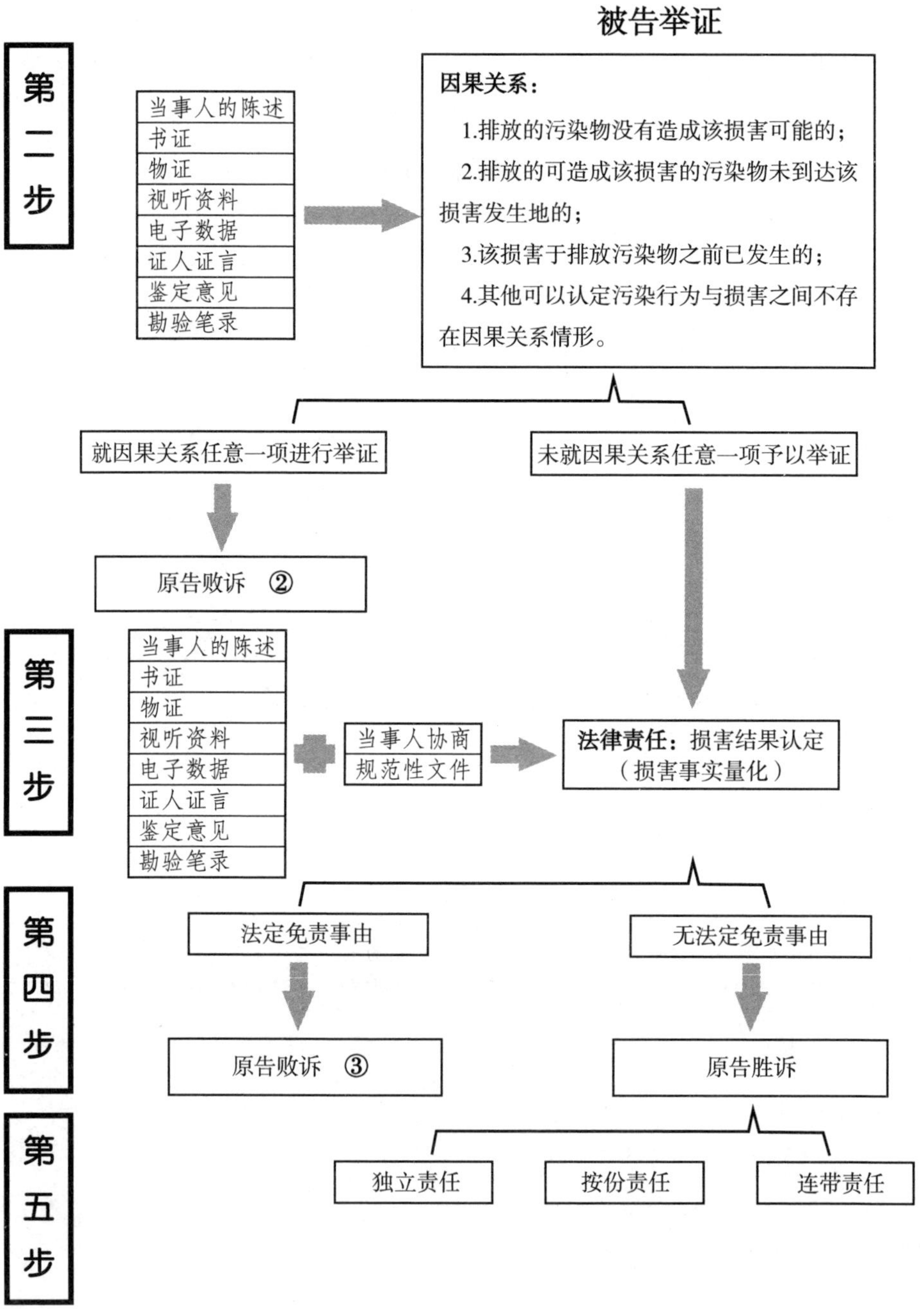
被告举证
第二步
当事人的陈述
书证
物证
视听资料
电子数据
证人证言
鉴定意见
勘验笔录
因果关系：
1.排放的污染物没有造成该损害可能的；
2.排放的可造成该损害的污染物未到达该损害发生地的；
3.该损害于排放污染物之前已发生的；
4.其他可以认定污染行为与损害之间不存在因果关系情形。
就因果关系任意一项进行举证
未就因果关系任意一项予以举证
原告败诉 ②
第三步
当事人的陈述
书证
物证
视听资料
电子数据
证人证言
鉴定意见
勘验笔录
当事人协商
规范性文件
法律责任：损害结果认定
（损害事实量化）
第四步
法定免责事由
无法定免责事由
原告败诉 ③
原告胜诉
第五步
独立责任
按份责任
连带责任

需要说明的是：

第一，鉴于第四步“有无法定免责事由”在整个环境侵权类案中，原被告究其举证较少，因此不做研究。第三步“法律责任：损害结果认定”在实践中法院一般以以下两种方式进行裁判：一是当事人协商达成赔偿数额；二是依据鉴定意见，结合法律规定进行判决。鉴于此，对于第四步，本研究报告不研究。另外，第五步“责任承担方式”在《侵权责任法》及《最高人民法院关于审理环境侵权责任纠纷案件适用法律若干问题的解释》已做类型化处理，因此也不研究。因此，本研究报告主要研究环境侵权类案证明标准的中前两部分，也即是第一步：原告承担的举证责任：关于侵权行为、损害事实以及关联性的举证；第二步：被告关于侵权行为与损害事实不存在因果关系的举证。

第二，研究类案证明标准，应当注重对不采信证据等反证的研究分析，也即注重反向证据的搜集。因此，如上述流程图所示，本研究报告还注重搜集原告败诉的证据。

一、大气污染责任纠纷类案证明标准

大气污染案件共 84 件。原告胜诉案件共 16 件，部分胜诉案件共 36 件，败诉案件共 32 件。

根据现有资料，原告方提供的证据类型及法院的认定情况如下：

（一）第一步：原告举证

1. 关于侵权行为的举证

关于被告实施了侵权行为，原告多以当事人的陈述，外加提交书证、物证、视听资料和鉴定意见等予以证明。下面分别予以阐述。

（1）当事人的陈述。采纳 52 件，不采纳 32 件。在胜诉和部分胜诉的 52 个案件中，对于被告侵权行为的认定均有当事人的陈述。

对于当事人的陈述，现有 52 个案例中均有书证、视听资料、鉴定意见等其他证据予以佐证，法院均予以采信。在败诉的 32 个案件中，因当事人的陈述，没有其他有效证据予以印证，法院未予采纳。

（2）书证。采纳 32 件，不采纳 20 件。在胜诉和部分胜诉的 52 个案件中，关于侵权行为，原告方提出书证的共有 32 件，多是行政机关出具的说明文件、调查报告、反馈意见、公文、答复意见书，以及法院生效的裁判文书和报纸新闻报道等。上述证据有的能够直接认定被告存在侵权行为，如调查报告；有的则有其他的证据予以佐证。对于人民法院生效的裁判文书和国家机关依职权制作的公文文书，其证明力一般大于其他书证，在涉及的 32 个案件中，被告只是有异议但未提出相反证据予以反驳；对于其他机构出具的说明等文件，与原告提交的其他证据能够相互印证。如“程某芳诉薛某秋等环境污染责任纠纷”中，原告提交的济南高新区巨野河街道白谷堆村民委员会出具的证明两份，被告对此不予认可。但济南市环保局高新区分局作出《关于经十东路氢氧化钠罐车泄露事件的调查报告》与原告提交的证明能够相互印证。

在败诉的 32 个案件中，有 20 个案件原告方提出了书证。有环保部门出具的《环境监测月报》、说明、答复意见书，医院的诊断证明，法院生效裁判文书。对其真实性法院均予以认可，但对于关联性因没有其他证据予以佐证，法院未予采纳。①

（3）物证。环境污染责任纠纷案件涉及的客体多为树木、动物、农作物，因提起诉讼的周期长、有的已做鉴定或公证等原因，涉及的 84 例大气污染案件中，均未涉及物证的问题。

（4）视听资料。采纳 20 件，不采纳 4 件。胜诉和部分胜诉的案件中，

①例如，曲某全与山东富海实业公司环境污染损害赔偿纠纷一案中，曲某全提交山东省高级人民法院（2013）鲁民一终字第 303 号民事判决主张其樱桃树死亡系由山东富海实业公司排放废气所致，但是死亡的樱桃树因保存不善已被周边村民砍伐取走，导致上诉人樱桃树死亡的原因无法进行司法鉴定。且上诉人提交的已生效民事判决书中认定的被上诉人存在污染的事实所采集的样本时间是 2009 年，与本案上诉人主张的 2010 年、2011 年、2012 年的樱桃树死亡的损失关联，不能证明山东富海实业公司存在侵权行为。

共有20件原告提交了照片、视频等视听资料欲证实被告存在侵权行为。且均有当事人陈述、书证、证人证言等予以印证。被告亦未提出有效证据予以反驳。败诉案件中，4件原告仅提交了照片，未有其他证据予以印证，且照片本身也不能证明被告存在侵权行为。

（5）证人证言。不采纳4件。有4件案子，原告提交了证人证言，欲证实被告存在侵权行为。但或因证人未到庭，或未提交证据证明事发时证人与原告有劳动关系。故法院对其证言未予采纳。

总结：大气污染责任纠纷类案原告关于侵权行为的举证

第一，主要证据类型及分类

大气污染责任纠纷类案共计84件，依据类案中原告举证所采用证据类型数量大小，依次为：当事人的陈述(84)、书证(52)、视听资料(24)、证人证言（4)。

其中，书证类型最多，包括：行政机关出具的说明文件、调查报告、反馈意见、公文、答复意见书、医院的诊断证明，以及法院生效的裁判文书和报纸新闻报道等。视听资料包括照片、视频等。

第二，各类形态证据的证明力

分析大气污染责任纠纷类案84件，原告就侵权行为举证，单一证据形态的证明力存在差异:(1）单一证据形态不足以证明待证事实，如当事人陈述;(2）同一证据形态的证据具体到个案之中，证据证明力因具体证据不同而存在差异;(3）原则上，总体而言，对于证明被告实施了侵权行为，单一证据证明力由大到小依次为：视听资料、书证、证人证言、当事人陈述。

第三，证据体系

正如学者所指出的，每一个证据的价值都完全取决于它与其他证据的关联。[1] 分析大气污染责任纠纷类案，原告就侵权行为举证所适用的证

① 参见栗峥：《证据链与结构主义》，载《中国法学》2017年第2期。

据形态主要体现为以下各种证据形态的组合：A（0∶4）、A+B（32∶20）、A+D（20∶4）、A+F（0∶4）（A= 当事人的陈述、B= 书证、C= 物证、D= 视听资料、E= 电子数据、F= 证人证言、G= 鉴定意见、H= 勘验笔录）（胜诉与部分胜诉：败诉）。

分析表明，不同形态的证据或者是不同证据之间所产生的证明力大小并非完全取决于证据数量的简单叠加，如同样是 A+B 组合，具体到个案中，其能否证明侵权行为存在与否存在不同，分析表明证据之间相互支撑、相互印证所产生的正向效力大于两者简单的叠加，这也与法学理论相互印证。①

经分析，原告就侵权行为这一待证事实进行举证而言，可以简单得出以下结论：（1）当事人陈述这一单一证据形态不足以证明待证事实；（2）不同形态的证据组合形成的证据体系具体到不同案件在证明力上存在差异；（3）概言之，不同形态的证据或者是不同证据之间所产生的证明力大小取决于两个层面：一是证据数量的叠加，二是证据之间相互支撑、相互印证，且后者是核心。

2. 关于损害事实的举证

（1）书证。采纳 28 件，不采纳 24 件。在胜诉的 16 个案件中，共有 4 个案件当事人就损害事实提供了齐鲁晚报的新闻报道、报警记录等书证。且有当事人陈述和公安民警等拍摄的视频等予以佐证，故法院予以采纳。

在 36 个部分胜诉的案件中，共有 28 个案子当事人提交了医疗费发票、行政机关调查报告和统计表等书证。其中，8 个案件当事人提交了行政机关调查报告或调查单，被告未提交有效证据予以反驳，法院均已采纳。另有 20 个案件当事人提交了医疗费单据或发票，除 4 个案件存在部分发票有涂改、连号问题，不予认定外，其余 16 个案件法院均予采纳。

① 参见栗峥：《证据链与结构主义》，载《中国法学》2017 年第 2 期。

在32个败诉的案件中，共有20个案件当事人提交了行政机关出具的赔偿清单及明细、公证书、住院证明、病例等书证。其中，1个案件，法院认为其无法证明原告损失202500元的事实，且被告对此也有异议，法院未予采纳。18个案件当事人提交了公证机构的公证书，以证明存在损害的事实，法院认为公证书无法证实侵害行为和损害事实之间存在因果关系，故未予采纳。1个案件，当事人虽提交了住院病案证明和票据，但是因涉及的损失，已在另案予以调解结案，故法院未予采纳。

（2）物证。不采纳4件。共有4个案件当事人提交了物证。其中，1个案件原告提交的塑料薄膜，被告质证称无法证实原告提交的塑料布就是原告拱棚上的塑料布，法院认为也无法证明原告损失202500元的事实，故未予采纳。

（3）视听资料。采纳8件，不采纳4件。共有12个案件提供了照片、光盘等视听资料证明存在损害事实。其中，4个案件，原告提供的视听资料有其他证据予以印证。例如，烟台索坤日用玻璃有限公司案件中；现场视频资料中显示的索坤公司玻璃厂区持续排放大量灰白色浓烟，用手搓苗圃内种植的较大雪松的枝叶后手上留有黑色的粉尘，与国家林业局森林公安司法鉴定中心东营分中心提取的现场照片反映的情况相吻合，故法院予以采纳。1个案件，当事人提供了公安机关拍摄的视频，法院认为足以证实原告的桑蚕确实都已死亡，故予以采纳。1个案件，当事人提交的照片，被告异议称照片看不出是谁的樱桃树，也不能确认是喷漆行为导致的落叶干枝，故法院未予采纳。

（4）鉴定意见。采纳24件，不采纳12件。共有36个案件当事人提交了鉴定意见。其中，胜诉或部分胜诉案件中有24个。法院均认为鉴定意见理由充分，依据恰当，予以采信，被告虽对鉴定意见不予认可，但未提供充分的证据予以推翻，故对其该项异议不予支持。

败诉的案件中有12个提交了鉴定意见，均是当事人在起诉前自行委托鉴定机构进行的鉴定，因单方委托，被告有异议，或因不构成侵权行为，或不是适格原告，或是诉前已经处理完毕，故法院未予采信。

总结：大气污染责任纠纷类案原告关于损害事实的举证

第一，主要证据类型及分类

大气污染责任纠纷类案共计84件，依据类案中原告举证所采用证据类型数量大小，依次为：书证（52）、鉴定意见（36）、视听资料（12）、物证（4）。

其中，书证类型最多，鉴定意见次之。

第二，各类形态证据的证明力

分析大气污染责任纠纷类案84件，原告就损害事实举证，就单一证据形态的证明力，似可以得出以下结论：（1）同一证据形态的证据具体到个案之中，证据证明力因具体证据不同而存在差异；（2）原则上，总体而言，对于证明被害人受到了损失，较难得出单一证据证明力的大小程度，具体到案件中，单一证据的证明力大小取决于其客观性以及其与所举证事实之间的相关性。

第三，证据体系

分析大气污染责任纠纷类案，原告就损害举证所适用的证据形态主要体现为以下各种证据形态的组合：B（24∶12）、B+D（4∶4）、B+G（0∶8）、C（0∶4）、D+G（4∶0）、G（20∶4）（A=当事人的陈述、B=书证、C=物证、D=视听资料、E=电子数据、F=证人证言、G=鉴定意见、H=勘验笔录）（胜诉与部分胜诉：败诉）。

同样，经分析表明，单一证据所产生的证明力大小存在差异，证明力大小取决于证据本身客观性以及其与案件事实的相关性；不同形态的证据或者是不同证据之间所产生的证明力大小并非完全取决于证据数量的简单叠加，具体到个案中，证据之间相互支撑、相互印证所产生的正向效力大于两者简单的叠加。如上，原告就损害行为这一待证事实进行举证而言，可以简单得出以下结论:（1）书证、鉴定意见等单一证据形态能否证明待证事实取决于证据本身的客观性以及与待证事实之间的相关性;（2）不同形态的证据组合形成的证据体系具体到不同案件在证明力上存在差异;（3）概言之，不同形态的证据或者是不同证据之间所产生的证明力大小取决于两个层面：一是证据本身的客观性以及与待证事实的相关性，二是证据之间相互支撑、相互印证。

3. 关于关联性的举证

（1）当事人的陈述。不采纳 4 件。4 个败诉案件当事人的陈述，因无其他证据予以佐证，法院未予采信。

（2）书证。采纳 20 件，不采纳 8 件。共有 20 个胜诉或部分胜诉的案件当事人提交了行政机关调查报告或说明、法院生效裁判文书、网上资料打印件等。上述证据有的能够直接认定侵权行为与损害后果之间存在关联性，如调查报告；有的则有其他的证据予以佐证。对于人民法院生效的裁判文书和国家机关依职权制作的公文文书，其证明力一般大于其他书证，在涉及的 20 个案件中，被告只是有异议但未提出相反证据予以反驳。

8 个败诉案件，当事人虽提交了法院生效的裁判文书或行政机关制作的环境监测月报，但不能证明存在关联性，故未予采纳。

（3）视听资料。采纳 8 件。8 个部分胜诉案件当事人提交了照片、光盘等视听资料，与当事人提交的其他证据能够印证，法院予以采信。

（4）鉴定意见。采纳 20 件，不采纳 4 件。共有 20 个胜诉或部分胜诉案件当事人提交了鉴定意见，均为有鉴定资质的机构出具的，被告没有相反的证据予以反驳，故法院予以采信。4 个败诉的案件当事人提交的鉴定意见，因原告不能证明被告存在侵权行为，故法院未予采信。

总结：大气污染责任纠纷类案原告关于关联性的举证

第一，主要证据类型及分类

大气污染责任纠纷类案共计84件，依据类案中原告举证所采用证据类型数量大小，依次为：书证（28）、鉴定意见（24）、视听资料（8）、当事人的陈述（4）。

其中，书证类型最多，鉴定意见次之。

第二，各类形态证据的证明力及证据形态

分析大气污染责任纠纷类案84件，原告就关联性举证，就单一证据形态的证明力及证据形态，似可以得出以下结论：（1）原告对关联性之举证，多同侵权行为、损害事实共同举证，这符合法律规定关于原告提供初步关联性论证之规定；（2）同一证据形态的证据具体到个案之中，证据证明力因具体证据不同而存在差异，单一证据的证明力大小取决于其客观性以及其与所举证事实之间的相关性；（3）原告就关联性举证所适用的证据形态均为单一形态证据。

（二）第二步：被告举证

1.关于不存在侵权行为的举证

书证。不采纳8件。为证明不存在侵权行为，共有8个案件被告提交了公证书、新闻报道、气象资料等书证，其中，1个案件被告当事人提交了公证书，但不能证明自己的主张，未予采纳。另1个案件，当事人提出了新闻报道和气象资料等主张，用于证明原告的损害另有他因，自己不应承担责任，该主张与原告提交的证据报警证明、测产报告、光盘等证据相比，证明力较小。故对其不存在侵权行为的主张不予采纳。但，因其提交的是天气方面的资料，与当事人的损失有一定的关联，故在减轻被告责任方面予以采信。

2. 关于不存在损害事实的举证

书证。采纳 4 件。1 个案件被告提交调解协议书，证实双方就涉案损害后果问题已经处理完毕，现原告再行提出损害赔偿的请求，应不予支持。法院认为《调解协议书》系当事人在平等自愿协商的基础上，就处分民事权利义务内容而达成的一种民事合同性质的协议。该协议系各方当事人的真实意思表示，且不违反法律、行政法规的强制性规定，为有效协议，应当作为确定双方当事人权利义务的基本依据。故予以采信。

3. 关于侵权行为与损害事实之间不存在因果关系的举证

（1）书证。不采纳 28 件。28 个案件当事人提供了危险物处置合同、新闻稿、气象资料、环境影响评价报告书等书证。法院认为上述材料不能证明侵权行为和损害后果之间不存在因果关系，故不予采信。

（2）视听资料。不采纳 4 件。4 个案件当事人提交了微信截图等证据，法院认为上述材料不能证明侵权行为和损害后果之间不存在因果关系，故不予采信。

（3）鉴定意见。不采纳 20 件。20 个案件当事人提交了空气浓度质量鉴定、废气检测报告等，法院认为上述材料不能证明侵权行为和损害后果之间不存在因果关系，故不予采信。

总结：大气污染责任纠纷类案被告关于因果关系的举证

尽管《最高人民法院关于审理环境侵权责任纠纷案件适用法律若干问题的解释》第七条[①]以“类型化 + 兜底条款”的形式规定了污染者举证证明后不承担责任之情形，但是大气污染责任纠纷类案中，被告主要针

①《最高人民法院关于审理环境侵权责任纠纷案件适用法律若干问题的解释》第七条规定：污染者举证证明下列情形之一的，人民法院应当认定其污染行为与损害之间不存在因果关系：（1）排放的污染物没有造成该损害可能的；（2）排放的可造成该损害的污染物未到达该损害发生地的；（3）该损害于排放污染物之前已发生的；（4）其他可以认定污染行为与损害之间不存在因果关系的情形。

对“不存在侵权行为”“不存在损害事实”“侵权行为与损害事实之间不存在因果关系”三种情形予以举证。

第一，举证类型及证据类型与分类

大气污染责任纠纷类案共计84件，被告举证情形依据数量大小依次为：“侵权行为与损害事实之间不存在因果关系”（52=0+52）、“不存在侵权行为”（8=0+8）、“不存在损害事实”（4=4+0）。（总数＝采纳数＋不采纳数）

针对“侵权行为与损害事实之间不存在因果关系”，被告举证所适用的证据形态最多，为书证（28=0+28）、视听资料（4=0+4）、鉴定意见（20=0+20）三类，但是均未被采纳。针对“不存在侵权行为”，被告仅在8件案件中采用此举证方式，适用了书证（8=0+8）。针对“不存在损害事实”，被告仅在4件案件中采用此举证方式，适用了书证（4=4+0）。（总数＝采纳数＋不采纳数）

总体而言，被告就“污染行为与损害之间不存在因果关系”举证，56件案件中，被告进行了64项举证，但是仅4个案件中的4项举证被采纳，相对于原告就损害行为与损害结果之间存在关联性举证而言，难度更大。这也符合法律规定。[①]

被告关于不存在因果关系举证		原告关于关联性举证	
采纳	不采纳	采纳	不采纳
4	60	48	16
采纳率	6.25%	采纳率	75%

①《最高人民法院关于审理环境民事公益诉讼案件适用法律若干问题的解释》第八条规定：“提起环境民事公益诉讼应当提交下列材料：（一）符合民事诉讼法第一百二十一条规定的起诉状，并按照被告人数提出副本；（二）被告的行为已经损害社会公共利益或者具有损害社会公共利益重大风险的初步证明材料；（三）社会组织提起诉讼的，应当提交社会组织登记证书、章程、起诉前连续五年的年度工作报告书或者年检报告书，以及由其法定代表人或者负责人签字并加盖公章的无违法记录的声明。”其中，关于原告提供初步证明材料的相关规定同样适用于环境侵权类案件，这也符合司法实践之实际。

第二，各类形态证据的证明力及证据体系

分析大气污染责任纠纷类案 84 件，原告就“侵权行为与损害事实之间不存在因果关系”“不存在侵权行为”“不存在损害事实”举证，所适用的证据形态均为单一证据。除 20 个案件中被告未作举证外，仅 4 个案件中被告以书证形式证明其“不存在损害事实”，剩余的 60 项举证中，其中 8 件案件中被告同时就“侵权行为与损害事实之间不存在因果关系”“不存在侵权行为”“不存在损害事实”其中两项进行举证，44 个案件中被告分别就“侵权行为与损害事实之间不存在因果关系”“不存在侵权行为”“不存在损害事实”其中一项进行举证，均举证失败。

但是无法比较各种形态证据的证明力大小，限于举证均为适用单一证据，因此也未形成证据体系。

二、水污染责任纠纷案件证明标准

水污染案件共 140 件。原告胜诉和部分胜诉案件共 88 件，败诉案件共 52 件。

根据现有资料，原告方提供的证据类型及法院的认定情况如下：

（一）第一步：原告举证

1. 关于侵权行为的举证

原告多以当事人的陈述，外加提交书证、物证、视听资料和鉴定意见等予以证明。下面分别予以阐述。

（1）当事人的陈述。采纳 88 件，不采纳 52 件。在胜诉和部分胜诉的 88 个案件中，对于被告侵权行为的认定均有当事人的陈述。对于当事人的陈述，现有 88 个案例中均有书证、视听资料、鉴定意见等其他证据予以佐证，法院均予以采信。在败诉的 52 个案件中，因当事人的陈述，没有其他有效证据予以印证，法院未予采纳。

（2）书证。采纳 44 件，不采纳 20 件。在胜诉和部分胜诉的 88 个案件中，关于侵权行为，原告方提出书证的共有44件，多是行政机关出具的说明文件、调查报告、反馈意见、公文、答复意见书，以及法院生效的裁判文书和报纸新闻报道等。对于人民法院生效的裁判文书和国家机关依职权制作的公文文书，其证明力一般大于其他书证。在败诉的52个案件中，有20个案件原告方提出了书证。对其真实性法院均予以认可，但对于关联性因没有其他证据予以佐证，法院未予采纳。

（3）物证。物证采纳0件，不采纳8件。当事人虽提供了物证，但是物证没有相关性，因此法院未予采纳。

（4）视听资料。采纳4件，不采纳0件。原告提交的多数是照片视频等视听资料欲证实被告存在侵权行为，且有鉴定意见予以佐证，因此采纳了该证据。

（5）证人证言。采纳4件，不采纳8件。采纳的4件，和鉴定意见一起予以认定。不采纳的8件证人证言法院认为没有证明力。

（6）鉴定意见。采纳32件，不采纳4件。采纳的32件法院均认为鉴定意见理由充分，依据恰当，予以采信，被告虽对鉴定意见不予认可，但未提供充分的证据予以推翻，故对其该项异议不予支持。不采纳的4件，是因为没有因果关系，因此没有予以采纳。

（7）勘验笔录。采纳20件，不采纳12件。采纳的20件勘验笔录能够证明侵权行为存在，且有8件是有鉴定意见予以佐证。未采纳的12件勘验笔录有8件是因为不能证明侵权行为，4件是因为侵权行为不存在。

总结：水污染责任纠纷类案原告关于侵权行为的举证

第一，主要证据类型及分类

水污染责任纠纷类案共计140件，依据类案中原告举证所采用证据类型数量大小，依次为：当事人的陈述（140）、书证（64）、鉴定意见（36）、勘验笔录（32）、证人证言（12）、物证（8）、视听资料（4）。

其中，书证类型最多，包括：行政机关出具的说明文件、调查报告、反馈意见、公文、答复意见书，以及法院生效的裁判文书和报纸新闻报道等。

第二，各类形态证据的证明力

分析水污染责任纠纷类案140件，原告就侵权行为举证，单一证据形态的证明力存在差异：（1）单一证据形态不足以证明待证事实，如当事人陈述、书证、勘验笔录等；（2）同一证据形态的证据具体到个案之中，证据证明力可能因具体证据不同（如同样作为书证，对于人民法院生效的裁判文书和国家机关依职权制作的公文文书，其证明力一般大于其他书证），也可能因与待证事实相关性不同而存在差异（如勘验笔录）；（3）原则上，总体而言，对于证明被告实施了侵权行为，就单一证据证明力而言，其证明力大小取决于其与待证事实的相关性，相关性相同情形下，鉴定意见的证明力较大，而当事人陈述必须有其他证据予以佐证。

第三，证据体系

分析水污染责任纠纷类案，原告就侵权行为举证所适用的证据形态主要体现为以下各种证据形态的组合：A+B（44∶20）、A+C（0∶8）、A+D+G（4∶0）、A+F（0∶8）、A+F+G（4∶0）、A+G（16∶4）、A+G+H（8∶0）、A+H（12∶12）（A=当事人的陈述、B=书证、C=物证、D=视听资料、E=电子数据、F=证人证言、G=鉴定意见、H=勘验笔录）（胜诉与部分胜诉：败诉）。

经分析，原告就侵权行为这一待证事实进行举证而言，可以简单得出以下结论：（1）当事人陈述在每个案件均存在，当事人陈述欲证明待证事实，能否证明原则上取决于其他证据形态与待证事实的关系；（2）不同形态的证据组合形成的证据体系具体到不同案件在证明力上存在差异；（3）概言之，不同形态的证据或者是不同证据之间所产生的证明力大小取决于两个层面：一是证据数量的叠加，二是证据之间相互支撑、相互印证，且后者是核心；（4）证据与待证事实存在相关性情形下，欲证明侵权人存在侵权行为，可以是当事人陈述与多种证据形态的组合。

2. 关于损害事实的举证

（1）书证。采纳 40 件，不采纳 20 件。在胜诉或部分胜诉的 88 个案件中，共有 40 个案件当事人就损害事实提供了新闻报道、报警记录、行政机关调查报告和统计表等书证。其中，8 个案件当事人提交了行政机关调查报告或调查单，被告未提交有效证据予以反驳，法院均已采纳。在 52 个败诉的案件中，共有 20 个案件当事人提交了行政机关出具的赔偿清单及明细、公证书等书证，但是不具有相关性，均未被采纳。

（2）物证。不采纳 12 件。共有 12 个案件当事人提交了物证。法院认为也无法证明原告的损害事实，故未予采纳。

（3）视听资料。采纳 8 件。共有 8 个案件提供了照片、光盘等视听资料证明存在损害事实。原告提供的视听资料有其他证据予以印证。

（4）鉴定意见。采纳 48 件，不采纳 4 件。共有 52 个案件当事人提交了鉴定意见。其中，胜诉或部分胜诉有 48 个。法院均认为鉴定意见理由充分，依据恰当，予以采信，被告虽对鉴定意见不予认可，但未提供充分的证据予以推翻，故对其该项异议不予支持。败诉的案件有 4 个，当事人在起诉前自行委托鉴定机构进行的鉴定，因不构成侵权行为，故法院未予采信。

（5）勘验笔录，法院采纳 4 件，不予采纳 16 件。法院未予采纳的原因主要在于不存在因果关系，因而未对损害事实进行认定。

总结：水污染责任纠纷类案原告关于损害事实的举证

第一，主要证据类型及分类

水污染责任纠纷类案共计 140 件，依据类案中原告举证所采用证据类型数量大小，依次为：书证（60）、鉴定意见（52）、勘验笔录（20）、物证（12）、视听资料（8）。

第二，各类形态证据的证明力

分析水污染责任纠纷类案140件，原告就损害事实举证，就单一证据形态的证明力，似可以得出以下结论：（1）同一证据形态的证据具体到个案之中，证据证明力因具体证据不同而存在差异，或因与待证事实相关性不同而存在差异；（2）原则上，总体而言，对于证明被害人受到了损失，较难得出单一证据证明力的大小程度，具体到案件中，单一证据的证明力大小取决于其客观性以及其与所举证事实之间的相关性。

第三，证据体系

分析水污染责任纠纷类案，原告就损害举证所适用的证据形态主要体现为以下各种证据形态的组合：B（28∶20）、B+D（8∶0）、B+H（4∶0）、C（0∶12）、G（48∶4）、H（0∶16）（A= 当事人的陈述、B= 书证、C= 物证、D= 视听资料、E= 电子数据、F= 证人证言、G= 鉴定意见、H= 勘验笔录）（胜诉与部分胜诉：败诉）。

同样，经分析表明，可以简单得出以下结论：（1）书证这一单一证据形态能否证明待证事实取决于证据本身的客观性以及与待证事实之间的相关性；（2）单一形态证据形成的证据体系，具体到不同案件在证明力上存在差异，如物证、勘验笔录形成的证据体系难以证明损害事实这一待证事实，而鉴定意见原则上可以证明损害事实；（3）多种形态的证据组合而成的证据体系能够证明待证事实；（4）概言之，不同形态的证据或者是不同证据之间所产生的证明力大小取决于两个层面：一是证据本身的客观性以及与待证事实的相关性，二是证据之间相互支撑、相互印证。

3. 关于关联性的举证

（1）当事人的陈述。采纳4件，与鉴定意见一起综合分析，被采纳。

（2）书证。采纳4件。对于人民法院生效的裁判文书，其证明力一般大于其他书证，在涉及的案件中，被告只是有异议但未提出相反证据予以反驳。

（3）视听资料。采纳 4 件。4 个部分胜诉案件当事人提交了照片、光盘等视听资料，与当事人提交的鉴定意见能够印证，法院予以采信。

（4）鉴定意见。采纳 32 件，不采纳 8 件。共有 32 个胜诉或部分胜诉案件当事人提交了鉴定意见，均为有鉴定资质的机构出具的，被告没有相反的证据予以反驳，故法院予以采信。8 个败诉的案件当事人提交的鉴定意见，因原告不能证明被告存在侵权行为，故法院未予采信。

（5）勘验笔录。采纳 8 件。提供该证据证明因果关系的，均被予以采纳。4 件与当事人提交的鉴定报告及当事人陈述一起综合认定的。另外 4 件是具有证明因果关系的证明力。

总结：水污染责任纠纷类案原告关于关联性的举证

第一，主要证据类型及分类

大气污染责任纠纷类案共计 140 件，依据类案中原告举证所采用证据类型数量大小，依次为：鉴定意见（40）、勘验笔录（8）、书证（4）、视听资料（4）、当事人的陈述（4）。

第二，各类形态证据的证明力及证据形态

分析水污染责任纠纷类案 140 件，原告就关联性举证，就单一证据形态的证明力及证据形态，似可以得出以下结论：（1）原告对关联性之举证，多同侵权行为、损害事实共同举证，这符合法律规定关于原告提供初步关联性论证之规定；（2）同一证据形态的证据具体到个案之中，证据证明力因具体证据不同而存在差异，单一证据的证明力大小取决于其客观性以及其与所举证事实之间的相关性；（3）原告就关联性举证所适用的证据形态多为单一形态证据；（4）多种形态证据之间相互印证能够证明待证事实，如当事人陈述、勘验笔录与鉴定意见组合。

（二）第二步：被告举证

根据现有资料，原告方提供的证据类型及法院的认定情况如下：

1. 关于不存在侵权行为的举证

（1）当事人的陈述，法院采纳 0 件，不予采纳 20 件。被告仅靠陈述否定侵权行为，没有其他证据予以佐证。

（2）书证，法院采纳 12 件，不予采纳 8 件。行政部分出具的调查报告、生效文书等被法院采纳。而其他 8 件没有证明力，没有被法院采纳。

（3）视听资料，不予采纳 8 件。被告提供的照片和视频没有证明力。

（4）鉴定意见，法院采纳 16 件，不予采纳 8 件。鉴定意见的结果对于侵权行为的认定具有很强导向性，法院采纳的 16 件均是根据鉴定结果确认没有侵权。

（5）勘验笔录，法院采纳 4 件，不予采纳 0 件。根据勘验笔录，法院认定被告不存在侵权行为。

2. 关于不存在损害事实的举证

（1）当事人的陈述，法院采纳 0 件，不予采纳 8 件。被告的陈述不具有证明力。

（2）书证，法院采纳 0 件，不予采纳 4 件。被告提供的书证与本案没有关联性，没有被采纳。

（3）鉴定意见，法院采纳 12 件，不予采纳 4 件。根据鉴定意见，法院认定损害事实的有 4 件，没有损害的有 12 件。

（4）勘验笔录，法院采纳 4 件，不予采纳 0 件。

3. 关于侵权行为与损害事实之间不存在因果关系的举证

（1）当事人的陈述，法院采纳 8 件，不予采纳 0 件。采纳的两件当事人陈述，分别有鉴定意见和勘验笔录予以佐证，没有认定存在因果关系。

（2）书证，法院采纳 4 件，不予采纳 4 件。根据具体情况，法院对被告提供书证效力进行了认定。

（3）鉴定意见，法院采纳 8 件，不予采纳 12 件。原告提供的鉴定意见证明力大于被告提供的鉴定意见，因此 12 件不予采纳。

（4）勘验笔录，法院采纳 0 件，不予采纳 4 件。被告提供勘验笔录没有证明力。

总结：水污染责任纠纷类案被告关于因果关系的举证

第一，举证类型及证据类型与分类

水污染责任纠纷类案共计 140 件，被告举证情形依据数量大小依次为："不存在侵权行为"（76=32+44）、"侵权行为与损害事实之间不存在因果关系"（40=20+20）、"不存在损害事实"（32=16+16）（总数 = 采纳数 + 不采纳数）。

针对"不存在侵权行为"，被告在 76 个案件中采用此举证方式，适用了鉴定意见（24=16+8）、书证（20=12+8）、当事人陈述（20=0+20）、视听资料（8=0+8）、勘验笔录（4=4+0）（总数 = 采纳数 + 不采纳数）。

经分析，可得出以下结论：（1）被告就"不存在侵权行为"所进行的举证，基本依赖于单一形态证据，单一形态证据形成的证据体系，其能否证明待证事实取决于证据与待证事实的相关性；（2）当事人陈述、视听资料在无其他证据佐证时，难以证明待证事实。

针对"侵权行为与损害事实之间不存在因果关系"，被告在 10 个案件中采用此举证方式，适用了鉴定意见（20=8+12）、书证（8=4+4）、当事人陈述（8=8+0）、勘验笔录（4=0+4）（总数 = 采纳数 + 不采纳数）。

经分析，被告就"侵权行为与损害事实之间不存在因果关系"进行举证，可得出以下结论：（1）不同形态证据组合产生的证据体系能够证明待证事实，如当事人陈述与鉴定意见、当事人陈述与勘验笔录组合；（2）单一形态证据形成的证据体系，其能否证明待证事实取决于证据与待证事实的相关性。

针对“不存在损害事实”，被告在32个案件中采用此举证方式，适用了鉴定意见（16=12+4）、当事人陈述（8=0+8）、勘验笔录（4=4+0）、书证（4=0+4）（总数＝采纳数＋不采纳数）。

经分析，可得出以下结论：被告就“不存在损害事实”所进行的举证，基本依赖于单一形态证据，单一形态证据形成的证据体系，其能否证明待证事实取决于证据与待证事实的相关性。

总体而言，被告就“污染行为与损害之间不存在因果关系”举证，140件案件中，被告进行了148项举证，但是仅52件案件中的68项举证被采纳，相对于原告就损害行为与损害结果之间存在关联性举证而言，难度更大。

第二，各类形态证据的证明力及证据体系

对于各类形态证据的证明力，就单一形态证据而言，鉴定意见的被采纳率最高（60=36+24）（总数＝采纳数＋不采纳数），即其证明力相对较强，当事人陈述证明力最低。

就证据形态而言：（1）相互印证的不同形态证据组成的证据体系能够证明待证事实；（2）单一形态证据形成的证据体系，其能否证明待证事实原则上取决于证据本身与待证事实的相关性。

三、噪声污染责任纠纷案件证明标准

噪声污染案件共40件。原告胜诉案件共8件，部分胜诉案件共20件，败诉案件共12件。

根据现有资料，原告方提供的证据类型及法院的认定情况如下：

（一）第一步：原告举证

1. 关于侵权行为的举证

（1）书证。采纳12件，不采纳8件。共有20个案件当事人提交了询问笔录、公证书、情况证明、作业图、派出所出具的证明及调查笔录、诊断证明等书证。其中，4 个案件当事人提交的手绘作业图，无其他证据印证，被告也有异议，故法院未予采信。4 个案件当事人提交的诊断证明等，虽具有真实性，但因原告提出的证据不足以证实被告存在侵权行为，故未予采信。另有 12 个案件当事人提交的书证有其他证据予以印证，法院予以采信。

（2）物证。不采纳 4 件。4 个案件当事人提交了分贝仪物证，虽具有真实性，但因原告提出的证据不足以证实被告存在侵权行为，故未予采信。

（3）视听资料。采纳 4 件，不采纳 8 件。12 个案件当事人提交了照片、噪声录音等视听资料，4 个案件当事人提交的照片有其他证据予以印证，法院予以采信。8 个案件当事人提交的视听资料不能证明被告施工单位排放的噪声超过国家规定的环境噪声排放标准，法院未予采信。

（4）鉴定意见。采纳 12 件，不采纳 4 件。共有 16 个案件当事人提交了检测报告、技术咨询意见书等鉴定意见予以证实，其中 1 个案件检测报告中，虽标明在朱某美、孙某新宿舍外 1 米、中海沥青股份有限公司厂界外的噪声测量值均略高于标准值，但该检测报告未注明主要声源，故不能排除交通噪声对测量值的影响，亦不能证明中海沥青股份有限公司厂界环境噪声排放超标。因此，本案现有证据不能证明中海沥青股份有限公司沥青项目生产过程中所产生的环境噪声超过国家规定的环境噪声排放标准。法院未予采信。

总结：噪声污染责任纠纷类案原告关于侵权行为的举证

第一，主要证据类型及分类

噪声污染责任纠纷类案共计 40 件，依据类案中原告举证所采用证据类型数量大小，依次为：书证（20）、鉴定意见（16）、视听资料（12）、物证（4）。

第二，各类形态证据的证明力

分析噪声污染责任纠纷类案 40 件，原告就侵权行为举证，单一证据形态的证明力存在差异:（1）单一证据形态不足以证明待证事实，如书证、物证;（2）同一证据形态的证据具体到个案之中，证据证明力因与待证事实相关性不同而存在差异;（3）原则上，总体而言，对于证明被告实施了侵权行为，就单一证据证明力而言，鉴定意见的证明力较强。

第三，证据体系

分析噪声污染责任纠纷类案，原告就侵权行为举证所适用的证据形态主要体现为以下各种证据形态的组合: B（0：8）、C（0：4）、D（0：8）、B+D（4：0）、B+G（8：0）、G:（4：4）（A= 当事人的陈述、B= 书证、C= 物证、D= 视听资料、E= 电子数据、F= 证人证言、G= 鉴定意见、H= 勘验笔录）（胜诉与部分胜诉：败诉）。

经分析，原告就侵权行为这一待证事实进行举证而言，可以简单得出以下结论:（1）书证、物证、视听资料等单一证据形态不足以证明待证事实;（2）不同形态的证据组合产生的证明力原则上大于单一证据的证明力。

2. 关于损害事实的举证

（1）书证。采纳 16 件。共有 16 个案件当事人提交了发票、情况说明、收款收据、合格证、住院病历、查体报告等书证，其中 12 个案件当事人提交了鉴定报告、司法鉴定意见等予以印证，另外 4 个案件当事人提交了行政机关出具的证明、调查笔录等多份书证，法院均予以采信。

（2）鉴定意见。采纳 16 件。16 个案件当事人提交了资产评估报告、测算评估意见等鉴定意见，被告均未提出有效证据予以反驳，法院予以采信。

总结：噪声污染责任纠纷类案原告关于损害事实的举证

第一，主要证据类型及分类

噪声污染责任纠纷类案共计40件，依据类案中原告举证所采用证据类型数量大小，依次为：书证（16）、鉴定意见（16）。

第二，各类形态证据的证明力

分析噪声污染责任纠纷类案40件，原告就损害事实举证，就单一证据形态的证明力，似可以得出以下结论：书证、鉴定意见等均具有较强的证明力。

第三，证据体系

分析噪声污染责任纠纷类案，原告就损害举证所适用的证据形态主要体现为以下各种证据形态的组合：B（4:0）、B+G（12:0）、G（4:0）（A=当事人的陈述、B=书证、C=物证、D=视听资料、E=电子数据、F=证人证言、G=鉴定意见、H=勘验笔录）（胜诉与部分胜诉：败诉）。

原告就损害行为这一待证事实进行举证而言，可以简单得出以下结论：（1）原则上，书证、鉴定意见等单一证据形态能够证明待证事实；（2）书证、鉴定意见的组合且相互印证亦能证明待证事实；（3）对于单一证据形态，多种证据组合且相互印证，证明力较强。

3. 关于关联性的举证

（1）书证。采纳12件。12个案件当事人提交了病例证明、医院证明、健康档案等书证，其中8个案件中原告提供了鉴定意见，4个案件中原告提供了视听资料等证据予以佐证，法院予以采信。

（2）鉴定意见。采纳8件。共有8个案件当事人提交了鉴定报告、技术自行意见书等鉴定意见，法院认为能够认定噪音及震动与原告的损失有关联，故予以采信。

（3）视听资料。采纳4件。4个案件当事人提交了视听资料，且提供书证予以佐证，法院予以采信。

总结：噪声污染责任纠纷类案原告关于关联性的举证

第一，主要证据类型及分类

噪声污染责任纠纷类案共计40件，依据类案中原告举证所采用证据类型数量大小，依次为：书证（12）、鉴定意见（8）、视听资料（4）。

第二，各类形态证据的证明力及证据形态

分析噪声污染责任纠纷类案40件，原告就关联性举证，就单一证据形态的证明力及证据形态，可以得出以下结论：（1）原告对关联性之举证，多同侵权行为、损害事实共同举证，这符合法律规定关于原告提供初步关联性论证之规定；（2）原告就关联性举证所适用的证据形态均为多种形态证据的组合，且均被采纳：B+D（4：0）、B+G（8：0）（A=当事人的陈述、B=书证、C=物证、D=视听资料、E=电子数据、F=证人证言、G=鉴定意见、H=勘验笔录）（胜诉与部分胜诉：败诉）。

（二）第二步：被告举证

根据现有资料，被告方提供的证据类型及法院的认定情况如下：

有4个案件当事人分别就侵权行为、损害事实、因果关系，提交了石油企业生产施工备案通知书、说明等书证，法院未予采信。

四、土壤污染责任纠纷案件证明标准

土壤污染案件共80件。原告胜诉案件共20件，原告败诉60件。

（一）第一步：原告举证

1. 关于侵权行为的举证

根据现有资料，原告方提供的证据类型及法院的认定情况如下：

（1）当事人的陈述，法院采纳0件，不予采纳56件。

（2）书证，法院采纳4件，不予采纳4件。

（3）物证，法院采纳 8 件，不予采纳 4 件。

（4）视听资料，法院采纳 4 件，不予采纳 0 件。

总结：土壤污染责任纠纷类案原告关于侵权行为的举证

第一，主要证据类型及分类

土壤污染责任纠纷类案共计 80 件，依据类案中原告举证所采用证据类型数量大小，依次为：当事人陈述（56）、物证（12）、书证（8）、视听资料（4）。

第二，各类形态证据的证明力及证据体系

分析土壤污染责任纠纷类案 80 件，原告就侵权行为举证，单一证据形态的证明力存在差异：（1）单一证据形态不足以证明待证事实，如当事人陈述；（2）同一证据形态的证据具体到个案之中，证据证明力因与待证事实相关性不同而存在差异；（3）原则上，总体而言，对于证明被告实施了侵权行为，就单一证据证明力而言，物证的证明力较强。

2. 关于损害事实的举证

（1）书证，法院采纳 4 件，不予采纳 16 件。

（2）物证，法院采纳 12 件，不予采纳 12 件。

（3）证人证言，法院采纳 4 件，不予采纳 4 件。

（4）鉴定意见，法院采纳 4 件，不予采纳 0 件。

总结：土壤污染责任纠纷类案原告关于损害事实的举证

第一，主要证据类型及分类

土壤污染责任纠纷类案共计 80 件，依据类案中原告举证所采用证据类型数量大小，依次为：物证（24）、书证（20）、证人证言（8）、鉴定意见（4）。

第二，各类形态证据的证明力及证据形态

分析土壤污染责任纠纷类案 80 件，原告就损害事实举证，就单一证据形态的证明力由单一形态证据形成的证据体系而言，似可以得出以下结论：鉴定意见、书证证明力较大，证人证言及物证需要辅助其他证据证明。

3. 关于关联性的举证

（1）物证，法院采纳 4 件，不予采纳 0 件。

（2）鉴定意见，法院采纳 8 件，不予采纳 4 件。

总结：土壤污染责任纠纷类案原告关于关联性的举证

第一，主要证据类型及分类

土壤污染责任纠纷类案共计 80 件，依据类案中原告举证所采用证据类型数量大小，依次为：鉴定意见（12）、物证（4）。

第二，各类形态证据的证明力及证据形态

分析土壤污染责任纠纷类案 80 件，原告对关联性之举证，多同侵权行为、损害事实共同举证，这符合法律规定关于原告提供初步关联性论证之规定。

（二）第二步：被告举证

根据现有资料，被告方提供的证据类型及法院的认定情况如下：

1. 关于不存在侵权行为的举证

（1）当事人的陈述，法院采纳 0 件，不予采纳 4 件。

（2）书证，法院采纳 0 件，不予采纳 8 件。

（3）物证，法院采纳 4 件，不予采纳 4 件。

（4）鉴定意见，法院采纳 16 件，不予采纳 8 件。

2. 关于不存在损害事实的举证

鉴定意见，法院采纳 4 件，不予采纳 0 件。

3. 关于侵权行为与损害事实之间不存在因果关系的举证

（1）书证，法院采纳 4 件，不予采纳 16 件。

（2）物证，法院采纳 0 件，不予采纳 8 件。

总结：土壤污染责任纠纷类案被告关于因果关系的举证

第一，举证类型及证据类型与分类

土壤污染责任纠纷类案共计 80 件，被告举证情形依据数量大小依次为：“不存在侵权行为”（44=20+24）、“侵权行为与损害事实之间不存在因果关系”（28=4+24）、“不存在损害事实”（4=4+0）（总数 = 采纳数 + 不采纳数）。

针对“不存在侵权行为”，被告在 44 个案件中采用此举证方式，适用了鉴定意见（24=16+8）、书证（8=0+8）、物证（8=4+4）、当事人陈述（4=0+4）（总数 = 采纳数 + 不采纳数）。

经分析，可得出以下结论：（1）被告就“不存在侵权行为”所进行的举证，基本依赖于单一形态证据，单一形态证据形成的证据体系，其能否证明待证事实取决于证据与待证事实的相关性；（2）当事人陈述、书证在无其他证据佐证时，难以证明待证事实。

针对“侵权行为与损害事实之间不存在因果关系”，被告在 28 个案件中采用此举证方式，适用了书证（20=4+16）、物证（8=0+8）（总数 = 采纳数 + 不采纳数）。

经分析，被告就“侵权行为与损害事实之间不存在因果关系”进行举证，可得出以下结论：单一形态证据形成的证据体系，被采纳率较低。

针对“不存在损害事实”，被告在 4 个案件中采用此举证方式，适用了鉴定意见（4=4+0）（总数 = 采纳数 + 不采纳数）。

总体而言，被告就“污染行为与损害之间不存在因果关系”举证，80件案件中，被告进行了76项举证，但是仅28案件中的28项举证被采纳，相对于原告就损害行为与损害结果之间存在关联性举证而言，难度更大。

第二，各类形态证据的证明力及证据体系

分析土壤污染责任纠纷类案80件，原告就“侵权行为与损害事实之间不存在因果关系”“不存在侵权行为”“不存在损害事实”进行了76项举证。

对于各类形态证据的证明力，就单一形态证据而言，鉴定意见适用最多且被采纳率最高（28=20+8）（总数 = 采纳数 + 不采纳数），其他形态证据证明力均较低。

就证据形态而言，该76项举证均为单一证据组合，因此同上。

五、环境侵权责任纠纷类案证明标准

在分别研究大气污染责任纠纷类案证明标准、水污染责任纠纷类案证明标准、噪声污染责任纠纷类案证明标准、土壤污染责任纠纷类案证明标准基础上，本部分研究作为其上级案由的环境侵权责任纠纷类案的证明标准。

环境侵权责任纠纷类案胜败诉案件数

胜诉（含部分胜诉）案件数	败诉案件数
188	156

由上表可知，实践中，环境侵权责任纠纷案件中，原告起诉后，胜诉率为54.7%，但是具体到该案由下辖的类案中，胜诉率有所不同，大体可以分为两类：一是胜诉率在50%以上，大气污染责任纠纷类案、水污染责任纠纷类案、噪声污染责任纠纷类案胜诉率分别为61.9%、62.9%、70%；二是胜诉率在50%以下，土壤污染责任纠纷类案胜诉率为25%。

本部分关注两个方面：一是研究环境侵权责任纠纷类案的证明标准；二是大体分析大气污染责任纠纷类案、水污染责任纠纷类案、噪声污染责任纠纷类案、土壤污染责任纠纷类案与环境侵权责任纠纷类案在证明标准方面的差异性。

（一）第一步：原告举证

依据法律规定，原告需就污染者排放了污染物、被侵权人的损害、污染者排放的污染物或者其次生污染物与损害之间具有关联性分别承担举证责任。

1. 原告关于侵权行为的举证

第一，主要证据类型及分类。

	大气类案	水类案	噪声类案	土壤类案	
A 当事人的陈述	84	116			200
B 书证	52	76	20	20	168
C 物证		8	4	12	36
D 视听资料	24	4	12		10
E 电子数据					
F 证人证言	4	12		8	24
G 鉴定意见		36	16	4	52
H 勘验笔录		32			32

实践中，原告证明被告存在侵权行为，对法律规定的各种证据除电子证据之外，均有所适用，但是适用量上存在一定差距：当事人陈述适用最多，书证次之，鉴定意见、视听资料也较为常见，勘验笔录、物证、证人证言较为少见。

但是，具体到下级类案，原告举证时所适用的各类形态证据有所差异：（1）噪声污染责任纠纷类案相对于其他三类，最大差别在于没有当事人陈述，实质上这与噪声污染之特殊性相关，因为噪声污染取证较为困难，因此，司法实践中，噪声污染责任纠纷案件中原告就侵权行为举证一般不采用当事人陈述这一证据形态；（2）水污染责任纠纷类案相对于其他三类，最大差别在于原告举证较多适用勘验笔录，实质上这与水污染之特殊性有相关性，实践中，勘验笔录被适用较多；（3）整体而言，其他证据在四类类案中适用较为均衡，尤其是书证与鉴定意见。

第二，各类形态证据的证明力。

原告就侵权行为举证，单一证据的证明力存在差异：（1）单一证据形态不足以证明存在损害事实，如当事人陈述；（2）单一证据形态在某些类案中不足以证明存在损害事实，如书证、勘验笔录在水污染责任纠纷案件中不能证明存在损害事实，书证、物证在噪声污染责任纠纷案件中不能证明存在损害事实，但是在其他类案中可以证明存在损害事实；（3）同一证据形态的证据具体到个案之中，证据证明力可能因具体证据不同（如同样作为书证，对于人民法院生效的裁判文书和国家机关依职权制作的公文文书，其证明力一般大于其他书证），也可能因与待证事实相关性不同而存在差异（如勘验笔录）；（4）原则上，总体而言，对于证明被告实施了侵权行为，就单一证据证明力而言，其证明力大小取决于证据本身及其与待证事实的相关性，相关性相同的情形下，鉴定意见的证明力较大，当事人的陈述证明力最小，其他五类证据次之。具体到各类类案中，也有所不同：如视听资料在大气污染责任纠纷类案中的证明力较强，但是类案中证明力则一般。

第三，证据体系。

对于原告证明侵权行为存在与否进行举证所形成的证据体系，大体分为两类四种情况：第一类，单一形态证据形成的证据体系：单一证据组成的证据体系、单一形态证据中的多种证据组成的证据体系；第二类，多种形态证据组成的证据体系：多种形态证据简单相加组成的证据体系、多种形态证据相加并相互印证组成的证据体系。所有案件中出现的证据组合为：A（0 : 60）、B（4 : 12）、C（8 : 8）、D（4 : 8）、G（4 : 4）、A+B（76:40）、A+C（0:8）、A+D（20:4）、A+F（0:12）、A+G（16:4）、A+H（12 : 12）、B+D（4 : 0）、B+G（8 : 0）、A+D+G : 4 : 0）、A+F+G（4 : 0）、A+G+H（8:0）（A= 当事人的陈述、B= 书证、C= 物证、D= 视听资料、E= 电子数据、F= 证人证言、G= 鉴定意见、H= 勘验笔录）（胜诉与部分胜诉：败诉）。

第一类		第二类	
胜诉（含部分）	败诉	胜诉（含部分）	败诉
20	92	152	80

整体而言，第二类“多种形态证据组成的证据体系”在证明待证事实的胜败诉比（152/80）上比第一类“单一形态证据形成的证据体系”（20/92）大很多，也即第二类证据体系更能证明待证事实。

另外，具体到第一类“单一形态证据形成的证据体系”，其证明力取决于两点：一是与上述分析相同，取决于证据与待证事实的相关性；二是单一形态证据的数量。原则上，单一证据组成的证据体系的证明力＜单一形态证据中的多种证据组成的证据体系。具体到第二类，不同形态的证据或者是不同证据之间所产生的证明力大小并非完全取决于证据数量的简单叠加，如同样是 A+B 组合，具体到个案中，其能否证明侵权行为存在与否存在不同，分析表明证据之间相互支撑、相互印证所产生的正向效力大于两者简单的叠加。

概言之，原告欲证明存在侵权行为，利用证据组成的证据体系具有以下特点较为可行：（1）避免单独使用当事人的陈述与证人证言，鉴定意见的证明力较强；（2）提供的证据需与待证事实具有相关性；（3）尽量提供多种形态证据或同一形态证据中的多种，并保证证据之间能相互印证。

2. 原告关于损害事实的举证

第一，主要证据类型及分类。

	大气类案	水类案	噪声类案	土壤类案	
A 当事人的陈述					
B 书证	52	60	16	20	148
C 物证	4	12		24	40
D 视听资料	12	8		4	24
E 电子数据					
F 证人证言				8	8
G 鉴定意见	36	52	16	4	108
H 勘验笔录		20			20

实践中，原告证明存在损害事实，对法律规定的各种证据除当事人的陈述、电子证据外，均有所适用，但是适用量上存在一定差距：书证、鉴定意见适用最多，物证次之，视听资料、勘验笔录也较为常见，证人证言较为少见。

原告对损害事实的举证，相对于侵权行为的举证而言，所适用的证据形态有所差别，未见当事人的陈述适用。具体到下级类案，原告举证时所适用的各类形态证据差异也不大，仅是水污染责任纠纷类案相对于其他三类，最大差别在于适用了勘验笔录，这与水污染性质相关，其比较容易被察觉却又不容易保存证据，因此多与鉴定意见相组合。

整体而言，其他证据在四类类案中适用较为均衡，尤其是书证与鉴定意见。相对于原告就侵权行为举证而言，原告就损害事实举证适用鉴定意见的比率更高。

第二，各类形态证据的证明力。

原告就损害事实举证，单一证据的证明力存在差异：（1）同一证据形态的证据具体到个案之中，证据证明力因具体证据不同而存在差异，或因与待证事实相关性不同而存在差异;(2)原则上，对于证明被害人受到了损失，较难得出单一证据证明力的大小程度，具体到案件中，单一证据的证明力大小取决于其客观性以及其与所举证事实之间的相关性;(3)在噪声、土壤污染责任纠纷类案中，鉴定意见的证明力较强，书证也较强。

第三，证据体系。

与上述相同，对于原告证明侵权行为存在与否进行举证所形成的证据体系，大体也分为两类四种情况：第一类，单一形态证据形成的证据体系：单一证据组成的证据体系、单一形态证据中的多种证据组成的证据体系；第二类，多种形态证据组成的证据体系：多种形态证据简单相加组成的证据体系、多种形态证据相加并相互印证组成的证据体系。所有案件中出现的证据组合为：B(60：48)、C(12：28)、G(72：8)、H(0：16)、B+D(12：4)、B+G(12：8)、B+H(4：0)、D+G(4：0)(A=当事人的陈述、B=书证、C=物证、D=视听资料、E=电子数据、F=证人证言、G=鉴定意见、H=勘验笔录)(胜诉与部分胜诉：败诉)。[①]

第一类		第二类	
胜诉(含部分)	败诉	胜诉(含部分)	败诉
156	104	32	12

同样，整体而言，第二类“多种形态证据组成的证据体系”在证明待证事实的胜败诉比(32/12)上比第一类“单一形态证据形成的证据体系”(156/104)大很多，也即第二类证据体系更能证明待证事实。但是实践中，不同于原告就侵权行为进行举证，原告就损害事实举证多使用单一形态证据进行举证，实质上这与损害事实更难举证有一定关系，法律也明确规定原告需证明的是初步证明责任。

①40个案件中，原告并没有就损害事实进行举证。

另外，具体到第一类“单一形态证据形成的证据体系”，其证明力取决于两点：一是与上述分析相同，取决于证据与待证事实的相关性；二是单一形态证据的数量。原则上，单一证据组成的证据体系的证明力 < 单一形态证据中的多种证据组成的证据体系。具体到第二类，多种形态证据简单相加组成的证据体系 < 多种形态证据相加并相互印证组成的证据体系。

概言之，相对于举证侵权行为而言，原告举证损害事实更为不易，这体现于两个方面：一是 40 个案件中，原告未就损害事实进行举证；二是举证所适用的证据体系多为单一证据组成的。

原告欲证明存在损害事实，利用证据组成的证据体系称以下特点较为可行：(1) 避免单独使用勘验笔录、物证与证人证言，鉴定意见与书证的证明力较强，可多使用；(2) 提供的证据需与待证事实具有相关性；(3) 尽量提供多种形态证据或同一形态证据中的多种，并保证证据之间能相互印证。

3. 原告关于关联性的举证

第一，主要证据类型及分类。

	大气类案	水类案	噪声类案	土壤类案	
A 当事人的陈述	4	4			8
B 书证	28	4	12		44
C 物证				4	4
D 视听资料	8	4	4		16
E 电子数据					
F 证人证言					
G 鉴定意见	24	40	8	12	84
H 勘验笔录		8			8

实践中，原告证明侵权行为与损害事实存在关联性，对法律规定的

各种证据除电子证据、证人证言之外，均有所适用，但是适用量上存在一定差距：鉴定意见适用最多，书证次之，当事人的陈述、物证、视听资料、勘验笔录较少。

整体而言，相对于就侵权行为、损害事实进行举证，原告就关联性进行举证，各类证据的适用较为均衡，但是整体数量偏少，实质上很多案件中当事人并没有出具证据证明关联性，更多的是出具证明存在侵权行为、损害事实的证据之时，同时证明其存在关联性，或者是法院依据原告出具的证据直接作出判断。

另外，相对于原告就侵权行为、损害事实举证而言，原告就关联性举证适用鉴定意见的比率更高。

第二，各类形态证据的证明力及证据形态。

分析之，可以得出以下结论：（1）原告对关联性之举证，多同侵权行为、损害事实共同举证，这符合法律规定关于原告提供初步关联性论证之规定；（2）同一证据形态的证据具体到个案之中，证据证明力因具体证据不同而存在差异，单一证据的证明力大小取决于其客观性以及其与所待证事实之间的相关性；（3）原告就关联性举证所适用的证据形态均为单一形态证据；（4）少有案件适用多种形态证据的组合，多种形态证据之间相互印证能够证明待证事实。

（二）第二步：被告举证

《最高人民法院关于审理环境侵权责任纠纷案件适用法律若干问题的解释》第7条[①]以“类型化＋兜底条款”的形式规定了污染者举证证明后不承担责任之情形，但是大气污染责任纠纷类案中，被告主要针对“不

①《最高人民法院关于审理环境侵权责任纠纷案件适用法律若干问题的解释》第七条 污染者举证证明下列情形之一的，人民法院应当认定其污染行为与损害之间不存在因果关系：（1）排放的污染物没有造成该损害可能的；（2）排放的可造成该损害的污染物未到达该损害发生地的；（3）该损害于排放污染物之前已发生的；（4）其他可以认定污染行为与损害之间不存在因果关系的情形。

存在侵权行为”“不存在损害事实”“侵权行为与损害事实之间不存在因果关系”三种情形予以举证。

被告在84件大气污染责任纠纷类案中针对其中56件案件就“侵权行为与损害事实之间不存在因果关系”“不存在侵权行为”“不存在损害事实”其中的一项进行了64项举证；在140件水污染责任纠纷类案中针对全部140件案件就“侵权行为与损害事实之间不存在因果关系”“不存在侵权行为”“不存在损害事实”其中的一项或两项进行了148项举证；在40件噪声污染责任纠纷类案中针对其中4件案件就“侵权行为与损害事实之间不存在因果关系”“不存在侵权行为”“不存在损害事实”分别予以举证；被告在80件大气污染责任纠纷类案中针对其中76件案件就“侵权行为与损害事实之间不存在因果关系”“不存在侵权行为”“不存在损害事实”其中的一项进行了76项举证。被告举证情形依据数量大小依次为：“不存在侵权行为”（132=52+80）、“侵权行为与损害事实之间不存在因果关系”（124=24+100）、“不存在损害事实”（44=24+20）。总体而言，相对于原告就损害行为与损害结果之间存在关联性举证而言，被告举证难度更大。这也符合法律关于举证责任倒置规定的设置。

针对“不存在侵权行为”，被告在132个案件对此举证，适用了鉴定意见（48=32+16）、书证（40=12+28）、当事人陈述（20=0+20）、视听资料（8=0+8）、勘验笔录（4=4+0）、物证（8=4+4）（总数=采纳数+不采纳数）。

经分析，可得出以下结论：（1）被告就“不存在侵权行为”所进行的举证，基本依赖于单一形态证据，单一形态证据形成的证据体系，其能否证明待证事实取决于证据与待证事实的相关性；（2）当事人陈述、书证、视听资料在无其他证据佐证时，一般难以证明待证事实；（3）鉴定意见证明力较大，适用鉴定意见或者适用鉴定意见与其他形态证据举证，形成的证据体系，一般能够证明待证事实。

针对“侵权行为与损害事实之间不存在因果关系”，被告在124个案件中对此举证，适用了鉴定意见书证（56=8+48）、鉴定意见（40=8+32）、当事人陈述（8=8+0）、物证（8=0+8）、书证（4=0+4）、视听资料（4=0+4）、勘验笔录（4=0+4）（总数 = 采纳数 + 不采纳数）。

经分析，被告就“侵权行为与损害事实之间不存在因果关系”进行举证，可得出以下结论：（1）单一形态证据形成的证据体系，被采纳率较低；（2）单一形态证据形成的证据体系，其能否证明待证事实取决于证据与待证事实的相关性；（3）不同形态证据组合产生的证据体系能够证明待证事实，如当事人陈述与鉴定意见、当事人陈述与勘验笔录组合。

针对“不存在损害事实”，被告在44件案件中对此举证，适用了鉴定意见（20=16+4）、书证（12=4+8）、当事人陈述（8=0+8）、勘验笔录（4=4+0）（总数 = 采纳数 + 不采纳数）。

经分析，可得出以下结论：被告就“不存在损害事实”所进行的举证，基本依赖于单一形态证据，单一形态证据形成的证据体系，其能否证明待证事实取决于证据与待证事实的相关性；有鉴定意见参与组成的证据体系证明力较强。

整体而言，被告就“侵权行为与损害事实之间不存在因果关系”“不存在侵权行为”“不存在损害事实”进行举证，被采纳率较低，远低于原告关于侵权行为与损害事实存在关联性的举证。这符合法律制度之设计。因此，被告举证推翻原告主张需做到：（1）尽量多地适用鉴定意见，尤其是鉴定意见与其他形态证据相互佐证；（2）鉴定意见可以同时推翻原告的多项举证。

山东省高级人民法院
环境侵权案件证明标准规范指引

为统一案件裁判尺度，实现同案同判，根据《中华人民共和国民事诉讼法》《中华人民共和国侵权责任法》《最高人民法院关于审理环境侵权责任纠纷案件适用法律若干问题的解释》等有关法律、司法解释的规定，结合审判实际，制定本规范指引。

第一章　总　则

1. 环境侵权案件的当事人应当向人民法院提交证据证明以下事实：

（1）是否存在侵权行为；

（2）是否存在损害后果；

（3）侵权行为和损害后果之间是否具有因果关系。

法条链接:《中华人民共和国民事诉讼法》第六十四条第一款;《中华人民共和国侵权责任法》第六十五条;《最高人民法院关于审理环境侵权责任纠纷案件适用法律若干问题的解释》第一条。

2. 原告应当就以下事实承担举证责任：

（1）被告排放了污染物，存在侵权行为；

（2）原告具有损害后果，实际损失及损失范围；

（3）侵权行为与损害后果之间具有关联性。

法条链接:《最高人民法院关于审理环境侵权责任纠纷案件适用法律若干问题的解释》第六条。

案例索引:（1）山东省淄博市中级人民法院（2017）鲁 03 民初 57 号聊城市人民检察院诉被告路某太环境污染责任纠纷案民事判决书；

（2）山东省烟台市中级人民法院（2017）鲁 06 民初 8 号烟台市人民检察院诉被告王某殿、马某凯环境污染公益诉讼案民事判决书。

3. 被告应当就以下事实承担举证责任：侵权行为与损害后果之间不存在因果关系；法律规定的不承担责任或者减轻责任的情形。

法条链接:《中华人民共和国侵权责任法》第六十六条。

案例索引：山东省高级人民法院（2016）鲁民终2281号上诉人烟台鸿润海洋生物科技有限公司与上诉人烟台万华氯碱有限责任公司环境污染损害赔偿纠纷案民事判决书。

4. 人民法院在适用因果关系举证责任倒置要求被告承担举证责任时，原告应当就侵权行为、损害后果以及侵权行为与损害后果之间具有关联性完成初步举证责任。

原告未能就被告具有侵权行为、自己具有损害事实、侵权行为和损害事实之间具有关联性进行举证的，应当驳回原告的诉讼请求或驳回起诉。

法条链接:《中华人民共和国侵权责任法》第六十六条;《最高人民法院关于审理环境侵权责任纠纷案件适用法律若干问题的解释》第一条。

案例索引:（1）山东省滕州市人民法院（2016）鲁0481民初1922号原告张某玉诉被告山东八一煤电化有限公司环境污染责任纠纷案民事判决书；

（2）山东省莱阳市人民法院（2012）莱阳团民初字第227号原告梁某军诉被告徐某庆、徐某辉、翟某环境污染责任纠纷案民事判决书。

5. 对负有举证证明责任的当事人提供的证据，人民法院应对其真实性、合法性和关联性进行审查。经审查并结合相关事实，确信待证事实的存在具有高度可能性的，应当认定该事实存在。

对提供反驳证据的，法院审查后认为待证事实真伪不明的，可以认定该当事人完成举证证明责任。

法条链接:《最高人民法院关于适用〈中华人民共和国民事诉讼法〉的解释》第一百零四条。

6. 环境侵权案件当事人为证明自己的主张，可以提交以下证据：

（1）当事人的陈述、专家意见；

（2）环境监测报告、排污申报表、企业生产记录、环保设施运行记录、环境侵权事故调查处理报告等书证；

（3）物证；

（4）现场照片、视频等视听资料；

（5）电子数据；

（6）证人证言；

（7）鉴定意见；

（8）勘验笔录。

以上证据必须符合法律的规定，具有客观性、关联性、合法性，并且经过当庭举证、质证、查证属实，才能作为认定案件事实的依据。

法条链接：《中华人民共和国民事诉讼法》第六十三条。

7. 当事人可以向人民法院陈述案件的事实。人民法院对当事人的陈述，应当结合本案的其他证据审查确定能否作为认定案件事实的根据。

8. 当事人向人民法院提供的书证、物证，应当提供原件或者原物。如需自己保存证据原件、原物或者提供原件、原物确有困难的，可以提供经人民法院校对无异的复印件或者复制品。

9. 当事人向人民法院提交视听资料、电子数据，应当提供原始载体。人民法院应当辨别真伪，并结合本案的其他证据，审查确定能否作为认定事实的依据。

10. 当事人向人民法院申请证人出庭作证的，应当符合《最高人民法院关于民事诉讼证据的若干规定》第五十三条、第五十四条、第五十五条、第五十六条、第五十七条、第五十八条的规定。

11. 当事人申请鉴定，可以在举证期限届满前提出。申请鉴定的事项与待证事实无关联，或者对证明待证事实无意义的，人民法院不予准许。

人民法院准许当事人鉴定申请的，应当组织双方当事人协商确定具备相应资格的鉴定人。当事人协商不成的，由人民法院指定。

符合依职权调查收集证据条件的，人民法院应当依职权委托鉴定，在询问当事人的意见后，指定具备相应资格的鉴定人。

12. 人民法院认为有必要的，可以根据当事人的申请或者依职权对物证或者现场进行勘验。

13. 一方当事人提出的以下证据，对方当事人提出异议，但没有足以反驳的相反证据的，人民法院应当确认其证明力：

（1）书证原件或者与书证原件核对无误的复印件、照片、副本节录本；

（2）物证原物或者与物证原物核对无误的复印件、照片、录像资料等；

（3）有其他证据佐证并以合法手段取得的、无疑点的视听资料或者与视听资料核对无误的复印件；

（4）人民法院委托鉴定部门作出的鉴定结论，当事人没有足以反驳的相反证据和理由的；

（5）一方当事人申请人民法院依照法定程序制作的对物证或者现场的勘验笔录。

第二章　侵权行为证据审查

14. 为证明被告存在侵权行为，原告可以向人民法院提交以下证据：

（1）刑事判决书等裁判文书；

（2）环境监测报告、排污申报表、企业生产记录、环保设施运行记录；

（3）环境侵权事故调查处理报告、行政主管部门的调查处理材料；

（4）现场公证、勘验笔录；

（5）照片、视频等。

15. 原告提供上述证据后，被告没有相反证据反驳的，或自认实施了侵权行为的，人民法院经审查，可以认定被告实施了侵权行为。

16. 被告可以提出下列证据，证实侵权行为不存在：

（1）被告并未排放能够造成原告损害的侵权物的证据，包括：企业生产记录、排污申报、环境监测报告、环境保护设施运行记录或者企业污染物排放记录；

（2）被告排放的侵权物不能到达环境损害地点的证据，包括：停产停业证明；当事人陈述、证人证言；照片、视频等；

（3）原告损害是环境侵权以外的原因所致的证据，包括：环境保护行政主管部门及其他环境监督管理部门的调查处理报告、法定鉴定机构出具的鉴定报告，以及有关专家出具的鉴定意见。

17. 人民法院对原、被告提供的以上证据，应当注意审查以下要点：

（1）“三性”审查：刑事判决书等司法文书是否为生效文书，对侵权行为是否明确予以认定；环境监测报告、排污申报表、企业生产记录、环保设施运行记录中对侵权行为是否有明确的记载；环境侵权事故调查处理报告、行政主管部门的调查处理材料中对环境侵权案件的发生是否有明确结论；现场公证、勘验笔录是否具有不符合法律规定的情形；照片、视频是否是原件，是否经过剪辑；当事人陈述、证人证言等证据是否有其他证据予以佐证。

（2）“证明力”审查：单一证据形态不足以证明存在损害事实，如当事人陈述；单一证据形态在某些类案中不足以证明存在损害事实，如书证、勘验笔录在水污染责任纠纷案件中不能证明存在损害事实，书证、物证在噪声污染责任纠纷案件中不能证明存在损害事实，但是在其他类案中可以证明存在损害事实；同一证据形态的证据具体到个案之中，证据证明力可能因具体证据不同，如同样作为书证，对于人民法院生效的裁判文书和国家机关依职权制作的公文文书，其证明力一般大于其他书证。因此，对于证明被告实施了侵权行为，就单一证据证明力而言，其证明力大小取决于证据本身及其与待证事实的相关性，相关性相同情形下，鉴定意见的证明力较大，当事人的陈述证明力最小，其他五类证据次之。

18. 原告提交的证据组成的证据体系呈以下特点时，可以证明侵权行为存在：

（1）避免单独使用当事人的陈述与证人证言，鉴定意见的证明力较强；

（2）提供的证据需与待证事实具有相关性；

（3）提供了多种形态证据或同一形态证据中的多种，且证据之间能相互印证。

案例索引：（1）纪某强等三十三户果农诉青岛奥特富龙公司氟化物致环境污染损害赔偿案；

（2）山推工程公司、山推道路公司与田庄煤矿、济宁高新区管委会煤炭开采导致塌陷财产损害赔偿案；

（3）严某洪与滕州农村公路管理处公路建设致水污染责任损害赔偿案。

第三章　损害事实证据审查

19. 为证明自己存在损害事实，原告可以向人民法院提交以下证据：

（1）刑事判决书等裁判文书；

（2）事故发生后原被告共同对动植物死亡、减产等所作的清点记录；

（3）政府、行政主管部门、基层组织在污染发生后对损失所作的调查结果；

（4）现场公证、勘验笔录、鉴定报告等查明的损失结果；

（5）医疗记录、病历等载明的损害后果；

原告提供了上述证据后，被告没有相反证据反驳的，人民法院经审查，可以认定原告举证证明了损害后果。

20. 人民法院对原告提供的以上证据，应当注意审查：

（1）“三性”审查：刑事判决书等司法文书是否已经生效；对动植物死亡、减产等所作的清点记录上是否有当事人的签字、盖章；政府、行政主管部门、基层组织在污染发生后对损失所作的调查结果是否明确记载了损失情况；现场公证、勘验笔录、鉴定报告是否符合法律的规定；医疗记录、病历等是否真实，与本案是否具有关联性。

（2）“证明力”审查：原告就损害事实举证，单一证据的证明力存在差异：同一证据形态的证据具体到个案之中，证据证明力因具体证据不同而存在差异，或因与待证事实相关性不同而存在差异；原则上，对于证明被害人受到了损失，较难得出单一证据证明力的大小程度，具体到案件中，单一证据的证明力大小取决于其客观性以及其与所举证事实之间的相关性。

21. 原告提交的证据组成的证据体系呈以下特点时，可以证明损害事实存在：

（1）避免单独使用勘验笔录、物证与证人证言，鉴定意见与书证的证明力较强；

（2）提供的证据需与待证事实具有相关性；

（3）提供了多种形态证据或同一形态证据中的多种，且证据之间能相互印证。

22. 人民法院经审理查明被告实施了侵权行为、存在损害后果、侵权行为与损害后果具有因果关系，但因证据灭失等原因无法准确确定损失数额的，可以根据双方举证并结合经验法则等，合理确定一个损失数额，不宜以原告未举证证明而驳回其赔偿请求。

原告损失数额的确定，可以参照政府部门的相关规定，结合证人证言、所在基层单位的证明情况、侵权行为持续时间及污染程度、规模等因素予以合理确认。

案例索引:(1)程某芳诉薛某秋、黄骅市瑞通运输队、中国人民财产保险股份有限公司沧州市分公司水污染责任纠纷案;

(2)张某玉与山东八一煤电化有限公司环境污染责任纠纷案;

(3)王某全与孙某苍、杨某和、杜某亮、孙某田、临沂市兰山区汪沟镇杏花村二组、临沂市兰山区汪沟镇杏花村民委员会水污染侵权纠纷案。

第四章　关联性证据审查

23. 原告应当提交侵权行为与损害事实具有关联性的初步证明材料,不要求证据与污染行为之间存在必然的直接联系,只需证明因果关系存在的可能性即可。

24. 原告就侵权行为与损害事实之间具有关联性,可以提供以下证据予以证明:

(1)事故调查处理报告;

(2)鉴定报告、社会调查报告、科学研究报告;

(3)有关污染者周围动植物、人群受损害就医、治疗增加情况的统计结果;

(4)专家意见。

25. 人民法院对原告提供的以上证据,应当注意审查:

(1)事故调查处理报告等对侵权行为与损害后果之间存在关联性是否作出认定;

(2)鉴定报告、社会调查报告、科学研究报告等,是否能够证明污染行为与损害后果之间具有关联性,是否为相关专业机构或有资质部门作出的;

（3）有关污染者周围动植物、人群受损害就医、治疗增加情况的统计结果与本案是否具有关联性；

（4）专家意见是否能够证明侵权行为可能导致损害后果，专家是否属于本领域专家。

原告提供了上述证据，被告没有相反证据反驳的，人民法院经审查，可以认定其就侵权行为与损害后果之间存在关联性完成了初步证明责任。

【案例索引】（1）东营市河口区人民法院（2008）河民初字第312号东营市河口区东港养殖有限责任公司与中国石化集团胜利石油管理局地球物理勘探开发公司环境污染责任纠纷案；

（2）山东省邹城市人民法院（2010）邹民初字第1747号丁某甲与湖北独山建筑工程有限责任公司噪音污染侵权纠纷案；

（3）山东省龙口市人民法院（2011）龙民三初字第84号李某贞与龙口汕鹏建筑工程安装有限公司环境污染责任纠纷案。

第五章　因果关系证据审查

26. 被告就侵权行为与损害事实之间不具有因果关系，可以提供环境影响评价报告、危险物处置合同、新闻报道、气象资料等书证，微信截图等视听资料以及鉴定意见等证据予以证实。

27. 在因果关系难以判定的情况下，一方当事人申请对因果关系进行鉴定，如具备鉴定条件，但另一方明确拒绝或不配合，导致无法进行鉴定的，该当事人应当承担不利的后果。

被告提交鉴定意见，证实污染行为与损害事实之间不具有因果关系的，人民法院应注重审查：

（1）鉴定是否经过双方同意，并由双方共同确认送检的检材。对于单方委托的鉴定报告，一般不予采纳。如对方不予认可并提出重新鉴定的，应予以准许。

（2）双方共同委托的鉴定报告，如当事人有异议，鉴定机构应予以回复，并出庭接受质询。鉴定人员如不出庭，对鉴定意见涉及的内容不予采纳。

（3）当事人对于鉴定报告仍有异议，要求重新鉴定的，如没有证据证明鉴定程序、鉴定方法等存在瑕疵的，一般不予以准许。

28. 被告举证证明下列情形之一的，人民法院应当认定其污染行为与损害之间不存在因果关系：

（一）排放的污染物没有造成该损害可能的；

（二）排放的可造成该损害的污染物未到达该损害发生地的；

（三）该损害于排放污染物之前已发生的；

（四）其他可以认定污染行为与损害之间不存在因果关系的情形。

案例索引：（1）南京市建邺区人民法院（2016）苏 0105 民初 4715 号南京药大房地产开发有限公司与纪某广及原审被告南京紫竹物业管理股份有限公司噪声污染纠纷案；

（2）沈阳经济技术开发区开发区人民法院（2016）辽 0191 民初 201 号中铁十九局集团（辽宁）灯辽公路投资建设有限公司与被上诉人周某仁噪声污染责任纠纷案。

第六章　附　则

29. 被告举证证明下列情形之一的，可以免除或减轻其相应的赔偿责任：

（1）不可抗力；

（2）受害人的故意或重大过失；

（3）法律规定的其他事由。

30. 两个以上被告分别实施污染行为造成同一损害，其中一个被告主张其行为不足以造成全部损害，请求承担较小责任的，应当就其主张提供证据证明。

31. 两个以上被告分别实施污染行为造成同一损害，其中一个被告以其系合法排污、未超标排污等，主张承担较小责任的，应当就其主张提供证据证明。

32. 在涉及噪声、光、电磁波等污染案件中，被告以其未超过排放标准主张不承担侵权责任的，当就其主张提供证据证明。

故意杀人类案证明标准研究报告*

凡案件事实都需要证据予以证实，凡是证明案件事实的证据都需要满足质与量的特定要求，这个要求就是证明标准。课题组立足故意杀人案件的事实和证据特征，对530例生效判决书进行深入分析，总结归纳出故意杀人案件的事实内容，逐一厘清每项事实需要的证据，在此基础上就犯罪事实特别是基本犯罪事实证据的运用展开研究，归纳形成了故意杀人罪证明标准的参照图表及图谱，以利于与信息化平台对接并指导实践。

一、故意杀人案件证据审查认定现状及问题分析

（一）故意杀人案件审判基本态势

刑诉法修订以来，中央及“两高两部”围绕防范冤错案件、排除非法证据、规范电子证据取证、完善鉴定机构和鉴定标准等下发了一系列指导性文件，使刑事证据制度更趋规范、严格、完备。适应这一变化，侦诉机关着力强化证据裁判意识，着力提升规范执法水平，案件证据质量实现稳步提升。但是与推进以审判为中心的诉讼制度改革要求相适应，与日益严格的证据裁判要求相比较，侦诉机关取证和人民法院证据裁判水平仍存在一定差距，有待进一步提升。以我省为例，2017年全省检察机关以事实不清、证据不足退回补充侦查案件1.1万次①，全省法院二审（复

*课题主持人：吴　靖　山东省高级人民法院刑事审判第四庭　庭　　长
课题组成员：刘振会　山东省高级人民法院刑事审判第四庭　副 庭 长
王　勇　山东省高级人民法院刑事审判第四庭　法官助理
课题执笔人：王　勇

①引自《2018年山东省人民检察院工作报告》

核）、再审分别发回重审案件 513 件、17 件，发回重审比率分别为 7.7%、7.0%，其中包括一定比例的事实证据问题。相较其他类型案件，我省故意杀人案件侦查起诉证据质量总体较高，无罪判决数量和检察机关撤诉数量自 2010 年以来累计分别为 1 件、18 件（见图 1），维持显著较低水平，其中，2017 年审结故意杀人案件无罪判决比率、撤诉比率和二审（复核）发回重审比率分别为 0、0.48% 和 1.9%，均低于全部刑事案件 0.46%、0.69% 和 7.0% 的比率。但由于该类案件多系死刑案件，审理程序复杂、证据要求严格，因而审判阶段补充侦查、补充证据、调查核实、补正证据等现象较为多发[①]。故意杀人案件证据要求高、社会影响大，是防范冤假错案“防线”中最为重要的环节。完善故意杀人案件类案证明标准，对完善其他类型刑事案件证明标准，进而提升整个人民法院刑事审判工作水平，发挥重要引领和导向作用。

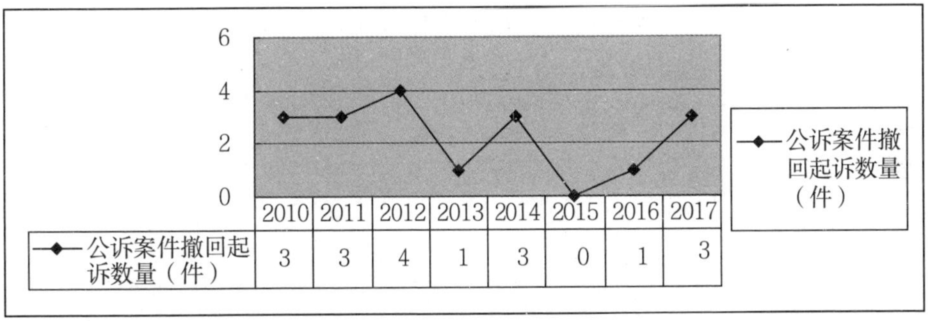

	2010	2011	2012	2013	2014	2015	2016	2017
公诉案件撤回起诉数量（件）	3	3	4	1	3	0	1	3

图 1　全省法院一审故意杀人案件撤诉案件数量（件）

（二）故意杀人案件证据适用现状

为突出本次调研的实证研究导向，课题组以近年来我省审结生效的 280 件及外省审结的 250 件故意杀人案件作为研究样本，并选取了呼格吉勒图案、聂某斌案、念斌案、陈某案等 32 件无罪案件以及虽然认定有罪

①根据抽样统计，故意杀人案件在检察院公诉、法院审理中存在补充侦查、补充证据、调查核实、补正证据等情况的约占案件总量的 80% 以上。

但经二审发回重审案件41件为研究对象，从证据类型和证据适用现状方面着手开展研究，为探究证明标准奠定实证基础。

1. 故意杀人案件主要证据类型。上述样本案例中，人民法院据以认定案件事实的证据共计九千余项。按照刑诉法的证据分类，主要包括以下证据形式（见图2）:（1）被害人陈述;（2）证人证言，包括目击证人或其他了解案件情况的人的证言;（3）现场勘验、检查、搜查、提取、称量、辨认等笔录;（4）鉴定意见，包括法医学尸体检验鉴定书、生物物证鉴定书、毒物物证鉴定书等;（5）物证及照片，包括作案工具、通信工具、交通工具、遗留现场的生物物证等;（6）书证，包括：①证明被告人身份的户籍证明、居民身份证等证据；②证明案件发生及被告人到案情况的立案决定书、受案登记表、抓获经过等证据；③证明强制措施、侦查措施合法性的传唤证、拘留证、提请批准逮捕书等证据；④证明被

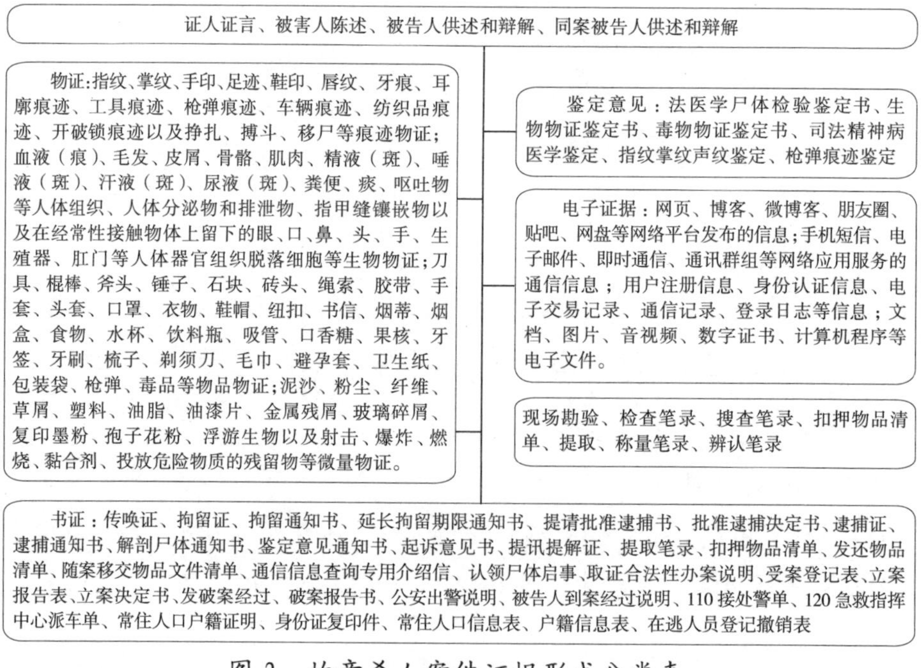

图2　故意杀人案件证据形式分类表

告人行踪的车票、机票、住宿登记等证据；⑤证明被告人与被害人相互联络的手机通话记录、短信、网络聊天记录等证据；⑥证明扣押物品的扣押物品清单；（7）视听资料，包括记录被告人与被害人发生冲突、进出犯罪现场、行凶杀人等事实的音视频资料；（8）电子数据，包括被告人流露犯罪意图、联络被害人的网络聊天记录等电子文件；（9）被告人供述与辩解，包括共同犯罪人的供述和辩解意见等。

2. 故意杀人案件各类型证据适用比例。未经发回重审生效的450件案件中，书证作为证据的适用比例达100%，但其中大多数系由侦查机关出具的证明办案经过、取证合法性、被告人（被害人）身份的证据[①]，而因案件发生自然产生，以其客观记载的内容证明案件事实的书证，如信件、遗书、购物凭证等书证适用比率仅为31.2%，总体比率不高。

物证作为证据的适用率是98.3%。其中，作案工具的适用情况为87.1%，在未适用作案工具为物证的58件案件中，26件案件是犯罪人徒手将被害人杀死；另外32件案件中，没找到作案工具或未作出说明。血迹、精斑、指纹等生物证据的适用率为87.7%，未附有生物物证的55件案件中，23件案件系侦查机关未提取到生物物证，而其余32件案件系侦查机关未提取或未作出说明。

勘验、检查笔录和辨认笔录作为证据适用情况差异较大。勘验、检查笔录的适用达到100%，而辨认（指认）笔录的适用有72%。126件辨认（指认）案件中，辨认对象为物证、犯罪现场、被告人、被害人的分别为98件，55件、32件、8件。对具有尸体和被害人的案件，检查笔录的适用率达100%。

①对证明办案合法性的证明材料以及通信记录、网上聊天记录的书面形式是否属于书证，实践中存在较大分歧，我们认为，鉴于刑事诉讼法仅规定了八种证据类型，不宜另行规定证据种类，而证明取证合法性的证明材料虽然系案后产生，但系以其内容证明案件事实，可归入书证类型 手机通信记录、网上聊天记录原始载体均为电子数据，相关书面形式系电子数据的复制件，宜归入电子证据。

鉴定意见的适用率95.3%，鉴定对象包括尸体、物证、精神病鉴定、电子证据、诉讼行为能力鉴定等。另外还有38.5%的案件适用了电子数据，21%的案件适用了视听资料。

450件定罪案件中，将犯罪嫌疑人、被告人的供述和辩解作为证据适用的比率为98%，未予适用的9件案件被告人均未作有罪供述，另有58件案件存在翻供情况。证人证言作为证据的适用比率为100%，其中目击证人证言的适用比率为57.7%（见图3）。

总体而言，相较其他类型案件，故意杀人案件证据种类较为全面，不仅注重言词证据的适用，也注重物证、勘验检查笔录，鉴定意见等客观性证据的适用，同时，视听资料、电子证据等依靠科学技术获取的证据逐步得到应用，以上保证了故意杀人案件较高的办案质量。但是从定案证据适用情况来看，当前故意杀人案件证据类型运用仍存在两方面欠缺：一是重直接证据轻辅助证据。例如，过分倚重DNA鉴定意见使用，忽视指纹、痕迹提取鉴定、辨认等传统、辅助侦查手段运用，导致一旦DNA鉴定意见被否认，缺乏其他客观性证据证实案件事实。二是重视对犯罪客观行为的证明而轻视对主观故意的证明。日记、书信、聊天记录等书证、电子证据在反映被告人作案前后心理活动，进而证实被告人的主观故意方面具有无可替代的作用，但目前相关证据运用存在不足。

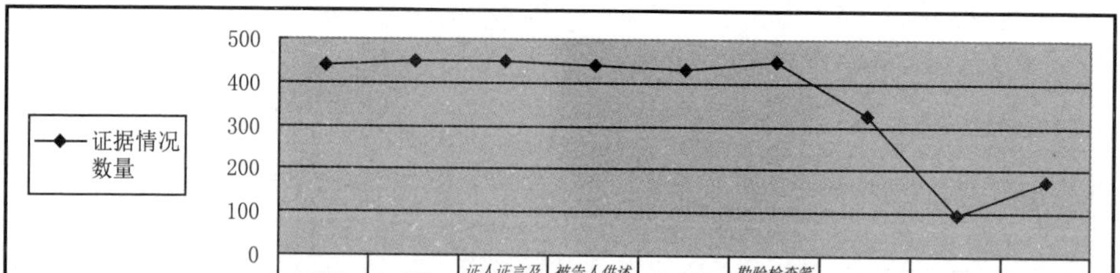

	物证	书证	证人证言及被害人陈述	被告人供述和辩解	鉴定意见	勘验检查笔录	辨认笔录	视听资料	电子证据
证据情况数量	442	450	450	441	429	450	324	95	173

图3　故意杀人案件证据类型适用情况（件）

（三）故意杀人案件证据问题分析

为全面查找当前故意杀人案件移送起诉证据在证明标准符合性方面存在的问题，课题组针对我省审结的280件案件，逐案制作证据要素表，对因证据不足、瑕疵或缺陷在审判阶段（包括一、二审及复核阶段）补查补正事项进行了逐案分析。

280件案例中，审判阶段因证据不足、瑕疵或缺陷（包括一、二审及复核阶段）补查补正的案件共计145件，占全部案件的51.8%。共计补充调取证据材料288项，其中，补充调取证实被害人身份的证据材料24项，占8.3%；证实被告人身份及前科、累犯的证据材料30项，占10.4%；证实犯罪起因、破案经过的证据材料72项，占25%；证实犯罪构成证据材料106件，占36.5%；证实取证合法性的证据56项，占19.8%（见表1、图4）。

表1　法院补查补正证据要素统计表（数量 / 件）

<table>
<tr><th colspan="2">补证事实及证据总量（件）</th><th>具体证据类型及数量（项）</th></tr>
<tr><td colspan="2">被害人基本情况（24）</td><td>被害人户籍证明（4）、被害人尸源DNA鉴定（16）、被害人尸体检验鉴定照片（4）</td></tr>
<tr><td colspan="2">被告人基本情况（30）</td><td>被告人户籍证明（14）、长期潜逃被告人的DNA鉴定（6）、被告人前科证明（6）、被告人释放证明（4）</td></tr>
<tr><td colspan="2">犯罪起因、破案经过（72）</td><td>详细发破案经过（14）、被告人抓获经过（14）、案件前因起因（18）、报警通话记录等相关材料（14）、抓获被告人公安机关掌握其犯罪具体情况（12）</td></tr>
<tr><td rowspan="3">犯罪构成</td><td>主观罪过（4）</td><td>被告人精神病鉴定（4）</td></tr>
<tr><td>犯罪行为（82）</td><td>作案工具等重要物证（12）、现场痕迹物证（16）、现场监控视频（8）、生物痕迹DNA鉴定（18）、作案通话记录（10）、被害人或目击证人辨认情况（14）、侦查实验（4）、案发现场风力、温度等情况（2）、同案犯另案处理情况（6）</td></tr>
<tr><td>犯罪结果（20）</td><td>被害人死因鉴定（12）、被告人伤情鉴定（8）</td></tr>
<tr><td colspan="2">取证合法性（56）</td><td>物证合法性证据（16）、讯问合法性证据（12）、鉴定合法性证据（12）、勘验现场合法性证据（8）、见证人身份说明（4）、作案工具所有权的合法性证明（4）</td></tr>
</table>

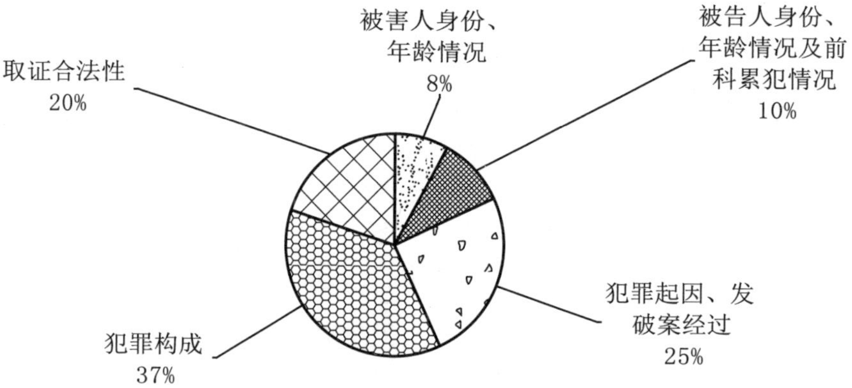

图 4　法院补查补正证据类型比例图

总结以上补查补正证据事项及原因，当前故意杀人案件移送起诉证据在证明标准要求方面存在以下问题：

1. 证实被害人、被告人基本情况的证据不确实、不充分。表现为：（1）证明被害人、被告人年龄、身份、户籍等信息的证据材料没有使用加盖户籍所在地派出所户籍证明专用章的《常住人口户籍证明》；（2）对被害人尸体未进行亲缘鉴定，导致尸体来源存疑。例如，王某平故意杀人案中，王某平杀人后焚尸，侦诉阶段未对尸源进行鉴定导致被害人身份存疑，经审判阶段补充 DNA 检验鉴定，最终确认了被害人身份。（3）对长期潜逃的被告人未进行亲缘鉴定，导致身份存疑。例如，李某和故意杀人一案，李某和作案 20 余年后被抓获，其自称系李某龙而非李某和，经审理阶段对其 DNA 鉴定，确认了其身份。（4）缺乏证实被告人前科情况的生效法律文书或被告人刑满释放证明，影响前科、累犯认定。

2. 发破案经过不明确、不具体。表现为：（1）发破案经过无法体现侦查机关锁定、认定犯罪嫌疑人的具体过程。例如，张某兵故意杀人案中，办案说明仅简述为“某某公安局接王某红电话报警称其弟弟王某生被绑架，经侦查发现王某生已经被杀害，经调查确定张某兵有重大作案嫌疑”，对如何发现王某生被杀害，如何确定张某兵为犯罪嫌疑人均不明确。（2）被告人归案时间、方式情况不明确，被告人报警电话未提取，被告人如实供述时公安机关掌握其犯罪事实情况不明确，影响自首认定。例如，高某军故意杀人一案，高某军主动投案后未如实供述主要犯罪事实，后如实供述。公安机关仅出具办案说明系在公安机关政策教育下高某军如实供述，未明确高某军如实供述前公安机关是否已掌握其主要犯罪事实，影响对高某军自首的认定。

3. 证实犯罪事实证据不确实、不充分。表现为：（1）未提取关键证据或提取证据不规范，导致无法认定案件主要事实或现有证据与原审认定事实存在矛盾。例如，王某虹故意杀人、强奸案，被告人始终供认仅用砖块之类的东西打击被害人头部，但在被害人臀部发现了多处锐器伤，无法证实如何形成，且在第一现场发现的一柄镢头上未提取到被告人的指纹，被害人如何从第一现场到第二现场没有证据证实，公安机关在被告人抛弃血衣和拖鞋的现场未找到相关物证，被害人体内检出两个男性的 DNA，另一个是何人所留无法确定，无法完全排除第二人作案的可能性。（2）应当鉴定的重要物证没有鉴定或者对鉴定意见的审查不够细致。例如，王某平故意杀人案中，被告人身上的血迹、门把手的血迹、被害人身份确认方面均缺少必要的鉴定意见。（3）应当组织辨认、有条件组织辨认而没有组织辨认或者辨认程序不规范。例如，张某页故意杀人案中，有必要组织相关证人对被告人进行辨认，但未组织辨认。黄某杰故意杀人案，被辨认照片中未附被告人的照片。

4. 量刑证据特别是从宽处罚证据不全面、不充分。主要表现为：

（1）对案件起因、被害人过错、是否具有防卫性质等未查清，影响案件性质认定，进而影响量刑乃至死刑适用。例如，刘某故意杀人案，被告人刘某称其妻与被害人有不正当两性关系，网上聊天记录能够证实，该证据对认定被害人是否有过错至关重要，但侦查机关认为不影响定罪量刑，未进一步补查。（2）对立功线索不予核实。例如，刘某亮、韩某波故意杀人案，韩某波供述带领公安人员抓获其他涉案主要人员，但相关证据未收集，无法证实供述是否真实。（3）对共同犯罪未围绕各被告人在共同犯罪中的地位作用侦查取证，导致罪责大小无法区分，影响量刑适用。

5. 取证不规范、不合法。表现为:（1）未按规定程序提取、固定、保管证据。表现为：不制作笔录、虽制作笔录但缺少见证人等相关人员的签名；笔录对证据的具体特征描述不规范、不细致；对证据应当拍照而未拍照附卷；因保管不善导致证据毁损或遗失等。例如，张某华强奸杀人案中，公安机关出具办案说明，因案发现场提取的避孕套毁损，取其中精液保存，但未制作相关提取笔录，导致物证来源存疑，该案现场提取的黑色手套一只、棕色提包一个、足迹六枚，因保管不善，不慎丢失。

（2）鉴定不规范。表现为：鉴定检材来源不清；死刑案件鉴定报告未附有鉴定人资格证书以及鉴定机构资质证书的复印件；鉴定报告注明的送检时间与案情存在明显矛盾；报告有改动，但未加盖印章；司法精神病鉴定不规范，依据不充分；有条件鉴定的不做同一鉴定；鉴定没有完整科学地体现鉴定方法和内容；鉴定内容不完整，遗漏重要鉴定事项；鉴定书表述不统一、不明确或存在明显错误；检验未检出结果但未作说明等。

（3）辨认不规范。表现为：辨认前未询问辨认人关于辨认对象的特征，不按要求作混杂辨认，或者作为混杂辨认的人员、物品与被告人、涉案证据明显不同，有指认嫌疑；无辨认笔录，或者笔录制作不规范，不附供辨认的人员、物品的照片；辨认不及时，致使辨认结果的证明力降低或者丧失，等等。

（4）讯问不规范。表现为：同步录音录像显示，侦查人员在讯问被告人时经常有长时间一人讯问的情况。讯问笔录填写的讯问时间、讯问地点和同步录音录像矛盾。同步录音录像不完整，往往只截取中间部分，没有开头告知权利、讯问被告人身份和结尾核对笔录、签字捺印的过程。

二、故意杀人案件犯罪事实及证明标准

（一）犯罪事实的基本范畴

《最高人民法院关于适用〈中华人民共和国刑事诉讼法〉的解释》（以下简称最高法院《刑诉法解释》）第六十四条以列举方式规定了刑事案件犯罪事实的十项内容。按照定罪事实与量刑事实进行分类，第一项至第四项为定罪事实，第五项至第七项为量刑事实，第八项为附带民事诉讼与涉案财物处理两类事实，第九项为程序事实，第十项为其他事实。有关管辖、回避、延期审理等事项的程序性事实，是政法机关处理案件的合法性依据事实；第十项规定的与定罪量刑有关的其他事实，司法实践中，主要是有关强制措施、侦查措施合法性的事实，故我们将第九项、第十项归为一类，即办案合法性事实。综上，我们把犯罪事实划分为定罪事实、量刑事实、附带民事诉讼事实、涉案财物处理事实和办案合法性事实五类（见图 5）。

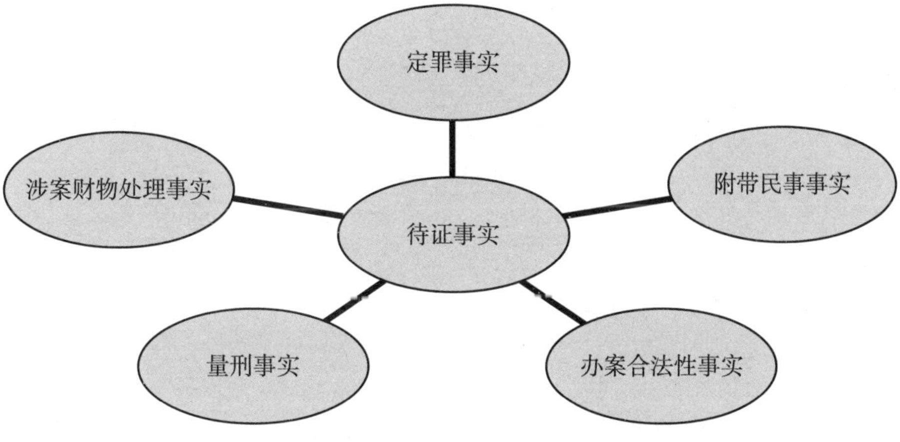

图 5　故意杀人案件犯罪事实分类表

（二）故意杀人犯罪事实的主要内容

我们对收集的530件故意杀人案件的判决书进行了认真分析，根据该类案件犯罪事实的不同内容进行了分类列举（详见表2），总体上坚持以下原则：一是契合侦办顺序。按照被害人身份、被告人身份、发破案情况、犯罪构成事实、量刑事实、附带民事和涉案财物处置事实、办案合法性事实顺序梳理案件待证事实，符合了解把握案情“由被害人到被告人”“由核心事实到程序事实”的侦查顺序。二是系统、全面。详细列举全部待证事实，对定罪事实、量刑事实、附带民事诉讼事实、涉案财物处理事实和办案合法性事实等影响定罪量刑和案件处理的事实，尽可能全部列出。三是契合法律规定。所列待证事实均系对最高法院《刑诉法解释》第64条所列举情形的细化，没有超出法律、司法解释规定的范围。

表2　故意杀人案件待证事实明细表

<table>
<tr><td rowspan="7">定罪事实</td><td colspan="2">被害人身份情况</td><td>姓名、性别、民族、年龄、文化程度、职业、户籍地、住所地</td></tr>
<tr><td colspan="2">被告人身份情况</td><td>姓名、性别、民族、年龄、文化程度、职业、户籍地、住所地</td></tr>
<tr><td colspan="2">案件发破案经过</td><td>案件发案经过（报案、控告、举报情况，投案情况，出警情况、被害人救治情况）、案件侦破经过（采取侦查措施、发现犯罪嫌疑人的途径、认定犯罪嫌疑人的依据）、被告人归案经过（被告人潜逃时间地点等情况、抓获被告人时间地点线索等情况）</td></tr>
<tr><td rowspan="4">犯罪构成事实</td><td>主观罪过</td><td>被告人有无刑事责任能力（刑事责任年龄、辨认控制能力情况），有无罪过（有无主观故意、系直接故意还是间接故意），实施犯罪的动机、目的</td></tr>
<tr><td>客观行为</td><td>犯罪预谋（计划、合谋情况）、预备情况（准备工具、制造条件情况）、犯罪时间（进出犯罪现场、实施杀人、被害人死亡等时间节点）、地点（事先冲突地点、杀人地点、抛尸地点）、手段（行凶工具、部位、次数等情况）、各犯罪嫌疑人在共同犯罪中的地位作用（犯意提起、预谋、分工、配合情况）</td></tr>
<tr><td>危害结果</td><td>被害人伤亡情况（被害人遭受侵害的部位、伤情）、被告人伤情情况（被告人受伤部位、伤情）</td></tr>
<tr><td>因果关系</td><td>被害人死因、死亡与犯罪行为因果关系、介入因素的影响程度</td></tr>
</table>

续表

量刑事实	法定量刑事实	前科（曾受到治安拘留、劳动教养、刑事处罚情况）、累犯（曾受刑事处罚情况及刑满释放情况）、自首、立功、坦白、主犯、从犯等
	酌定量刑事实	案件起因、被害人有无过错及过错程度、是否对激化矛盾负有责任及责任大小、犯罪嫌疑人、被告人的近亲属是否协助抓获犯罪嫌疑人、被告人，犯罪嫌疑人、被告人平时表现，有无悔罪态度，退赃退赔情况，是否取得被害人或被害人亲属谅解
附带民事事实	医疗费、误工费、护理费、交通费、住宿费、住院伙食补助费、必要的营养费支出情况；附带民事调解情况	
涉案财物处置事实	犯罪工具、被害人财物、违法所得等涉案财物的权属以及移送、退赃退赔、追缴情况	
办案合法性事实	采取强制措施合法性事实	拘留、逮捕、取保候审、监视居住等强制措施报告、审批、送达等程序合法性情况
	采取侦查措施合法性事实	物证、书证、鉴定意见、勘验检查笔录、视听资料、证人证言等证据提取、固定、保管、移送、送检鉴定等程序合法性情况
	办案程序合法性事实	管辖、回避、延期审理等程序性合法性情况

（三）故意杀人犯罪不同犯罪事实的证明标准

1. 关于有罪和罪重的证明标准。最高法院《刑诉法解释》第六十四条明确规定“认定被告人有罪和对被告人从重处罚，应当适用证据确实、充分的证明标准”。《最高人民法院关于建立健全防范冤假错案机制的意见》第五条也明确规定“认定被告人有罪，应当适用证据确实、充分的证明标准”。以上规定明确了定罪和罪重事实适用“证据确实、充分”的证明标准。对于“证据确实、充分”含义，《刑事诉讼法》第五十五条第二款明确规定“证据确实、充分，应当符合以下条件:（一）定罪量刑的事实都有证据证明;（二）据以定案的证据均经法定程序查证属实;（三）综合全案证据，对所认定事实已排除合理怀疑”。最高法院《刑诉法解释》第一百零五条规定了间接证据的证明标准，即“没有直接证据，但间接证据同时符合下列条件的，可以认定被告人有罪:（一）证据已经查证属实;（二）证据之间相互印证，不存在无法排除的矛盾和无法解释的疑问;（三）全案证据已经形成完整的证明体系;（四）根据证据认定案件事实足以排除合理怀疑，结论具有唯一性;（五）运用证据进行的推理符合逻辑和经验”。

2. 关于取证合法性的证明标准。2010 年《最高人民法院、最高人民检察院、公安部、国家安全部、司法部关于办理刑事案件排除非法证据若干问题的规定》(以下简称《非法证据排除规定》) 第十一条规定“对被告人审判前供述的合法性，公诉人不提供证据加以证明，或者已提供的证据不够确实、充分的，该供述不能作为定案的根据”，明确规定了证明取证合法性适用“证据确实、充分”的证明标准，但是 2012 年修改后刑诉法则修改了相关表述，规定为“对经法庭审理，确认或不能排除存在本法第 54 条非法取证情形的，对有关证据应当予以排除”。有观点认为，法律对非法证据排除规则规定了两个证明标准，一是“确认”标准，二是“不能排除”标准，并认为两个标准存在立法技术上的缺陷。对此，有观点认为[①],证据收集合法性事实与犯罪构成事实的证明存在紧密关系，因此，证据收集合法性事实的证明标准与犯罪构成事实的证明标准应当是一致的。据此，我们认为，对取证合法性应当坚持“证据确实、充分”的证明标准。

3. 附带民事证明标准。附带民事诉讼属于民事诉讼，采用民事证据证明标准，适用“优势证据证明标准”。

三、故意杀人案件证明标准的运用和检验

任何犯罪事实的证明都是法官依照“证据能力判断—证明力判断—证据综合分析运用”的逻辑顺序判定犯罪事实的证明是否达到证明标准的动态过程，包括证据范围审查、单个证据分析判断、证据综合分析判

①参见罗国良、刘静坤:《证据收集合法性事实的证明方式和证明标准》，载《法律适用》2015 年第 3 期。

断三个过程，其中，证明标准的运用和检验贯穿于对犯罪事实证明的全过程，是刑事证据证明的核心内容。

（一）证据范围审查

刑事审判肩负惩罚犯罪和保障人权的双重职能，决定了刑事审判的任务既要防止冤及无辜，也要防止放纵犯罪。作为大陆法系国家，虽然我国在刑事制度设计上摒弃了“纠问式”诉讼模式，更加凸显法官裁判的中立性，但基于实事求是原则，法官仍需主动调查核实证据，必要时补充调取相关证据，以探究犯罪事实真相。基于此，法官运用证据定案无可避免地要对证据的“质”和“量”在形式上提出要求，即首先判断侦查起诉的证据是否齐全、规范，否则一般应予补正或作出说明。这并非要求任何证据都必须具有法定的证据形式，而是在工作层面上对取证全面性、规范性提出的要求。

1. 基本证据。所谓基本证据类型，是指一般情形下故意杀人案件应当包含的证据。根据需要证明的待证事实，总结所调研的530件案件，归纳出故意杀人案件所需要的基本证据（详见表3）。

表3 故意杀人案件基本证据明细表

待证事实分类	具体待证事实	基本证据
定罪事实	被害人身份情况	被害人《常住人口户籍证明》《被害人与其直系亲属的DNA亲缘鉴定意见》《被害人亲属对被害人人身份、特征的证言及辨认笔录》《犯罪嫌疑人关于被害人身份、特征的供述（全部供述）》
	被告人身份情况	被告人《常住人口户籍证明》《被告人关于被告人身份的供述和辩解》《证人关于被告人身份的证言》
	案件发破案经过	《受案登记表》《接处警登记表》《报案人、检举人、控告人、扭送人等相关人员询问笔录》《其他机关移送线索材料》《立案决定书》《发破案经过》《归案经过》《被告人关于案件起因、归案情况的供述和辩解》《证人关于案件起因、归案情况的证言》

续表

待证事实分类	具体待证事实		基本证据
定罪事实	犯罪构成事实	主观罪过	《被告人关于主观罪过供述和辩解》《证人关于反映被告人主观罪过言行的证言》
		客观行为	作案工具及其他物证、书证、《现场勘验检查笔录》、《法医学尸体检验鉴定书》、《被告人关于犯罪行为的供述和辩解》、《证人关于犯罪行为的证言》
		危害结果	《法医学尸体检验鉴定书》《被告人关于被害人遭受侵害后状态的供述和辩解》《证人关于被害人遭受侵害后状态的证言》
		因果关系	《法医学尸体检验鉴定书》《被告人关于被害人死亡原因的供述和辩解》《证人关于被害人死亡原因的供述和辩解》
量刑事实	法定从重情节		证明累犯、毒品再犯、教唆犯等法定从重情节的刑事判决（裁定）书、释放证明、假释证明、保外就医证明、监外执行证明、赦免证明、共同作案人的供述或者检举、揭发材料、证人证言等
	法定从宽情节		证明未遂犯、从犯、胁从犯、预备犯、中止犯、未成年犯、老年犯、限制行为能力精神病犯、聋哑犯、盲人犯、防卫过当、避险过当、立功、自首、坦白、当事人和解等法定从宽处罚情节的发破案经过说明、犯罪嫌疑人供述与辩解、被害人陈述、证人证言、精神病鉴定、户籍证明、检举揭发材料及查证情况说明、当事人和解协议及收据等
	酌定从宽情节		证明案件起因、被害人过错、犯罪嫌疑人平时表现、前科劣迹、自愿认罪悔罪、追缴、退赃、退赔、民事赔偿、近亲属协助抓获犯罪嫌疑人、被害方谅解等酌定量刑情节的犯罪嫌疑人供述和辩解、被害人陈述、证人证言、物证、书证、鉴定意见、勘验检查笔录、社会调查报告等
附带民事和涉案财物处置事实	附带民事事实		医疗费、误工费、护理费、交通费、住宿费、住院伙食补助费、必要的营养费支出单据;附带民事调解、和解情况
	涉案财物处置事实		证明涉案财物权属、性质、移送、退赔、追缴的证据材料

续表

待证事实分类	具体待证事实	基本证据
办案合法性事实	采取强制措施合法性事实	《传唤证》《拘留证》《拘留通知书》《延长拘留期限通知书》《提请批准逮捕书》《批准逮捕决定书》《逮捕证》《逮捕通知书》《犯罪嫌疑人人身、物品检查并提取痕迹、物证的记录或录音录像》
	采取侦查措施合法性事实	《解剖尸体通知书》《鉴定意见通知书》《起诉意见书》《提讯提解证》《提取笔录》《移交物品文件清单》《通信信息查询专用介绍信》

2. 特殊证据。所谓特殊证据，是指在特定情形下，证明待证事实需要的特定证据（见表4）。主要包括以下内容：一是无法获取基本证据或基本证据存疑时另行获取的证据。例如，被害人尸骨无法进行DNA亲缘鉴定，应当就被害人随身物品、隐蔽性身体特征等收集证人证言，组织近亲属辨认，并进行颅相重合鉴定或躯干、四肢、骨骼同一性鉴定。对作案凶器、手段、死因存疑的，可以进行侦查实验验证作案过程。二是特定情形下应当收集的证据。主要包括：①特殊起因证据。例如，系婚姻、家庭纠纷等民间矛盾引发的，需要收集证明被害人是否存在过错以及过错程度等边际事实的证据。②特殊手段证据。例如，毒杀案件或被害人存在服毒自杀可能的，需要收集毒物并进行鉴定。③其他特定情节证据。例如，被害人送医抢救后死亡的，还应当收集被害人的就诊病例、抢救记录以及救护人员的证言。被告人作案后潜逃一年以上的，还应当就其身份进行DNA亲缘鉴定。三是特定侦查手段获取的证据。例如，通过技术侦查、排查、串并案手段侦破的案件，除发破案经过外，还需收集相关侦查手段获取的证据。

表4　故意杀人案件特殊证据明细表

待证事实分类	具体待证事实	特定情形	特殊证据类型
定罪事实	被害人身份情况	被害人直系亲属无法查找、无法提取被害人尸骨 DNA	被害人亲友对被害人随身物品的辨认、被害人亲友关于被害人身体隐蔽性特征的证言、被害人躯干、四肢、骨骼等比对鉴定意见、颅相重合复原实验
	被告人身份情况	作案后逃逸一年以上的或对身份有异议的	《被告人与其直系亲属的 DNA 亲缘鉴定意见》《被告人亲属对被告人身份、特征的证言及辨认笔录》
	案件发破案经过	犯罪嫌疑人投案	电话录音、短信、微信等反映投案的材料，电话记录、来电处理情况等反映接受投案的材料，被委托人或陪同投案人陪同投案的证言
		投案后未如实供述后又如实供述的	犯罪嫌疑人相关供述情况、如实供述的原因、如实供述前侦查机关掌握其主要犯罪事实情况
定罪事实	案件发破案经过	因被害人失踪立案的	被害人失踪的立案、受案材料，失踪人员信息比对调查材料，失踪人员活动情况调查材料
		公安机关日常巡逻、检查发现案件的	能够反映巡查发现案件时间、地点、发现人员、尸体等调查材料
定罪事实	犯罪构成事实	有监控资料能够证明作案过程的	《现场监控录像》
		犯罪嫌疑人的通信或交通工具能够反映其在作案时间出现在作案现场的	《犯罪嫌疑人犯罪通信工具活动轨迹》《犯罪嫌疑人交通工具行使轨迹》
		有被害人或目击证人证实犯罪嫌疑人作案过程的	《目击证人或被害人指认犯罪嫌疑人的笔录》
		现场或被害人身上留有犯罪嫌疑人指纹、脚印或其他生物学物证的	《生物物证、痕迹物证、微量鉴定书》

（二）基本犯罪事实证明标准运用和检验

在故意杀人案件犯罪事实的五个方面中，定罪事实中的犯罪构成事实系基本犯罪事实，即认定其他犯罪事实的基础和前提，对基本犯罪事实不清、证据达不到“确实、充分”的案件应当依法宣告无罪，不得“疑罪从有、疑罪从挂”。

1. 基本犯罪事实证明标准的运用。故意杀人案件基本犯罪事实采用“事实清楚、证据确实充分”的证明标准。具体包括“基本事实清楚”和“证据确实充分”两个方面：

一是基本事实清楚是指能够明确系被告人实施了杀人行为且被告人具有杀人故意（见图 6）。

（1）被告人实施了杀人行为。能够明确被告人具有犯罪时间、到过犯罪现场、实施过杀人行为且杀人行为与被害人死亡结果具有因果关系。被告人犯罪起因、预备、犯罪后表现等情况并非基本犯罪事实应当认定的内容。

（2）被告人具有杀人故意。能够明确或推定被告人具有杀人的故意。

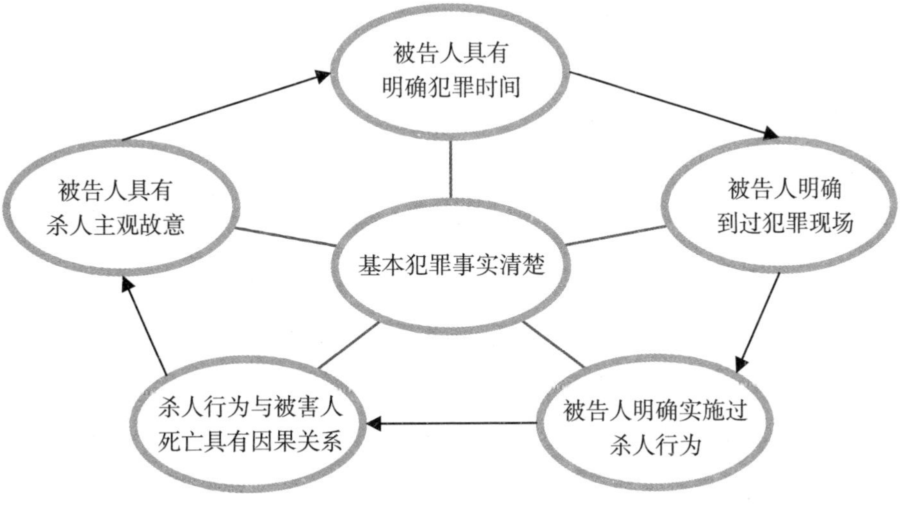

图 6　基本犯罪事实清楚图谱

二是证据确实、充分，指相关证据证明犯罪事实的指向性一致，不存在无法解释的矛盾，且综合相关证据能够排除他人作案的可能性，具体包括以下要点：

（1）作案时间吻合，即被告人具有作案时间，且进入犯罪现场的时间与被害人死亡的时间吻合。

（2）作案空间吻合，即被告人进入过犯罪现场，且与被害人死亡现场相吻合。

（3）杀人过程吻合，即被告人所使用作案工具、手段、后果与犯罪现场情况吻合。

（4）因果关系吻合，即被告人的作案工具、手段、后果与被害人死亡原因吻合。

2. 基本犯罪事实证明标准的检验。对证明标准的检验即通过综合分析单个证据的证据效力和证据之间的印证关系，反向检验是否符合证据确实、充分的证明标准。基于疑罪从无原则，对检验不达标准的案件，应当认定为无罪，该过程系故意杀人案件证据标准适用的核心环节。我们以近年来审结的无罪案件进行分析，对基本证据标准检验不达标的常见情形总结如下：

（1）被告人供述不稳定且有罪供述得不到印证。例如，呼格吉某图故意杀人罪、流氓罪一案中，呼格吉某图有罪供述不稳定，供述的犯罪手段与尸体检验报告不符，供述的被害人身高、发型、衣着、口音等内容与其他证据不符。另如，陈某故意杀人案中，陈某多次翻供，且关于作案时间、进出现场、杀人凶器、作案手段、作案过程以及对作案时着装的处理等主要情节的供述不仅前后矛盾，而且与在案的现场勘查笔录、法医检验报告、证人证言等证据所反映的情况不符。再如，聂某斌故意杀人、强奸妇女一案中，聂某斌对关键事实的供述前后矛盾、反复不定，供证一致的真实性、可靠性存疑，不能排除指供、诱供的可能。

（2）作案时间存疑。例如，聂某斌案中，被告人考勤表缺失，导致认定有无作案时间失去原始书证，被害人失联具体时间无法确定，导致认定作案时间的证据不确实、不充分。另如，于某生故意杀人案中，被告人辩称10时左右回到单位的辩解不能合理排除，依据现有证据，认定于某生具有20分钟作案时间和30分钟伪造现场时间的证据不足。

（3）作案工具、手段存疑。例如，陈某故意杀人一案中，原审认定被告人作案工具系侦查人员从案发现场厨房砧板上提取的一把锈迹斑斑的木柄平头菜刀，难以形成导致钟某死亡的尖端锐器损伤。另如，聂某斌故意杀人案件中，原审认定被告人杀人所用的花衬衣来源不清，将其认定为作案工具存在重大疑问。再如，柯某贵故意杀人案件中，被害人系毒鼠强中毒死亡，侦查人员没有从被告人家中提取到鼠药及其包装纸，亦没有其他证据证明被告人实施了投毒行为。

（4）锁定被告人作案的DNA鉴定意见、物证等客观性证据存疑。例如，卢某新故意杀人、强奸一案中，在案DNA鉴定书显示，从锄头柄部擦拭物上检出与上诉人卢某新血样STR分型相同的物质，原审据以定案。但经补充调查，上述检材来源不清，而公安机关出具的检材提取过程存在矛盾，无法确定物证来源。且经重新鉴定，锄头柄部未检出上诉人卢某新的DNA。经补充鉴定，被害人阴道检出Y染色体STR分型，不排除包含被害人丈夫及第三人的Y染色体STR分型，但均未检出上诉人卢某新的STR分型，现场提取的毛发不是来源于卢某新。例如，李某金故意杀人案中，捆绑尸体双腿及颈部的红色包装绳检出混合基因分型，与李某金的血样在Y染色体22个位点基因分型一致，符合来自同一父系家族，但不能做出同一性认定，不能排除他人作案可能性。再如，陈某故意杀人案中，侦查机关将本案凶手锁定为陈某的关键证据，是在钟某的裤口袋里发现了陈某的工作证，但陈某供述将自己工作证留在现场的动机得不到合理解释，不能排除其他原因致使工作证出现在被害人身上的可能性。

（5）指认、辨认笔录存疑。例如，卢某新故意杀人、强奸案中，现场指认录像显示，上诉人卢某新在指认时多次迟疑不决，现场多次出现他人提示的情形，指认过程不顺畅、不自然。卢某新指认现场时描述的作案过程与指认笔录及其有罪供述存在明显矛盾。再如，聂某斌故意杀人、强奸妇女案中，相关物证辨认不规范。

（6）仅能证实被告人与案件存在关联性，不能证实实施犯罪。例如，闫某会故意杀人案，在案证据仅能证实闫某会曾给被害人灌服安眠药，但认定闫某会给被害人灌服百草枯，尚未达到事实清楚，证据确实、充分的定罪标准，且无法排除被害人自己服用百草枯的可能。另如，柯某桂故意杀人案，在案证据仅能证明被害人当晚从墙洞进入其家找水喝，并未能证明被告人投毒的事实。再如，容某良故意杀人案中，本案证据可以认定被告人对报复被害人一事知情，且涉案人员试枪时被告人在场，但尚不足以认定被告人构成犯罪。

（三）故意杀人案件常见证据体系

1. 定罪证据体系。综合分析 530 件案件，故意杀人案件主要有以下四种定案证据体系：一是“真实性强的直接证据 + 被告人供述”相互印证型，包括“《证实被告人作案过程的视听资料》+《被告人有罪供述》”“《目击证人或被害人指认犯罪嫌疑人的笔录》+《被告人有罪供述》”证据类型，上述证据在被告人作案时间、地点、手段、结果方面相互印证，能够证实被告人实施犯罪，且排除他人作案合理怀疑的，通常能够定案。二是“先供后证 + 被告人供述”相互印证型，主要指根据被告人供述提取到隐蔽性较强重要物证、书证，排除非犯罪方式知悉隐蔽性较强物证可能性，被告人有罪供述与其他证据相互印证，通常能够定案。三是“作案时空锁定 + 被告人供述”相互印证型，包括“《犯罪嫌疑人犯罪活动轨迹》+《被告人供述》”“《证实被告人进出犯罪现场的视频资料》+《被告人有罪供述》”“《犯罪嫌疑人通信聊天记录》+《被告人供述》”，上述证据能够证实被告人案发时间段进入案发现场，排除第三人作案可能性，且被告人供述与其他证据相互印证，通常能够定案。四是“遗留物证 + 被告人供述”相互印证型，包括“《生物物证、痕迹物证、微量鉴定书》+《被告人供述》”“《被告人处提取的重要物证》+《被告人供述》”，上述证据通过证明犯罪现场、被害人处遗漏被告人物证或被告人处遗漏有被害人物证，排除相关物证非因犯罪原因遗留可能性，且被告人有罪供述与其他证据相互印证，通常能够定案（详见图7）。

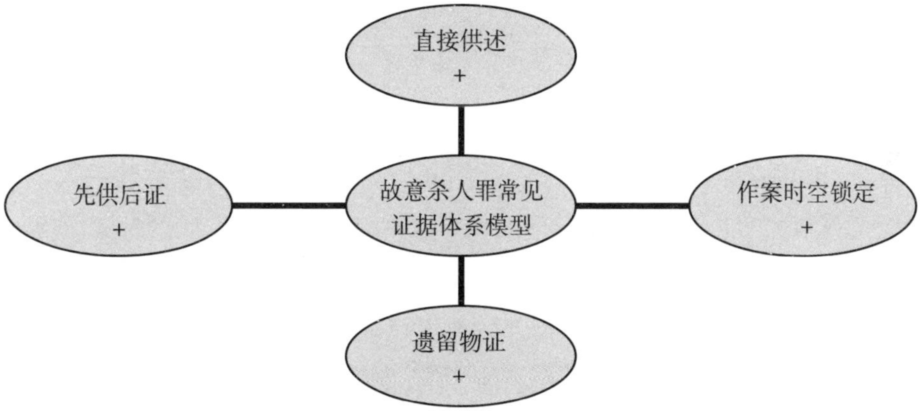

图7　故意杀人案件常见证据体系模型

2. 无罪证据体系特征。从调研案件看，故意杀人案件中，没有以完整的证据体系证实被告人无罪的，认定无罪的，全部是证据不足，按照疑罪从无原则，依法作出指控犯罪不能成立的无罪判决。换言之，故意杀人无罪案件在证据体系上表现为定罪证据体系存在严重缺陷，达不到证明有罪的标准，没有特定的无罪证据体系。有罪证据体系存在严重缺陷主要包括以下情形（见图8）：（1）犯罪构成要件事实缺乏必要的证据予以证明；（2）据以定罪的证据存在疑问，无法查证属实；（3）据以定罪的证据本身、证据与证据之间、证据与已经查证属实的案件事实之间的矛盾无法排除或者无法作出合理解释；（4）根据证据得出的结论不具有唯一性，不能排除合理怀疑；（5）根据证据认定案件事实不符合逻辑和经验法则，得出的结论明显不符合常理。

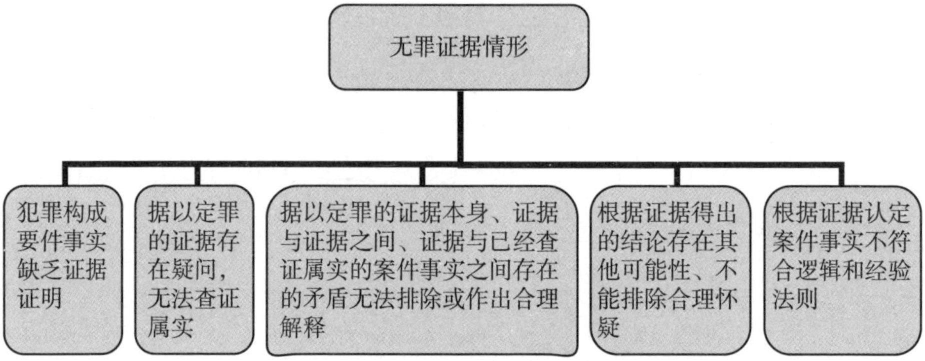

图 8　故意杀人案件无罪证据情形

3. 慎重定罪证据体系特征（见图 9）。从调研案件看，故意杀人案件中，还存在不完全符合定罪证据体系要求，需要慎重定罪的情形。主要包括以下情形：（1）缺乏目击证人证言、现场监控录音录像或者其他锁定被告人作案的客观性证据，如果侦查人员收集、调取现场勘验、检查工作记录、尸体检验鉴定意见、物证、书证等证据在先，讯问被告人获取有罪供述的讯问笔录在后，讯问笔录与现场勘验、检查工作记录、尸体检验鉴定、物证、书证等证据之间以及同案各被告人的讯问笔录之间高度或者过于一致，不能排除串供、逼供、诱供等可能性；（2）缺乏锁定被告人作案的客观性证据，仅根据两名以上被告人的供述认定其构成犯罪；（3）被告人拒不认罪，仅有被害人陈述证明犯罪行为。

图 9　故意杀人案件慎重定罪证据情形

4. 量刑证据体系。故意杀人案件量刑事实包括从重量刑情节事实和从轻量刑情节事实（见图 10），证明从重与从轻情节需要的证据构成量刑证据体系。主要包括以下内容：一是从重量刑证据。故意杀人案件从重量刑情节主要包括前科、累犯、主犯等从重情节。前科、累犯情节系生效法律文书所确认的事实，对法律文书确认的事实推定为真实，但有相反证据足以反驳或者推翻除外。对主犯、预谋犯罪等涉及犯罪行为的从重情节，适用证据确实、充分的证明标准，仅有同案被告人供述，没有其他证据佐证的，不能认定被告人系主犯并从重处罚。二是从轻情节证据。从轻量刑情节包括犯罪预备、未遂、从犯、自首、立功等法定从轻情节以及民间矛盾引发、被害人存在过错、进行赔偿、取得谅解等酌定从轻情节。证明上述法定、酌定从轻处罚情节的证据，构成从轻处罚证据体系。根据有利于被告人的原则，对于从轻处罚情节的认定，在证据要求上，可以宽于定罪及从重情节证据。被告人供述与证人证言、被害人陈述或其他证据能够相互印证，且不存在否定相关事实存在的证据，则可以作出有利于被告人的从轻处罚情节认定。三是死刑量刑证据体系。对被告人适用死刑需要满足罪行极其严重、犯罪时已满十八周岁以及审判时不是怀孕的妇女等死刑适用条件，相关事实必须达到“证据确实、充分”的证明标准。同时，死刑适用还需要满足“足以排除死刑执行的从宽情节存在的可能性”。

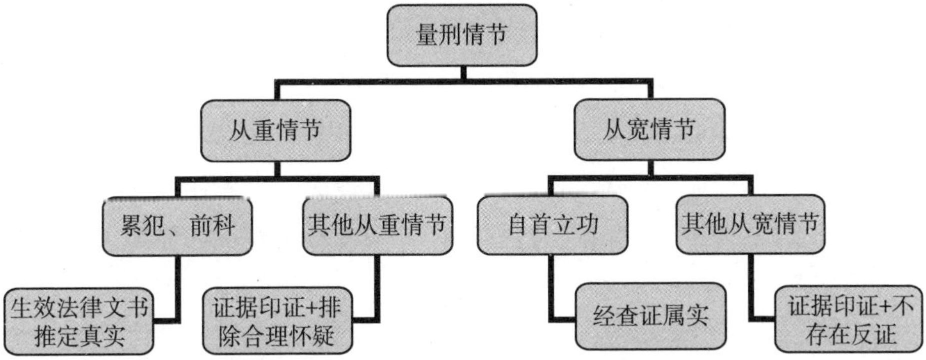

图 10　故意杀人案件量刑证据模型

关于故意杀人案件证据审查认证的指导意见

为准确认定案件事实，提高故意杀人案件的审判质量，针对故意杀人案件中证据方面经常存在的问题，根据《中华人民共和国刑事诉讼法》等法律规定，结合司法实际，制定本指导性意见。

第一章　故意杀人案件需要查证的事实

第一条　故意杀人案件应当运用证据证明以下案件事实：

（一）被告人的身份情况，主要包括被告人的姓名、性别、出生日期、出生地、职业、党派、文化程度、户籍地、居住地等自然情况，被告人的刑事责任能力情况，前科、累犯情况；

（二）被害人的身份情况，主要包括被害人的姓名、性别、出生日期等自然情况，被害人主要社会关系情况，被害人的隐蔽身体特征情况，能反映被害人身份的特殊经历情况；

（三）故意杀人案件发破案情况，主要包括案件线索的来源，确定被害人身份，锁定被告人所依据的证据和线索，侦破案件的思路、方法、措施、经过、结果，被告人归案经过等情况；

（四）被告人犯罪主观故意情况，主要包括被告人对危害结果在主观上的认识和意志因素以及犯罪动机、目的情况；

（五）被告人犯罪的起因、时间、地点、手段、后果等情况，主要包括犯罪起因的性质和发展过程，预谋、预备情况，有无作案时间及犯罪前后活动情况，杀人、埋藏、转移尸体等案件现场情况，作案工具、作案手段情况，被害人伤亡、被告人伤害等犯罪后果情况，因果关系及介入因素影响犯罪结果情况，共同犯罪的犯意提起、预谋、分工、配合等反映被告人在共同犯罪中地位和作用的情况；

（六）被告人法定从重、从轻、减轻、免除处罚量刑事实情况，主要包括累犯、教唆犯等法定从重量刑事实情况以及未遂犯、从犯、胁从犯、预备犯、中止犯、未成年犯、老年犯、限制行为能力精神病犯、聋哑犯、盲人犯、防卫过当、避险过当、立功、自首、坦白、当事人和解等法定从宽处罚量刑情节情况；

（七）被告人酌定量刑事实情况，主要包括是否因恋爱、婚姻、家庭、邻里纠纷等民间矛盾或劳动纠纷、管理失当等原因引发，被害人有无过错及过错程度，是否对矛盾激化负有责任及责任大小，被告人、被告人的近亲属是否协助抓获被告人，被告人平时表现，有无悔罪态度，退赃、退赔及赔偿情况，被告人是否取得被害人或者被害人近亲属谅解等量刑事实情况；

（八）被告人是否属于依法不适用死刑的对象，包括是否属于犯罪的时候不满 18 周岁的人，是否属于审判的时候怀孕的妇女，是否属于以特别残忍手段致人死亡的之外的审判时年满 75 周岁的人；

（九）有关附带民事诉讼、涉案财物来源、数量、特征、持有人以及如何处置的事实情况；

（十）管辖、回避、延期审理等程序事实情况；

（十一）证据收集合法性事实情况；

（十二）其他与案件有关的社会背景、前因后果、传统文化、民情风俗等事实情况。

第二条 二人以上共同故意杀人案件还应当运用证据证明以下事实：

（一）被告人是否共同实施了故意杀人行为；

（二）被告人之间是否具有共同故意杀人的主观故意；

（三）各被告人在共同故意杀人过程中的地位和作用；

（四）未同案审理共同犯罪人处理情况；

（五）其他与共同故意杀人定罪量刑有关的事实。

第三条 被告人同时实施其他犯罪行为，依照故意杀人犯罪定罪处罚或与其他犯罪数罪并罚的，还应当运用证据证明以下事实：

（一）被告人是否实施故意杀人行为之外的其他犯罪行为，是否基于其他犯罪故意、产生其他犯罪后果、触犯其他罪名；

（二）被告人实施其他犯罪行为与故意杀人行为是否基于同一犯罪目的、相关犯罪行为之前的联系；

（三）不实行数罪并罚的情况下，其他犯罪作为影响故意杀人案件量刑事实的情况。

第二章 故意杀人案件构成要件的证据审查

第一节 被告人身份

第四条 证明被告人的身份，一般应具有以下证据材料：

（一）被告人户籍所在地公安机关出具的户籍证明；

（二）证明前科、累犯情况的生效裁判文书及执行情况材料；

（三）被告人关于其身份情况的供述；

（四）有关人员关于被告人身份情况的证言。

被告人系党员、人大代表或利用公务、职务之便实施故意杀人的，还应当具有党组织关系证明、人大代表选任证明或工作、职务证明等相关文件。

第五条 被告人不交代真实姓名的，应当提取其指纹或者提取生物样本进行 DNA 检验，并录入指纹数据库或者 DNA 数据库，具备比对条件的应上网比对，以确定其身份。必要时，应到侦查机关查明的或者被告人所交代的户籍所在地或者经常居住地进行实地调查，可以组织当地居（村）民对其照片或者本人进行辨认。

确实无法查清被告人姓名的，可以按其绰号或者自报姓名起诉、审判，并加括号注明。被告人、被告人自报姓名可能造成损害他人名誉、败坏道德风俗等不良影响的，可以对其编号并按编号制作起诉书，并附具其照片，记明足以确定其面貌、体格、指纹以及其他反映其特征的事项。

第六条 被告人认为其与指控的被告人并非同一人的，可以通过DNA亲缘鉴定确认其身份，其中，被告人逃逸距案发时间一年以上的，应当对被告人进行DNA亲缘鉴定，以确定其身份。

第七条 被告人的姓名、出生日期以加盖被告人户籍地派出所户籍专用章的户籍证明记载的内容为准。在案证据未提供户籍证明的，应当及时调取。

被告人户籍证明与居民身份证记载的姓名不一致的，以其户籍证明记载的姓名为准，并加括号注明居民身份证记载的姓名。

被告人或其亲属对户籍证明记载的年龄提出相反证据，且年龄的认定直接影响定罪量刑的，应当予以查清，注意调取被告人的居民身份证、户口簿、出生证明文件、护照、婴儿注射疫苗记录、人口普查登记、学籍卡等书证，其父母子女、周围邻居、老师、同学的证言，其父母做计划生育手术的证明，其兄弟姐妹的户籍证明、居民身份证、户口簿、出生证明文件、护照等证据。必要时，可以进行骨龄鉴定，并将结果作为判断被告人年龄的参考。根据以上证据，综合认定被告人的真实年龄。

第八条 被告人实施犯罪时使用的其他姓名或者与犯罪事实有关联的曾用名、译名、绰号、化名、别名、乳名，以及涉案人员对被告人的特别称谓等，应当查清其使用的时间、范围，并加括号注明。对卷宗中被告人出现多种姓名、称谓的，应当要求侦诉机关出具办案说明，说明相关姓名、称谓均系指同一个人。

对被告人曾使用其他姓名被判过刑的，要调取原来的裁判文书和释放证明等材料，并提取原来卷宗材料上的指纹与被告人的指纹进行比对，以确定是否为同一人。必要时，可以到原判法院和服刑监狱、看守所调取原来的审判卷宗和服刑人员档案，或者由服刑监狱、看守所的管教人员对其进行辨认。

第二节　被害人身份

第九条　证明被害人身份，一般应具有以下证据材料：

（一）被害人与其直系亲属的 DNA 亲缘鉴定意见；

（二）被害人亲属对被害人身份、特征的证言及辨认笔录；

（三）被告人关于被害人身份、特征的供述及辨认笔录；

（四）证人对被害人身份、特征的证言及辨认笔录；

（五）被害人的户籍资料。

第十条　因被害人直系亲属无法查找、被害人尸骨无法提取 DNA 等原因，不能通过 DNA 亲缘鉴定确定被害人身份的，可以综合下列证据对被害人身份作出认定：

（一）被害人亲友对被害人随身物品的证言及辨认笔录；

（二）被害人亲友关于被害人身体隐蔽性特征的证言；

（三）被害人的 DNA 和被害人生前随身物品、日常物品上提取的 DNA 进行同一性鉴定的意见；

（四）被害人指纹、掌纹、DNA 等信息与有关信息库、有关组织留存的指纹、掌纹、DNA 等信息进行同一性鉴定的意见；

（五）根据发现的被害人躯干、四肢、骨骼等对死者的年龄、体重、身高等所作的鉴定意见；

（六）颅像重合复原技术得出的关于被害人身份的意见。

第十一条　对于被害人身份，应重点审查鉴定意见、辨认笔录等关键证据的客观性、关联性、合法性。无法进行 DNA 鉴定的，应重点审查认定被害人真实身份的证据是否确实充分。

第十二条　对于被害人身份的 DNA 鉴定意见，应围绕以下几个方面进行审查：

（一）从被害人直系亲属处提取DNA样本作为检材的，是否有反映提取过程的笔录或录像，是否有被害人与直系亲属的关系证明；

（二）从被害人生前日常生活用品提取DNA样本作同一性认定的，是否排除了该生活用品被他人使用或者遗留他人DNA的可能性；

（三）对发现的尸块、人体组织，犯罪现场、犯罪工具上提取的生物物证，是否全部进行了DNA鉴定；

（四）提取、保存检材的方法是否适当，DNA检材的编号有无重复，论证分析意见和鉴定意见之间有无矛盾；

（五）检出混合DNA分型的，是否列明了混合分型的具体DNA数据和可能涉及的人数。

第十三条 对有关被害人照片、尸体、被害人随身物品的辨认笔录，应围绕以下几个方面进行审查：

（一）辨认过程是否合法，侦查人员有无诱导，是否将物品混杂在符合数量要求的同类物品中进行辨认，有无见证人见证辨认过程；

（二）死者随身物品与被害人之间是否具有专属性、独有性、排他性的联系，证人是否对该物品专属特征作具体说明，有同一性鉴定条件的有无进行鉴定；

（三）案发现场提取被害人随身物品的，是否有反映提取过程的笔录或录像；被害人随身物品案发后被他人捡拾的，是否有捡拾人对物品来源的陈述；

（四）对于残缺或者腐败的尸体，被害人亲友仍辨认出死者身份的，应着重审查辨认笔录的真实性、客观性，必要时让辨认人说明尸体的隐蔽性特征，对辨认过程和辨认结果做出合理解释；

（五）被告人、被害人亲友未能辨认出相关对象的，也应有反映辨认过程、辨认结果的笔录。

第三节　案件发生及侦破

第十四条　证明故意杀人案件的发生及侦破，一般应具有以下证据材料：

（一）受案登记表、接处警侦破登记表、立案决定书等；

（二）报案人、控告人、举报人、扭送人的报案、控告、举报材料、询问笔录、录音录像、接受案件回执单及其他机关移送案件线索的材料；

（三）案件系指定管辖的，有关管辖方面的书面材料。

（四）侦查机关出具的案件发生、侦破及被告人归案情况的说明；

（五）被告人到案后人身、物品检查并提取痕迹、物证的记录和录音录像。

被告人投案的，一般还应具有电话录音、短信、微信、电子邮件、书信等反映投案准备的材料，电话记录、来电处理情况等反映接受投案的材料，被委托投案人或陪同投案人的证言，被告人投案时制作的讯问笔录。

因被害人失踪而案发的，一般还应具有对人员失踪的受案、立案材料，开展失踪人员信息比对调查材料，失踪人员社会关系、失踪的时间、地点、失踪前的活动、有无异常表现等调查材料。

通过排查确定被告人而破案的，一般还应具有公安机关走访知情人员、排查重点对象、调查被害人社会关系等形成的证据材料。

通过串并案确定被告人而破案的，公安机关在确定串并案件关联、相似点，锁定被告人方面形成的证据材料。

通过技术侦查手段破案的，一般还应具有公安机关技术侦查措施的审批材料、转换材料、技术侦查过程和结果的说明材料等证据材料。

第十五条　对证明发破案经过的证据，应当重点审查：

（一）案件线索来源是否明确、具体；

（二）确定被告人作案指向的证据材料是否确实、充分；

（三）反映被告人自首、坦白、立功、抗拒抓捕等影响量刑的事实是否确实、充分；

（四）管辖、立案、强制措施、侦查措施等程序是否合法、规范。

第十六条 对于破案过程，应当综合全案证据进行审查，不能单纯依据侦查机关出具的《发破案经过》予以认定。对于《发破案经过》与在案其他证据存在矛盾的，应当审查矛盾原因，能否排除矛盾。

第十七条 对于破案过程的审查，还应当重点关注证据的调取过程和调取顺序，特别重视先供后证、先证后供的供证顺序对于证据真实性判断的特殊作用。

第十八条 被告人归案时有伤情的，应当注意审查伤情形成的时间、原因。抓捕过程中形成伤情的，应当重点审查被告人关于伤情成因的供述和辩解以及能够反映抓捕过程的录像，必要时，要求抓捕民警说明情况或要求侦查机关提供目击证人的相关证言。

第十九条 根据被告人供述提取隐蔽性物证、起获尸体或者被告人带领指认现场的，应当注意审查供述和指认过程是否自然、客观，录音录像是否全程、同步，是否全面反映指认过程，有无见证人参与监督指认过程。被告人有无被强迫、诱导或通过其他途径获知案发现场等信息的可能。

第二十条 案件的证据或线索还指向被告人之外其他人员，或者其他人员案发前后行为异常的，应当注意审查其他人员单独或参与作案的可能性，能否排除作案嫌疑。

第四节 被告人主观故意

第二十一条 证明被告人故意杀人的主观故意，一般应当具有以下证据：

（一）被告人关于实施故意杀人犯罪故意的供述；

（二）证人、被害人关于被告人犯罪主观方面的证人证言、被害人陈述；

（三）证明被告人犯罪主观方面的网络聊天记录、手机短信等电子数据；

（四）证明被告人犯罪主观方面的书信、电话记录等书证；

（五）证明被告人犯罪主观方面的录音录像等视听资料。

第二十二条 对于主观故意，应当着重审查有关被告人对危害结果认识因素和意志因素的证据材料，注意区分故意和过失、直接故意和间接故意。

第二十三条 对于主观故意，除了审查能直接证明故意内容的证据外，还应当重点审查能够推定故意内容的客观性证据材料。

第二十四条 对于被告人不供述或否认具有杀人故意的，可以根据客观事实推定杀人犯罪故意，具体应当围绕以下几个方面进行审查：

（一）作案手段和方法是否高度可能导致被害人死亡；

（二）作案工具是否高度可能导致被害人死亡；

（三）加害部位是否属于人体头部、颈部、躯干等要害部位；

（四）综合被告人的专业背景、双方的力量对比、被害人的反抗能力等，判断加害行为是否高度可能导致被害人死亡；

（五）是否选择特殊的场所、时间实施加害行为，是否排斥死亡结果的发生；

（六）犯罪后有无对被害人及时进行救助，是否具备施救时间、施救条件，判断行为人主观上是否排斥死亡结果的发生。

第二十五条 对于否认杀人动机的，还应当注意审查被告人与被害人是否为熟人关系，是否伪装面容作案，是否具有劫取财物、消灭债务、骗取保险、实施奸淫后灭口的意图。

第二十六条 根据客观事实推定被告人具有杀人犯罪故意，应当允许被告人提出反证。被告人提出反证证明其确实不具有杀人故意的，不能推定杀人故意成立。

第二十七条 对于共同犯罪非主要实行犯的犯罪故意，应当注意审查被告人参与事前组织策划、事中分工配合、事后逃避处罚的语言、表情、动作，判断是否积极追求或放任犯罪结果的发生。

第五节　故意杀人犯罪行为

第二十八条　证明故意杀人犯罪行为，一般应具有以下证据：

（一）犯罪现场勘验、检查笔录；

（二）被害人伤情、死因鉴定、生物物证来源、生物遗传性等鉴定意见；

（三）其他与犯罪有关的场所、物品、人身、尸体、视听资料、电子数据的勘验、检查笔录和鉴定意见；

（四）被害人、证人对被告人的辨认笔录；

（五）作案工具、通信工具、指纹、血迹等与犯罪有关的物品、书证；

（六）证明犯罪时间、地点、起因以及被告人预谋、预备、实行犯罪的监控录像、活动轨迹、手机通话记录；

（七）被害人、证人关于案件起因、经过、被告人犯罪前后表现的被害人陈述、证人证言；

（八）被告人关于案件起因、经过、被告人犯罪前后表现的供述。

第二十九条　对犯罪行为应当重点审查有关被害人（死者）是他杀还是自杀，是杀人还是分（毁）尸、移尸、抛尸现场，死者身体特征及身源；死亡原因和时间，作案手段、方法，杀人、分尸、移尸以及捆扎、包裹尸体的工具、物品与被告人、被害人的关联等方面的证据材料。

第三十条　对于杀人碎（毁）尸案件，应当注意审查被害人身源、死亡原因、死亡时间、加害手段、毁尸手段，原始现场、抛尸现场以及杀人工具、毁尸工具、运尸工具、尸体残骸包装物的来源与去向；注意及时提取原始现场、抛尸现场遗留的痕迹、物证、生物样本，寻找并提取尸体各部分残骸、杀人工具、毁尸工具、运尸工具、运送尸体残骸的包装物及其附着的痕迹、物证、生物样本；注意查明杀人工具、毁尸工具、加害手段、毁尸手段与尸体残骸上的断痕、创痕是否相符；查明上述情况与被告人供述是否一致等。

第三十一条 对于锐器刺、砍、切、剪和钝器打击致死（伤）案件，应当注意审查根据被害人尸体或身体损伤形态和创伤特征，确定损伤或者损伤致死的原因，推断或认定损伤由哪一类凶器形成，凶器上是否留有指纹、血迹等痕迹、物证、生物样本，查明凶器的来源和去向、缴获的凶器是否与伤情特征相吻合；根据现场血迹的分布、形状、颜色等，查明被告人作案过程和手法等。

第三十二条 对于机械性窒息死亡案件，应当注意审查机械性暴力作用的方式和部位，结合尸体口鼻、颈部等遭受暴力作用所形成的缢沟、勒沟、扼痕等特征性改变，查明致死手段、方法以及相关部位、物品上是否留有指纹等痕迹；对可能绳勒致死的，要注意查明收集绳索与死者颈部索沟的形状是否相符，索沟的形成是在生前还是在死后、绳索的坚韧程度和承受力是否足以致人死亡等。

第三十三条 对于枪击杀人案件，应当注意审查现场是否遗留枪支、弹壳、弹头、弹着痕迹和射击物屑，并注意查明枪支、弹壳、弹头上是否留有指纹等痕迹，被告人身体、衣物上是否有火药残留物等。对提取的枪支、弹壳、弹头应当作出同一性鉴定；应当对弹痕、弹迹、弹道等进行科学技术鉴定；将提取的枪支、弹壳、弹头与被害人的创伤及创伤周边残留物进行比对。同时，还应当查明枪支弹药的来源、型号、性能，被告人有无使用枪支的经历以及是否曾经使用过提取的枪支。

第三十四条 对于爆炸杀人案件，应当通过对现场遗留的痕迹、物证及人身、尸体的勘验、检验，明确爆炸类型、炸药种类、引爆方法、炸药包装物，以及炸药包放在何种容器内、现场伤亡的人员情况及与爆炸的关系；注意对被告人居住、使用的场所、人身尤其是指甲、衣物进行检查，及时提取爆炸物的剩余物、制作工具和炸药的残留物，并与现场提取的爆炸残留物进行同一性认定；注意查明爆炸物的来源、运输、转移、携带、安放或者投掷的过程，被告人对爆炸物品的接触、熟悉程度以及应具备的知识、技能等情况。

第三十五条 对于投放毒害性物质杀人案件，注意查明死伤人数、中毒人数、中毒程度以及各种经济损失，确定中毒结果；注意提取尸体及现场的检材，通过检验鉴定确定毒物的性质、种类、名称和剂量；注意查明毒物的来源、运输、携带、投放情况，中毒媒介物的来源以及中毒发生的经过，分析投毒的过程、方法和手段；注意查明毒物盛装物上是否留有指纹等痕迹，并对被告人的人身及居住、使用的场所进行检查，及时提取毒物的剩余物、残留物，与被告人的指纹、现场提取的毒物进行同一性认定；注意查明被告人对毒物的认知程度，是否具备相应的知识和技能，有无购买、接触、保管、持有、使用毒物的条件等。

投放放射性、传染病病原体等其他危险物质案件的证据审查，可参照前款进行。

第三十六条 对于纵火杀人案件，应当注意审查起火点、起火原因、起火时间、周围环境以及火灾发生时的天气情况，尤其要查明起火点的方位、形态、数量及布局关系；注意查明所用点火工具、引火物、助燃剂的特征、种类、名称及来源，与有关人员销售、提供的点火工具、引火物、助燃剂是否相符，销售、提供的时间、地点、价格、方式等情况与被告人的供述是否一致；注意组织销售、提供人员对购买、接受点火工具、引火物、助燃剂的被告人进行辨认；注意查明点火工具、引火物、助燃剂的运输、转移、携带、投放、引燃过程，纵火造成的人员伤亡、财产损失等情况。

第三十七条 对于强奸杀人案件，应当注意审查被告人与被害人的关系，是否熟悉、有无来往、怎样相识、接触情况、发展过程等；及时提取被害人尸（身）体上以及现场遗留的各种痕迹、物证进行检验鉴定，尤其要注意提取被害人口腔、乳房、指甲、阴道、肛门等处擦拭物，并与被告人的生物样本进行同一性认定；注意查明实施强奸的具体手段和经过，包括暴力、胁迫、诱骗、药物麻醉、利用重病、醉酒机会或者职权、从属关系等；注意查明强奸犯罪造成的致伤、致残、致死等危害结果。

第三章　量刑情节证据

第三十八条 证明精神病人犯罪时不能辨认或者不能控制自己行为的，应当有公安机关经法定程序委托有鉴定资质的机构作出的鉴定意见。

第三十九条 对被告人刑事责任能力的鉴定意见存疑的，可以重新鉴定或补充鉴定。鉴定意见之间存在矛盾的，应当通过询问鉴定人、有专门知识的人，对鉴定意见的形成、产生矛盾的原因等进行说明。矛盾无法排除的，应当作出有利于被告人的认定。

第四十条 证明女性被告人怀孕的，一般应有以下证据材料：

（一）被告人妊娠检查报告；

（二）关于怀孕或者流产的时间、原因等被告人的供述、证人证言、被害人陈述；

（三）羁押场所对被告人入所检查时的体检材料等。

第四十一条 对于女性被告人怀孕的，应当注意审查怀孕或者流产的时间节点，对于羁押受审期间怀孕或者流产的，应当视为审判时怀孕的妇女，依法不适用死刑。

第四十二条 证明被告人犯罪时是又聋又哑的人或者盲人的，一般应有以下证据材料：

（一）被告人的户籍资料；

（二）又聋又哑或者系盲人的相关鉴定意见；

（三）有关机构出具的证明材料；

（四）被害人陈述、知情人证言等。

第四十三条　又聋又哑的人或者盲人故意杀人的，应当重点审查身体残疾情况的证据是否确实充分。

第四十四条　证明被害人对案件的发生存在过错的，或者对矛盾激化引发犯罪负有责任的，一般应有以下证据材料：

（一）被告人关于被害人存在过错，或激化矛盾引发犯罪的供述；

（二）证人、被害人生前关于被害人存在过错，或激化矛盾引发犯罪的证言、陈述；

（三）能够证明被害人存在过错，或激化矛盾引发犯罪的案发的通话记录、聊天记录等证据材料等；

（四）公安机关、社区调解机构等处理矛盾的有关书证或证明材料。

第四十五条　对于被害人的过错和责任，应当围绕以下几个方面进行审查：

（一）被害人的行为是否出于故意；

（二）被害人的行为是否违背社会伦理或法律；

（三）被害人的行为是否侵犯了被告人的合法权利或者正当权益；

（四）被害人的行为是否引发被告人实施犯罪或者激化被告人加害行为危害的程度。

第四十六条　被害人可能有过错的，还应结合案件起因、发案背景的证据材料，注意审查被害人的行为是否因被告人的违法或过错行为所引起，是否超出正常、必要的反应限度。

第四十七条　证明民间矛盾激化而引发案件的，一般应有以下证据材料：

（一）被告人关于与被害人存在恋爱、婚姻、家庭、邻里纠纷的供述；

（二）证人、被害人生前关于与被告人存在恋爱、婚姻、家庭、邻里纠纷的证言、陈述；

（三）证明被告人与被害人存在恋爱、婚姻、家庭、邻里纠纷的通话记录、聊天记录、调解书、判决书等证据材料。

第四十八条 对于民间矛盾激化而引发案件的，应当注意审查该矛盾纠纷与社会上发生的严重危害社会治安行为的区别，查明矛盾纠纷形成的原因、双方的责任、对矛盾处理的方式和途径等。对已经有关部门批评制止或者处理处罚后，被告人仍继续滋事、故意杀人的，量刑时应慎重考虑该酌定情节。

第四十九条 证明案发后被告人或其亲属对被害人一方予以经济赔偿的，一般应有以下证据材料：

（一）被告人关于经济赔偿的供述；

（二）证人、被害人生前关于被告人或其亲属予以经济赔偿的证言、陈述；

（三）赔偿协议；

（四）履行赔偿协议的收据、银行转账记录等；

（五）被害人一方对被告人谅解的证据材料。

第五十条 对于被告人赔偿的，要注意审查经济赔偿的情节对故意杀人量刑的影响。被告人以个人财产进行赔偿的，应当审查赔偿的主动性，能否体现认罪悔罪态度；被告人无个人财产，其亲属愿意代为赔偿的，应当注意综合全案量刑情节进行审查，避免引发新的矛盾。被害人一方对被告人谅解的，应着重审查该谅解是否出于真实意愿，有无恐吓、诱骗等情形。

第四章　常见类型故意杀人案件证据审查

第一节　目击记录型故意杀人案

第五十一条　目击记录型故意杀人案是指有证人、被害人亲历或目击或仪器记录被告人实施故意杀人犯罪行为的案件。一般包括两种情形：

（一）被害人或证人亲历或目击被告人杀人或实施与杀人具有高度密切性行为；

（二）监控视频等视听资料记录被告人实施杀人行为或实施与杀人具有高度密切性行为。

第五十二条　对被害人或证人亲历或目击被告人实施杀人行为案件的证据，应重点审查以下内容：

（一）被害人或证人案发前与被告人有无矛盾或利害关系，其陈述或证言是否具有虚假性；

（二）综合案发时能见度、被害人或证人感知能力、被告人遮掩或伪装情况，判断被害人陈述或证人证言是否可能存在错误；

（三）被害人或证人是否对被告人及与案件有关物品进行了指认、辨认；

（四）能否排除外界因素介入导致被害人死亡的可能性；

（五）被害人陈述、证人证言与被告人供述在细节上能否相互印证。

对被害人或证人亲历或目击被告人案发时进出犯罪现场、与被害人发生打斗等与杀人具有高度密切性的行为，还应审查是否能够排除其他人员作案的合理怀疑。

第五十三条　对监控视频等视听资料记录被告人实施杀人行为的案件，应重点审查以下内容：

（一）监控视频等视听资料提取、保存、制作、移送有无违反法律、相关规定的情形；

（二）内容和制作过程是否真实，有无剪辑、增加、删改等情形；

（三）有无向被告人播放，由被告人进行辨认视听资料记载的内容。

第五十四条 视听资料记载的内容存在疑义的，应当进行清晰化处理、慢速处理、多镜头同步处理或进行鉴定。

第二节 留痕（物）型故意杀人案

第五十五条 留痕（物）型故意杀人案是指犯罪现场遗留有被告人物品、痕迹、生物样本或被告人处有被害人的物品、痕迹、生物样本。对该类案件相关证据，应重点审查以下内容：

（一）相关物证提取、保存、固定、移送、辨认、鉴定有无违反法律、相关规定的情形；

（二）作为定案根据的物证是否经过辨认；

（三）相关生物物证是否经过同一性鉴定；

（四）能否排除被害人、被告人非因犯罪接触或遗留物证的可能性；

（五）遗留物证的情况与勘验检查笔录、被告人供述能否相互印证。

第五十六条 要高度重视对作为定案根据的生物物证鉴定意见的审查，从检材、样本、鉴定程序、方法等方面进行全面审查，不盲目轻信。对鉴定意见未作出同一性结论的，不能仅依靠鉴定意见和被告人供述定案。

第三节 时空吻合型故意杀人案

第五十七条 时空吻合型故意杀人案是根据手机通信、公共场所视频监控、证人证言等能够认定被告人在犯罪时间、地点与被害人接触，从而确定被告人作案可能性。对该类案件相关证据，应注意审查以下内容：

（一）由相关手机通信、公共场所视频监控、证人证言等得出被告人具有犯罪时间、地点条件的结论是否具有科学性、唯一性；

（二）根据在案其他证据推断的被害人遇害时间、地点是否具有科学性、唯一性；

（三）相关通信工具是否系被告人所有、所用；

（四）能否排除同一犯罪时间、地点其他人作案的可能性；

（五）被告人案发前后活动情况与在案其他证据是否相互印证。

第五十八条 对案发前后被害人与被告人通过手机、电脑等通信工具相互联系，对认定案件起因、经过以及犯罪后被告人表现具有影响的，通常应当调取被害人与被告人的通信工具以及案发前后的通信记录。

第五十九条 对采用记录监控、行踪监控、通信监控、场所监控等技术侦查手段获取被告人活动轨迹，并作为据以定案根据的，应当注意审查相关技术侦查手段获取的证据，或核实相关技术侦查结论。相关核实材料应当装入审判副卷，妥善保管。

第五章 证据的综合分析运用

第六十条 认定被告人构成故意杀人犯罪，应当查清以下基本犯罪事实：

（一）是否有明确的被害人，且被害人遭受故意杀人的不法侵害；

（二）被告人是否具有作案时间，其实施犯罪的时间与被害人遭受不法侵害的时间是否吻合；

（三）被告人是否进入过犯罪现场或具有操纵现场人（物）的行为；

（四）被告人是否实施故意杀人的行为，其实施犯罪的工具、手段、过程与犯罪现场是否吻合；

（五）被告人实施故意杀人行为是否与被害人伤害、死亡具有刑法上的因果联系，有无阻断因果关系的其他介入因素；

（六）被告人是否具有杀人的直接故意或间接故意，能否排除过失、意外事件、不具有刑事责任能力、正当防卫、紧急避险等影响该罪成立的事由。

第六十一条 认定基本犯罪事实成立，应当适用证据确实、充分的证明标准。

证据确实、充分应当符合下列条件：

（一）被害人伤害、死亡结果能够确定；

（二）能够明确认定被告人的犯罪行为与被害人的死亡结果具有刑法上的因果关系；

（三）明确排除被告人无刑事责任能力；

（四）明确排除被告人具有正当防卫、紧急避险等正当事由；

（五）能够明确认定或推定被告人主观上具有杀害他人的直接故意或间接故意；

（六）能够明确认定被告人具有作案时间、地点条件，实施了故意杀人行为，相关证据经查证属实，形成完整证明体系；

（七）据以定罪的证据之间、证据与案件事实之间不存在不能合理排除的矛盾，根据证据认定案件事实是否符合逻辑和经验法则，得出的结论是否符合常理。

第六十二条 具有下列情形，综合全案证据达不到基本证据标准的，应当坚持疑罪从无的原则，依法作出证据不足、指控犯罪不能成立的无罪判决，不能降格作出“留有余地”的判决：

（一）被告人供述不稳定且有罪供述得不到其他证据印证的；

（二）被告人作案时间存疑或不具有作案时间的；

（三）被告人作案工具、手段存疑或在案认定被告人的作案工具、手段与被害人伤情、死因存在矛盾的；

（四）锁定被告人作案的 DNA 鉴定意见、物证等客观性证据的合法性、真实性存疑的；

（五）指认、辨认笔录合法性、真实性存疑的；

（六）在案证据仅能证实被告人与案件存在关联性，不能证实被告人实施犯罪的。

第六十三条 没有直接证据证明故意杀人行为系犯罪嫌疑人实施，但间接证据同时符合下列条件的，可以认定有罪：

（一）证据已经查证属实；

（二）证据之间相互印证，不存在无法排除的矛盾和无法解释的疑问；

（三）全案证据已经形成完整的证明体系；

（四）根据证据认定的案件事实足以排除合理怀疑，结论具有唯一性；

（五）运用证据进行的推理符合逻辑和经验法则。

第六十四条 除基本犯罪事实外，下列事实的证明也必须达到证据确实、充分的证明标准：

（一）犯罪嫌疑人、被告人罪行极其严重的事实；

（二）犯罪时已满十八周岁，审判时未满七十五周岁、不是怀孕的妇女等死刑适用条件事实；

（三）可能对犯罪嫌疑人、被告人从重处罚的事实；

（四）有关证据收集合法性的事实；

（五）据以推定对犯罪嫌疑人、被告人不利事实的基础事实。

第六十五条 对于以下事实的证明，虽然无法达到证据确实、充分的标准，但如果该事实存在的可能性明显大于不存在的可能性的，可以作出认定：

（一）可能导致犯罪嫌疑人、被告人被判决宣告无罪、不负刑事责任或者被裁定终止审理的事实；

（二）除法律、司法解释另有规定的以外，可能对犯罪嫌疑人、被告人从轻、减轻处罚或者免予刑事处罚的事实；

（三）附带民事诉讼涉及的案件事实；

（四）回避等影响程序公正的事实；

（五）违反法定程序的事实；

（六）不影响定罪量刑的其他事实。

第六十六条 只有被告人供述实施故意杀人犯罪，没有其他证据的，不能认定被告人有罪；没有被告人供述，其他证据确实、充分的，可以认定被告人有罪。

第六十七条 根据被告人的供述、指认提取到了隐蔽性很强的物证、书证，且被告人的供述与其他证明犯罪事实发生的证据相互印证，并排除串供、逼供、诱供等可能性的，可以认定被告人有罪。

第六十八条 对于缺乏目击证人证言、现场监控录音录像或者其他锁定被告人实施故意杀人犯罪的客观性证据的案件，如果侦查人员收集、调取现场勘验、检查工作记录、尸体检验鉴定意见、物证、书证等证据在先，讯问被告人获取有罪供述的讯问笔录在后，讯问笔录与现场勘验、检查工作记录、尸体检验鉴定、物证、书证等证据之间以及同案各被告人的讯问笔录之间高度或者过于一致，不能排除串供、逼供、诱供等可能性的，认定被告人有罪应当慎重。综合全案证据材料，达不到证据确实、充分要求的，应当依法作出证据不足、指控的犯罪不能成立的无罪判决。

第六十九条 案件缺乏锁定被告人实施故意杀人的客观性证据，一般不能仅根据在案两名以上被告人的供述认定其构成犯罪。但同案被告人供述能够相互印证，且被分别关押、讯问，供述收集的合法性均得以确认，能够完全排除诱供、逼供、串供等可能性，综合全案证据材料，符合证据确实、充分要求的，可以认定被告人有罪，但判处被告人死刑立即执行要特别慎重。

第七十条 对指控的故意杀人犯罪事实，仅有被害人陈述予以证明，被告人始终拒不认罪，没有其他证据予以补强的，不能认定被告人有罪。

第七十一条 对于没有直接证据证明犯罪行为系被告人实施故意杀人犯罪，根据《最高人民法院关于适用〈中华人民共和国刑事诉讼法〉的解释》第一百零五条的规定，运用间接证据定案的，判处被告人死刑应当特别慎重。

第六章 附 则

第七十二条 本意见仅为办理故意杀人罪案件证据审查、认定工作的内部指导性意见，在具体案件审理中应根据个案具体情况审查认定相关证据，确保案件事实清楚，证据确实、充分。

第七十三条 本意见由山东省高级人民法院刑四庭负责解释。

第七十四条 本意见没有涉及的，如有法律规定、司法解释的，要严格遵照执行；没有相关规定的，及时报告、再行协商。

第七十五条 本意见自下发之日起试行。

贩卖毒品类案证明标准研究报告*

引　言

刑事案件的证明标准是明确的，是每个认定被告人有罪的案件都必须达到的。类案证明标准研究旨在通过实证分析，对一类案件的证据形态及证据体系进行研究，充分贯彻证据裁判原则，推动裁判标准的规范化。在对贩卖毒品的类案研究中，课题组一方面通过对样本文书数据的挖掘和分析，归纳贩卖毒品类案的证据形态和证据特点，另一方面通过正反结合，着重分析无罪判决的证据矛盾和证据问题，总结司法经验，提炼证据规则，将抽象的证明标准具体化，增强可操作性，以期为法官审查、运用证据认定案件事实提供规范指引。

证明标准是指运用证据证明案件事实应当达到的程度。案件事实清楚，证据确实、充分是我国刑事诉讼中长期坚持的基本证明标准。同时，司法实践中逐渐形成了一些经验性的共识，如孤证不能定案、证据之间相互印证，形成完整的证据链等。2012 年修正的《刑事诉讼法》及相关司法解释对“证据确实、充分”的具体内容进行了明确①，既从客观上对定

*课题主持人：谢　萍　山东省高级人民法院刑事审判第一庭　庭　　长
课题组成员：蒋海年　山东省高级人民法院刑事审判第一庭　副 庭 长
李仲轲　山东省高级人民法院刑事审判第一庭　法　　官
冯艳楠　山东省高级人民法院研究室　法官助理
杨　军　山东法官培训学院　讲　　师
课题执笔人：冯艳楠

①《中华人民共和国刑事诉讼法》第五十三条第二款规定：“证据确实、充分，应当符合以下条件：（一）定罪量刑的事实都有证据证明；（二）据以定案的证据均经法定程序查证属实；（三）综合全案证据，对所认定事实已排除合理怀疑。”《最高人民法院关于适用〈中华人民共和国刑事诉讼法〉的解释》第一百零五条规定：“没有直接证据，但间接证据同时符合下列条件的，可以认定被告人有罪：（一）证据已经查证属实；（二）证据之间相互印证，不存在无法排除的矛盾和无法解释的疑问；（三）全案证据已经形成完整的证明体系；（四）根据证据认定案件事实足以排除合理怀疑，结论具有唯一性；（五）运用证据进行的推理符合逻辑和经验。”

案证据规定了量和质的要求，又引入了“排除合理怀疑”标准，从而明确了裁判者主观上应达到的内心确认程度。尽管贩卖毒品案件具有证据种类相对较少、言词证据比重较大等特点，但认定案件事实的证明标准同样是“事实清楚，证据确实、充分”，而如何在具体案件中运用这一标准，则是我们将要展开的课题。围绕这一课题，我们从中国裁判文书网随机选取了省内外贩卖毒品案件裁判文书共 270 份作为分析样本，其中无罪判决 17 份，共涉及贩卖毒品行为 533 起。通过对样本文书呈现的证据情况进行统计分析，一方面探索构建贩卖毒品案件常见的证据体系，另一方面总结贩卖毒品案件可能的“合理怀疑”，以期对审判实践中贩卖毒品案件的证据审查运用及事实认定提供有益参考。样本文书的构成如下图：

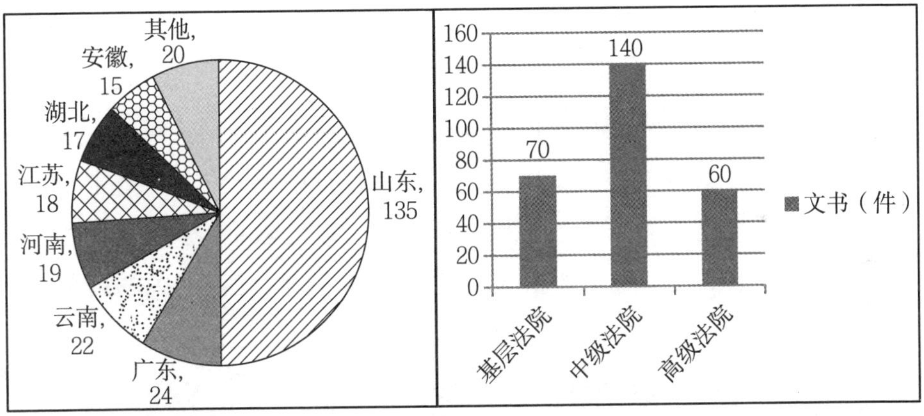

一、贩卖毒品类案证据类型及特点

刑事案件的证明标准是明确的，而以何种方式评价证据、认定事实，从而判断是否达到证明标准，在历史上先后有神意证明方式、法定证明模式和自由心证方式。自由心证是当前各国普遍采用的证明方式，但受审判制度、证据制度等因素影响，各国采用自由心证原则的具体方式是有区别的。[①] 有学者将我国刑事诉讼的证明模式概括为印证证明模式，[②] 强

①龙宗智：《证据法的理念、制度与方法》，法律出版社 2008 年版，第 191 页。

②龙宗智：《印证与自由心证——我国刑事诉讼的证明模式》，载《法学研究》2004 年第 2 期。

调证据之间相互支持，形成完整的证据体系。《最高人民法院关于适用〈中华人民共和国刑事诉讼法〉的解释》第四章多处规定“印证”一词，[①] 从规范层面肯定了印证证明模式的合理性。在客观上，印证证明模式追求证据的全面性，即强调待证事实尤其是犯罪构成要件事实的诸方面都需要有客观化的证据证明，因而要求证据内容广泛化、体系化和证据数量最大化。[②] 但在司法实践中，有些案件据以定案的证据间的“印证”关系是十分粗糙和机械的，不能有效防止事实认定错误问题。这一问题在贩卖毒品案件中表现得较为突出。课题组通过分析样本裁判文书，梳理和总结实践中贩卖毒品案件的证据情况，确立更为精细化的证据审查认定规范以及更稳定的证据体系，以克服个案证明程度和证明过程的模糊化、主观化倾向。

（一）贩卖毒品类案主要证据类型

在梳理贩卖毒品案件的主要证据前，首先要明确其证明对象。证明对象既是证明的出发点，也是证明的归宿，[③] 限定着证据收集、审查、认证的范围。在贩卖毒品案件中，应当运用证据证明的案件事实包括：1. 犯罪主体的身份、刑事责任能力和接受审判能力；2. 是否有贩卖毒品的主观故意；3. 客观上是否实施了贩卖毒品的行为；4. 在共同犯罪中的地位、作用；5. 相关量刑情节，包括是否构成累犯、毒品再犯，是否构成自首、坦白、立功等；6. 与定罪量刑有关的其他事实。

为了解审判实践中毒品犯罪案件的证据情况，我们对样本文书的证据进行分析发现，贩卖毒品案件的证据主要包括[④]：1. 证人证言，包括毒

①《最高人民法院关于适用〈中华人民共和国刑事诉讼法〉的解释》中“印证”一词在 7 个条文中出现了 10 次，分别是第七十四条、第七十八条、第八十条、第八十三条、第一百零五条、第一百零六条、第一百零九条。

②左卫民：《“印证”证明模式反思与重塑：基于中国刑事错案的反思》，载《中国法学》2016 年第 1 期。

③刘广三：《刑事证据法学》，中国人民大学出版社 2015 年版，第 240 页。

④关于毒品犯罪案件的证据类型及证据的审查判断可以参见《山东省高级人民法院关于毒品犯罪案件证据审查认定的指导意见》。

品买家（主要是吸毒人员）的证言、目击证人或其他了解案件情况的人的证言；2. 现场勘验、检查笔录、搜查笔录、扣押物品清单、提取、称量笔录、辨认笔录等；3. 鉴定意见、检验报告，包括毒品成分、含量鉴定，笔迹、指纹、生物检材鉴定，是否吸毒的检验报告等；4. 物证及照片，包括毒品、毒资、吸毒工具、通信工具、交通工具、毒品包装物上的指纹等；5. 书证，包括：（1）证明被告人身份的证据，如户籍证明、居民身份证等；（2）证明案件发生及被告人到案情况的证据，如立案决定书、受案登记表、抓获经过等；（3）证明毒资往来的证据，如转账记录、交易明细等；（4）证明毒品运输的证据，如邮寄单、托运单等；（5）证明涉毒人员行踪的证据，如车票、机票、住宿登记等；（6）证明涉毒人员相互联络的证据，如手机通话记录、短信、网络聊天记录等；6. 视听资料，包括通话录音、交通运输卡口录像、银行存取款录像、住所监控录像等；7. 电子数据，包括被告人在网络平台上发布的信息，网络聊天记录等电子文件；8. 被告人供述与辩解，包括共同犯罪人的供述、贩卖毒品上、下家的供述等。在样本文书涉及的 533 起犯罪中的呈现如下图：

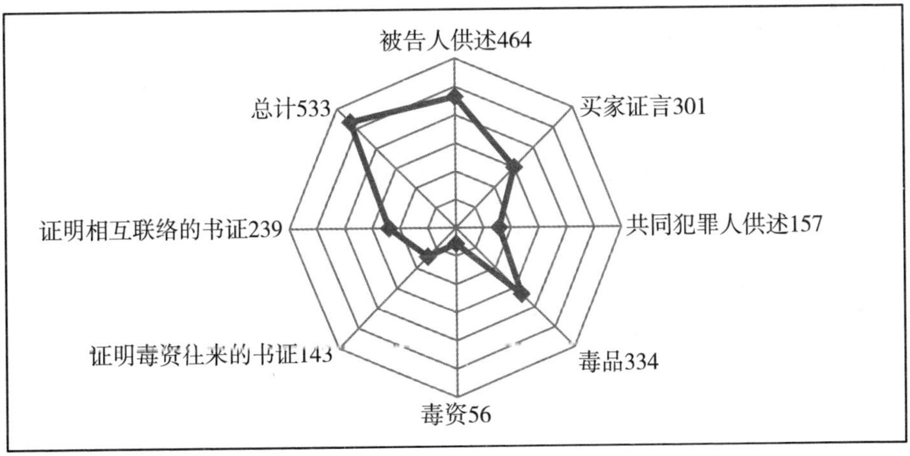

（二）贩卖毒品类案证据特点

对样本文书的分析发现，贩卖毒品案件中主要证据具有以下特点：

第一，言词证据所占比重较大，但稳定性较差。在毒品犯罪案件中，准确定性、有效区分贩卖、运输和非法持有毒品在很大程度上依赖于言词证据。言词证据中，除现场抓获的外，作为买家的吸毒人员的证言通常难以准确证明贩卖毒品的时间和数量，被告人供述更存在避重就轻、来回反复甚至翻供的现象。在样本文书涉及的533起贩卖毒品事实中，被告人予以供认的有464起，翻供的有52人，翻供比例为11.2%。翻供理由主要有:（1）主观上不明知其贩卖的是毒品;（2）只是代购代买，没有获利;（3）双方存在债务关系，对方支付的是欠款;（4）对共同犯罪人的行为不知情，未参与共同贩毒行为;（5）侦查机关对其刑讯逼供。

第二，物证、书证等间接证据与案件事实的关联性易受质疑。在样本文书334起查获毒品实物的犯罪中，仅46起是在交易现场查获的，占13.77%，有57起仅在被告人身上查获少量毒品，另有122起系在被告人住处、车辆查获毒品。对于在住处、车辆查获的毒品，需证明系被告人所有或为被告人所实际控制，以确定与案件的关联性。同时，由于贩毒人员反侦查能力不断提高，尤其是毒品再犯人员作案手法更为隐蔽，通常采用隐瞒真实身份，使用假名、绰号进行交易，借用他人银行卡收转毒资，持有多个移动电话，使用不记名电话卡，多个卡号不定期更换等手段，使证明涉毒人员相互联络、毒资往来的书证，例如通话记录、聊天记录、账户交易明细等，存在多种辩解可能。

第三，被告人及其辩护人提出非法证据排除的较多。有研究表明，在所有提出非法证据排除申请的案件涉及的罪名中，走私、贩卖、运输、制造毒品罪排在第一位，约占18%①。公安机关刑讯逼供也是被告人翻供的重要理由。

①北京华宇元典研究团队对2013年至2016年间全国范围内以“非法证据”为理由提出证据排除申请的一、二审裁判文书近5000份进行分析，确认真正涉及非法证据排除的为4507份，在涉及罪名方面，排名前8位的分别为走私、贩卖、运输、制造毒品罪，受贿罪，盗窃罪，诈骗罪，故意伤害罪，抢劫罪，贪污罪，寻衅滋事罪，非法持有毒品罪，合同诈骗罪。

第四，线人、特情类证人证言运用较为突出。最高人民法院印发的《全国部分法院审理毒品犯罪案件工作座谈会纪要》（大连会议纪要）明确指出：“运用特情侦破毒品案件，是依法打击毒品犯罪的有效手段。”在中国裁判文书网上检索裁判日期为2018年6月的走私、贩卖、运输、制造毒品罪案件共690件，其中涉及特情的19件，占2.75%。①出于保护特情人员人身安全的需要，公安机关大多会采用隐蔽作证方式，在特情人员的证言中隐去其身份和基本情况，且不安排其出庭作证，给这些证据的质证和采信带来困难。同时，公安机关掌握的所谓“线人”大多是吸毒人员，游走在违法犯罪的边缘，公安机关在管理上无法实现无缝隙的有效约束，对“线人”参与贩卖毒品行为而不予上报的案件，一方面应当追究其刑事责任，另一方面由于其身份的特殊性，使其主观故意的证明存在一定的困难。

二、贩卖毒品类案证据体系

（一）贩卖毒品案件证据体系的平面展示

证据以其承载的信息成为认定案件事实的依据，是证据载体与证据信息的统一。在证据的审查和运用中，应当避免两种倾向，一种是试图规定单个证据的证明力，在个案中以“分解——累加”的方法判断案件证明程度的法定证据制度倾向；一种是只强调证据的整体协调性，忽视对单个证据的审查判断的极端整体主义倾向。有学者指出，每一个证据的价值都完全取决于它与其他证据的关联，②对证据的单线罗列不能有效揭示案件事实的证明过程和证明程度，证据之间纵横交织的网络链条结构能更有效地呈现出证据与案件事实的关系。通过对样本文书的分析，我们尝试搭建出贩卖毒品案件的证据体系，如下图。

①检索日期2018年7月4日。

②栗峥：《证据链与结构主义》，载《中国法学》2017年第2期。

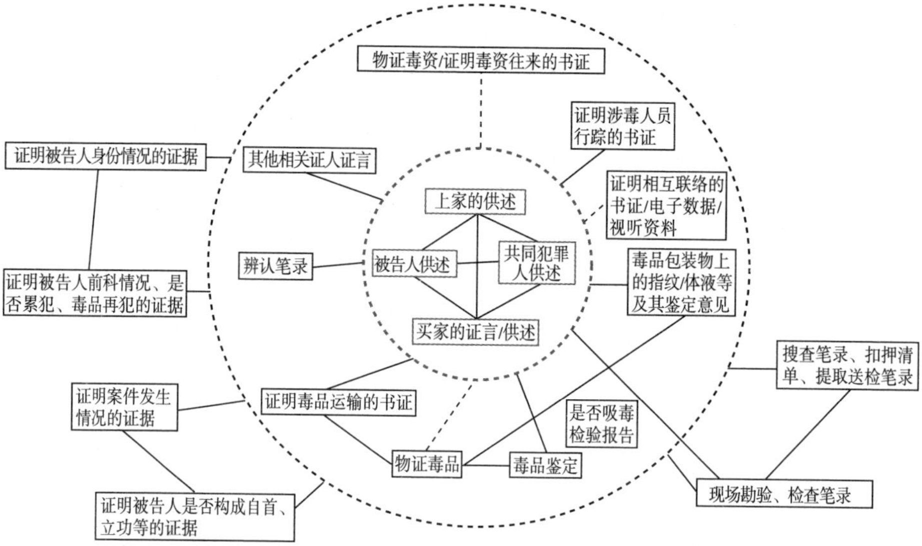

主要证据	比例
A+B+C+D+F	1.2%
A+C+D+F	5.4%
A+C+E+F+G+H	14.5%
A+C+E+F+G	28.4% ☆
A+C+E+F	16.9%
A+C+I+G+H	0.9%
A+C+I+G	3.5%
C+E+F+G+H	1.9%
C+G+H	0.7%
A：被告人供述 B：共同犯罪人供述 C：买家证言或供述 D：交易现场提取的毒品 E：被告人身上、住处等提取的毒品 F：毒品成分、含量鉴定意见 G：证明相互联络的书证 H：证明毒资往来的书证 I：是否吸毒检验报告	

这是较为理想的证据状态，在司法实践中，个案的主要证据体系通常只是它的子集，例如：以“被告人供述＋买家证言＋交易现场查获的毒品、毒资＋毒品成分、含量的鉴定意见”或“被告人供述＋买家证言＋证明

毒资往来的书证+证明相互联络的书证”等为主要证据定案。下表展示了样本文书认定被告人有罪的主要证据情况，考虑到样本文书选取的局限性，该表仅在一定程度上反映了司法实践中贩卖毒品案件的证据情况，具有有限的参考价值。但可以看出，“被告人供述+买家证言或供述+被告人身上、住处等提取的毒品+毒品成分、含量鉴定意见+证明相互联络的书证”的证据组合是样本文书中出现最多的一种。

即使结构相同的证据体系，其稳定性也可能大不相同，这是由证据之间相互支撑或者相互印证的程度决定的。两个相互支撑的证据所产生的正向效应大于两者的简单叠加①，可能大幅提升法官的内心确信程度。在贩卖毒品案件的常见证据体系中，被告人供述的作用举足轻重，有无被告人有罪供述影响着案件的审查重点。对被告人作出有罪供述的案件，根据其供述的稳定性，分为被告人供述多变和稳定供述两种情况。被告人供述较为稳定的案件，在构建证据体系时，一方面审查供述与其他直接言词证据的一致性，一方面运用通话记录、银行交易记录、车票、物流单据等间接证据对其进行验证，从而构建起完整的证据体系。被告人供述多变包括先供后翻、先否认后承认，或者时供时翻等多种情况。在审查时，首先要将多次口供联系起来审查，然后与其他证据结合进行认定。对被告人始终不承认犯罪事实的案件，可以通过其他直接证据与间接证据相互印证认定案件事实，包括买家的证言或供述、共同犯罪人的供述等。但对于幕后指使型的被告人，即使有受指使的共同犯罪人的供述，也可能因与间接证据的印证不充分而无法认定犯罪事实。尤其是长期从事贩毒活动，拥有丰富反侦察经验的累犯、再犯，使用不记名电话卡遥控指挥毒品交易，给犯罪事实的认定带来困难。但随着手机卡实名制的推进和电话“黑卡”治理的加强，涉毒人员通信联络证据的收集和运用将更有效。

①栗峥：《证据链与结构主义》，载《中国法学》2017年第2期。

（二）不同类型贩卖毒品案件的主要证据体系

通过样本文书分析，根据可能形成的证据体系的不同，可以将贩卖毒品案件分为三种：现场抓获型贩卖毒品案、买卖一致型贩卖毒品案、买方证言印证型贩卖毒品案，在样本文书中所占比例分别为8.1%、73.2%、4.3%。

现场抓获型贩卖毒品案是指被告人在进行毒品交易时被当场抓获，有现场提取的毒品实物、毒资等证据的案件。贩卖毒品案件能够现场抓获的，一般包括两种情形，一种是公安机关根据吸毒人员的证言或毒品买家的供述锁定犯罪嫌疑人，实施控制下交付；一种是公安人员通过技术侦查措施或特情、群众举报等发现毒品交易线索，提前布控并将被告人当场抓获。该类案件的证据体系通常由以下证据构成：现场提取的毒品、毒资、毒品包装物、吸毒工具等物证、毒品成分及含量的鉴定意见、被告人及毒品买家是否吸毒的检验报告、毒品包装物、吸毒工具等涉毒物品上的指纹、体液、毛发等及其鉴定意见、记录抓获经过的执法录像、证实毒品交易行为的毒品买家的证言、被告人供述。控制下交付案件，毒品买家按照公安人员指示与被告人通话联系的，应当进行通话录音，通过网络联络的，应当提取网络聊天记录等证据，以实现证据体系的完整性、排他性。

买卖一致型贩卖毒品案是指被告人对贩卖毒品的事实予以供认且与毒品买家的证言或供述相一致的案件。该类案件在样本文书中占大多数，其证据体系通常由以下证据构成：被告人供述、毒品买家的证言或供述、证明毒资往来、毒品运输、被告人行踪的书证、证明交易联络情况的书证等。买卖一致型贩卖毒品案件大多无法提取到交易的全部毒品，而仅在被告人身上、住处或车辆上提取到少量毒品。当然也有部分案件是在被告人住处提取到大量毒品，同时根据买卖双方对曾经交易的供证认定其为贩毒人员，从而将查获的毒品认定为其贩卖的毒品。[1]

买方证言印证型贩卖毒品案是指被告人否认犯罪，毒品买家的证言或供述与其他证据能够相互印证的案件。该类案件的证据体系通常由以下证据构成：毒品买家的证言或供述、证明毒资往来、毒品运输、涉毒人员行踪的书证、证明交易联络情况的书证、被告人及毒品买家是否吸毒的检验报告等。除买家证言外，其他直接证据，如共同犯罪人的供述、上家的供述等也可能与其他间接证据形成证据链条，从而认定被告人贩卖毒品的事实。

当然，这种以主要证据为标准进行的分类并不能涵盖所有的案件，也无法精确体现实践中疑难案件的事实认定困境，对证据存在瑕疵，既存在相互印证的证据，又存在矛盾证据的两方角力案件，在认定上应当坚持“疑罪从无”原则，坚持“案件事实清楚，证据确实、充分”的有罪证明标准。

（三）构成要件证据与量刑证据

证据确实、充分首先要求定罪量刑的事实都有证据证明，结合贩卖毒品案件的特点，在从整体的角度论述贩卖毒品案件的主要证据体系的同时，还需要对构成要件事实中的贩卖毒品的故意以及量刑事实中的毒品数量的认定予以特别关注。

1. 贩卖毒品主观故意的认定

贩卖毒品的主观故意包含两个方面内容：第一，被告人明知其行为的对象是毒品，这种明知可以是对毒品的概括认识，不要求对毒品的具体种类、成分有明确认知；第二，被告人明知其行为是国家法律所禁止的贩卖毒品的行为，即有偿转让毒品的行为。在毒品犯罪案件中，涉嫌贩卖而运输或持有毒品，认定贩卖毒品的证据不足的，以运输毒品罪或非法

①《武汉会议纪要》规定：“贩毒人员被抓获后，对于从其住所、车辆等处查获的毒品，一般均应认定为其贩卖的毒品。”

持有毒品罪定罪处罚。

在实践中，对贩卖毒品主观故意的认定需要结合被告人供述、买家证言等言词证据及银行转账记录等客观证据进行。对样本文书的分析发现，与运输毒品、非法持有毒品案件不同，以贩卖毒品提起公诉的案件中，被告人以“不知道是毒品”作为辩解理由的相对较少。《大连会议纪要》指出:“毒品犯罪中，判断被告人对涉案毒品是否明知，不能仅凭被告人供述，而应当依据被告人实施毒品犯罪行为的过程、方式、毒品被查获时的情形等证据，结合被告人的年龄、阅历、智力等情况，进行综合分析判断”并规定了可以认定“明知”的具体情形。[①] 此外，还有一种较特殊的情形，即存在对毒品的认识错误的情形，即误将其他物品当作毒品进行贩卖的，构成贩卖毒品的未遂。该类案件中，被告人在得知毒品成分鉴定结果后通常翻供，对其供述的真实性应结合其他证据进行审查认定。

贩卖毒品故意的认定，存在两种特殊情形：一种是为卖出而购买毒品的单起案件，证明被告人的主观故意在很大程度上需要依靠被告人的供述。例如，在张希峰运输毒品案中，[②] 公安机关通过技术侦查手段获得被告人欲进行毒品交易的线索后，在被告人运输毒品的过程中将其抓获，

①《大连会议纪要》规定：具有下列情形之一，被告人不能做出合理解释的，可以认定其“明知”是毒品，但有证据证明确属被蒙骗的除外:（1）执法人员在口岸、机场、车站、港口和其他检查站点检查时，要求行为人申报为他人携带的物品和其他疑似毒品物，并告知其法律责任，而行为人未如实申报，在其携带的物品中查获毒品的;（2）以伪报、藏匿、伪装等蒙蔽手段，逃避海关、边防等检查，在其携带、运输、邮寄的物品中查获毒品的;（3）执法人员检查时，有逃跑、丢弃携带物品或者逃避、抗拒检查等行为，在其携带或者丢弃的物品中查获毒品的;（4）体内或者贴身隐秘处藏匿毒品的;（5）为获取不同寻常的高额、不等值报酬为他人携带、运输物品，从中查获毒品的;（6）采用高度隐蔽的方式携带、运输物品，从中查获毒品的;（7）采用高度隐蔽的方式交接物品，明显违背合法物品惯常交接方式，从中查获毒品的;（8）行程路线故意绕开检查站点，在其携带、运输的物品中查获毒品的;（9）以虚假身份或者地址办理托运手续，在其托运的物品中查获毒品的;（10）有其他证据足以认定行为人应当知道的。

②参见青岛市中级人民法院（2015）青刑一初字第122号刑事判决书。

并抓获了其上线和准备交易的下线，在下线处查获与被告人所运输毒品价值相当的大量现金，但在被告人拒不供述、下线拒不承认，没有提取到通话录音的情况下，无法认定其贩卖毒品的主观故意，只能以运输毒品罪定罪处罚。另一种是线人未经报告参与毒品交易的行为，涉及线人的规范管理问题，应当着重审查被告人供述、与线人接头的公安人员的证言、线人与公安人员之间的通话记录等证据，综合判断线人是否及时将毒品交易的情况向公安机关汇报，是否具有参与贩卖毒品的故意，有效区分帮助公安机关破获犯罪的行为和贩卖毒品的犯罪行为。

2. 贩卖毒品数量的认定

毒品数量是毒品犯罪案件量刑的重要情节。《大连会议纪要》[①]和《武汉会议纪要》[②]对毒品数量的认定作了较为具体的规定。在实践中，有些毒品犯罪案件，由于毒品、毒资等证据已不存在，导致审查证据和认定事实困难。该类案件遵循的基本原则是：以毒品交易双方认可或按照有利于被告人的原则认定，即审查交易双方的供述和证言，在数量上供证一致且排除诱供、逼供、串供等情形的，可以认定；供证不一致的，按照有利于被告人的原则“就低不就高”；有银行交易记录等毒资往来的书证的，贩卖毒品的数量可以根据资金往来的金额除以双方供述的最高交易价格进行计算。还有一些案件，交易数量和交易价格均不明确，无法认定毒品数量，则应当根据其他情节，依据《刑法》第三百四十七条第四款及《最高人民法院关于审理毒品犯罪案件适用法律若干问题的解释》进行处罚。例如在周某庆贩卖毒品案中，[③]买家对毒品数量的供述模糊且无其他证据相印证，法院认定“本案未查获毒品实物，能

①最高人民法院印发《全国部分法院审理毒品犯罪案件工作座谈会纪要》的通知（法〔2008〕324号）。

②最高人民法院关于印发《全国法院毒品犯罪审判工作座谈会纪要》的通知（法〔2015〕129号）。

③参见安徽省固镇县人民法院（2015）固刑初字第87号刑事判决书。

够证明被告人周某庆贩卖冰毒数量的，只有证人王某一人证言，无其他证据证明，现无法查明毒品的数量，故以被告人贩卖毒品的次数定罪量刑”。

三、贩卖毒品类案证明标准

（一）印证证明模式与证明标准

刑事司法实践中长期采用的印证证明模式强调证据之间的相互验证性，注重审查各个证据证明方向是否一致，证明内容是否相符，从而判断证据之间是否能够相互印证，形成完整的证据体系。尽管印证证明方法在立法和实践中均得到了认可，但学术界对它的质疑却始终存在。有学者指出，“证明标准印证化是证明标准客观化的直接要求和体现，其掩盖了事实认定过程的主观性，扭曲了印证证据分析方法与证明标准之间的关系，虚化了证明标准的制度功能，异化了实践中裁判者认定案件事实的活动”①。在实践中，以证据是否相互印证，是否形成完整的证明体系作为判断证据是否确实、充分，能够认定有罪的主要依据的现象确实存在。应该厘清，证明方法和证明标准属于不同范畴，证明标准是裁判者进行案件事实认定活动应当达到的最低线，是裁判者运用证明方法对案件事实进行重现的结果。2012 年的《刑事诉讼法》将“综合全案证据，对所认定事实已排除合理怀疑”规定为“证据确实、充分”的条件之一，在我国客观化的证明标准中引入了主观因素，但由于具体案件是否已排除合理怀疑难以清晰论证，裁判者往往仍借助于证据之间是否相互印证，全案证据是否形成完整的证明体系进行判断，导致排除合理怀疑标准难以发挥作用。

同时，在刑事诉讼中是否应构建差异化的证明标准存在争议，司法解释规定，认定被告人有罪和对被告人从重处罚，应当适用证据确实、充分

---

①杨波:《我国刑事证明标准印证化之批判》，载《法学》2017 年第 8 期。

的证明标准[①]，这种部分强调的规定，使一些学者认为对被告人有利事实的证明可以降低证明标准，但这一点在司法实践中并没有明显的呈现。

（二）从无罪案例看贩卖毒品案件证明标准

对样本文书的研究发现，尽管《刑事诉讼法》及其司法解释对证据确实、充分规定了相对明确和可操作的标准，但个案的证据情况仍然千差万别。为了进一步明确“证据确实、充分”与“证据不足”的界限，我们从相反方向对无罪案例进行分析。因为相对于“排除合理怀疑”而言，“合理怀疑”是较为明确的、具体的和可掌握的；相对于“证据确实、充分”来说，“证据不足”也是有着具体衡量尺度的。[②]在课题组收集到的17件公开的无罪案例文书中，有1起是因定性问题改判无罪[③]，其余16件均是证据问题，其中，广东省有6件，占37.5%，没有山东省的案例。根据每个案件“证据不足”的具体情形，总结出其在案证据主要存在两种情况。

1. 直接证据不稳定，且无法得到补强。

法官裁判案件应当依据理性进行，遵循逻辑法则。逻辑法则是认定证明力的基础。根据逻辑法则中的矛盾律和排中律，针对同一事实的两个相互矛盾的陈述不可能同时成立，如果不能排除其中任意一个，则两种可能性都存在，两种陈述都不可以采信。[④]前面已经提到，通常来说，贩卖毒品案件的间接证据与案件关联性较弱，没有直接证据的案件大多在审查起诉甚至审查批捕阶段即被相应处理了，另外则仅以非法持有毒品罪等起诉。因证据不足而认定无罪的16起案件中，除2件因被告人有罪供述被排除而没有直接证据外，其余均有被告人有罪供述、买家证言

①《最高人民法院关于适用〈中华人民共和国刑事诉讼法〉的解释》第六十四条第二款。

②陈瑞华:《刑事证明标准中主客观要素的关系》，载《中国法学》2014年第3期。

③江西省高级人民法院（2015）赣刑一终字第31号刑事判决书，以原审被告人陈某的行为属于无偿代购，不构成贩卖毒品为由改判其无罪。

④陈瑞华:《法律人的思维方式》，法律出版社2011年版，第58页。

或者共同犯罪人的供述，但都不同程度地存在直接证据不稳定的问题。

（1）被告人翻供且有罪供述与证人证言存在矛盾、缺乏客观证据印证。该类案件仅有1件，即公诉机关指控被告人何某某、黄某某犯贩卖毒品一案[①]。该案中，法院认定，禁毒大队接线报后，由民警假扮吸毒人员与被告人何某某、黄某某进行交易，在何某某数钱时将二人抓获。现场缴获甲基苯丙胺疑似物20.08克，经鉴定未检出常见毒品成分。主要问题是，线人的证言在线索来源问题上前后矛盾，且与被告人有罪供述相矛盾，被告人翻供称交易的是自己买的冰糖，被告人有罪供述中的上家"姓向的"身份无法核实，有罪供述与通话记录证实存在公安机关犯意引诱的合理怀疑，认定"将甲基苯丙胺疑似物误认为冰毒贩卖的证据不足"。

（2）下家供述或买家证言无法与客观证据相互印证。贩卖毒品行为是链条式的，买家有"中间商"也就是其他贩毒人员，也有终端"消费者"即吸毒人员。由于毒品交易的隐蔽性，买家的供证是除被告人供述、共同犯罪人供述外最主要的直接证据。根据孤证不能定案的原则，在一对一的交易中，仅有买家的证言不能认定被告人有罪[②]，客观证据不能和买家证言相互印证的，同样不能定案。样本文书中，有3起被告人不供述的案件因贩卖毒品的下家翻供、吸毒人员证言前后矛盾且无法得到客观证据印证而作出无罪判决。[③]不能印证的情形有：短信、QQ等聊天记录用语隐晦，没有涉及毒品交易事项，包括毒品黑话，如以"猪肉"代称毒品；通话记录的时间不能和证言相吻合，或者通话记录显示的电话号码不能证实系被告人所使用；银行交易记录中账户的开户人非被告人本人，无法证实系被告人使用或掌握等。

① 参见四川省宜宾市南溪区人民法院（2014）南溪刑初字第76号刑事判决书。

②参见广东省普宁市人民法院（2015）揭普法刑重字第1号刑事判决书。

③参见广东省深圳市福田区人民法院（2016）粤0304刑初第218号刑事判决书、辽宁省高级人民法院（2016）辽刑终字第28号刑事判决书、广东省深圳市中级人民法院（2013）深中法刑一初字第234号刑事判决书。

（3）共同犯罪人供述不能与客观证据相互印证。共同犯罪案件涉及各被告人作用的大小、罪责的轻重，在供述中经常有相互推卸责任的现象，供述的证明力可能大打折扣，需要其他客观证据的印证。在3起被告人不供述的样本案例中，有的因共同犯罪人取保后在逃，无法对其供述进行质证，通话记录虽然能够与供述吻合，但因没有具体通话内容而使印证关系过于单薄，不能认定被告人有罪[①]；有的因仅有两名共同犯罪人的供述，且供述的细节与通话记录显示的时间无法印证而认定被告人无罪[②]；有的因共同犯罪人供述不稳定，且与通话记录、银行交易记录不相印证，结论不具有唯一性、排他性而被认定为证据不足[③]。

2. 没有直接证据，间接证据不能形成完整证明体系。

在没有收集到直接证据或直接证据不具有证据资格的案件中，需要根据间接证据认定案件事实。《最高人民法院关于适用〈中华人民共和国刑事诉讼法〉的解释》第一百零五条规定了通过间接证据认定被告人有罪的条件，[④]有学者将这种证明模式概括为体系模式，区别于基于直接证据的验证模式。[⑤]间接证据所承载的案件信息通常是有限的，与案件主要事实仅有部分重合或交叉。尤其贩卖毒品案件具有隐蔽性的特点，间接证据大多处于相互孤立的状态，难以相互支撑，形成完整的具有排他性的证明体系，因而侦查机关非常重视直接证据的收集。同时，印证证明模式的良好运作有赖于对单个证据全面、细致的审查认定，毒品犯罪

①参见深圳市罗湖区人民法院（2015）深罗法刑一初字第835号刑事判决书。

②参见深圳市罗湖区人民法院（2013）深罗法刑一初字第877号刑事判决书。

③参见广东省高级人民法院（2016）粤刑终字第1289号刑事判决书。

④《最高人民法院关于适用〈中华人民共和国刑事诉讼法〉的解释》第一百零五条规定：没有直接证据，但间接证据同时符合下列条件的，可以认定被告人有罪：（1）证据已经查证属实；（2）证据之间相互印证，不存在无法排除的矛盾和无法解释的疑问；（3）全案证据已经形成完整的证明体系；（4）根据证据认定案件事实足以排除合理怀疑，结论具有唯一性；（5）运用证据进行的推理符合逻辑和经验。

⑤褚福民：《刑事证明的两种模式》，载《政法论坛》2015年第2期。

案件作为提出非法证据排除最多的案件，在证据的审查认定中更应特别关注。样本文书中，有两起案件因直接证据取证违法或瑕疵无法补正不能作为定案的根据，间接证据不能形成完整证明体系而无法认定被告人有罪。

（1）在玉某的案[①]中，上诉人玉某的曾作出有罪供述，但该供述形成于应当送看守所羁押而未送期间，讯问时间和地点不符合法律规定，玉某的对该份供述不予签字认可，属非法证据，二审法院依法予以排除。在案证据（证人证言）只能证实玉某的交给岩温某（贩毒人员，在逃）两个箱子，无法证实箱子内的物品系交易毒品的毒资。二审法院依法改判玉某的无罪。

（2）在曹某案[②]中，上诉人曹某的有罪供述、线人谢某的证言因笔录填写的讯问 / 询问时间、讯问 / 询问人、记录人等有误，未得到补正或合理解释而不能作为定案的根据；化装的侦查人员关于物证毒品的查获经过的证言前后反复，且与其他证据矛盾，无法采信；毒品检验鉴定报告的鉴定意见通知书上的签名捺印非上诉人本人所为，毒品检验鉴定报告不能作为定案的根据；现场执法记录仪拍摄的视频不完整，关键部分缺失。二审法院认定在案证据没有达到证据确实、充分的要求，无法排除合理怀疑，改判曹某无罪。

四、结论：证据充分与不充分的界限

通过正反两个方面的分析发现，贩卖毒品案件证据的充分性并不取决于证据的多少，而是取决于直接证据的稳定性以及直接证据与间接证据之间的一致性。在证明被告人有罪方面，间接证据作用有限，但相反的间接证据可能拥有完全瓦解已经建立的有罪证据体系的力量。同时，对单个证据的审查、认定是运用印证关系构建证据体系的前提。

①参见云南省高级人民法院（2016）云刑终字第 799 号刑事判决书。

②参见山西省忻州市中级人民法院（2016）晋 09 刑终字第 185 号刑事判决书。

第一，单个证据的审查、认定要求裁判者坚持中立的立场，对控方提供的证据保持适度怀疑，充分听取辩方的质证意见、重视辩方提供的相反证据，通过保障辩方的庭审参与权增强庭审的实效性，多角度、全面审查证据的合法性与真实性。例如，证明涉毒人员相互联络的短信、网络聊天记录等书证或电子数据记载的内容所表述的含义应当清楚，内容过于简单或含义无法分辨，只能由其制作者或持有者知道其具体内容的，通过制作者或持有人的证言或供述能够与案件事实建立关联性的，可以作为定案的根据；因含混不清不能明确其含义的，不能作为定案的根据。证明主要犯罪事实的传闻证据，应当由证人说明其来源，并进行查证核实，不能查实或有内容相矛盾的其他证据存在的，不能作为定案的根据。

第二，以细致、严谨的态度审查证据之间的印证关系。对言词证据的审查除按照“共同一致”原则进行外，还应关注证据之间的矛盾及产生矛盾的原因。尤其在排除非法证据的案件中，应当避免仅仅形式上排除非法证据，而仍然在内心将其与其他事实和证据相互印证，从而在实质上降低了案件的证明标准。对只有两名同案被告人的供述，无其他证据相印证的案件，认定案件事实除审查供述的自愿性、一致性外，还应当综合考察多起犯罪在作案方式等细节上的相似性，慎重判断。对特情介入侦破的案件，应当审查是否有证据证明行为人已准备实施大宗毒品犯罪、已持毒待售，或准备实施毒品犯罪，侦查机关进而采取特情贴靠、接洽而破获案件，从而排除犯意引诱的可能。对案发明显异常，有关机关拒不提供相关材料，导致不能排除合理怀疑的，应当作有利于被告人的处理。

第三，证明“合理怀疑”的证据只需达到“存在”的标准即可。从理论上准确界定“合理”是困难的，但可以明确的是合理怀疑应当是基于证据、符合逻辑的。例如，被告人供述称自己是受公安人员指使，为帮助公安机关破获犯罪而居间介绍贩卖毒品，并提供了证据线索，同时有证据证实案发后被告人在当地正常生活，直到两年后被公安机关逮捕。

这足以产生合理怀疑，控方应当有充分的证据排除此种怀疑。

综上所述，法官评价证据和认定事实是一个在个体和整体之间来回反复的过程。对单个证据的审查，尤其是对不稳定的言词证据的审查常常需要综合其他证据进行，而构建完整的证明体系则以单个证据的合法性、真实性审查为基础，最终实现全案证据的体系性、协调性、排他性。

山东省高级人民法院
贩卖毒品案件证据审查认证指引

为准确认定案件事实，提高毒品犯罪案件的审判质量，针对贩卖毒品犯罪案件中证据方面经常存在的问题，根据《中华人民共和国刑事诉讼法》等法律规定，结合司法实际，制定本指引。

第一章　贩卖毒品案件需要查证的事实

第一条　贩卖毒品案件应当运用证据证明以下案件事实：

（一）被告人身份、出生日期、刑事责任能力、是否吸毒、是否曾受刑事及行政处罚情况及释放时间、是否为国家工作人员；

（二）贩卖毒品案件是否发生及破获经过、被告人到案情况；

（三）贩卖毒品行为是否系被告人所为；

（四）被告人实施贩卖毒品犯罪的动机、目的、主观明知；

（五）被告人实施贩卖毒品行为的时间、地点、交易毒品的种类、特征和纯度、交易的价格、次数、数量和方式、毒资、作案工具等；

（六）被告人有无自首、立功、坦白、在戒毒场所、监管场所贩卖毒品、向在校学生贩卖毒品、组织、利用残疾人、严重疾病患者、怀孕或者正在哺乳自己婴儿的妇女贩卖毒品等量刑情节；

（七）有关管辖、回避、延期或中止审理等程序事实；

（八）有关证据收集合法性的情况；

（九）其他与被告人定罪量刑有关的事实。

第二条 两人以上共同贩卖毒品案件还应当运用证据证明以下事实：

（一）被告人是否共同实施了贩卖毒品行为；

（二）被告人之间是否具有共同贩卖毒品的主观故意；

（三）各被告人在共同贩卖毒品过程中的地位和作用；

（四）未同案审理共同犯罪人处理情况；

（五）其他与共同贩卖毒品定罪量刑有关的事实。

第二章 贩卖毒品案件构成要件证据审查

第一节 被告人身份

第三条 证明被告人的身份，一般应当审查以下证据：

（一）被告人户籍所在地公安机关出具的户籍证明、常住人口基本信息；

（二）居民身份证、暂住证、护照等证件；

（三）被告人职业方面的材料；

（四）证明前科情况的生效裁判文书及执行情况材料；

（五）单位注册登记、营业执照、营运经营许可等材料；

（六）被告人供述；

（七）有关人员关于被告人身份情况的证言。

对于以上证据，应当重点审查被告人户籍信息与其供述的信息是否一致，不一致的，应当查清原因，影响到被告人刑事责任能力的认定时，应当结合被告人的出生证明、户籍底册、入学证明、学籍档案、有关证人的证言等综合确定。

第四条 被告人有曾用名或与案件事实相关的外号、绰号、网络用名、微信和QQ昵称的，应当结合被告人供述、证人证言、辨认笔录、电子数据等证据证明与其本人的同一性；证据不充分的，相关案件事实不能认定。

第五条 被告人系残疾人、严重疾病患者、孕妇等特定人员的，应当有残疾人证、诊断证明等相关证据；被告人精神、智力方面异常，致使其刑事责任能力或接受审判能力有疑问的，应当进行鉴定。

第六条 被告人身份信息与同案被告人或相关证人证实情况不一致的，是否有证据给予合理的解释；影响案件事实认定的，应当作出有利于被告人的认定。

第二节 案件发生

第七条 证明贩卖毒品案件的发生，应当具有以下证据：

（一）报案记录、举报材料及被告人投案记录；

（二）立案决定书、受案登记表；

（三）公安机关工作中发现或其他部门移送的涉毒犯罪线索的材料；

（四）确定具体犯罪嫌疑人的材料；

（五）案件侦破过程及犯罪嫌疑人到案情况的说明；

（六）案件系指定管辖的，有关管辖方面的书面材料。

对于以上证据，应当重点审查：

（一）立案决定书等记载的案件线索来源是否清晰；不清晰的，应当由有关机关补充说明；

（二）立案与采取侦查措施的时间是否一致；影响到相关证据材料合法性的，应当由有关机关作出说明；

（三）确定犯罪嫌疑人作案指向的证据材料是否充分，有疑问的，应当由有关机关作出说明；

（四）未到案同案犯罪嫌疑人的个人信息应当明确。

第八条 对于特情介入案件，应当有执法机关关于利用特情贴靠、接洽破获案件的情况说明，特情人员关于介入被告人贩卖毒品案件事实的证言，被告人关于在特情介入实施贩卖毒品行为的供述等证据。

第九条 对于采取技术侦查措施破获的案件，应当有依照相关法律法规履行审批手续的技术侦查决定书等相关文书，采取技术侦查措施取得的物证、书证、视听资料、电子数据等证据。

第十条 对于由侦查人员或公安机关指定的其他人员隐匿身份实施侦查的案件，应当有有关机关决定隐匿身份实施侦查的相关审批手续和工作情况说明，相关证人的证言、被告人的供述等证据。

第三节 贩卖毒品的故意

第十一条 证明被告人贩卖毒品的主观故意，一般应当具有以下证据：

（一）被告人及同案被告人关于实施毒品犯罪主观意图的供述；

（二）相关证人证明被告人犯罪主观方面的证言；

（三）证明被告人犯罪主观方面的网络聊天记录、手机短信等电子数据；

（四）证明被告人犯罪主观方面的书信、电话记录等书证；

（五）证明被告人犯罪主观方面的录音录像等视听资料。

第十二条 被告人供述其贩卖毒品的主观故意后否认的，对其翻供理由不能作出合理解释，有相关证据印证或补强之前的供述的，应当认定。

第十三条 被告人拒不供述其贩卖毒品的主观故意，但有两名以上证人或者同案犯指证向其购买毒品的，在排除非法取证、合谋陷害等情况下，可以认定。

第十四条 被告人辩称不知交易的对象是毒品的，应当根据证人证言、同案被告人的供述、包含交易信息的网络聊天记录、手机短信等电子数据、物流寄递单据、资金交易记录、毒品包装物上的指纹、生物检材或者被告人身体、衣物上的毒品残留物等证据综合判定。

对于以上证据，应当重点审查：

（一）被告人是否吸毒，是否曾接触、了解毒品，被告人的职业、收入及经济条件是否能够满足其吸毒需要；

（二）被告人实施毒品交易的原因、方式、过程以及毒品被查获时的情形；

（三）被告人是否具有逃避、抗拒检查，以虚假身份、伪装或夹藏方式办理物流托运手续，采用高度隐蔽的方式携带、运输、交接毒品等行为。

第十五条 对于特情介入案件及隐匿身份实施侦查案件，应当综合被告人供述、特情人员或隐匿身份人员的证言审查被告人贩卖毒品主观故意的产生是否与特情介入或隐匿身份实施的侦查活动之间具有关联。

第四节 贩卖毒品行为

第十六条 证明贩卖毒品行为，应当有以下证据：

（一）公安机关查获的毒品实物，被告人贩卖毒品所用的手机、计算机等通联工具以及交通工具，涉毒物品上的指纹、毛发、体液等，以上物品应当具有完备的提取、扣押手续，并附有照片；

（二）被告人进行毒品交易的交易记录，用于毒资转移的银行账户交易记录，通话记录，机票、车船票、路桥费等交通运输凭证，租房、车合同，住宿登记、活动轨迹信息记录等，以上证据应当有完备的提取、扣押手续，并附有照片；

（三）公安机关对与毒品犯罪有关的场所、物品、人身进行的勘验、检查、搜查笔录；被告人或相关证人对涉案毒品、作案工具、毒品交易或藏匿地点等与案件事实有关联的人、物品、场所进行辨认或指认的笔录；

（四）查获毒品有效成分及含量的鉴定，与案件相关的笔迹、指纹、生物检材等进行的同一性鉴定，被告人是否吸食毒品的检验报告，以上鉴定或检验应当附有鉴定机构和人员的资质证明材料；

（五）能够证实被告人贩卖毒品相关情况的公共视频监控、银行存取款的视频监控、交通运输卡口、收费站等处的录像资料、执法录像资料等，相关视听资料应当具有证实其合法提取的笔录和手续材料；

（六）被告人进行毒品交易的手机短信、电子邮件、聊天记录、电子文档、电子图像、音视频等，以上电子数据来源应当清楚，提取程序符合规定；

（七）相关证人关于贩卖毒品过程的证言；

（八）被告人关于贩卖毒品经过的供述。

第十七条 毒品实物、银行账户交易记录、网络聊天记录等客观性证据，应当附有能够证实其来源的相关勘验、检查、搜查、提取笔录及扣押清单、照片等，未附有相关笔录或笔录记载与清单、照片记录不一致的，可以通过笔录制作人员、见证人出庭作证或播放当时的录音录像予以补正；物证、书证等客观性证据来源、收集程序和方式存有瑕疵，严重影响其真实性，不能补正或者作出合理解释的，不能作为定案的根据。

第十八条 鉴定意见检材来源不清楚，保管、取样和送检程序不规范，鉴定程序和方法不符合相关规范要求，可能严重影响司法公正的，应当通知鉴定人出庭作证或作出合理解释；鉴定人无正当理由拒不出庭的，不能作为定案的根据。

鉴定意见所附照片或实物与毒品实物照片在形状、品质特征等方面不相符的，应当给予合理的说明；不能给予合理解释，致使真实性存疑的，不能作为定案的根据。

第十九条 勘验、检查和搜查的过程，应当有适格的见证人在场；某些特殊或情况紧急场合下无法找到适格见证人的，应当提供同步录音录像；不能提供同步录音录像的，相关勘验、检查、搜查、提取笔录不能作为定案的证据。

辨认笔录未附辨认对象照片、录像等材料的，制作机关应当予以补正或者作出合理解释。辨认的过程、方法以及辨认笔录的制作违反法律或相关规定，不能确定辨认笔录的真实性或客观性的，不能作为定案的根据。

勘验、检查、搜查、提取、辨认笔录存在不符合法律及有关规定的情形的，由制作机关作出合理解释或者说明后，可以作为定案的根据；不能作出合理解释或者说明的，不能作为定案的根据。

第二十条 视听资料的来源和制作程序有疑问，不能作出合理解释或者提供必要证明的，不能作为定案的根据；经审查或者鉴定，视听资料的真实性存疑的，不能作为定案的根据。

视听资料的制作过程中，存在对其内容的删节、剪接、编纂，影响到其真实性的，不能作为定案的根据。

第二十一条 被告人与相关电子数据的关联性、被告人网络身份与现实身份同一性的确定，应当通过相关证人的证言、被告人供述以及核查相关 IP 地址、网络活动记录等方面进行确定；不能确定的，不能作为定案的根据。

电子数据存在未以封存状态、没有见证人签名等收集、提取程序方面的瑕疵，能够补正或者作出合理解释的，可以作为定案的根据；不能补正或者作出合理解释的，不能作为定案的根据。

经鉴定或证实，电子数据系篡改、伪造或者无法确定真伪的，以及有增加、删除、修改等影响真实性或其他无法保证真实性情形的，不能作为定案的根据。

第二十二条 证人对其与先前不一致的证言能够给予合理的解释，并与其他证据相印证的，可以采用；不能作出合理解释，且有证据与其先前证言相互印证，可以采用其先前证言。

控辩一方或双方对证人提供的对案件定罪量刑具有重要证明作用的证言有异议，法庭认为有必要的，证人应当出庭作证；无正当理由拒不出庭或出庭后拒绝作证，无法确认证言真实性的，不能采用。

证人在受到暴力、威胁或引诱等情况下作出的证言，不得采用。

第二十三条 被告人庭前多次供述一致，庭审中翻供，且不能说明合理的翻供理由，其庭前供述与在案其他证据相互印证的，可以采信被告人庭前供述；被告人庭前供述反复，庭审中供述与其他证据相互印证，可以采信庭审供述；被告人庭前供述反复，庭审中翻供且无其他证据与庭前供述印证的，庭前供述不能采信。

讯问笔录没有同步录音录像印证或与同步录音录像内容不一致，其客观性、真实性存疑，控方不能作出合理解释的，不得作为定案的根据；同步录音录像系依法制作，内容与讯问笔录有实质性的差异的，可以采用录音录像的内容。

讯问被告人过程中，没有依法告知其诉讼权利或讯问笔录的制作存在明显瑕疵的，制作机关应当予以补正或者作出合理解释。

第三章 量刑情节证据审查

第二十四条 贩卖毒品的数量是贩卖毒品重要的量刑情节。证明贩卖毒品的数量一般应当有被告人供述、买家证言或供述、物证毒品、证明资金往来的银行交易记录等书证、包含交易联络信息的网络聊天记录等电子数据等证据。

对于以上证据，应当重点审查：

（一）交易双方在交易数量方面供证一致，且排除诱供、逼供、串供等情形的，可以认定；供证不一致的，按照有利于被告人的原则认定。

（二）交易现场查获的毒品，包括被告人随身携带的毒品应当认定为贩卖的数量；被告人贩卖毒品时被当场抓获，后从其住所、车辆等处查获的毒品应当认定为贩卖的数量。

（三）被告人贩卖的毒品未经称量以包为单位的，根据被告人供述和证人证言证实的情况，以其一贯交易的每包重量和包数确定贩卖的数量。

（四）没有提取到毒品实物，但有银行交易记录等毒资往来书证的，贩卖毒品的数量可以根据毒资金额及双方供述的交易价格进行计算。

第二十五条 证明武装掩护贩卖毒品，应当有查获的被告人随身携带、随包携带、随车携带的枪支、弹药、爆炸物等物证，被告人关于携带枪支、弹药、爆炸物系用于掩护贩卖毒品的供述，相关证人的证言，鉴定意见等证据。

对于以上证据，应当审查：

（一）枪支、弹药、爆炸物种类的认定是否符合相关法律的规定，不符合法律规定的，不能认定为“武装掩护”；

（二）被告人携带枪支、弹药、爆炸物的目的是否系为掩护贩卖毒品。

第二十六条 证明被告人暴力抗拒检查、拘留、逮捕情节严重的，应当有执法机关关于案发时执法情况的工作说明，受害人或相关证人的证言，死亡原因或伤情鉴定意见，被告人供述等证据。

第二十七条 证明被告人系累犯，应当有证明被告人前科情况的生效裁判文书、刑满释放证明等证据；证明被告人系毒品再犯，应当有被告人曾犯走私、贩卖、运输、制造、非法持有毒品罪的生效裁判文书等证据。

第二十八条 证明被告人自首，应当有接受投案自首被告人的工作人员和单位出具的证明材料、讯问笔录、相关证人的证言等证据。

第二十九条 证明被告人检举揭发他人犯罪构成立功或者重大立功的，应当有被告人的检举材料，司法机关调查核实材料，证明检举揭发案件已经立案或被检举人已被采取强制措施、提起公诉或者审判的相关法律文书等证据。

证明被告人提供侦破其他案件的重要线索、阻止他人犯罪活动、协助司法机关抓获其他犯罪嫌疑人、具有其他有利于国家和社会突出表现构成立功或者重大立功的，应当有有关机关出具的证明材料。

第四章　不同类型贩卖毒品案件证据审查

第一节　现场抓获型贩卖毒品案

第三十条 现场抓获型贩卖毒品案是指被告人在进行毒品交易时被当场抓获，有现场提取的毒品实物、毒资等证据的案件。一般包括两种情形：

（一）公安机关根据吸毒人员的证言或毒品买家的供述锁定犯罪嫌疑人，实施控制下交付；

（二）公安机关通过技术侦查措施或特情发现毒品交易线索后将被告人当场抓获。

第三十一条 该类型案件应当重点审查以下证据：

（一）现场提取的毒品、毒资、毒品包装物、吸毒工具等物证；

（二）毒品成分及含量的鉴定意见；

（三）被告人是否吸毒的检验报告；

（四）毒品包装物、吸毒工具等涉毒物品上的指纹、体液、毛发等及其鉴定意见；

（五）记录抓获经过的执法录像；

（六）证实毒品交易行为的吸毒人员或毒品买家的证言。

第三十二条 控制下交付案件，毒品买家按照公安人员指示与被告人通话联系的，应当进行通话录音；通过网络联络的，应当提取网络聊天记录等电子数据。

第二节 买卖一致型贩卖毒品案

第三十三条 买卖一致型贩卖毒品案是指被告人对贩卖毒品的事实予以供认且与毒品买方的证言或供述相一致的案件。该类案件应当重点审查以下证据：

（一）被告人供述；

（二）毒品买家的证言或供述；

（三）证明毒资往来、毒品运输、被告人行踪的书证，如银行账户交易明细、快递邮寄单、住宿登记等；

（四）证明交易联络情况的书证、电子数据，如手机通话记录、短信、微信、QQ 聊天记录等。

第三十四条 毒品买卖双方一方供述买卖毒品的事实，另一方在供述后又否认，但不能对翻供理由作出合理解释或者其前面的供述有其他证据证实的，可以认定。

第三十五条 买卖一致型贩卖毒品案件未提取到毒品实物的，毒品的种类、数量、纯度应当根据买卖双方的证言或供述、证明毒资往来、交易联络情况的书证等证据综合认定。

第三节 买方证言印证型贩卖毒品案

第三十六条 买方证言印证型贩卖毒品案是指被告人否认犯罪，毒品买方的证言或供述与其他证据能够相互印证的案件。该类案件应当重点审查以下证据：

（一）毒品买方的证言或供述；

（二）证明毒资往来、毒品运输、被告人行踪的书证，如银行账户交易明细、快递邮寄单、住宿登记等；

（三）证明交易联络情况的书证、电子数据，如手机通话记录、短信、微信、QQ 聊天记录等；

（四）被告人及毒品买方是否吸毒检验报告。

第三十七条 被告人使用不记名电话卡与买家联络、使用他人银行卡收取毒资的，应当结合被告人供述、毒品买方、被告人亲属、银行卡账户人证言等证据证明提取的电话卡、银行卡系被告人持有或使用。

第三十八条 被告人供述或被告人的上家供述与其他证据相互印证的案件，其证据审查重点可参照买方证言印证型贩卖毒品案件。

第五章 证据的综合分析判断

第三十九条 在确认单一证据合法、真实有效的基础上，应当审查证据之间的印证关系，排除证据之间的矛盾，实现全案证据的体系性、协调性、排他性。

第四十条 证据间的印证关系，既包括证明同一事实的被告人供述、证人证言等言词证据之间的印证关系，也包括言词证据与通话记录、银行交易记录等客观证据之间的印证关系。言词证据与客观证据不能相互印证的，应当分析调查矛盾的原因，矛盾无法排除或合理解释的，相关事实不能认定。

第四十一条 排除非法证据的案件应避免仅从形式上排除非法证据，而在内心将其与其他事实和证据相互印证，从而在实质上降低案件的证明标准。

第四十二条 全案证据无法形成完整的证据链条或不具有排他性，不能排除被告人不具有贩卖毒品的故意或未实施贩卖毒品的行为等合理怀疑的，应当认定为未达到证据确实、充分的证明标准。

第六章　附　则

第四十三条　本意见仅为办理贩卖毒品案件证据审查、认定工作的内部指导性意见，在具体案件审理中应根据个案具体情况审查认定相关证据，确保案件事实清楚，证据确实、充分。

第四十四条　本意见由山东省高级人民法院刑一庭负责解释。

第四十五条　本意见没有涉及的，如有法律规定、司法解释的，要严格遵照执行；没有相关规定的，及时报告、再行协商。

第四十六条　本意见自下发之日起试行。

民间借贷纠纷类案证明标准研究报告*

随着社会经济的迅速发展及产业转型的不断推进，各类经济主体对流动资金的需求也日益增多。民间借贷作为民间资本的一种投资渠道，因国家政策的开放、快捷、方便等特点，渐渐成为融资市场的重要组成部分。虽然民间借贷司法解释实施后，民间借贷案件的审理有了更为清晰具体的依据，但由于民间借贷关系具有其随意性、隐蔽性，致使借款凭证并不规范，加之民间借贷案件借款人和保证人往往采取多种方式逃避债务，导致很多民间借贷争议事实难以认定，需要司法对此作出更多的回应。本课题紧紧围绕民间借贷案件事实的证明，以济南、青岛、德州三地法院民间借贷二审案件中改判、发回案件为研究样本，通过对改判、发回案件争议事实及裁判观点进行梳理，参考全国、全省其他法院具有典型意义的案例，拟探索民间借贷案件事实证明标准规范，以期对审判实践中民间借贷案件的证据审查及事实认定提供有益参考。

一、近年来我省法院民间借贷案件二审改判、发回情况及原因

为了便于深入细致分析研究问题，课题组以我省法院 2015-2017 年民间借贷二审生效判决书为基本样本，同时选取民间借贷较为典型的济南、青岛和德州三地法院 1368 份二审生效判决书作为主要研究样本，重

*课题主持人：	王中山	山东省高级人民法院审判管理办公室	主　任
课题组成员：	徐清霜	山东省高级人民法院审判管理办公室	副主任
	芦　强	山东省高级人民法院审判管理办公室	法官助理
	常淑静	山东法官培训学院	教　授
	宿　敏	青岛市中级人民法院	法　官
	王玉敏	德州市中级人民法院	法　官
课题执笔人：	徐清霜		

点考察近年来我省法院民间借贷纠纷案件审理中事实认定方面存在的突出问题，为归纳此类案证明标准奠定基础。

（一）近年来山东法院民间借贷案件一审、二审概况

2015 年 1 月至 2017 年 12 月，全省法院共审理一审民间借贷类案件 98287 件，二审案件 24885 件。其中，2015 年为 100894 件，2016 年为 102510 件，比上年增长 16%；2017 年为 99903 件，比上年下降 2.55%。近两年来，由于社会公众对于民间投融资的风险意识亦明显增强，总体上 2017 年案件数量呈现回落趋势。

表 1　2015-2017 年全省法院民间借贷纠纷案件一审、二审情况

（单位：件）

	一审	二审①	二审改判	二审发回
2015 年	100894	7208	——	——
2016 年	102510	10306	——	——
2017 年	99903	7371	982	547

从德州两级法院所受理的民间借贷案件情况看，案件收案数量自 2011 年起连续多年呈现高增长态势，截至 2017 年年底并未呈现出回落态势。这反映出当地民间借贷规模依然呈现出扩大的趋势，民间借贷对当地社会经济发展的影响依然较大。

表 2　2011-2017 年德州法院民间借贷案件一审、二审收案情况

（单位：件）

年份	一审	二审
2011	1661	106
2012	2094	144
2013	1738	115
2014	3828	222

①由于司法统计问题，全省法院民间借贷案件数据与金融借款案件有混同统计的情况，2015-2016 年二审案件数据包括金融借款案件。

续表

年份	一审	二审
2015	4159	245
2016	4235	355
2017	4602	378
合计	22317	1565

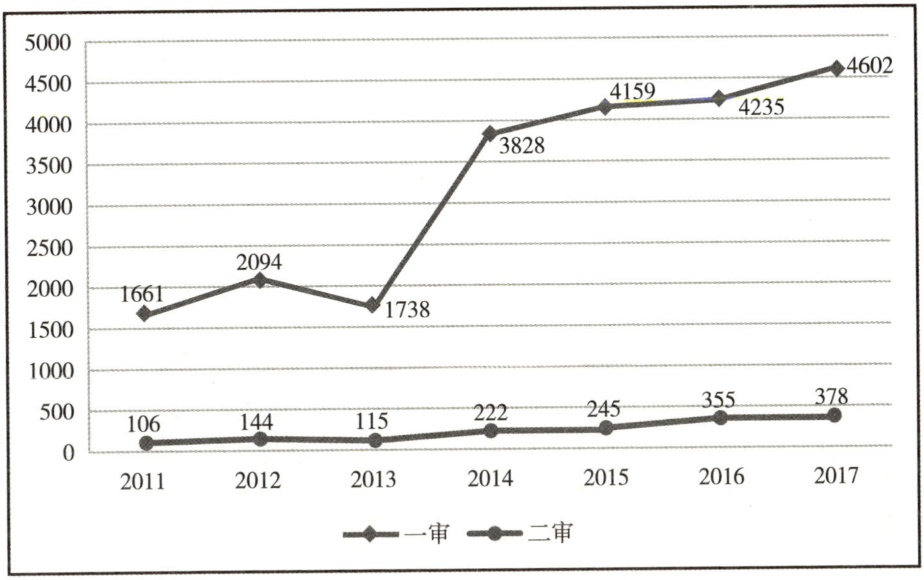

2011-2017 年德州法院民间借贷案件收案情况

（二）近年来我省法院民间借贷案件二审改判、发回情况

2017 年全省法院民间借贷二审案件审结 7371 件，其中改判 982 件，发回 547 件，平均改发率 21%。济南法院民间借贷纠纷案件二审结案 2787 件，改判 369 件，发回 70 件，平均发改率 16%。青岛法院民间借贷纠纷案件二审 2378 件，改判 395 件，发回 128 件，平均发改率 22%，其他民事案件平均发改率为 20.07%；德州法院审结二审民间借贷案件 952 件，二审改判 117 件，发回 89 件，平均发改率 22%，其他民事案件平均

发改率为 20.03%。与其他民事案件平均改发率相比，同期民间借贷纠纷案件改发率均高出 2 个百分点。

表 3　2015-2017 年济南、青岛、德州三地法院民间借贷案件发改情况

	结案（件）	改判（件）	发回（件）	平均发改率 %
济南	2728	369	70	16
青岛	2378	395	128	22
德州	952	117	89	22

2015-2017 年三地法院民间借贷案件发改情况

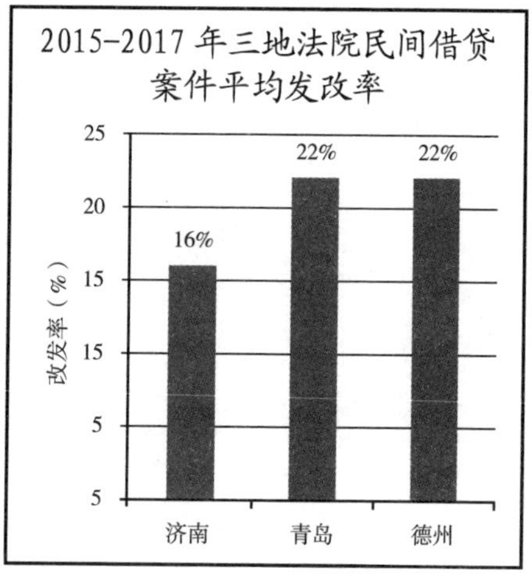

2015-2017 年三地法院民间借贷案件平均发改率

（三）我省法院民间借贷案件二审改判、发回的原因

课题组通过对二审改发案件的争议焦点进行梳理和分析时发现，一审、二审法院对案件事实认定的差异成为改判、发回的主要原因。

表 4　2015-2017 年济南、青岛、德州三地法院民间借贷案件改判、发回原因

	改判发回原因			
	改判发回（件）	事实认定	法律适用	其他程序性因素
济南	439	373	35	21
青岛	523	466	30	27
德州	206	179	15	12

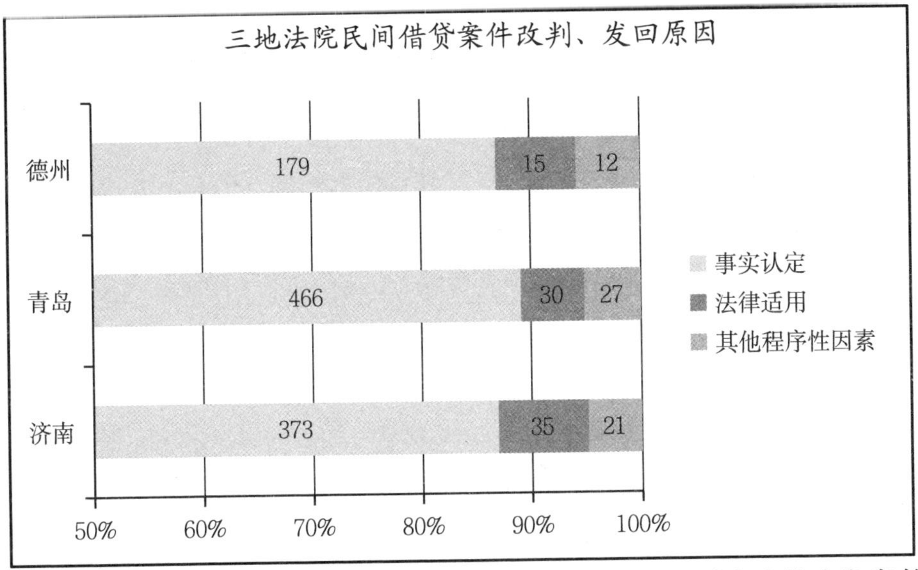

据统计，青岛中院民间借贷案件由于事实认定问题造成的改发案件占全部改发案件的89%以上；济南中院民间借贷案件由于事实认定问题造成的改发案件占全部改发案件的85%以上；德州中院民间借贷案件由于事实认定问题造成的改发案件占全部改发案件的86%以上。

二、改判发回案件一、二审法院在事实认定上存在差异的主要表现

为系统分析改判发回案件一审、二审法院在事实认定方面存在的具体差异，我们分别从济南中院选取629件二审生效判决、青岛中院533份二审生效判决及德州中院206份二审生效判决，共获得1368个较为典型的案例，依此梳理了一审法院与二审法院在事实认定方面存在的差异。具体结果如下：

（一）借贷主体的认定

课题组对1368份二审生效判决，以“借贷主体”为关键词分别进行搜索，共搜索到145份判决。其中，济南中院55份，改判、发回12份；青岛中院59件，改判、发回16件；德州中院31件，改判、发回13件。通过对三地法院41件二审改判、发回案件进行分析发现，一审、二审法

院在借贷主体认定上的差异主要体现在以下方面：

1. 借款合同或债权凭证中没有记载出借人。

（1）借款合同或债权凭证中没有记载出借人，具体为：借款合同中出借人位置信息空白或未设计出借人签名位置；债权凭证中未记载出借人信息或记载不明确。

（2）借款合同或债权凭证中没有记载借款人，没有借款人的具体信息，也没有其签名或盖章。

2. 借款合同或债权凭证中记载的出借人或借款人姓名、单位名称与原、被告的姓名、单位名称不一致。

3. 自然人以“见证人”“经手人”的身份在借款合同或债权凭证上签字，能否将其认定为民间借贷关系的当事人。

4. 出借合同专用章签订借款合同，或出借银行账户作为借款收款账户，出借人是否属于借贷主体，应否承担还款责任。

5. 借款合同或债权凭证中记载出借人委托他人支付借款，受托人是否属于出借人。

6. 企业法定代表人对外出具债权凭证或签订民间借贷合同，借贷主体的认定。

表 5　济南、青岛、德州法院二审生效判决中涉及借贷主体争议的案件分布

法院	二审生效判决（件）	涉及借贷主体争议的案件（件）							改判、发回
		合计	债权凭证没有记载出借人	债权凭证记载的出借人与原告名称不一致	“见证人”“经手人”签字	出借合同专用章或出借银行账户	委托他人支付借款	法定代表人签字	
济南	629	55	18	19	8	4	3	3	12
青岛	533	59	21	21	7	4	4	2	16
德州	206	31	10	11	3	3	1	3	13
合计	1368	145	49	51	18	11	8	8	41

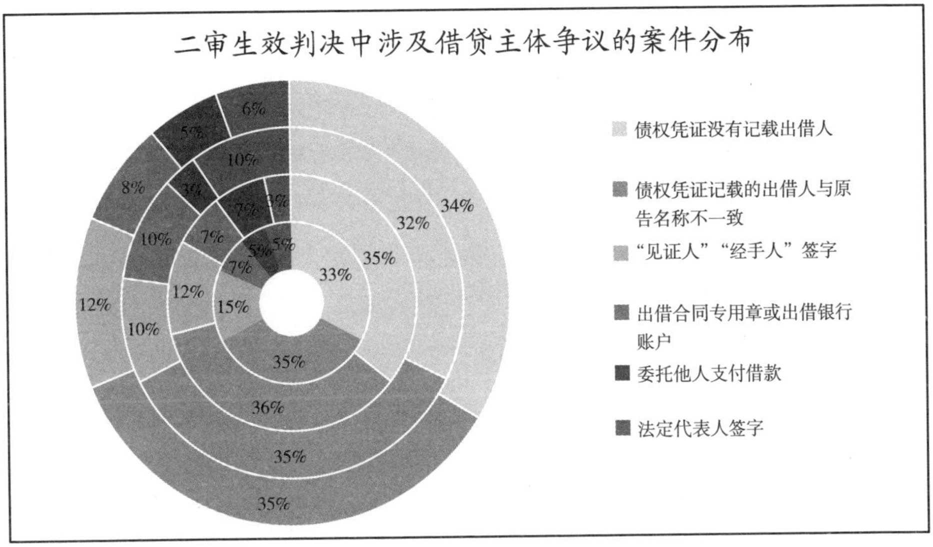

（二）当事人之间是否存在借贷合意

课题组对 1368 份二审生效判决，以“借贷合意”为关键词分别进行搜索，共搜索到 189 份判决。其中，济南中院 79 份，改判、发回 21 份；青岛中院 69 件，改判、发回 26 件；德州中院 41 件，改判、发回 23 件。通过对三地法院 70 件二审改判、发回案件进行分析发现，一审、二审法院在当事人是否存在借贷合意认定上的差异主要体现在以下方面：

1. 原告能够提交书面债权凭证。

（1）原告提供借条、借据等债权凭证，但被告辩称该债权凭证是因双方存在其他法律关系（如合伙关系、买卖合同关系、委托合同关系等）形成，主张按真实法律关系进行审理。

（2）原告提供的借据在形式上存在部分缺损，或存在撕扯后重新粘合的情况，或不符合常理的修剪，或借款人签名和日期等关键内容签署位置明显与通常做法不符，等等。

（3）原告提供借据，但被告对借据全部内容或部分内容予以否认，或辩称全部内容均不是被告所书写，或否认借据部分内容，或否认借款人签名的真实性，或否认格式合同中当事人姓名或名称、指定收款人、指定收款账户、利息约定等手写部分的真实性，等等。

（4）原告提供借据，但被告辩称借据是在欺诈、胁迫等情形下出具，不是其真实意思表示。这种情形多出现于曾经恋爱或非法同居后分手的男女双方之间。

2. 原告仅提供金融机构转账凭证。

（1）原告依据金融机构转账凭证提起诉讼，被告辩称系偿还双方之前借款或其他债务。

（2）原告依据金融机构转账凭证提起诉讼，被告辩称双方存在其他基础法律关系。比如，合伙关系、买卖合同关系、委托合同关系，等等。

（3）原告依据金融机构转账凭证提起诉讼，被告辩称该款项系亲属、朋友之间的赠与。

（4）原告依据金融机构转账凭证提起诉讼，被告辩称原告与其他民事主体之间存在借贷关系并签订有借款协议，其仅为借贷关系的中间人。

（5）原告依据金融机构转账凭证提起诉讼，被告辩称所转款项系遗产、共同财产分割款等其应得款项。

（6）原告依据金融机构转账凭证提起诉讼，被告辩称该转账属于垫付款项，并非借款。

3. 原告未能提交书面债权凭证或金融转账凭证。

审判实践中，在没有借款合同、债权凭证或金融机构转账凭证的情况下，原告可能提交谈话或通话录音、监控录像记录、手机短信记录、微信收发记录及其他信息化方式的交流记录以证明其与被告之间存在借贷合意。原告一般主张为现金交付；被告往往对于证据真实性、借贷关系真实性予以否认。

表 6 济南、青岛、德州法院二审生效判决中涉及借贷合意争议的案件分布

法院	二审生效判决（件）	涉及借贷合意争议的案件（件）				
		合计	有债权凭证	有金融转账凭证	没有书面债权凭证等	改判发回（件）
济南	629	79	29	38	12	21
青岛	533	69	26	35	8	26
德州	206	41	13	22	6	23
合计	1368	189	68	95	26	70

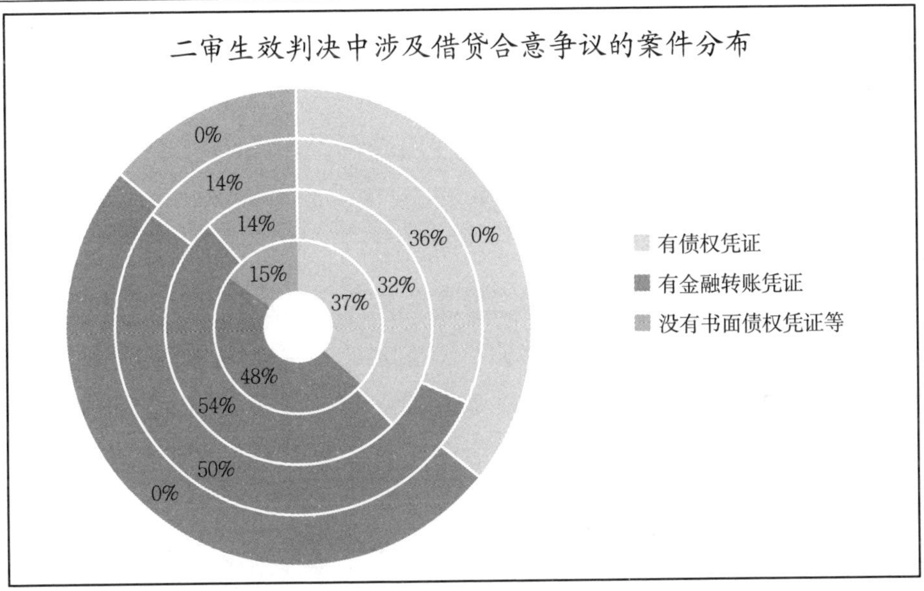

（三）借款是否交付

课题组对 1368 份二审生效判决，以“现金交付”或“借款给付”为关键词分别进行搜索，共搜索到 245 份判决。其中，济南中院 99 份，改判发回 52 份；青岛中院 92 件，改判发回 58 件；德州中院 54 件，改判发回 26 件。通过对三地法院 136 件二审改判发回案件进行分析发现，一审、二审法院在借款是否为现金交付认定上的差异主要体现在以下方面：

1. 原告仅提供借条、借据等债权凭证，主张全部借款为现金方式交付：

（1）被告认可借贷关系成立，但辩称借款没有交付，借款合同没有实际履行，民间借贷合同未生效。

（2）被告辩称借条是在其受欺诈、胁迫的情形下出具，不是其真实意思表示，所载明借款根本未交付。

2. 原告能够提供借条、借据等债权凭证，主张全部借款采用银行转账方式交付：

（1）被告辩称款项未转入被告账户，接受转款账户不是被告本人或本单位账户，被告不认可该账户为其使用或为其指定的收款账户。

（2）被告辩称转账人并非原告（出借人）本人或本单位，被告不认可其收取的款项为原告交付的借款。

（3）被告对原告提交的转款凭证的真实性不认可。

3. 原告能够提供借条、借据等债权凭证，主张部分借款采用银行转账方式交付，部分借款采用现金方式交付，被告认可金融机构转账交付部分，否认现金交付部分，辩称原告未交付全部借款，合同未全部履行。

4. 原告不能提供借条、借据等债权凭证，但主张借款采用其他方式交付，包括支票、汇票等票据或证券；微信转账记录；支付宝转账记录；被告使用原告银行卡等取款或消费；已为被告偿还其他债务的方式支付借款等。

此类案件主要有以下几个特点：原、被告双方多为亲属、朋友、同事、恋人等亲密关系；借款数额相对较小，原告一般主张为现金交付；双方往往对于证据真实性、借贷关系真实性存在较大争议。

表7 济南、青岛、德州法院二审生效判决中涉及借款交付争议的案件分布

	二审生效判决（件）	涉及借款交付争议的案件（件）					改判发回（件）
		合计	主张现金交付	主张银行转账	主张现金交付加银行转账	主张其他方式交付	
济南	629	99	26	41	18	14	52
青岛	533	92	24	37	19	12	58
德州	206	54	15	21	11	7	26
合计	1368	245	65	99	48	33	136

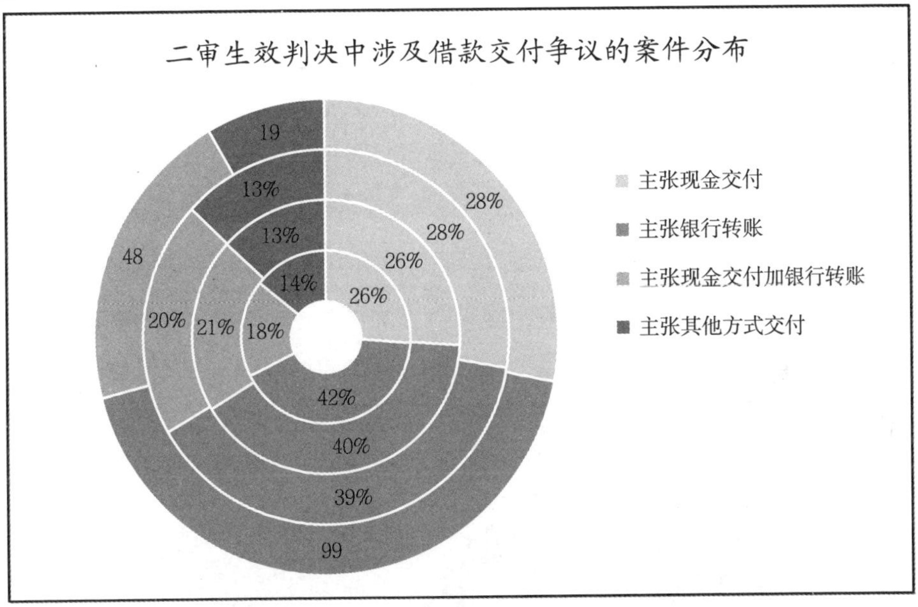

（四）借款数额的认定

课题组对1368份二审生效判决，以“借款数额”或“借款金额”为关键词分别进行搜索，共搜索到147份判决。其中，济南中院58份，改判、发回21件；青岛中院56件，改判、发回23件；德州中院33件，改判、发回16件。通过对三地法院60件二审改判、发回案件进行分析发现，一审、二审法院在借款金额认定上的差异主要体现在以下方面：

1. 原告提供借条、借据等债权凭证，以及金融转账等交付凭证，被

告认可借贷关系成立，但辩称实际交付借款数额与借条记载的数额存在差异。有的被告辩称出借人采用预扣利息方式、有的被告辩称原告按期换条据打入利息、有的被告辩称双方重新出具利息条据、有的被告辩称原告指示被告（借款人）将利息付于他人等方式获取超过法定利率的高额利息。

2. 原告提供借条、借据等债权凭证，以及金融转账等交付凭证，被告认可借贷关系成立，被告辩称双方当事人之间存在长期大量的借款及其他经济往来，但被告除了结算而来的借款凭证外，对之前的借款、还款情况均无法举证。

表 8　济南、青岛、德州法院二审生效判决中涉及借款数额争议案件分布

	二审生效判决（件）	涉及借款数额争议（件）						改判发回（件）
		合计	预先扣息	按期换条据打入利息	重新出具利息条据	利息付与他人	涉及其他经济往来	
济南	629	58	26	21	8	1	2	21
青岛	533	56	24	20	7	3	2	23
德州	206	33	19	10	2	1	1	16
合计	1368	147	69	51	17	5	5	60

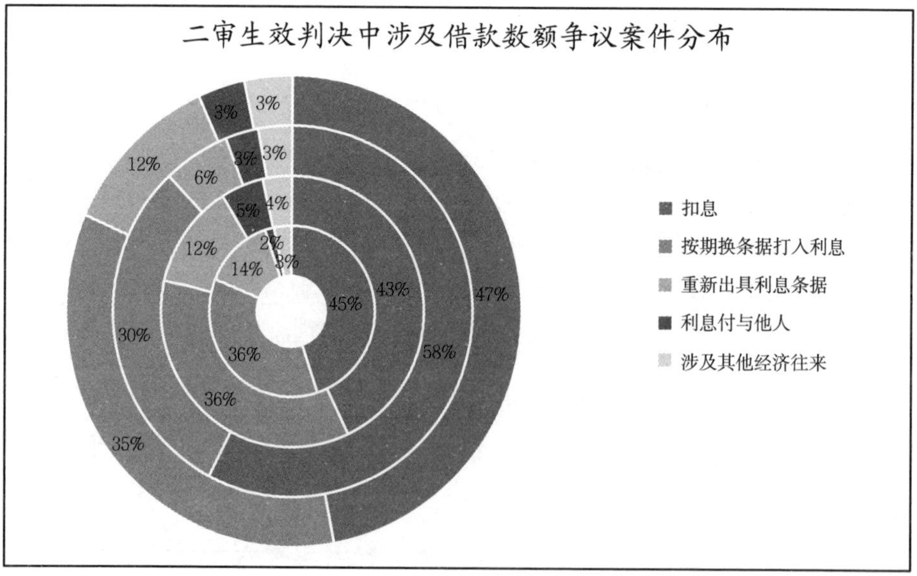

（五）夫妻共同债务认定

课题组对 2015–2018 年上半年青岛中院二审生效判决中 384 份涉及“夫妻共同债务争议”案件进行分析发现，其中维持共 261 件，改判发回 95 件，因夫妻共同债务认定而改判的有 34 件。

表 9 青岛中院 2015–2018 年第一季度涉及“夫妻共同债务”的二审生效判决分布

年份	二审生效判决	维持	改判	因夫妻共同债务认定而改判
2015 年	77	51	26	5
2016 年	101	73	28	18
2017 年	150	119	31	10
2018 年 1 季度	56	18	10	9
合计	384	261	95	42

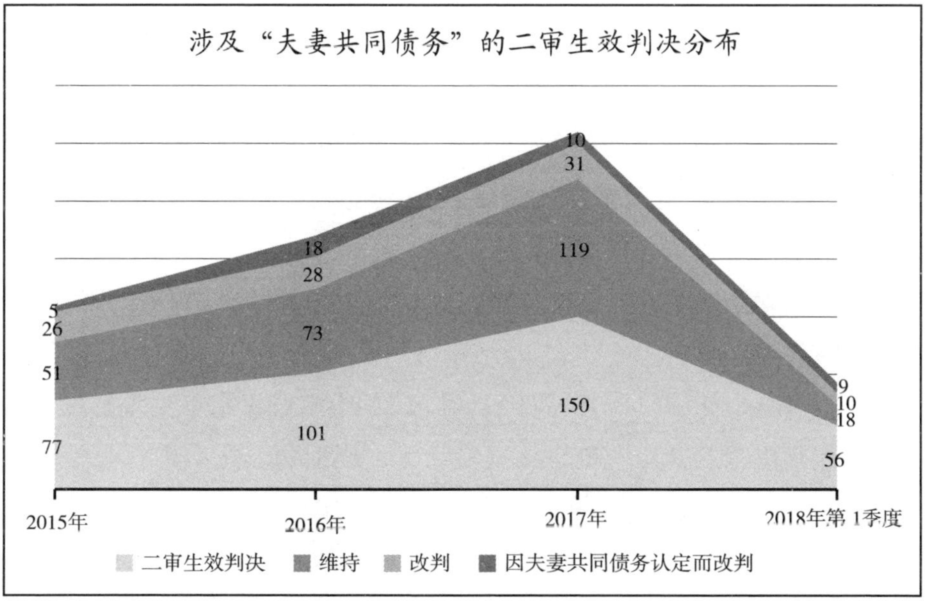

从上述数字可知，随着最高人民法院关于夫妻共同债务认定相关司法解释的颁布，青岛中院对于夫妻共同债务的认定标准明显体现出由松

到严的趋势。2015 年，青岛中院只在一起案件中因债权人举证未达到高度可能性而驳回其诉请而对一审关于夫妻共同债务的认定作出改判，即在借贷关系生效的前提下，一审、二审均认定，应严格适用《最高人民法院关于适用〈中华人民共和国婚姻法〉若干问题的解释（二）》[以下简称婚姻法解释(二)] 第二十四条的规定，只要借款发生在夫妻关系存续期间，即由借款人配偶对两种除外情形承担举证责任，在借款人配偶举证不能情况下即认定借款属于夫妻共同债务。2016 年，婚姻法解释（二）第二十四条的适用开始出现松动。在查明借款实际用途且未用于夫妻共同生活的前提下，青岛中院有四起案件认定借款不属于夫妻共同债务。但同时，多数案件仍沿用婚姻法解释（二）第二十四条规定，认定婚姻关系存续期间内一方名义所负借款为夫妻共同债务。2017 年，青岛中院已基本确立“用于夫妻共同生活”是认定“债务夫妻共同债务”的应有之义，但举证责任由借款人配偶一方承担。有五起案件在查明款项实际用途（用于不是夫妻共有的公司经营、借给他人等）的基础上，二审改判认定借款并非夫妻共同债务。2018 年，随着夫妻债务纠纷案件司法解释的出台，中院实现了认定夫妻共同债务的重大转向，有七起案件二审改判认定为个人债务。

三、司法实践中可资借鉴的经验做法——基于对 1110 份二审生效判决的裁判观点梳理

经过筛选，课题组最终选取 1110 个民间借贷案件二审生效判决，通过对上述判决裁判观点的梳理，我们认为，当前司法实践中存在不少对民间借贷案件事实认定的有益探索。这些有益的探索，为此类案件审判实践提供了可资借鉴的做法。

表 10　各类事实争议的案件数量构成

案件事实争议	二审生效判决	改判发回案件数量	比重 %
借贷主体	145	41	12

续表

借贷合意	189	70	20
借款交付	245	136	40
借款数额	147	60	18
夫妻共同债务	384	34	10
合计	1110	341	100

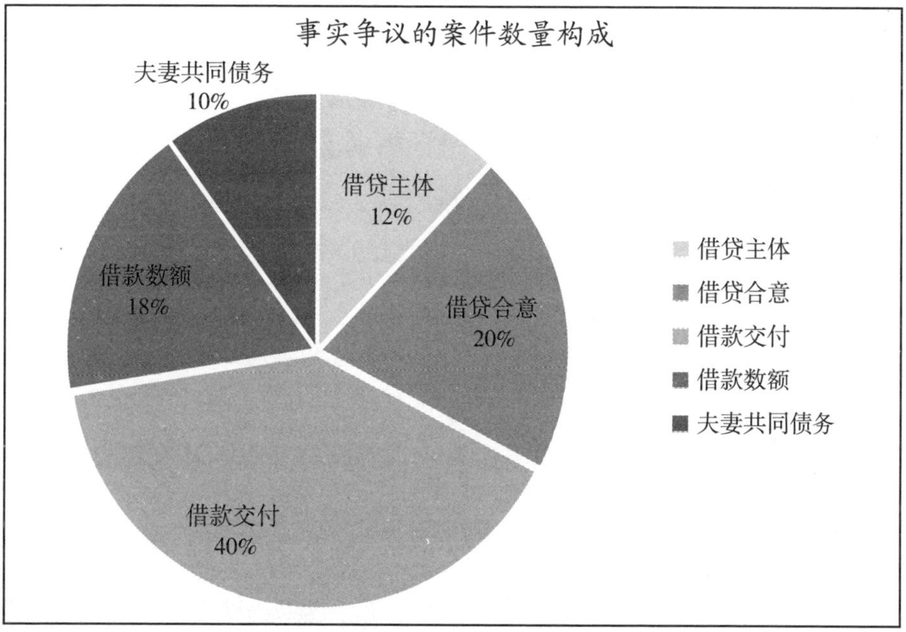

（一）关于借贷主体的认定

为了系统整理借贷主体认定相关裁判观点，课题组依次对 145 份涉及借贷主体认定争议的二审生效裁判文书进行逐一阅读分析，结果如下：

1. 关于出借人的认定

（1）在 145 份二审生效判决中有 49 份涉及出借人争议，其中 28 份判决一审、二审均认为，虽然债权凭证上没有注明债权人，但当事人持有债权凭证并且能够证明与债务人之间已经达成借贷合意、实际出借资金的，应当认定债权凭证的持有人具有债权人资格。

典型案例:（2016）鲁 14 民终字第 948 号案件。赵某卫持有徐某杰书写的借条主张权利，上诉人徐某杰主张案外人王某为本案的债权人、被上诉人赵某卫不具有债权人资格，但王某作为证人出庭，证明赵某卫为本案的债权人，赵某卫提交了银行取款凭证以证明赵某卫出借资金。最终法院认定赵某卫具有债权人资格。

（2）在 49 份涉及出借人争议的二审生效判决中，有 14 份判决一审、二审均认为，当事人以债权凭证主张权利且主张是原始债权人、否认基于债权转让取得债权，但有证据证明原始债权人并非债权凭证持有人的，认定当事人没有债权人资格，裁定驳回当事人的起诉。另有 4 份生效判决系二审改判一审案件，同样持有此种观点。

典型案例:（2016）鲁 14 民终字第 2859 号案件。被上诉人徐某强持借条向上诉人刘某华主张偿还借款，称自己与刘某华达成了借款合意，是原始债权人，并且否认该债权系受让取得。上诉人刘某华提交了视频证据，可以证明本案债权的原始债权人为案外人徐某刚。徐某强不是本案的原始债权人，也没有主张受让债权，所以徐某强不具有债权人资格，二审裁定驳回徐某强的起诉。

2. 关于借款人的认定

为了系统整理借款人认定相关裁判观点，课题组依次对 51 份涉及借款人认定争议的二审生效裁判文书进行逐一阅读分析。其中 23 份一审、二审均认为，单位负责人以单位名义与出借人签订民间借贷合同并在借款凭据上签名，借款凭据不能显示个人借款，单位主张应当由负责人个人偿还的，不予支持。另有 5 份生效判决系二审改判一审案件，同样持有此种观点。

典型案例:（2016）鲁 14 民终字第 2908-2911 号案件。时任齐河县马集镇石拐村民委员会负责人的石某升向出借人出具借条并加盖村委会印章，借条上也注明村委会借款、用于公共支出，因此应当由村委会偿还借款。村委会以内部账目没有相关记载为由主张不承担还款责任，但该抗辩属于内部管理问题，不能对抗原告提出的还款的诉讼请求。

（二）关于借贷合意的认定

1. 原告主张存在借贷合意，而被告抗辩称借贷关系为虚假的判断。

为了系统整理被告抗辩称借贷关系为虚假的相关裁判观点，课题组依次对21份涉及借贷关系为虚假争议的二审生效裁判文书进行逐一阅读分析。其中16份一审、二审均认为，被告抗辩称借贷关系虚假应综合审查证据，如果原告主张借贷合意存在，且提供的证据达到了高度可能性的证明标准，但被告针对其抗辩所提供的证据并未达到高度可能性的证明标准，一般应认定借款合意存在。

典型案例:（2016）鲁14民终字第2572号案件。徐某华、王某霞是夫妻关系，王某凯为王某霞的父亲。2015年1月18日，王某霞向王某凯出具4万元借条一张，主张该借款用于徐某华交通事故的治疗。徐某华认为该4万元借款虚假，理由是账户余额足以支付医疗费、没有必要借款。但各方提交的证据显示，当时徐某华确实发生交通事故住院治疗、本人无法取款，徐某华的银行存款虽然足以支付医疗费但王某霞并不掌握密码、无法取出存款，在此情况下确实已经支付了医疗费，因此应当认定本案借款合意的真实性和借款交付的真实性。

2. 没有书面凭证案件的处理。

为了系统整理没有书面凭证案件相关裁判观点，课题组依次对69份涉及此类案件的二审生效判决文书进行逐一阅读分析。其中有23份判决案件争议焦点为:“原告仅凭银行转账凭证主张权利，被告否认借款。”通过对该23份二审生效判决的裁判观点进行梳理，其结果为：一审、二审均认定借贷关系成立的3份；一审、二审均认定借贷关系不成立的8份；一审认定借贷关系成立、二审认定不成立的3份；一审认定借贷关系不成立，二审认定成立的3份。在改判的六份判决书，因二审提交新证据的有3份。综合来看，认定借贷关系成立的占64.7%。主要观点如下：

（1）原告仅依据金融机构的转账凭证提起民间借贷诉讼，被告抗辩转账系偿还双方之前借款或其他债务并提交相关证据证明的，不能认定民间借贷关系成立。

典型案例：（2017）鲁14民终字第315号案件。2012年11月23日，马某波向德州又一村酿酒有限公司大地天然食品饮料分公司银行账户汇款50万元，并主张该笔汇款为公司借款。德州又一村酿酒有限公司抗辩称，该笔打款系偿还之前借款，并提交相关证据显示，2012年9月13日，德州又一村酿酒有限公司大地天然食品饮料分公司分两笔向傅某良的账户汇款150万元，2012年11月23日，会计账目记载收回傅某良借款50万元并注明：2012年11月23日，马某波在德州银行东风路支行通过柜台用银行卡转入我公司账户50万元，因转账单据在对方手中，我公司开户行无法打印单据，故打印此明细单用红笔标出，即工行马某波为替傅某良还账。判决驳回马某波的诉讼请求。不能认定马某波与德州又一村酿酒有限公司之间成立民间借贷关系。

（2）原告持有付款凭据提起民间借贷诉讼，且能够对未出具借款凭据的原因做出合理说明，被告提出抗辩但缺乏证据证明的，应当支持原告的诉讼请求。

典型案例：（1）（2016）鲁14民终字第2078号案件。滕某欢与范某燕系夫妻关系，范某兴与范某燕系父女关系。2015年1月18日，范某兴向范某燕账户打款2万元。一审以范某兴没有借款凭据为由驳回了诉讼请求，二审查明，滕某欢、范某燕借款用于购买车辆，购买车辆时使用收款账户支付了购车款，其中包括范某兴所支付的2万元。滕某欢抗辩称2万元是范某燕存放于范某兴处的彩礼款，但不能证明该主张，因此对滕某欢的抗辩不予支持，二审改判滕某欢、范某燕共同偿还范某兴借款2万元。

（2016）鲁 14 民终字第 2890 号案件。王某（女）与任某政（男）均系再婚，于 2014 年 9 月登记结婚。婚前的 2013 年 8 月，王某向任某政借款 2 万元，其中 1.3 万元没有借款凭证。但是，任某政能够提交与王某的通话录音以及借款交付过程的视频，王某抗辩不存在借贷关系但不能提交证据证明，所以应当认定该 1.3 万元属于借款且已经实际交付，判决王某偿还。

（3）原告主张以清偿债务人债务的形式向债务人提供借款，但双方没有借款凭据，被告不认可收到借款也不认可存在借贷关系的，驳回原告的诉讼请求。

典型案例:（2017）鲁 14 民终字第 357 号案件。石某辉经营有一家汽车销售公司。范某峰将个人名下的信用卡交由石某辉使用，石某辉使用该信用卡进行了透支，从资金流向看透支款用于石某辉的公司经营。后石某辉偿还该信用卡的欠款，并主张该还款系范某峰的借款、要求范某峰偿还。因石某辉不能证明该信用卡的欠款系范某峰所欠，所以不能证明范某峰向其借款，判决驳回石某辉的诉讼请求。

（三）关于借款交付的认定

为了系统整理借款交付认定相关裁判观点，课题组依次对 245 份涉及借款交付认定争议的二审生效裁判文书进行逐一阅读分析，结果如下:

1.245 份二审生效判决中有 19 份涉及“以偿还其他债务的形式支付借款”，其中 12 份判决一审、二审均认为，双方约定以偿还其他债务的形式支付借款的，约定的债务获得清偿即视为借款交付，借款合同自约定债务的清偿之日起生效。

典型案例:（2017）鲁 14 民终字第 105 号案件。上诉人霍某勇以第三人孙某栋的名义在银行贷款，后霍某勇向被上诉人董某芳借款用于偿还该笔贷款，董某芳按照双方的约定偿还了以孙某栋名义在银行的贷款本息。董某芳已经按照约定的交付方式交付了借款，双方的借款合同生效，霍某勇应当向董某芳偿还借款。

2.245 份二审生效判决中有 47 份涉及“收款账户非借款人本人账户”，其中 28 份判决一审、二审均认为，收款账户非借款人本人账户的，出借人应当举证证明该账户为双方约定的收款账户，能够证明的借款合同有效，不能证明的则不产生借款交付的法律效果。另有 3 份二审改判一审判决同样持有此种观点。典型案例如下：

（1）（2016）鲁 14 民终字第 29 号案件。山东好邻居百货商品有限公司向于某借款，并约定将借款支付至朱某个人账户。合同订立后，于某按照合同的约定将借款全部支付至朱某的个人账户，因此应当认定本案借款已经实际交付。

（2）（2016）鲁 14 民终字第 2639 号案件。2012 年 4 月 28 日，被上诉人柴某玉向上诉人隋某海借款 280 万元并签订借款协议，同日，隋某海向宁津县瑞丰食品有限公司分两次转账支付 280 万元。因隋某海不能证实宁津县瑞丰食品有限公司账户为其与柴某玉约定的收款账户，因此不能认定柴某玉收到了本案借款，柴某玉不需要承担还款责任。宁津县瑞丰食品有限公司认可同隋某海之间成立借款合同，判决该公司偿还本案借款。

3.245 份二审生效判决中有 47 份涉及“大额借款现金交付争议”，其中 24 份判决一审、二审均认为，借款数额较大，借款人对借款已经交付的事实不予认可，出借人主张现金交付但对资金来源、交付过程等不能做出合理说明或提交相关证据的，不能认定借款合同的真实性。另有 5 份二审改判一审案件同样持有此种观点。典型案例如下：

（1）（2017）鲁 14 民终字第 374 号案件，上诉人王某良主张被上诉人张某标向其借款 12 万元应予偿还，但是，借条上的内容除签名外均非“借款人”张某标书写。对资金来源，王某良主张是从其他公司结算的运费（现金），其提供的证人则称自银行提取的现金，对借款交付细节王某良及其证人的陈述也不一致，因此不能认定本案借款的真实性，判决驳回王某良的诉讼请求。

（2）（2016）鲁 14 民终字第 2579 号案件。马某峰系被上诉人贺某会的丈夫，诉讼时已经去世。上诉人马某梅主张，马某峰生前多次向其借款合计 50 万元。对借款的交付，马某梅最初主张全部以现金形式交付，后主张部分转账支付、部分现金交付；对借款发生时间，马某梅的三次庭审陈述均不一致。马某梅对其他细节的陈述也存在矛盾之处。因此，仅支持了通过转账方式支付的借款，对马某梅所称的以现金方式支付的借款部分没有支持。

4.245 份二审生效判决中有 65 份涉及“现金交付争议”，其中 38 份判决一审、二审均认为，以现金形式交付借款，出借人能够对履行能力、资金来源、交易习惯、交付过程等作出合理说明或提交证据佐证的，可以认定借款已经交付、借款合同生效。数额较小的，证明标准可以适当降低。典型案例如下：

（1）（2017）鲁 14 民终字第 306 号案件。孔某路作为借款人，魏某胜、张某柱作为担保人，向被上诉人陈某新出具落款时间分别为 2013 年 11 月 21 日、2013 年 11 月 22 日的两张借条，借款金额分别为 2 万元和 2.5 万元，合计 4.5 万元。在借条落款日期之前的 2013 年 11 月 19 日，陈某新曾经两次在银行提取现金合计 9.9 万元。陈某新主张先交付借款、后书写借条，且为了减轻还款压力书写了两张借条，3.8 万元以现金方式交付，7000 元直接将银行存单交付孔某路。各方对 7000 元的交付无异议，对 3.8 万元交付不认可。陈某新陈述的借款过程、交付过程等并无悖于常理，且能够提交付款前从银行取款的凭据，因此认定本案借款已经实际交付、借款合同生效。

（2）（2016）鲁 14 民终字第 2456 号案件。石某富向张某军借款并出具总额为 15 万元的借条，其中 13.85 万元以转账方式支付，剩余 1.15 万元以现金方式支付。石某富对转账支付的部分不认可，法院根据借条对现金交付的事实予以认定，最终认定借款总额为 15 万元。

（3）（2016）鲁 14 民终字第 2457 号案件。上诉人陈某豹向被上诉人张某芹借款 3 万元并出具借条，张某芹主张现金形式支付，陈某豹不予认可，并称曾因此报警。调取的出警记录显示系因其他事项出警，与本案借款无关。因本案借款数额不大且有借款凭据，结合交易习惯等认定 3 万元借款已经交付。

（4）（2016）鲁 14 民终字第 2718 号案件。姜某霞向杨某富借款 10 万元并出具借条，该借款以现金形式支付。杨某富提交了从银行提取 10 万元现金的凭据，以及姜某霞偿还借款利息的银行交易明细，因此可以认定本案借款已经实际交付，姜某霞应当偿还本案借款。

（5）（2016）鲁 14 民终字第 2883 号案件。上诉人李某洪主张被上诉人梁某国分两次向其借款，分别为 2 万元和 5760 元，并出具了借条。李某洪到庭说明了借款来源、交付细节等内容，一审以未尽到举证责任为由驳回了诉讼请求，二审认为借款数额不大、有借款凭据，根据经济能力、交易习惯、交易细节等，认定借款已经实际交付，改判偿还本案借款。

（6）（2016）鲁 14 民终字第 2870 号案件。李甲、李乙的父亲李某东与孙某星系朋友关系，孙某星于 2011 年 6 月至 2013 年 9 月期间先后多次向李某东借款，李甲、李乙提交了借条复印件十一张及部分转账付款的凭据。李某东于 2014 年 1 月 4 日因病去世。2014 年 1 月 15 日，孙某星与李某东的全部继承人李甲、李乙就之前孙某星向李某东的借款进行核算后，出具了数额为 861450 元的借条并约定了利息，后孙某星陆续偿还借款 4.3 万元。法院认为原告的证据可以证明借款真实且已经实际交付，因此判决孙某星偿还借款。

（四）关于借款偿还的认定

1. 借款数额的认定。

为了系统整理借款数额认定相关裁判观点，课题组依次对147份涉及借款数额认定争议的二审生效裁判文书进行逐一阅读分析，结果如下：

（1）147份二审生效判决中有69份涉及预先扣息争议，其中29份判决一审、二审均认为，借款人抗辩存在预先扣除的利息（“砍头息”），应当结合款项交付方式、银行流水、当事人陈述等综合认定。查明确实存在预先扣除利息的，应当将实际出借金额认定本金。另有5份生效判决系二审改判一审，同样持有此种观点。

（2）在69份涉及预先扣息争议的二审生效判决中，其中12份判决一审、二审均认为，如果借款合同明确约定或原告自认在借贷关系成立之日借款人给付借款期内利息或首期利息，即可认定原告预先扣除利息的，应根据实际出借金额认定本金。

（3）在69份涉及预先扣息争议的二审生效判决中，其中19份判决一审、二审均认为，原告举证证明大部分借款通过金融机构转款交付、剩余款项以现金方式交付，被告抗辩剩余款项未实际交付，系原告预先扣除借款期内利息或首期利息的，如果差额与借款期内利息或首期利息数额基本相符，则原告应就剩余款项交付承担举证证明责任。根据下列情况做出不同认定：

原告能够提供其从金融机构提取相应数额现金证据，并能够对差额部分以现金方式给付作出合理解释的，应当认定原告主张；

借款合同中明确约定“剩余款项×××元以现金方式交付”，原告对于现金交付提供初步证据而被告不能提供反证的，可以认定原告主张。

2. 借款偿还的认定。

（1）147份二审生效判决中有18份涉及债务人向案外人偿还借款争议，其中9份判决一审、二审均认为，债务人向债权人以外的人偿还借款，且不能证明收款人系双方协议所确定的收款人的，债务人的还款行为不能产生债务清偿的法律效果。另有1份生效判决系二审改判一审，同样持有此种观点。典型案例如下：

（2017）鲁14民终字第107号案件。勾某朋通过王某向张某借款60万元，后通过王某向张某偿还了部分借款。勾某朋主张全部借款已经支付给王某，但张某只认可收到了部分还款。因王某并非勾某朋与张某约定的收款人，因此对张某不认可收到的还款部分，勾某朋应当继续向张某履行还款责任。

（2017）鲁14民终字第307号案件。本案借款的实际出借人为刘某锐，但是在郭某林出具的借条上写明的债权人为“徐某玲”。郭某林主张已经向刘某锐偿还了借款，但是郭某林不能证明刘某锐从徐某玲处取得了债权或者系约定的收款人，因此郭某林向案外人还款的行为不能产生债务清偿的法律后果，郭某林应当继续履行还款义务。

（2）147份二审生效判决中有5份涉及其他经济往来争议，其中3份判决一审、二审均认为，债务人主张已经偿还借款并提交还款凭据，债权人主张存在其他资金往来、系偿还其他债务并提交证据予以证明的，不能认定债务已经清偿，债务人应当继续履行还款义务。典型案例如下:

（2017）鲁14民终字第683号案件。2013年5月12日，芦某旺向张某借款10000元，并出具借条一份，其中未约定还款期限。庭审中，芦某旺辩称该笔借款已于2013年11月6日偿还，并出具了原告张某为其出具的收到条一张。张某主张，芦某旺曾经多次借款，2013年11月6日的还款系偿还2013年9月20日的10000元借款并提交了芦某旺2013年9月20日出具的10000元借条（未约定还款期限）。因两笔借款均未约定还款期限，所以对张某提出的2013年11月6日的还款系偿还另一笔借款的主张予以支持，判决芦某旺继续履行还款义务。

（2016）鲁 14 民终字第 2652 号案件。一审期间乐陵市宇泰房地产开发有限公司认可，因为没有钱所以没有偿还本案借款，二审期间改称已经偿还了部分借款并提交打款凭据，对此债权人刘某升提交了双方之间存在其他借款的证据，足以推翻乐陵市宇泰房地产开发有限公司的二审主张。因此，不能认定乐陵市宇泰房地产开发有限公司已经偿还部分借款，应当偿还全部借款。

3. 借款利率认定。

147 份二审生效判决中有 68 份涉及借款利率认定争议，其中 32 份判决一审、二审均认为，借款凭据中没有约定利息，但通过其他证据可以证明双方存在利息约定的，借款人应当支付利息。

典型案例:（2016）鲁 14 民终字第 2725 号。2010 年 7 月 27 日，王某向张某军借款 25 万元，张某军使用其姐姐张某丽的贷款证账户贷款 25 万元，并按照王某的要求转账支付至刘某朋账户。虽然双方未在借款凭据上注明利息，但是张某军提交的录音证据显示，双方约定的借款利息为月息一分，从双方的关系看，尚未紧密到张某军贴息供王某使用借款的程度，因此认定双方口头约定的借款利息为月息一分，王某应当按照双方的约定支付借款利息。

（五）关于一方举债时夫妻共同债务的认定

为了系统整理夫妻共同债务认定相关裁判观点，课题组依次对青岛中院 2015-2018 年第一季度 384 份涉及夫妻共同债认定争议的二审生效裁判文书进行逐一阅读分析发现，2015-2018 年第一季度青岛中院涉及夫妻共同债务的二审生效判决总体维持率达 68%，改判率达 25%；其中因夫妻共同债务认定而改判 34 件，占改判案件为的 36%。在 34 件改判案件中，一审认定个人债务（或驳回诉请）而二审认定为夫妻共同债务为 22 件；一审认定为共同债务二审认定为个人债务为 12 件。

通过梳理青岛中院 384 份涉及夫妻共同债认定争议的二审生效判决

裁判观点发现，青岛中院对于夫妻共同债务的认定标准明显体现出由松到严的趋势。2015 年，青岛中院只在一起案件中因债权人举证未达到高度可能性而驳回其诉请才对一审关于夫妻共同债务的认定作出改判，即在借贷关系生效的前提下，一审、二审均认定，应严格适用婚姻法解释（二）第二十四条的规定，只要借款发生在夫妻关系存续期间，即由借款人配偶对两种除外情形承担举证责任，在借款人配偶举证不能情况下即认定借款属于夫妻共同债务。2016 年，婚姻法解释（二）第二十四条的适用开始出现松动。在查明借款实际用途且未用于夫妻共同生活的前提下，中院有四起案件认定借款不属于夫妻共同债务。但同时，多数案件仍沿用婚姻法解释（二）第二十四条的规定，认定婚姻关系存续期间内以一方名义所负借款为夫妻共同债务。2017 年，中院已基本确立“用于夫妻共同生活”是认定“债务夫妻共同债务”的应有之义，但举证责任由借款人配偶一方承担。有 5 起案件在查明款项实际用途（用于不是夫妻共有的公司经营、借给他人等）的基础上，二审改判认定借款并非夫妻共同债务。2018 年，随着夫妻债务纠纷案件司法解释的出台，中院实现了认定夫妻共同债务的重大转向，有七起案件二审改判认定为个人债务。

课题组通过对 34 份因夫妻共同债务认定而改判的案件进行裁判观点梳理认为，关于婚姻关系存续期间内以个人名义所负的债务是否属于夫妻共同债务的审理思路、举证责任和证明标准，具体包括如下内容：

1. 审查债权人与借款人之间的借贷合同是否成立生效。

（2015）青民二终字第 88 号中，二审认为，根据民间借贷交易惯例，借款人在还清借款时通常要将其先前出具的借条索回，或由出借人当场将借条予以销毁，或由出借人出具借条作废的证明，以免出借人重复主张权利。因此，债权人将涉案借条交给借款人的行为通常意味着涉案借款已获清偿，而在涉案借款未获清偿的情形下，债权人便将涉案借条交给雷某，也与民间借贷通常的交易习惯不符。因此，对债权人的诉讼请求不予支持。再如，(2018)鲁02民终字第1505号案中，一审驳回债权人诉请。二审认定借贷关系成立，但是，《最高人民法院关于审理涉及夫妻债务纠纷案件适用法律有关问题的解释》(以下简称《夫妻债务纠纷案件司法解释》)第三条规定：夫妻一方在婚姻关系存续期间以个人名义超出家庭日常生活需要所负的债务，债权人以属于夫妻共同债务为由主张权利的，人民法院不予支持。但债权人能够证明该债务用于夫妻共同生活、共同经营或者基于夫妻双方共同意思表示的除外。本案中，借款人配偶主张对于借款不知情，并提交证据证明借款人在2015年曾因涉嫌赌博被公安机关采取强制措施的证据。因借款人借款数额10万元，超出家庭日常生活需要，债权人其亦未提交证据证明该款项用于夫妻共同生活或共同经营，故本案债务不属于夫妻共同债务。

2. 在借贷合同生效的前提下，应尽最大可能查明款项实际用途，必要时根据当事人提供的线索，法院调取相关证据。

如果借款数额在家庭日常需要范围内或借款实际用于夫妻共同生活，则应认定借款属于夫妻共同债务。典型案例:(2016)鲁02民终字第8896号案中，二审认为，生效判决已经认定，借款人名下的房产为其与其前妻的夫妻共同财产。本案中，由于借款人收到借款4万元后于同日向单位实际转账32068元，用于缴纳房产的部分尾款，即用于购买夫妻共同房产。该借款行为发生在夫妻关系存续期间，且用于缴纳购买房产部分尾款的行为能够使借款人与其前妻共享利益，因此应认定涉案借款属于夫妻共同债务。

3. 如果借款数额较大且债权人或借款人不能证明款项用于家庭日常生活的，债权人对借款用于夫妻共同生活、夫妻共同生产经营承担举证责任，举证不能则承担不利的法律后果。

典型案例:（2016）鲁02民终字第240号案中，一审认定，涉案15万元借贷关系成立，且系夫妻共同债务。二审认为，依据二审查明的事实，债权人在李某云、李某山的离婚诉讼中，确认涉案争议的15万元款项系李某山单位的集资建房款，李某山不要该房，由谭某广以李某山名义缴纳的该房款。据此，李某云、李某山给债权人出具的收条，没有借贷的意思表示，债权人所缴房款的收据登记在李某山名下，为李某山所有，该债务应由李某山承担。李某云、李某山离婚诉讼的终审民事判决确认李某云、李某山均同意本案的15万元债权与15万元债务互相冲抵，不再由法院处理。因此，由李某山承担该15万元债务与其双方离婚判决的认定并不冲突，李某云不再对债权人承担债务。再如，（2018）鲁02民终字第773号案中，一审认为借贷关系成立生效，并根据婚姻法解释（二）第二十四条认定借款系夫妻共同债务。二审认为，本案借款数额本金30万元及利息对一个正常家庭而言数额巨大，借款人提供虚假婚姻证明，刻意回避与其前妻之间的婚姻关系，显然该借款未经其前妻同意，并非二人的共同意思表示。债权人主张该借款用于支付购买房产的首付款，但青岛市不动产登记中心出具的房地产权属登记审核表载明该房产早在2009年购买，早于本案借款多年，显然本案借款并非用于支付购买房产的首付款。根据《夫妻债务纠纷案件司法解释》第三条的规定，因债权人未提交证据证明本案借款用于夫妻共同生活、共同生产经营，因此，本案的借款应当认定为是韩某修的个人借款，不构成夫妻共同债务。

四、民间借贷案件事实证明标准规范

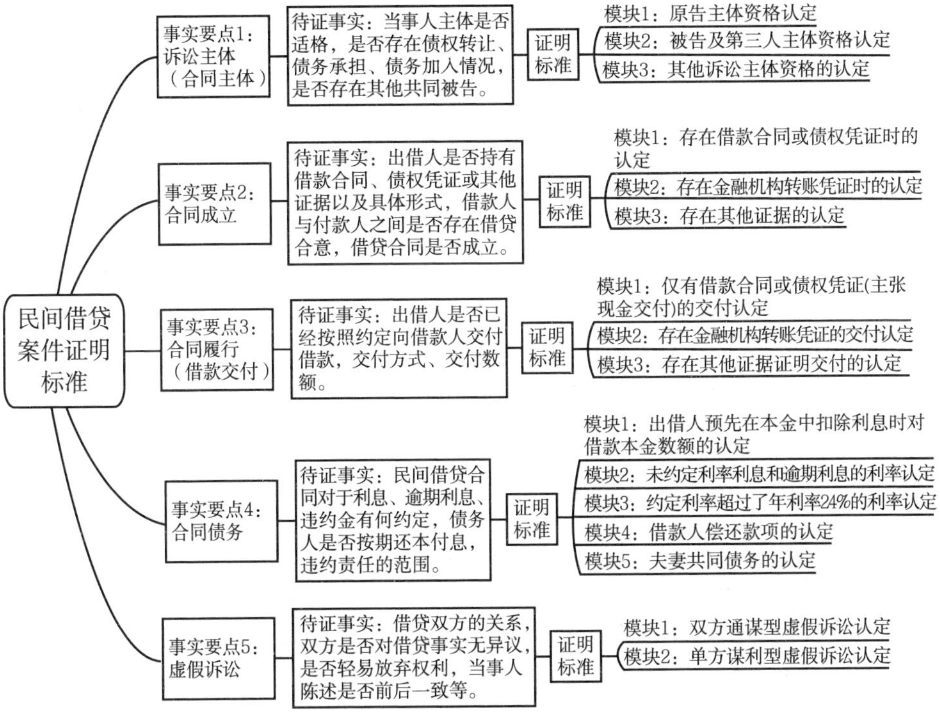

（一）民间借贷案件事实认定的基本司法理念

1. 充分发挥司法裁判的规范、引导功能。民间借贷市场诸多不规范问题，例如现金交付、将利息计入本金或重新出具借条等导致案件事实难以查清。因此，法官应树立坚定的审判理念，通过裁判活动凸显对不规范借贷行为的否定性评价，充分发挥司法裁判对民间借贷市场的规范性指引功能，推动民间借贷市场合法有序发展。

2. 围绕借贷关系要件事实主动审查案件事实。民间借贷案件既存在当事人诉讼能力不足的问题，又多发当事人不实陈述、怠于举证甚至隐匿毁损证据、妨碍证人作证等不诚信诉讼行为，给认定事实造成诸多障碍。因此，审理民间借贷案件要求法官秉持客观中立立场，保持清晰的审理思路，掌握认定案件事实的主动性，以查明事实为出发点和落脚点，注重向当事人行使释明权，确保债权人依法提出诉讼请求，依法分配各方举证责任。即使在缺席审理的案件中，亦应查明作出裁判所需依据的相关要件事实。

3. 结合诉辩主张全面查清案件事实。民间借贷案件的审理难点主要集中在事实认定方面。基层法院应克服案多人少的困难，对当事人之间款项是否实际履行、互有多笔款项往来时应否全面对账、是否需向案外人进行调查询问、是否需追加第三人等问题进行全面审查，切实发挥一审程序查明事实的审判职能。

（二）借贷主体事实证明标准

待证事实为：当事人主体是否适格，是否存在债权转让、债务承担、债务加入情况，是否存在其他共同被告。

1. 原告主体资格认定。

【出借人记载】借款凭证明确记载出借人的，推定载明的出借人为实际出借人。借款凭证上中没有记载出借人的，推定该证据原件持有人为债权人，具有原告主体资格；被告抗辩原告并非债权人，应对此承担举证证明责任。

【出借人记载姓名不一致】借款凭证中记载的出借人姓名与借条持有人姓名有明显差异的，持有人作为原告主张权利的，应由原告对姓名差异做出合理解释。

【委托他人付款】债权凭证中记载的出借人与付款人不一致，原告能够证明委托他人支付借款的，应当认定债权凭证中记载的出借人为债权人，具备原告主体资格。

2. 被告及第三人主体资格认定。

【未记载借款人】借款凭证中没有记载借款人，应当以原告起诉的人为被告。

【借款人与收款人不一致】借款人与实际收款人不一致时，应区分不同情形处理。

【法定代表人】企业法定代表人对外出具债权凭证或签订民间借贷合同的，应当区分不同情形处理

【单位工作人员】单位工作人员因本单位生产经营需要，以个人名义对外借款，对于诉讼主体确定与实体责任承担问题，应根据不同情形作出处理

3. 其他诉讼主体资格的认定。

【案外人】案外人在借条上签字的，要具体审查案外人签字的形式是否具有承担保证责任的意思表示，具有明确承担保证责任意思表示的，或者在保证人栏签字的，应当承担保证责任。

【债权债务变更】查明是否发生债权债务变更，分别确定当事人主体资格。

（三）借贷合意事实证明标准

待证事实：出借人是否持有借款合同、债权凭证或其他证据以及具体形式，借款人与付款人之间是否存在借贷合意，借贷合同是否成立。

1. 存在借款合同或债权凭证时的认定。

【真实性】对于原告提供的借款合同或书面债权凭证，如被告认可，且无明显不合常理之处，对其真实性应当予以认定。需要通过司法鉴定才能确认债权凭证真实性而当事人双方均不申请司法鉴定的，根据情形分别作出处理。

【瑕疵证据】对于原告提供的借款合同或书面债权凭证存在瑕疵的，应分别作出处理。借条被撕毁后重新粘贴的，如果上述粘贴后的证据内容完整，应当由原告说明借条撕毁的原因并提供相应证据予以证明，被告也应对撕毁后的借条仍在原告处的原因作出说明。

【被告抗辩存在其他法律关系】对于收据、欠条等债权凭证，被告主张系因买卖、运输、租赁、委托理财等其他法律关系产生，应当由被告

对其主张的其他法律关系承担举证证明责任。原、被告双方虽然存在其他法律关系，但被告主张已经通过调解、和解或清算达成债权债务协议，并提供债权债务协议等证据的，不影响借款合同成立的认定。

2. 存在金融机构转账凭证时的认定。

【被告抗辩其他法律关系】原告依据金融机构转账凭证主张已向被告交付借款，如被告抗辩所转款项系偿还双方之前借款或其他债务，被告应对其抗辩主张承担举证证明责任。

原告依据金融机构转账凭证主张已向被告交付借款，如被告抗辩所转款项系亲属、朋友之间的赠与，被告应对其抗辩主张提供证据证明。

【原告主张抵顶债务被告否认】原告主张以清偿债务人债务的形式向债务人提供借款，但双方没有借款凭据，被告不认可收到借款也不认可存在借贷关系的，应当由原告继续举证证明双方之间存在民间借贷法律关系，如果未能提供证据或提供的证据不能证明的，对原告的主张不予支持。

3. 存在其他证据的认定。

【电子数据证据】原告依据 QQ 聊天记录、微信聊天及支付记录、支付宝聊天及支付记录、电子邮箱（邮件）交流记录、手机短信交流记录等电子数据主张民间借贷法律关系成立的，法院应当首先对该证据的真实性、合法性和关联性进行审查。

【视频证据】原告依据录音或视频资料、监控录像等证据主张民间借贷关系成立的，应当从不同方面分析认定。

【测谎证据】在当事人提供的证据不充分的情况下，可以有条件地运用测谎技术帮助查清案件事实。

（四）借款交付事实证明标准

待证事实：原告是否已经按照书面或口头借款协议的约定向被告交付借款，交付方式、交付数量。

1. 仅有借款合同或债权凭证（主张现金交付）的认定。

【被告认可交付】原告仅提供借据、收据、欠条等债权凭证证明借款已经交付，被告认可借贷关系成立，也认可借款已经交付，如经审核不存在虚假诉讼可能，应当认定原告已经完成举证证明责任，借款已经交付。

【被告不认可交付】被告抗辩借贷行为尚未实际发生并能作出合理说明，由原告举证证明已完成出借义务。

【被告不出庭】原告仅提供借据、收据、欠条等债权凭证证明借款已经交付，被告不出庭，导致案件事实无法查清的，法院可以根据《民事诉讼法》第一百七十四条的规定，对被告实行拘传。被告未到庭，案件事实是否发生仍真伪不明的，不能认定借款交付。

【主张现金交付】原告仅提供借据、收据、欠条等借款凭证证明借款已经交付，并主张为现金方式交付，被告对此不认可，应当首先审查借款数额。对于现金交付金额较大的案件，借据仅具有初步的证明效力，出借人仍应提供其他佐证，如应提供款项来源证明、证人证言、视听资料、电子证据等排除合理怀疑。

【收据】原告同时提供借款合同和收据（或者借据），收据（或者借据）中载明有“今借到”“今收到”借款的字样两份证据载明借款数额相同，形成于同一天，或收据（或借据）形成时间适当晚于合同签订时间的，应当认定借款交付。

2. 存在金融机构转账凭证的交付认定。

【指定账户转款】原告能够提供其通过金融机构向被告或其指定账户转账或存款的证据，转账或存款数额与双方约定借款数额相同，被告不能提供充分证据证明该转入或存入款项与本案争议借款无关，应当认定原告主张成立，借款已经交付。

【转款数额有差距】原告能够提供其通过金融机构向被告或其指定账

户转账或存款的证据，转账或存款数额与双方约定借款数额有差距，主张其余借款系通过现金方式交付的，应当区别不同情形作出认定。

【他人账户转款】被告未指定收款账户，原告将款项转入或存入他人账户，被告否认收到借款的，原告应举证证明该账户为被告实际使用账户、指定账户或该款项确实为被告所使用。

3. 存在其他证据证明交付的认定。

【票据支付】原告依据支票、汇票等票据主张借款已经交付，应当重点审查该票据的流转和兑付情况，能够证明票据权利从原告转给被告过程的，可以认定借款支付。

【以其他形式支付】原、被告双方约定以偿还其他债务的形式支付借款，原告已经向被告的债权人支付了相应数额的款项，约定的债务已经获得清偿，视为本案争议借款已经交付。

（五）借款偿还事实证明标准

待证事实：民间借贷合同对于利息、逾期利息、违约金有何约定，债务人是否按期还本付息，违约责任的范围

1. 出借人预先在本金中扣除利息时，对借款本金数额的认定。借款人抗辩存在预先扣除的利息（“砍头息”），应当结合款项交付方式、银行流水、当事人陈述等综合认定。

2. 未约定借期利息和逾期利息的利率认定。（1）借款合同或书面债权凭证中虽无利息约定，但出借人能够证明借款人曾向其支付利息且利率明确的，视为双方存在口头利息约定。（2）借款合同既未约定借款期内利率，又未约定逾期利率的，视为对利息没有约定。

3. 约定利率超过了年利率 24% 的利率认定。借贷双方对前期借款本息结算后将利息计入后期借款本金并重新出具债权凭证，如果前期利率没有超过年利率 24%，重新出具的债权凭证载明的金额可认定为后期借款本金；超过部分的利息不能计入后期借款本金。

4. 借款人偿还款项的认定。原告称借款到期未还，被告主张已经归还借款的，属于对权利消灭的主张，应当由被告承担举证证明责任。原、被告之间存在多笔、长期、大额款项往来的借贷案件，原告只根据一份或几份债权凭证起诉，被告举证大量还款的情况下，必要时应以银行转账金额为准对双方所有借贷往来进行全面对账，综合认定双方的借贷关系。

（六）夫妻共同债务证明标准

1. 原告主张婚姻关系存续期间的债务系夫妻共同意思表示所负的，其对此应承担举证证明责任。

认定夫妻具有共同举债的意思表示，除了应具有夫妻共同签署的借款合同、借据等文件外，夫妻共同做出口头承诺、共同做出某种行为也是共同意思表示的表现形式，若有证据证明配偶一方对负债知晓且未提出异议的，如存在出具借条时在场、款项汇入配偶所掌握的账户、归还借款本息等，可以推定夫妻有共同举债的合意。

2. 如何认定以一方个人名义所负债务是否用于家庭日常生活。

《夫妻债务纠纷案件司法解释》第二条规定：夫妻一方在婚姻关系存续期间以个人名义为家庭日常生活需要所负的债务，债权人以属于夫妻共同债务为由主张权利的，人民法院应予支持。据此，能够查明债务用于家庭日常生活，夫妻双方分享了该债务所带来的利益的，应认定为夫妻共同债务。“家庭日常生活需要”是指夫妻双方及其共同生活的未成年子女在日常生活中的必要开支事项，如正常的衣食住行消费、日用品购买、医疗保健、子女教育、老人赡养等。对于家庭日常生活的范围应结合当地生活水平、当事人家庭收入支出状况等情况，根据借款金额大小、是否必要、用途性质等因素进行认定。

3. 夫妻一方以个人名义所负债务有违家庭共同生活意图的债务认定。

婚姻关系存续期间，一方以个人名义所负的债务系明显有违共同生活意图（如违背公序良俗、擅自资助与其没有法定赡养、扶养、抚养义务的人所负的债务、赌博吸毒等非法债务），不能认定属于夫妻共同债务。

举债人的配偶举证证明以下事实，可认定一方以个人名义的举债有违家庭共同生活意图：(1) 借款用于举债人赌博、吸毒等违法犯罪活动具有高度可能性的；(2) 举债人擅自资助与其没有法定赡养、扶养、抚养义务的人所负的债务；(3) 债务用途无益于甚至有损于家庭共同生活，如用于婚外同居生活等；(4) 有违公序良俗、有违家庭共同生活意图的其他情形。

4. 如何认定一方以个人名义所负债务是否用于夫妻共同生产经营。

《夫妻债务纠纷案件司法解释》第三条规定：夫妻一方在婚姻关系存续期间以个人名义超出家庭日常生活需要所负的债务，债权人以属于夫妻共同债务为由主张权利的，人民法院不予支持，但债权人能够证明该债务用于夫妻共同生活、共同生产经营或者基于夫妻双方共同意思表示的除外。课题组认为，认定以一方名义所负债务是否用于夫妻共同生产经营，要根据经营活动的性质、夫妻双方在其中的地位、配偶一方是否有固定工作或稳定收入、是否分享经营收益以及夫妻双方关系是否稳定等情形综合考虑。

对于债权人能够举证证明夫妻一方在生产经营中的收益用于夫妻共同生活，基于该生产经营所负债务，可以认定为夫妻共同债务。但以下情形除外，(1) 夫妻一方系有限责任公司股东，所借债务系用于公司经营，在夫妻财产与该公司并不混同的情形下，借款及所得收益不能认定为夫妻共同财产的，该债务不应认定为夫妻共同债务；(2) 夫妻一方为第三人提供保证形成的担保之债，如果配偶对该担保行为并未同意，该担保债务及盈利，亦非用于夫妻共同生活或共同生产经营的；(3) 夫妻一方管理或委托他人管理其个人财产产生的债务；(4) 其他不属于共同生产经营的情形。

（七）虚假诉讼证明标准

1. 坚持“四个全”的审判理念。

全程谨慎注意，及时发现相关线索。不仅在一审中要提高警惕，在二审、再审过程中也应如此；全面查清事实，形成完整案件脉络。要全面了解案件事实，不放过影响事实认定的细小环节；全心审理案件，依法穷尽调查手段。要增强责任感，以对当事人及相关人民群众高度负责的态度，多做调查分析，正确认定案件事实；全新思维防控，及时发现新型模式。对虚假诉讼问题要敏锐观察，及时了解和掌握各种演变倾向。

2. 践行“三个明确”的审判思路。

查清事实后，明确认定原告诉求应否支持，依法作出正确判决；在证据充分的案件中，明确认定是否属于虚假诉讼，弘扬社会正能量；认定虚假诉讼后，明确告知相应后果，依法进行相应制裁。

3. 举证责任和证明标准。

全部或部分被告主张案件为虚假诉讼的，应当对此承担相应的举证责任，其举证责任依照《最高人民法院关于适用〈中华人民共和国民事诉讼法〉的解释》第一百零八条第二款的规定，要达到使原告主张事实真伪不明的程度，可以提交以下证据：原告经济状况差，明显不具备出借能力；原告提交的债权凭证在签名真实性、关键内容真实性、签订或书写时间等方面存在明显瑕疵；原告与被告存在或曾经存在特殊关系，有机会使用被告的印章或因其他原因取得被告的签名；原告与其他被告存在亲属、朋友等亲密关系或其他利益关系，存在与其他被告合谋侵害该被告利益的重大嫌疑；债务已经全部或部分偿还；其他反驳性证据。

4. 审查重点。

首先审查原告提交的证据，依法确定能否达到高度可能性的证明标准。被告提出关于虚假诉讼的抗辩主张的，对其反驳性证据进行审查，依法确定能否达到使待证事实真伪不明的程度。存在以下情形的，即使被告未提出案件属于虚假诉讼的抗辩主张，也应当对是否属于虚假诉讼问题进行深入审查：根据原告的收入情况，其明显不具备出借相应数额资金的能力；原、被告诉辩主张高度一致，明显无通过诉讼方式解决纠纷的必要，为此支付较大数额的诉讼费用更是不符合常理；原告陈述的事实和理由明显不符合常理；原告、被告或双方在一定时间内多次参加民事诉讼；被告属于执行案件中的被执行人或其他案件中的被告。

在以下情形下，构成虚假诉讼的可能性较大，需要重点审查和防范：离婚诉讼中或离婚后一方亲友起诉双方请求判决承担夫妻共同债务；公司法定代表人、高级管理人员或其他可能掌握公司印章的人员在工作关系解除后以公司为被告提起民间借贷诉讼；村委会前任负责人卸任后本人或其亲友以村委会为被告提起民事借贷诉讼；建设工程施工领域存在的各主体之间的民间借贷诉讼；出借人与借款人对抗并不激烈，主要要求担保人承担责任；等等。

5. 审判方法。

根据具体案情灵活运用关键证据定案、重点问题审查、综合分析否定、关键证据证伪等审判方法。对于多数人提出的符合法定条件的调查申请，要依法准许。在法定情形下，加大依职权调查的范围。特别注意对证伪证据的审查和调取。证伪证据指证明原告陈述或举证虚假的证据。比如，原告陈述其习惯做法为家中留存现金并以此结算，但银行交易记录能够证明其长期多次进行账户之间的交易；有交通票据、住宿记录、工作证明等证据能够证明在原告陈述的借款时间其并不在其陈述的借款地点；借款转入被告账户后，被告又直接或间接将该款转回原告账户；等等。

附件:《民间借贷类案事实证明标准规范》(建议稿)

山东省高级人民法院
民间借贷类案事实证明标准规范

（建议稿）

为规范民间借贷案件审理，统一裁判尺度，根据相关法律、司法解释制定本规范。

一般规范

1. 主要事实要点。民间借贷案件的主要待证事实包括：借贷关系主体，借贷合意，款项实际支付，款项偿还，利息计算和债务承担及是否存在虚假诉讼等几个方面。

2. 举证证明责任分配。民间借贷案件事实认定，应首先根据民事诉讼法规定的“谁主张、谁举证”原则进行举证证明责任分配，并根据对方当事人抗辩及举证情况进行举证证明责任转移。当案件事实出现真伪不明时，法院应当依据法律规定的举证证明责任分配规则进行举证证明责任再分配。一般情况下，借贷合意、借款交付事实由原告承担举证证明责任。原告提供债权凭证后被告抗辩已经偿还，应当由被告提供证据，提供证据后举证证明责任转移至原告。债务偿还事实一般由被告承担举证证明责任。

3. 主要证据形式。民间借贷案件的证据形式包括借贷合同、借条、欠条、收条、转账凭证等书证、物证以及证人证言、录音录像等。QQ聊天记录、微信聊天及支付记录、支付宝聊天及支付记录、电子邮箱交流记录、手机短信交流记录等电子数据可以作为证明借款事实的证据。

4. 证据审查方法。民间借贷案件的证据审查应首先对其真实性、合法性和关联性进行审查。在确定其可以作为本案证据的基础上，再结合其他证据，从各证据与案件关联程度、各证据之间的联系等方面进行综合审查判断。

除不具有真实性、合法性、关联性外，以下情形取得的证据不能作为有效证据认定事实：（1）当事人通过欺诈、胁迫取得的证据。是否构成欺诈胁迫，应主要审查行为人是否具有胁迫故意、是否实施了严重损害他人的胁迫行为、胁迫行为是否针对特定当事人实施；（2）当事人以严重违背公序良俗方法获取的证据。是否达到“严重”程度，应考虑获取证据的方式方法、道德伦理、文化传统、当地习惯等因素综合判断认定。

5. 证明标准。民间借贷案件中，当事人的举证一般应达到高度可能性的程度。借款人抗辩借贷事实未发生并能做出合理说明的，人民法院应当结合各方证据进行综合判断。

对负有举证证明责任的当事人提供的证据，法院审查后确信存在高度可能性的，应当认定该事实存在。对提供反驳证据的，法院审查后认为待证事实真伪不明的，即可认定该当事人完成举证证明责任。

事实要点一：借贷主体

【待证事实】当事人主体是否适格，是否存在债权转让、债务承担、债务加入情况，是否存在其他共同被告。

【证据形态及审查】

借款合同（审查：合同当事人姓名或名称与诉讼主体姓名或名称是否一致；签名或盖章是否真实；在合同中签名或盖章的个人或单位属于出借人、借款人、担保人、经办人还是证明人）；

担保合同（审查：合同当事人姓名或名称与诉讼主体姓名或名称是否一致；签名或盖章是否真实；在合同中签名或盖章的个人或单位属于担保人、经办人还是证明人）；

借据、收据、欠条等债权凭证（审查：债权凭证中载明的债权人、借款人的姓名或名称与诉讼主体姓名或名称是否一致；签名或盖章是否真实；在债权凭证中签名或盖章的个人或单位属于借款人、担保人、经办人还是证明人）；

金融机构转账凭证（审查：转账凭证是否真实；转账凭证中载明的转款人、收款人与诉讼主体是否一致）；

微信支付记录、支付宝支付记录（审查：支付记录是否真实；支付记录中载明的转款人、收款人与诉讼主体是否一致）；

户籍登记信息（审查：证据是否真实；诉讼主体的别名、曾用名是否与借款合同、债权凭证中的记载一致）；

当事人所在单位或基层组织出具的证明（审查：证据形式；证据内容是否真实；诉讼主体有无别名、曾用名）。

【证明标准】

模块一：原告借贷主体认定

【记载出借人】1. 借款凭证明确记载出借人的，推定载明的出借人为实际出借人。

2. 借款凭证上中没有记载出借人的，推定该证据原件持有人为债权人，具有原告主体资格；被告抗辩原告并非债权人，应对此承担举证证明责任。以下情形可以作为综合判断被告是否完成举证证明责任的依据：被告能够说明真正债权人且该债权人对于借款事实的陈述与被告主张一致；被告能够证明原告持有该债权凭证的原因；被告能够提供与债权凭证载明日期和数额相符的真正债权人向其交付借款的金融机构转账凭证；被告能够提供原告自己认可的证据证明其并非实际债权人。

【出借人记载姓名不一致】3. 借款凭证中记载的出借人姓名与借条持有人姓名有明显差异的，持有人作为原告主张权利的，应由原告对姓名差异做出合理解释。原告能够证明债权凭证中记载的姓名为其别名、曾用名，能够提供户籍登记信息、在其他民事活动中的签名信息、所在单位或基层组织出具的证明等证据予以证明，应推定原告为借款出借人，具有原告主体资格，但被告有相反证据足以推翻的除外。

【委托他人付款】4. 债权凭证中记载的出借人与付款人不一致，原告能够证明委托他人支付借款的，应当认定债权凭证中记载的出借人为债权人，具备原告主体资格。

模块二：被告借贷主体认定

【未记载借款人】1. 借款凭证中没有记载借款人，应当以原告起诉的人为被告。

【借款人与收款人不一致】2. 借款人与实际收款人不一致时，应区分不同情形处理：

如借款人有证据证明是受实际收款人的委托借款，或者代理实际收款人借款，且实际收款人收到借款，应当以实际收款人为被告。

如借款人否认收到借款，且声明与实际收款人无任何关系，应当以借款人为被告，可以追加实际收款人为第三人参加诉讼；实际收款人认为案件处理结果与其具有法律上的利害关系的，也可以申请作为第三人参加诉讼。

【法定代表人】3. 企业法定代表人对外出具债权凭证或签订民间借贷合同的，应当区分不同情形处理：

（1）以个人名义签订合同或出具凭证，一般以个人为被告；如企业同意还款或所借款项用于企业生产经营，可以将企业与企业法定代表人列为共同被告。

（2）以企业名义签订合同或出具凭证，一般以企业为被告；如果出借人或企业能够证明所借款项完全用于企业法定代表人个人生活，可将企业法定代表人列为被告或第三人。

【单位工作人员】4. 单位工作人员因本单位生产经营需要，以个人名义对外借款，对于诉讼主体确定与实体责任承担问题，应根据不同情形作出处理：

（1）出借人知道或应当知道单位工作人员的借款行为属于职务行为，且借款全部用于单位，应将单位列为被告并由其承担还款责任。

（2）单位工作人员受单位委托，以个人名义借用资金，出借人在订立合同时知道单位工作人员与单位之间的代理关系的，应将单位列为被告并由其承担还款责任。

（3）出借人不知道单位工作人员的借款行为是履行职务的行为，且有充分理由认为单位工作人员是借款人，应将单位工作人员列为被告并由其承担还款责任。

模块三：其他借贷主体的认定

【案外人】1. 案外人在借条上签字的，要具体审查案外人签字的形式是否具有承担保证责任的意思表示，具有明确承担保证责任意思表示的，或者在保证人栏签字的，应当承担保证责任。但未表明其保证人身份或者承担保证责任，或者通过其他事实不能推定其为保证人，出借人请求其承担保证责任的，不予支持。

【债权债务变更】2. 查明是否发生债权债务变更，分别确定当事人主体资格：债权人转让权利的，起诉前已经通知债务人的，新债权人为适格原告；起诉前未通知的，新债权人作为原告主张通过起诉方式完成通知的，人民法院应当予以支持；债务人将合同的义务全部或者部分转移给第三人的，已征得债权人同意的，新债务人为被告；未征得债权人同意的，原债务人为被告。

事实要点二：借贷合意

【待证事实】

出借人是否持有借款合同、债权凭证或其他证据以及具体形式，借款人与付款人之间是否存在借贷合意，借贷合同是否成立。

【证据形态及审查】

借款合同（审查：合同当事人的签名或盖章是否真实；合同约定是

否具体明确；合同内容是否属于当事人真实意思的表示）；

借据、收据、欠条等债权凭证（审查：出具人的签名或盖章是否真实；约定是否具体明确；内容是否属于当事人真实意思的表示）；

债权债务协议（审查：当事人的签名或盖章是否真实；当事人之间存在何种基础法律关系；相关约定是否具体明确；内容是否属于当事人真实意思表示）；

金融机构转账凭证（审查：转账凭证是否真实；转账凭证中载明的转款人、收款人与诉讼主体是否一致；被告对于转账原因能否提交反证；被告提交相应反证后原告能否提交证据予以补强）；

QQ、微信、支付宝聊天记录、电子邮箱（邮件）交流记录、手机短信交流记录（审查：证据是否真实；通信双方是否与诉讼主体一致、意思表示是否真实明确）；

微信、支付宝支付记录（审查：证据是否真实；通信双方是否与诉讼主体一致；意思表示是否真实明确；支付数额与诉讼标的是否相符）；

录音、录像等视听资料（审查：证据是否真实；内容是否清晰明确；双方当事人能否提交反证或补强证据）。

【证明标准】

模块一：存在借款合同或债权凭证时的认定

【真实性】1. 对于原告提供的借款合同或书面债权凭证，如被告认可，且无明显不合常理之处，对其真实性应当予以认定。

2. 需要通过司法鉴定才能确认债权凭证真实性而当事人双方均不申请司法鉴定的，根据以下情形分别作出处理：

（1）被告不能提供证据证明债权凭证存疑又不申请鉴定，或者虽然申请鉴定但拒不提供笔迹、印章等比对样本的，可以认定该债权凭证的真实性。

（2）被告提供相应证据证明债权凭证存疑，原告不申请鉴定的，不予认定该债权凭证的真实性；原告申请鉴定的，被告应当提供笔迹、印章等比对样本，拒不提供的，可以认定该债权凭证的真实性。

【瑕疵证据】3. 对于原告提供的借款合同或书面债权凭证存在瑕疵的，应分别作出处理：

（1）合同条款存在涂改，被告不认可其真实性，应当由原告说明涂改原因及涂改人。未经被告同意或认可的涂改不能认定其效力。

（2）借款数额存在瑕疵，应当查明出借人实际支付的借款数额，并结合约定利率、利息数额、出借人经济能力、借款人实际资金需求等因素综合判断约定借款数额。

（3）凭证存在部分缺损的，应综合考虑缺损部位、缺损内容等因素，查明缺损原因。对于原告能够作出合理解释的纸张周边空白处的正常磨损、不慎撕扯，应当认定该证据的真实性和证明力；对于原告不能作出合理解释的关键内容位置的缺损，如无其他充足证据予以佐证，不予认定；如证据存在修剪情况，原告对此不能作出合理解释，且修剪后的内容存在重大疑问的，不予认定。

（4）存在污渍的，如不影响案件基本事实的认定且被告不持异议，应认定证据的真实性。如污损部分影响案件基本事实认定，且被告对此存有异议的，应由原告解释污损原因，并结合其他证据综合认定案件事实。

4. 借条被撕毁后重新粘贴的，如果上述粘贴后的证据内容完整，应当由原告说明借条撕毁的原因并提供相应证据予以证明，被告也应对撕毁后的借条仍在原告处的原因作出说明；如被告主张已经还款应当提供相应证据证明，如被告主张借款并未交付应由原告提供证明借款已经交付的证据，人民法院应根据双方陈述及提供的证据，判断一方当事人提供证据的证明力是否明显大于另一方提供证据的证明力，并对证明力较大的证据予以确认。

【被告抗辩存在其他法律关系】5. 对于收据、欠条等债权凭证，被告主张系因买卖、运输、租赁、委托理财等其他法律关系产生，应当由被告对其主张的其他法律关系承担举证证明责任，并提供其他经济往来记录、录音或视频资料等。

6. 原、被告双方虽然存在其他法律关系，但被告主张已经通过调解、和解或清算达成债权债务协议，并提供债权债务协议等证据的，不影响借款合同成立的认定。

【被告抗辩重复主张】7. 原告提供多份债权凭证提起诉讼，被告抗辩证据之间存在重复或涵盖关系，依据下列原则认定：

（1）如果借款数额较小，双方交易习惯为现金交付，被告对其抗辩主张也不能提供证据证明，应当认定原、被告之间存在多个民间借贷法律关系。

（2）如果借款数额较大，但双方交易习惯为银行转账或通过微信、支付宝等易于查清案件事实的方式转账，且原告能够证明其根据不同的债权凭证分别履行了借款交付义务，应当认定原、被告之间存在多个民间借贷法律关系。

（3）如果借款数额较大，双方以往交易习惯为通过金融机构转账或通过微信、支付宝等方式转账，但原告不能提供与其中部分债权凭证相符的借款交付证据，则认定原告对借款交付事实没有提供充分证据证明，被告的抗辩主张成立。

模块二：存在金融机构转账凭证时的认定

【被告抗辩其他法律关系】1. 原告依据金融机构转账凭证主张已向被告交付借款，如被告抗辩所转款项系偿还双方之前借款或其他债务，被告应对其抗辩主张承担举证证明责任。下列证据可以证明其该项主张：能够证明原告曾向被告借款的借款合同、借据、收据、欠条、金融机构转账凭证、微信或支付宝等信息化方式转款凭证等；能够证明双方存在买卖、租赁、委托等其他经济往来且原告欠付被告款项的合同、发货单、对账协议等证据。

2. 原告依据金融机构转账凭证主张已向被告交付借款，如被告抗辩所转款项系亲属、朋友之间的赠与，被告应对其抗辩主张提供证据证明。下列情形应当认定被告抗辩主张成立：（1）原、被告之间存在夫妻、父母子女、兄弟姐妹、同居、恋爱等密切关系，如存在结婚或亲属亡故等事实，依据风俗可以收取礼金，且以上事实发生的时间与转款时间相符合，所转款项数额与原、被告双方的关系密切程度、原告的经济能力、当地风俗习惯相符。（2）原、被告之间存在夫妻、父母子女、兄弟姐妹、同居、恋爱等密切关系，被告因身体残疾、无收入来源或患有重大疾病需要帮助，原告曾对被告进行过帮助，且根据转账时间、转账频率等因素分析可以认定该笔款项与之前所转款项性质相同。（3）原告在办理转账手续时曾在转款凭条或申请表中留言，而留言内容与被告抗辩主张相符。

【原告主张抵顶债务被告否认】3. 原告主张以清偿债务人债务的形式向债务人提供借款，但双方没有借款凭据，被告不认可收到借款也不认可存在借贷关系的，应当由原告继续举证证明双方之间存在民间借贷法律关系，如果未能提供证据或提供的证据不能证明的，对原告的主张不予支持。

模块三：存在其他证据的认定

【电子数据证据】1. 原告依据 QQ 聊天记录、微信聊天及支付记录、支付宝聊天及支付记录、电子邮箱（邮件）交流记录、手机短信交流记录等电子数据主张民间借贷法律关系成立的，法院应当首先对该证据的真实性、合法性和关联性进行审查。

2. 对上述证据，审查真实性，查明有无删改情形，一般可以通过自认、推定、专家辅助人意见和鉴定等方式认定；对关联性进行审查，查明信息化交流平台中的虚拟人物是否为本案当事人，相关交流信息是否为当事人的意思表示；审查其合法性，审查其在显现、收集和提取方面是否严格按照法定的程序和方法进行。

3. 判断上述证据证明力大小，应注意考量以下因素：准确识别证据原件和复印件；正确界定属于直接证据还是间接证据；通过全案证据的整体性审查判定证明力的大小。

【视频证据】4. 原告依据录音或视频资料、监控录像等证据主张民间借贷关系成立的，应当从以下几个方面分析认定：

（1）如该录音或视频资料是原、被告双方或被告与他人的通话或聊天记录，被告对其真实性认可或通过司法鉴定等技术手段足以认定该证据真实，且被告在该录音或视频资料中的意思表示明确、真实的，可以认定原告主张成立，双方民间借贷关系成立。

（2）如果监控录像只有画面没有声音，通过监控录像能够证明原告向被告交付了一定数额的款项，则应由被告对其收取相应款项的原因作出说明，如被告不能作出合理说明也不能提供相应证据予以反驳，应当认定双方民间借贷法律关系成立。

（3）如果原告提供的上述证据真实性无法认定或内容不明确，应当认定原告没有完成其举证证明责任，不能认定双方存在民间借贷法律关系。

【测谎证据】5. 在当事人提供的证据不充分的情况下，可以有条件地运用测谎技术帮助查清案件事实。测谎结论只能作为间接证据和补强证据，不能作为直接证据单独认定事实。

事实要点三：借款交付

【待证事实】

原告是否已经按照书面或口头借款协议的约定向被告交付借款，交付方式、交付数量。

【证据形态及审查】

借款合同（审查：有无关于借款交付时间和交付方式的约定；是否

约定借款收取人或收款账户；有无表明借款已经交付的约定）；

借据、收据、欠条等债权凭证（审查：有无关于借款交付时间和交付方式的约定；是否指定借款收取人或收款账户；有无表明借款已经交付的内容）；

金融机构转账凭证（审查：转账凭证是否真实；转账凭证中载明的转款人、收款人与诉讼主体是否一致；转款数额与诉讼标的是否相符）；

QQ、微信、支付宝聊天记录、电子邮箱（邮件）交流记录、手机短信交流记录（审查：证据是否真实；交流双方是否与诉讼主体一致、关于借款已经交付的意思表示是否真实明确）；

微信、支付宝支付记录（审查：证据是否真实；交流双方是否与诉讼主体一致；意思表示是否真实明确；支付数额与诉讼标的是否相符）；

录音、录像等视听资料（审查：证据是否真实；内容是否清晰明确；双方当事人能否提交反证或补强证据）；

汇票、支票等票据（审查：票据是否真实；票据背书及兑付过程；票据金额与诉讼标的是否相符）。

【证明标准】

模块一：仅有借款合同或债权凭证（主张现金交付）的认定

【被告认可交付】1. 原告仅提供借据、收据、欠条等债权凭证证明借款已经交付，被告认可借贷关系成立，也认可借款已经交付，如经审核不存在虚假诉讼可能，应当认定原告已经完成举证证明责任，借款已经交付。

【被告不认可交付】2. 被告抗辩借贷行为尚未实际发生并能作出合理说明，由原告举证证明已完成出借义务。人民法院应当结合借贷金额、款项交付、当事人的经济能力、当地或者当事人之间的交易方式、交易习惯、当事人财产变动情况以及证人证言等事实和因素，综合判断查证借贷事实是否发生。

3. 原告仅提供借款合同证明借款已经交付，未能提供其他证据相佐证，被告不认可借款已经交付，不能证明借款交付。

【被告不出庭】4. 原告仅提供借据、收据、欠条等债权凭证证明借款已经交付，被告不出庭，导致案件事实无法查清的，法院可以根据《民事诉讼法》第一百七十四条的规定，对被告实行拘传。被告未到庭，或者经法庭传唤无正当理由拒不到庭，案件事实是否发生仍真伪不明的，不能认定借款交付。

【主张现金交付】5. 原告仅提供借据、收据、欠条等借款凭证证明借款已经交付，并主张为现金方式交付，被告对此不认可，应当首先审查借款数额。如果借款数额较小，出借人对交付细节陈述合理，而借款人不能提供充分证据予以推翻，则可认定借款事实存在。

6. 对于现金交付金额较大的案件，借据仅具有初步的证明效力，出借人仍应提供其他佐证，如应提供款项来源证明、证人证言、视听资料、电子证据等排除合理怀疑。法院应综合考虑现金交付的原因、时间、地点、次数、金额大小、款项来源、用途、在场人员、支付能力、交易方式、交易习惯及亲疏关系，等等，依据“高度盖然性”的证明标准，综合审查：

（1）双方当事人或原告与其他民事主体进行民事活动的通常习惯是通过银行转账，原告对于资金来源、交付过程等不能作出合理说明，也未提供相关证据，不能认定借款已经交付。

（2）案件争议借款数额较大，超出原告的经济能力，其对于资金来源、交付过程等不能作出合理说明，也未提供相关证据，且被告在相应时间段的财产变动情况不明显，不能认定借款已经交付。

（3）原、被告双方交易习惯为现金交付，原告具备出借相应款项的经济能力，能对资金来源、交付过程等做出合理解释，且被告不能提供相反证据，应当认定原告主张成立，借款已经交付。

7. 原告提供借据、收据、欠条等债权凭证证明借款已经交付，且上述债权凭证中有被告再次签字确认的内容，如原告催要借款时被告的还款承诺、被告对欠付本息的再次确认、与本息数额相符的利息计算方式等，则应当认定借款已经交付。

【收据】8. 原告同时提供借款合同和收据（或者借据），收据（或者借据）中载明有“今借到”“今收到”借款字样的两份证据载明借款数额相同，形成于同一天，或收据（或者借据）形成时间适当晚于合同签订时间的，应当认定借款交付。

模块二：存在金融机构转账凭证的交付认定

【指定账户转款】1. 原告能够提供其通过金融机构向被告或其指定账户转账或存款的证据，转账或存款数额与双方约定借款数额相同，被告不能提供充分证据证明该转入或存入款项与本案争议借款无关，应当认定原告主张成立，借款已经交付。被告抗辩该银行账户并非其使用，应当提供充分证据予以证明。

【转款数额有差距】2. 原告能够提供其通过金融机构向被告或其指定账户转账或存款的证据，转账或存款数额与双方约定借款数额有差距，主张其余借款系通过现金方式交付，应当区别不同情形作出认定：

（1）如差额与双方约定的一个月、整个借期或第一期应付利息数额相同，支付该笔款项后原告账户内仍有超过该笔款项的资金，且对于不全部通过转账方式支付的原因未作出合理解释，应当认定原告在交付借款时预先扣除了全部或部分利息，应当按照实际交付的数额认定借款本金。

（2）如果差额与双方约定利息并不相符，支付该笔款项后原告账户内已经没有资金，原告具备持有差额部分现金的条件和能力，而被告未能提供充分证据证明其抗辩主张，应当认定书面债权凭证中载明的全部借款已经支付。

（3）如果双方签订借款合同中，被告未向原告出具借据、收据等书面债权凭证，而差额较大且与双方利息约定不符，原告也不能提供其他证据证明差额已经交付，应当认定借款合同未履行完毕，应按原告在金融机构的转账或存入数额认定实际交付借款数额。

【他人账户转款】3. 被告未指定收款账户，原告将款项转入或存入他人账户，被告否认收到借款的，原告应举证证明该账户为被告实际使用账户、指定账户或该款项确实为被告所使用。如果原告能够完成该项举证证明责任，认定借款已经交付；如原告不能完成该项举证证明责任，认定借款未交付。

4. 被告或其指定账户中虽然收到相应数额的款项，但款项转出账户或存款人并非原告，应由原告举证证明该账户为其实际使用账户、账户内资金为其所有或账户开户人同意替原告履行出借款项的义务。如果原告能够完成该项举证证明责任，认定借款已经交付；如原告不能完成该项举证证明责任，认定借款未交付。

模块三：存在其他证据证明交付的认定

【票据支付】1. 原告依据支票、汇票等票据主张借款已经交付，应当重点审查该票据的流转和兑付情况，能够证明票据权利从原告转给被告过程的可以认定借款支付。

【以其他形式支付】2. 原、被告双方约定以偿还其他债务的形式支付借款，原告已经向被告的债权人支付了相应数额的款项，约定的债务已经获得清偿的，视为本案争议借款已经交付。

3. 被告使用原告的银行账户提取现金或者消费后给原告出具与取款或消费数额相符的书面债权凭证的，应当认定借款已经交付；被告向原告出具书面债权凭证后原告在银行账户提取相应数额的款项或进行消费的，应当认定借款交付。

4. 原告能够提供证据证明被告通过给付现金或转账方式定期向其支付一定数额款项，该款项与被告应付利息数额相符且被告不能证明该资金往来系因双方其他经济往来产生，应当认定借款交付。

事实要点四：借款偿还

【待证事实】

民间借贷合同对于利息、逾期利息、违约金有何约定，债务人是否按期还本付息，违约责任的范围。

【证据形态及审查】

金融机构转账凭证（审查：转账凭证是否真实；转账凭证中载明的转款人、收款人与诉讼主体是否一致；转款数额与被告主张的还款数额是否相符）；

收条（审查：收条是否真实；内容是否具体明确；是否属于借款人真实意思表示）；

QQ、微信、支付宝聊天记录、电子邮箱（邮件）交流记录、手机短信交流记录（审查：证据是否真实；通信双方与诉讼主体是否一致、意思表示是否真实明确）；

微信、支付宝支付记录（审查：证据是否真实；通信双方是否与诉讼主体一致；意思表示是否真实明确；支付数额与被告主张的还款数额是否相符）；

录音、录像等视听资料（审查：证据是否真实；内容是否清晰明确；双方当事人能否提交反证或补强证据）；

汇票、支票等票据（审查：票据是否真实；票据背书及兑付过程；票据金额与被告主张的还款数额是否相符）。

【证明标准】

模块一：出借人预先在本金中扣除利息时，对借款本金数额的认定

【砍头息】1. 借款人抗辩存在预先扣除的利息（“砍头息”），应当结合款项交付方式、银行流水、当事人陈述等综合认定。查明确实存在预先扣除利息的，应当将实际出借金额认定本金。

2. 如果借款合同明确约定或原告自认在借贷关系成立之日借款人给付借款期内利息或首期利息，即可认定原告预先扣除利息的，应根据实际出借金额认定本金。

3. 原告举证证明大部分借款通过金融机构转款交付、剩余款项以现金方式交付，被告抗辩剩余款项未实际交付，系原告预先扣除借款期内利息或首期利息的，如果差额与借款期内利息或首期利息数额基本相符，则原告应就剩余款项交付承担举证证明责任。根据下列情况做出不同认定：

（1）原告能够提供其从金融机构提取相应数额现金证据，并能够对差额部分以现金方式给付作出合理解释的，应当认定原告主张；

（2）借款合同中明确约定“剩余款项 ××× 元以现金方式交付”，原告对于现金交付提供初步证据而被告不能提供反证的，可以认定原告主张。

模块二：未约定借期利息和逾期利息的利率认定

1. 借款合同或书面债权凭证中虽无利息约定，但出借人能够证明借款人曾向其支付利息且利率明确，视为双方存在口头利息约定。

2. 借款合同既未约定借款期内利率，又未约定逾期利率的，视为对利息没有约定。原告主张被告自逾期还款之日起按照年利率 6% 支付资金占用期间利息的，应予支持。

3. 未约定利息但借款人自愿支付，付息行为没有损害国家、集体和第三人利益的，借款人要求返还出借人该部分利息的，不予支持。

4. 借款合同或书面债权凭证中仅约定借款期内利率但未约定逾期利率，出借人主张依据借款期内利率计算逾期还款利息的，应予支持。

模块三：约定利率超过了年利率 24% 的利率认定

借贷合同约定的利率超过年利率 24% 的，超过部分无效。借款人自愿支付年利率 24% 至 36% 之间的利息，不损害国家、集体和第三人利益的，借款人要求返还出借人该部分利息的，不予支持。对于已经支付的超过年利率 36% 的利息，借款人有权要求出借人返还。

借贷双方对前期借款本息结算后将利息计入后期借款本金并重新出具债权凭证，如果前期利率没有超过年利率24%，重新出具的债权凭证载明的金额可认定为后期借款本金；超过部分的利息不能计入后期借款本金。借款人在借款期间届满后应当支付的本息之和，不能超过最初借款本金与以最初借款本金为基数，以年利率24%计算的整个借款期间的利息之和。

模块四：借款人偿还款项的认定

原告称借款到期未还，被告主张已经归还借款的，属于对权利消灭的主张，应当由被告承担举证证明责任。被告提供相应证据证明其主张后，原告仍应提供其他证明双方之间存在借贷关系的证据，否则应当承担举证不能的法律后果。人民法院应当审查双方是否还存在之前借款或其他债务关系，综合判断借贷关系是否因履行已经消灭。

1.借款人对偿还款项负举证证明责任，被告提供的下列证据可以证明其主张：

（1）金融机构转账或存款凭证（借款人在借贷合同生效后通过金融机构向出借人账户转账、向出借人账户存款并保留）、微信或支付宝等信息化方式转款凭证或者由出借人出具收条、收据等；

（2）借款人向出借人指示的案外人还款的证据：双方当事人之间关于收款账户或收款人的书面约定、双方当事人之间的谈话、通话录音或视频资料、手机短信、微信、电子邮箱等信息化交流记录等；

（3）借款人向出借人配偶、直系亲属还款的证据；如原告主张其配偶或直系亲属与被告存在其他经济往来，应当对此承担举证证明责任。

2.原、被告之间存在多笔、长期、大额款项往来的借贷案件，原告只根据一份或几份债权凭证起诉，被告举证大量还款的情况下，必要时应以银行转账金额为准对双方所有借贷往来进行全面对账，综合认定双方的借贷关系，根据《最高人民法院关于适用〈中华人民共和国合同法〉

若干问题的解释（二）》第二十条的规定合理确定欠款金额。

3. 双方就还款系还本还是还息产生争议的，应根据合同法司法解释的规定，按照《最高人民法院关于适用〈中华人民共和国合同法〉若干问题的解释（二）》第二十一条规定的顺序认定。

模块五：夫妻共同债务

【待证事实】：婚姻关系存续期间，以一方名义所负债务何种情况下认定为夫妻共同债务。

【证据形态及审查】

借款合同（审查：合同中载明的借款人为夫妻一方还是双方；签名是否真实；是否属于当事人真实意思表示）；

借据、收据、欠条等债权凭证（审查：债权凭证中载明的借款人为夫妻一方还是双方；签名是否真实；是否属于当事人真实意思表示）；

金融机构转账凭证（审查：转账凭证是否真实；收款人为夫妻一方还是双方）；

银行账户往来明细（审查：账户明细是否真实；借款的流向和用途；举债人与其配偶是否存在大额经济往来；举债人的配偶是否曾经还款及具体数额）；

QQ、微信、支付宝聊天记录、电子邮箱（邮件）交流记录；手机短信交流记录（审查：证据是否真实；意思表示是否真实明确；能否证明借贷合意或借款用途）；

微信、支付宝支付记录（审查：证据是否真实；借款收取人为夫妻一方还是双方；借款的流向和用途；举债人与其配偶是否存在大额经济往来；举债人的配偶是否曾经还款及具体数额）；

录音、录像等视听资料（审查：证据是否真实；内容是否清晰明确；双方当事人能否提交反证或补强证据）；

营业执照、企业工商登记信息、企业账册（审查：登记经营者或股东为夫妻一方还是双方；举债人的配偶是否实际与举债人共同经营或授权举债人经营；经营收益是否由夫妻双方共同享有）。

【证明标准】

1. 夫妻共同意思表示所负债务认定。

原告主张婚姻关系存续期间的债务系夫妻共同意思表示所负的，其对此承担举证证明责任。原告提供的下列证据可以证明其该项主张：

（1）夫妻双方共同签订的借款合同或共同出具的书面债权凭证；

（2）举债一方的配偶事后以书面或者口头等方式对债务予以追认的证据；

（3）出借人提供的双方当事人之间的谈话或通话录音或视频资料、手机短信、微信、电子邮箱等信息化交流记录等证据，足以证明举债一方配偶口头承诺共同还款；

（4）出借人提供银行转账凭证证明借款汇入借款人配偶账户，或者借款人配偶账户向其还款的证据。如果借款人配偶抗辩该账户实际由借款人控制使用，应由借款人配偶承担举证证明责任。

2. 以一方名义所负债务用于家庭日常生活需要的债务认定。

（1）涉及夫妻共同债务的民间借贷案件，经过初步审理，如果凭借日常生活经验或逻辑推理，能够对一方在婚姻关系存续期间以个人名义所负债务用于家庭日常生活需要形成高度可能性判断，则应认定该债务属于夫妻共同债务，原告无须承担举证证明责任。“家庭日常生活需要”是指夫妻双方及其共同生活的未成年子女在日常生活中的必要开支事项，如正常的衣食住行消费、日用品购买、医疗保健、子女教育、老人赡养等。

（2）在以上情形下，若配偶一方抗辩借款不属于夫妻共同债务，应由其举证证明借款未用于夫妻共同生活。

（3）对于家庭日常生活需要的范围应结合当地生活水平、当事人家庭收入支出状况等情况，根据借款数额大小、是否必要、用途性质等因素进行认定。具有以下情形，可认定一方以个人名义的举债用于家庭日常生活需要：①借款数额较小的；②举债数额与举债时家庭收入状况、消费水平基本相符的；③出借人已尽审慎注意义务，审查举债人及其家庭支出需求、借款用途等，有充分理由相信债务确系为家庭日常生活需要所负的。

3. 夫妻一方以个人名义所负债务有违家庭共同生活意图的债务认定。

（1）婚姻关系存续期间，以个人名义所负的债务系明显有违共同生活意图（如违背公序良俗、擅自资助与其没有法定赡养、扶养、抚养义务的人所负的债务、赌博吸毒等非法债务），不能认定属于夫妻共同债务。

（2）举债人的配偶举证证明以下事实，可认定一方以个人名义的举债有违家庭共同生活意图：①借款用于举债人赌博、吸毒等违法犯罪活动具有高度可能性的；②举债人擅自资助与其没有法定赡养、扶养、抚养义务的人所负的债务；③债务用途无益于甚至有损于家庭共同生活，如用于婚外同居生活等；④有违公序良俗、有违家庭共同生活意图的其他情形。

4. 夫妻一方以个人名义所负大额债务用于夫妻共同生活、共同生产经营的债务认定。

（1）夫妻一方在婚姻关系存续期间以个人名义超出家庭日常生活需要所负的债务，除债权人能够证明该债务用于夫妻共同生活、共同生产经营的之外，不应认定为夫妻共同债务。

（2）认定夫妻一方在婚姻关系存续期间以个人名义所负的债务是否超出家庭日常生活需要，主要审查以下事实：①借款数额的大小；②借款数额是否明显超出举债时家庭收入状况、消费水平；③交易时债权人是否尽到审慎注意义务，债权人能否举证证明其已审查举债人及其家庭支出需求、借款用途等，能否举证证明其有充分理由相信债务确系为家庭日常生活需要所负的。

（3）认定借款用于夫妻共同生活、夫妻共同生产经营可综合审查如下事实和情形：①举债用于夫妻双方共同从事的生产经营活动；②举债用于举债人单方从事的生产经营活动，但配偶一方分享经营收益的；③夫妻关系存续期间是否购置大宗资产、是否有超出收入水平的大额支出等；④配偶一方是否有固定工作或稳定收入来源；⑤夫妻关系是否存在长期分居、离婚诉讼等不安定情形。

事实要点五：虚假诉讼

【待证事实】

借贷双方的关系，双方是否对借贷事实无异议，是否轻易放弃权利等。

【证据形态及审查】

借款合同（审查：借款数额是否明显超出出借人的经济能力；借款人有无实际借款需求；利息约定是否有违通常交易习惯）；

借据、收据、欠条等债权凭证（审查：借款数额是否明显超出出借人的经济能力；借款人有无实际借款需求；利息约定是否有违通常交易习惯）；

当事人陈述（审查：被告是否提出实质性抗辩；诉辩主张是否高度一致；被告是否轻易放弃权利）；

金融机构转账凭证、银行账户往来明细（审查：借款是否已经交付；借款交付后是否直接或间接回转至出借人或与其具有密切关系的人账户中）；

QQ、微信、电子邮箱（邮件）交流记录、手机短信交流记录（审查：证据是否真实；意思表示是否真实明确；能否证明单方或双方的虚假诉讼意图）；

生效刑事判决书；公安机关、检察机关讯问笔录（审查：法律文书是否真实；已被认定的犯罪行为与本案争议事实是否相关；当事人在讯问笔录中的陈述是否具体明确）；

生效民事判决书、执行裁定书等法律文书（审查：被告是否涉及多个诉讼或执行案件；被告有无能力偿还其他案件中的欠款）。

【证明标准】

模块一：双方通谋型虚假诉讼认定

1. 存在下列情形的，即使被告未提出虚假诉讼抗辩主张，法院也应对其是否存在虚假诉讼的可能性进行深入审查：根据原告的收入情况，其明显不具备出借相应数额资金的能力；原、被告诉辩主张高度一致，明显无通过诉讼方式解决纠纷的必要，为此支付较大数额的诉讼费用更是不符合常理；原告、被告或双方在一定时间内多次参加民事诉讼；被告属于执行案件中的被执行人或其他案件中的被告。

2. 对于可能涉嫌双方通谋型虚假诉讼的案件，应重点从以下几个方面进行审查：原告的出借能力；双方陈述的合理性；双方当事人之间的关系；当事人本人是否到庭，如未到庭有无正当理由；当事人对案件事实经过的陈述是否存在不清或矛盾；原告、被告或双方是否在一定时间内多次参加民事诉讼；被告是否属于执行案件中的被执行人或其他案件中的被告；当事人在其他纠纷中是否存在低价转让财产的情形；等等。

3. 在以下情形下，构成虚假诉讼的可能性较大，需要重点审查和防范：离婚诉讼中或离婚后一方亲友起诉双方请求判决承担夫妻共同债务；村委会或其他单位前任负责人卸任后，本人或其亲友以村委会为被告提起民事借贷诉讼；建设工程施工领域存在的各主体之间的民间借贷诉讼；出借人与借款人对抗并不激烈，主要要求担保人承担责任，等等。

4. 符合下列情形之一的，可以认定属于虚假诉讼：

（1）人民法院已经做出生效刑事判决书，明确认定原、被告或相关人员在民间借贷案件中的行为构成虚假诉讼罪，或虽不构成犯罪但确实存在虚假诉讼行为，应当认定民间借贷案件属于虚假诉讼。

（2）虽无生效刑事判决，但原、被告或相关参与人在公安机关或检察机关对相关案件事实进行调查讯问时明确承认案涉借款事实虚假，且该陈述与其他证据并不冲突，应当认定本案属于虚假诉讼。

（3）原告属于无收入人员或收入固定人员，自认且经调查无其他收入来源，不能说明案涉借款资金来源和交付过程或说法明显不能成立，被告对原告诉讼主张无任何异议或无实质性争议，而被告对外负债较多，属于多个案件的被告或被执行人，应当认定本案属于虚假诉讼。

（4）案件标的额较大，原、被告双方意见高度一致，均要求尽快结案并积极要求以调解方式结案，通过诉讼途径支付大额诉讼费解决明显没有必要，而被告对外负债较多，属于多个案件的被告或被执行人，应当认定本案属于虚假诉讼。

（5）男女双方离婚诉讼中或离婚后，一方父母或亲友以夫妻双方为被告提起民间借贷诉讼，主张男女双方在购房、购车等重大经济活动中向其借款。原告仅能提供其亲友一方出具的借条或不能提供借条，也不能提供其他证据证明借款已经交付，而另一方能够提供金融机构转账凭证等证据证明购房款或购车款来源于夫妻共同存款或自己父母的出资，应当认定属于虚假诉讼。

（6）案件标的额较大，原、被告双方意见高度一致，均主张借款交付方式为现金交付，同时主张原告或原、被告双方的生活或经济活动习惯为使用现金，原告对资金来源不能作出合理说明，也不能提供相应证据，且经查实原告或双方经常使用银行转账方式等进行经济活动，应当认定本案属于虚假诉讼。

（7）通过对原、被告或相关双方银行账户进行调查，能够查明借款转入被告账户后，被告在较短时间内又直接或间接将该款转回原告或其指定账户，对于进行此种操作的原因未能作出合理解释。

（8）案件标的额较大，涉及出借人、借款人和担保人三方，在担保借款合同中明确约定通过银行账户交付借款且指定收款账户，但经过调查核实该账户中并未发生资金流动，出借人和借款人均不能对借款交付问题提供其他证据证明，担保人主张出借人和借款人恶意串通损害其利益，应当认定本案属于虚假诉讼。

模块二：单方谋利型虚假诉讼认定

1. 全部或部分被告主张案件为虚假诉讼的，应当对此承担相应的举证证明责任，其不仅要证明原告主张的事实不存在，还要证明原告具有获取非法利益的主观目的，其举证证明责任应达到高度可能性的程度。被告可以提供证据证明的事实包括：原告经济状况差，明显不具备出借能力；原告提供的债权凭证在签名真实性、关键内容真实性、签订或书写时间等方面存在明显瑕疵；原告与被告存在或曾经存在特殊关系，有机会使用被告的印章或因其他原因取得被告的签名；原告与其他被告存在亲属、朋友等亲密关系或其他利益关系，存在与其他被告合谋侵害该被告利益的重大嫌疑；债务已经全部或部分偿还，等等。

2. 对于被告抗辩属于虚假诉讼的案件，应重点从以下几个方面进行审查：原告的出借能力；原告陈述的合理性；债权凭证有无伪造或变造可能；双方当事人之间的关系；原告本人是否到庭，如未到庭有无正当理由；原告对案件事实经过的陈述是否存在不清或矛盾，等等。

3. 以下情形下，构成虚假诉讼的可能性较大，需要重点审查和防范：公司法定代表人、高级管理人员或其他可能掌握公司印章的人员在工作关系解除后以公司为被告提起民间借贷诉讼；建设工程施工领域存在的各主体之间的民间借贷诉讼；村委会前任负责人卸任后本人或其亲友以村委会为被告提起民事借贷诉讼；男女双方离婚、同居关系解除、恋爱关系结束后一方以另一方为被告提起的诉讼，等等。

4. 符合下列情形之一的，可以认定案件属于虚假诉讼：

（1）原告据以提起诉讼的借款合同或借据、收据、欠条等债权凭证为其伪造或变造，具体情形包括：原告在借款合同或债权凭证中伪造被告签名或盖章；原告擅自涂改借款合同或债权凭证中的借款金额或利息数额；原告在被告之前的其他经济活动中为其出具的介绍信、来往函件、对账单或其他书面材料中伪造、添加借款内容，等等。

（2）虽然借款合同或债权凭证属实，但借款确未交付。被告对此提供的反驳证据确实充分，结合人民法院调查的证据能够明确认定原告主张的借款交付事实确实不存在。具体情形如下：有交通票据、住宿记录、出差记录等证据能够证明在原告陈述的借款交付时间原告或被告并不在其陈述的借款交付地点，原告对此不能作出合理解释；争议借款数额较大，原告陈述其日常生活和经济活动的习惯性做法为使用现金，从不或很少通过银行账户交易，但经调查原告长期、多次、经常使用银行账户进行交易；原告曾在经审核确认属实的录音或视频资料中认可该笔借款未交付；对于借款资金来源和交付过程原告陈述前后矛盾、不能提供相应证据或经调查证据虚假，等等。

（3）根据原、被告的陈述及其提供的证据能够认定双方存在投资、合伙等法律关系而并非民间借贷法律关系，经释明相关法律规定和法律后果，原告坚持否定已经查明的法律关系，坚持主张民间借贷法律关系。

（4）原告依据金融机构转账凭证提起诉讼，主张双方存在借贷关系。被告抗辩双方存在其他法律关系，案涉转款既不是借款，也不是其欠付原告的款项，对此能够提供充分证据予以证明。在被告提供反驳证据后，原告不能作出合理解释，也不能提供其他证据。

（5）原告请求判令被告偿还借款，被告主张借款已经偿还，对此能够提供充分证据予以证明，且能够证明原告对被告偿还借款的事实明知。

（6）原告系借款人，自愿偿还借款本息后，主张已付利息数额高于法律规定，请求判决返还超过年利率36%的部分。但是，根据被告提供的反驳性证据和法院调查情况，能够认定原告已经偿还的利息数额并不超出法律规定，且其对此明知。

受贿类案证明标准研究报告*

受贿犯罪是一种严重的社会腐败行为，它腐蚀国家健康机体，动摇党的执政根基，严重毒化社会风气，为人民群众深恶痛绝，这也是我国反腐败工作打击的重点。党的十八以来，党中央坚持老虎、苍蝇一起打，反腐败斗争取得了阶段性成效，然而，目前形势依然严峻复杂，受贿仍呈高发态势，其在贪污贿赂犯罪中所占比重也居高不下[①]，究其原因，除了受贿案件多属于对偶犯、取证较为困难外，各种新类型受贿犯罪不断涌现，司法实践中调查、公诉、审判等办案部门对受贿证据标准认识亦不统一等原因，也给受贿犯罪分子可乘之机。为了严厉打击受贿犯罪行为，全力配合全省反腐败工作大局，统一全省法院关于受贿证明标准及法律适用尺度，省法院刑二庭牵头成立课题组对《最高人民法院、最高人民检察院关于办理贪污贿赂刑事案件适用法律若干问题的解释》（以下简称贪贿解释）出台以来，全省法院审理的186件受贿裁判文书以及从中国裁判文书网上选取的外省市审理的48件典型受贿裁判文书进行了分析、研究和梳理，进一步总结此类案件证明标准的一致性，找出证据认定及法律适用中的争议分歧，结合相关法律法规、司法解释等规定，制定出一套符合法律规定、案件实际、切实可行的受贿证明标准。

*课题主持人：孙冠进　山东省高级人民法院刑事审判第二庭　庭长
课题组成员：张运通　山东省高级人民法院刑事审判第二庭　副庭长
张　斌　山东省高级人民法院刑事审判第二庭　法官助理
闫　蕊　山东法官培训学院　讲师
课题执笔人：张　斌

①经省法院研究室统计，2016年、2017年，全省法院审结的受贿案件占贪污贿赂罪（刑法第八章）案件比重分别为38.09%、32.24%，系此章节罪名中占比最高的。

一、选取受贿案件证据类型及特点

为了确保制定的受贿证明标准的实用性、可操作性，课题组全面分析了选取的受贿案件判决书及实际案情，从受贿犯罪构成角度分析，证明受贿的证据主要有:（1）犯罪主体身份的证据，主要包括自然人身份证据、特定身份证据;（2）犯罪主观方面的证据，主要包括收受他人财物，实施权钱交易的明知或默认两类证据;（3）犯罪行为方面的证据，主要包括利用职务便利的证据、为他人谋取利益的证据、受贿行为的证据、受贿财物的证据。（4）相关量刑情节的证据，主要包括自首、立功、索贿、认罪态度、退赃等。（5）与定罪量刑有关的其他事实。

为了解审判实践中受贿案件的证据情况，我们对样本文书进行了精心挑选，样本文书的构成如下:（1）从被告人主体身份看，国家机关工作人员 142 件，国有公司、企业、事业单位、人民团体中从事公务的人员 52 件，国家机关、国有公司、企业、事业单位委派到非国有公司、企业、事业单位、社会团体从事公务的人员 29 件，其他依照法律从事公务的人员 11 件；其中被告人属于原省部级以上的 2 件，厅局级 29 件，县处级 63 件，科级 44 件，科级以下 11 件。（2）从受贿数额看，涉案金额在 5000 万元以上的 1 件，2000 万元至 5000 万元的 7 件，1000 万元至 2000 万元的 5 件，300 万元至 1000 万元的案件 30 件，300 万元以下的 191 件。

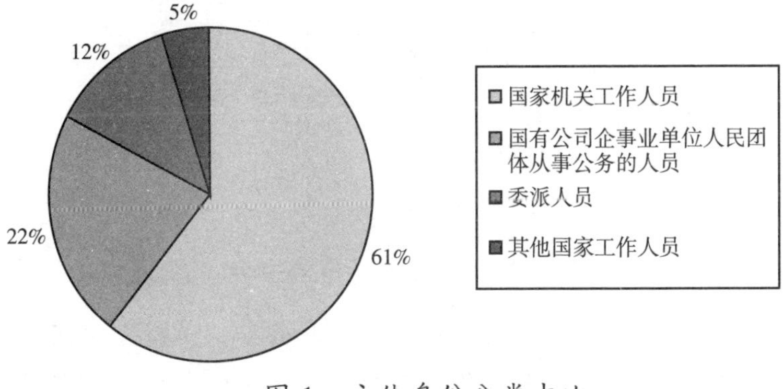

图 1　主体身份分类占比

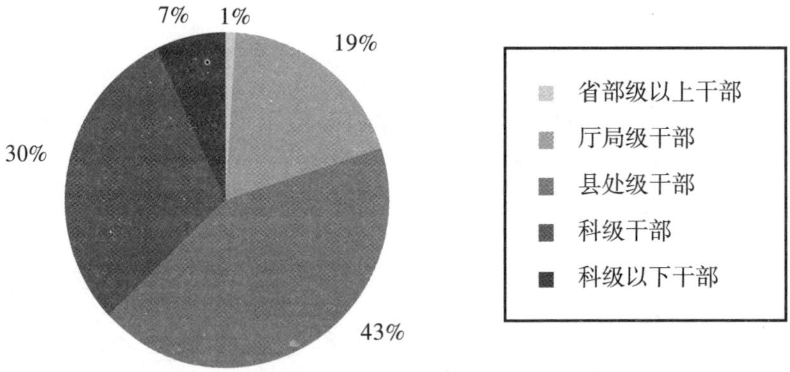

图 2　职级分类占比

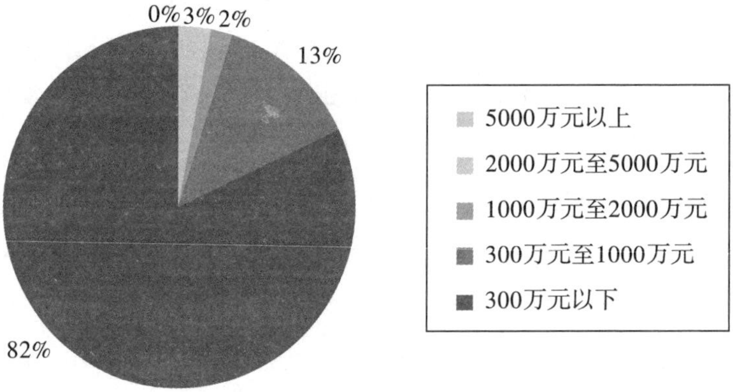

图 3　受贿数额分类占比

（一）受贿主要证据类型及所占比重

通过分析样本文书，我们发现受贿证据主要包括：1. 物证及照片，包括行贿的现金、金条、车辆、房屋、字画、玉器等涉案财物。2. 书证，包括：（1）证明被告人主体身份的证据，如户籍证明、居民身份证、干部任免审批表、任职文件、职责分工以及公司工商登记资料、事业单位组织机构代码证等；（2）证明发破案情况的证据，如立案决定书、到案经过或者调查情况说明等；（3）证明谋利事项的证据，如会议纪要、工程承包合同、职务任免通知、资金拨付凭证等；（4）证明行贿财物来源及去向的证据，如财物出售或购买价格明细，转账记录、取款记录、记账凭证等；(5) 证明相关人员行踪的证据，如车票、机票、住宿登记、出入境记录等。3. 证人证言，包括行贿人的证言、特定关系人证言、谋利行为人证言或其他了解案件情况的人的证言等。4. 鉴定意见、检验报告，包括金条等物品成分、含量检验报告，房屋、车辆价格鉴定，字画、玉器真伪及价格鉴定等。5. 搜查、辨认、侦查实验等笔录，如搜查受贿人住宅、办公室笔录，行贿人、受贿人对行贿财物的辨认以及对行贿时特定情形的侦查实验等。6. 视听资料、电子数据，包括录音录像、通话记录、手机短信、网络聊天记录等。7. 被告人供述与辩解，包括对谋利事项、收受财物的供述和辩解等。在所选取的样本文书中，上述几类证据所占比重情况如下图：

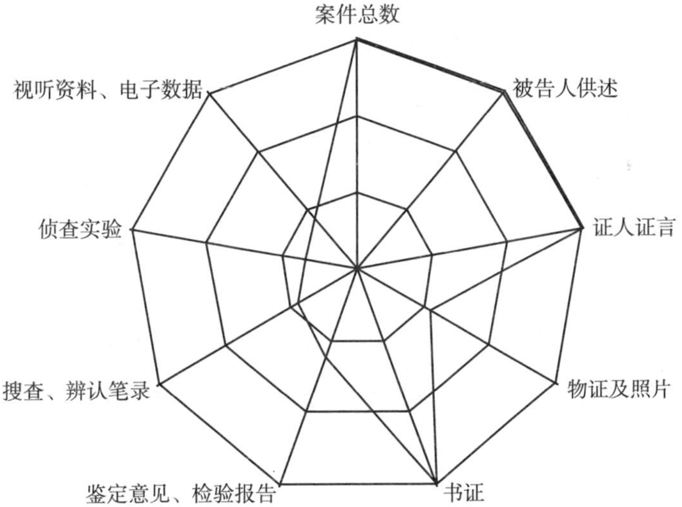

图 4　各类证据占比

选取样本总数 234 件，其中，文书各类证据分布如下：被告人供述 234 件，证人证言 234 件，物证及照片 44 件，书证 232 件，鉴定意见、检验报告 55 件，搜查、辨认笔录 23 件、侦查实验 1 件，视听资料、电子数据 22 件。

（二）受贿证据特点

通过对样本文书的分析，我们发现受贿证据类型主要呈现以下几个特点：

1. 言词证据地位十分突出。虽然我国刑事诉讼法规定了七种证据类型，但和故意杀人罪、抢劫罪等普通犯罪相比，被告人供述、证人证言两类证据在受贿中所占比重最大，普通犯罪的侵害对象大多是人财物，因而多数有犯罪现场、犯罪痕迹等，故而搜集的物证、书证以及现场勘查笔录、鉴定意见等证据较多，可以与言词证据相互印证，但由于受贿犯罪手段具有隐蔽性，除了证明受贿犯罪主体书证、受贿财物鉴定意见等客观证据较多外，大多靠行贿人证言、受贿人供述作为整个案件的唯一直接证据对受贿事实予以证明，其证据链相对其他犯罪证据而言比较单一和薄弱。

2. 申请非法证据排除情形日益增多。鉴于言词证据在受贿证据中的重要性，办案机关在查办此类犯罪时大都把获取行受贿双方口供作为突破案件的重中之重，特别是在面临一些反侦察意识比较强的犯罪嫌疑人时，有时使用一些使被告人在肉体上或精神上遭受剧烈疼痛或者痛苦的方法，迫使被告人违背意愿作出供述，以非法手段获取口供。据样本文书分析，在所选取的样本文书中，有 21 件案件的被告人及其辩护人提出非法证据排除，有 4 件采纳了被告方意见，排除了非法证据。虽然排除非法证据的案件比重不是很大，但这一问题应当引起足够重视，因为这牵扯到被告人的人身自由权、名誉权等，容不得半点马虎。

3. 靠间接证据印证推断案件事实情形已成常态。由于受贿犯罪主体特殊性、犯罪方法多样性，受贿形式千变万化，比如，目前普遍存在的“交易形式收受贿赂”“以借为名收受财物”“超出正常人情往来”等特殊情形受贿行为，除了行贿人、受贿人言词证据外，还要靠交易时同一或类似房屋、车辆的正常价格、有无正常借用事由、有无归还条件、有无日常交往等间接证据来予以印证。办理此类案件时，如果缺少相应间接证据，只靠行贿人证言、受贿人供述，庭审时容易出现被告人翻供，这对于被告人非法占有目的的认定会产生较大影响。

4. 同步录音录像资料极少随案移送审查。在只有被告人供述、行贿人证言“一对一”的受贿犯罪中，经常发生被告人翻供或申请非法证据排除，特别是当被告人提供详细、具体的非法取证线索，又没有同步录音录像予以佐证，这会导致起诉指控犯罪效果大打折扣。经过分析样本文书，移送同步录音录像的案件 11 件，约占全部案件数的 4.7%。从法官办案角度讲，经过审查同步录音录像，能够对被告人供述的合法性、真实性形成内心确认，有利于公平、公正办案。另外，随案移送同步录音录像可以给被告人形成巨大的心理震慑，达到使其不敢翻供、不能翻供的目的，也能证明讯问过程的合法性，有利于法庭对被告人供述的客观真实性进行准确判断，同时，还能够倒逼侦办人员进一步规范执法办案行为。

二、受贿犯罪构成及其证据标准分析

受贿犯罪构成主要是犯罪主体、犯罪主观方面、犯罪客观方面，在每一个犯罪构成环节均需要各种类型证据来证明，因此，为了更好地分析样本文书在认定证据标准方面的优势和不足，课题组将以犯罪构成为支撑，从以下几个方面逐一分析受贿所要求的证明标准：

（一）犯罪主体方面的证据

受贿犯罪主体不同于普通的刑事案件，除了证明被告人自然人主体身份之外，更重要的是证明其从事公务的特定身份的证据。

1. 自然人身份证据。通过样本分析，证明被告人系自然人身份的证据主要包括户籍证明、居民身份证、户口簿、证人证言、被告人供述等。此类证据主要证明被告人具有刑事责任能力以及确定刑事案件的管辖。审查此类证据时，要注意出具户籍证明的机关系被告人户籍所在地公安机关，一般由户籍地派出所出具，并加盖公章；居民身份证及户口簿复印件要注明提取人并签名或盖章；证言证人要注意审查证人与被告人关系，一般情况下，二者应当系直系亲属或旁系血亲以及其他关系密切的知情人员。

2. 特定身份证据。刑法规定受贿主体为国家工作人员，国家工作人员大体可以分为四类身份：（1）国家机关工作人员。主要证据有：人事档案登记表、公务员登记表、干部任免表、干部履历表、任职文件等书证。（2）国有单位人员，是指国有公司、企业、事业单位、人民团体中从事公务的人员。主要证据有：国有公司、企业、事业单位、人民团体法人证书或组织机构代码证，国有公司、企业的工商营业执照和工商注册档案等，以及干部登记表、职工登记表、聘书、聘用合同、干部履历表、任免文件、职责分工文件等。（3）受委派人员，是指国有公司、企业、事业单位委派到非国有公司、企业、事业单位、社会团体从事公务的人。主要证据有：委派单位和受委派单位的法人证书或组织机构代码证，工商营业执照、注册档案等，委派单位之间合作协议、人事、业务、财产管理关系的相关文件；委派人的干部登记表、职工登记表、聘书、合同履历表、任免文件、委任书、委派决定会议记录、委派决定书等，以及被告人供述和相关证人证言等。（4）协管人员，主要是指其他依照法律从事公务的人员。主要证据有：被告人所在单位性质、本职身份、职责等书证；依法从事公务的身份、职责的书证及相应说明材料等；被告人供述及相关证人证言。

由于受贿属于身份犯，查明其主体身份对于定罪量刑有重大影响，在调研中我们发现个别法院审理的受贿案件，在主体身份上并未查清，如德州市德城区人民法院审理的被告人耿某某贪污、受贿案中[①]，在被告

①参见山东省德州市德城区人民法院（2017）鲁1402刑初字第76号刑事判决书。

人主体身份中，判决书出现了“被告人耿某某，男，汉族……原系山东省 ××县人大科教文卫专门委员会主任（自报）（副县级）……”的情形，此案中县人大科教文卫专门委员会主任属于人大机构中的法定组成机构，通过组织人事部门完全可以查清该主体身份。虽然此案中耿某某受贿行为利用的是其担任县教育局局长职务便利，并未利用其“自报”的职务便利，但以“自报”身份认定其退休前主体身份显然不符合法律规定。

（二）犯罪主观方面的证据

犯罪主观方面的证据，主要包括为他人谋取利益、收受他人财物的明知或默认三类证据，另外还要区分及时退还、上交财物等没有占有故意的特殊情况。

1. 为他人谋取利益主观故意的证据。此类证据根据待证形式，又可以分为积极追求的故意（如已经为他人谋取了利益、承诺为他人谋取利益）和间接放任的故意（如明知他人有具体请托事项）。第一，证明已经为他人谋取利益的证据，主要包括被告人供述、证人证言、谋取利益的相关书证等，此类证据由于有书证这一客观证据相佐证，办案中很少有被告人否认谋利事项的。第二，承诺为他人谋取利益证据，主要包括被告人供述、证人证言、受贿财物等，此类证据主要审查被告人职责权限、行贿人请托事项两者是否具有关联性，此类证据由于只是承诺性谋利，并非到达实施谋利阶段，证据较为单薄，被告人容易翻供。第三，明知他人有具体请托事项的证据，主要包括被告人供述、证人证言、相关书证等，此类证据主要审查被告人的职责范围、行贿人职业及两者是否相互知悉。如某人民医院药房科科长，收受医药销售代表所送财物，即使行贿时无具体请托事项意思表示，但根据两者职业依附性和密切性，可以推断受贿人明知他人有具体请托事项。

2. 收受财物明知的证据。此类证据可以分为两类，一是索贿。认定索贿证据，要重点审查被告人供述、行贿人证言以及请托事项相关书证等。分析样本文书，有索贿情节的共47件，约占案件总数的20%。需要注意的是，索贿是一种从重处罚情节，应当将索贿与一般主动提出权钱交易的区分开，实践中，有的案件将国家工作人员主动提出“索要”财物的行为一律认定为索贿，而没有考虑“主动提出行为”是否让行贿人达到精神强制程度，我们认为被告人首先提出索要财物的要求不是认定索贿的充要条件，只是必要条件之一，还应当结合“索”的强制程度，虽然这与“敲诈勒索”有别，但也要达到对对方精神强制的程度，有挟职权以要挟的意思，才能认定索贿。例如，青岛市中级人民法院审理的贾某某受贿一案，行贿人李某某、应某某与贾某某系老乡关系，认识多年，两行贿人多次找贾某某帮忙，并对贾某某表示“以后缺钱找我，不要找别人”，之后贾某某多次主动提出向二人索要钱财，此种情况能否认定索贿。经法院审理认为，贾某某向两行贿人索要钱财的情况，应认定为双方在达成行、受贿合意之后的行为，并未有挟职权相要挟的意思，两行贿人证言亦证明之所以给贾某某财物，主要是为感谢他的帮助和希望以后继续得到帮助。[①] 二是被告人直接收受或委托其他人收受行贿人财物。此类证据主要是被告人供述、行贿人证言、物证及照片、书证等。证明这部分事实的证据，我们认为，作为国家工作人员对有关廉政规定有知晓义务，无论其供述是否承认违背廉政规定，均可推定行为人对违规收受财物的明知。

3. 收受财物默认的证据。此类证据主要集中在特定关系人受贿，被告人事后知情并默许这一情形，特定关系人是指与被告人有近亲属、情妇（夫）以及其他共同利益关系的人。分析样本文书，有事后知情这一受贿情节的案件共11件，占案件总数的4.7%。主要证据包括被告人供述、行贿人证言、特定关系人证言及相关物证、书证等。在实践办案中，

①参见青岛市中级人民法院（2018）鲁02刑初字第20号刑事判决书。

默认收受财物又可以分为两种情况，一是特定关系人知悉被告人为请托人谋取利益，而主动索要请托人财物，被告人事后知情并默许。例如，湖南省湘潭市中级人民法院审理的被告人姚某某受贿一案，2006 年 7 月，姚某某明知其丈夫谢某某（时任攸县县长，另案处理）帮助谭某某承揽了攸县县政府工程，仍以自己刚考取驾照为由向谭某某提出要辆汽车练手，后谭某某将该公司购买的一辆新车交给姚某某使用。姚某某将谭某某购买新车给其使用的事情告知谢某某，谢某某默许。[①] 二是特定关系人接受请托人请托事项并收受请托人财物，事后告知被告人，被告人未明确表示反对。例如，济南中院审理的被告人苏某某受贿一案中，2010 年 9 月、10 月，其妻子于某某接受某省国资委一副主任李某某请托，希望苏某某对其职务提拔提供帮助，并收受李某某所送 60 万美元，事后，于某某将李某某请托事项及所送财物告知苏某某，苏某某予以默认，未及时退还或上交。[②] 上述两种情形证明被告人默认的证据主要靠被告人供述和特定关系人证言等言词证据，容易导致被告人翻供，辩解不知情。需要指出的是，对于特定关系人没有事先与被告人通谋，仅是在请托人给予被告人财物时在场的，一般不宜认定为受贿共犯。另外，如果特定关系人收受请托人财物后并未告知被告人，则可能构成利用影响力受贿。

4. 及时退还或上交财物的，不予认定具有受贿故意。两高《关于办理受贿刑事案件适用法律若干问题的意见》第九条规定，国家工作人员收受请托人财物后及时退还或上交的，不是受贿。分析样本文书，及时退还不予认定的案件 6 件，占案件总数的 2.56%。此类证据，要重点审查被告人供述及相关证人证言，认定被告人有无退还的意思表示、收受财物与退还或上交财物时间间隔长短，是否存在阻却退还或上交财物的客

① 参见湘潭市中级人民法院（2016）湘 03 刑初字第 9 号刑事判决书。

② 参见济南市中级人民法院（2016）鲁 01 刑初字第 40 号刑事判决书 刑事审判参考总第 106 集《罗菲受贿案》对此类受贿形式亦有更明确的解读。

观性事由，退还或上交的对象是否符合规定等。例如，德州市乐陵市人民法院审理的被告人高某某受贿一案，2014年3月初，高某某在北京住院做眼部手术期间，行贿人徐某某借到北京出差之际给高某某送去现金5000元，后高某某出院后不久案发被刑事拘留，法院审理时，高某某辩解其当时推托不要，事后其打电话让徐某某将钱拿回去，由于当时其在北京住院，徐某某在德州居住，其无法将钱及时退还，徐某某证言亦证实“打电话”这一情节。法院经审理认为，高某某打电话要求行贿人取回钱财，但由于存在其在北京住院治疗无法及时退还这一客观阻却事由，导致徐某某未能及时退还，因此，现有证据不能认定高某某具有收受贿赂的主观故意，该行为不属受贿行为。[①] 因此，及时退还没有时间间隔长短的明确界限，要靠综合证据予以判断受贿人主观上有无收受财物的故意，如果是因自身或者与其受贿有关联的人、事被查处，为掩饰犯罪而退还或者上交的，即使属于“及时”退还，也不影响认定受贿。

在调研中，我们还发现，虽然法律规定“收受财物后，及时上交的不认定为受贿”，但是应该上交给何人、哪个部门存在不同意见。我们认为，被告人上交财物的对象一般应为党组织或纪检监察部门，具体来讲，可以交给单位负责同志或纪检监察部门负责同志，并向组织如实说明财物来源，一般不应将财物交给下属或单位其他同志、也未如实说明财物来源的情况视为及时上交。例如，济宁市中级人民法院审理的被告人何某某受贿一案，2013年元旦时任汶上县汶上镇党委书记的何某某，在镇办公室将价值21.9万元财物交给镇办公室主任刘某某、镇财政所所长赵某某两人，告知这些财物是其收受别人的，二人将上述物品放入了财政所保险柜里。2014年6月，何某某担任汶上县交通局局长后，安排二人将上述财物捐给了省慈善总会。法院经审理时，何某某辩解上述财物应

① 参见德州市乐陵市人民法院（2014）乐刑初字第114号刑事判决书。

当认定为及时上交，不应认定为受贿，法院审理认为，刘某某、赵某某分别时任汶上镇党政办公室、财政所负责人，系何某某下属，没有收缴、保存贿款的职责，贿款的支配也没有脱离何某某的控制，后何某某安排二人将贿款用于社会捐赠，属于事后处置赃款行为，不属于及时上交。①

5. 要注意从主观上区分受贿与贪污罪。虽然两罪的构成要件存在明显差别，但在调研中我们发现存在一些形式上是受贿，实质上是贪污的案件，这里侧重从主观上予以分析，重点审查行、受贿双方有无制约管理关系、有无占有公共财物的共谋，如果受贿方明知道行贿方所送财物为公款，并积极与行贿方进行共谋的，应认定为贪污罪。例如，济宁市中级人民法院审理的被告人刘某受贿一案，2006 年时任省新华书店党委书记兼董事长、总经理的刘某在济南购买房产时还差部分房款，时任德州新华书店总经理的张某某主动提出用其单位公款为刘某支付剩余房款，刘某表示同意，并要求账目要做细一点，不能出问题。事后，为掩盖用公款购买房屋的事实，刘某又叮嘱张某某将该套房子落在他人名下。从本案看，为了获得刘某对其单位和自身工作的支持，张某某用单位公款为刘某支付房款的行为，符合受贿权钱交易的形式特征，但法院经审理认为，刘某明知道张某某用单位公款为其支付房款，并与张某某提前进行共谋，要求张某某将单位账目做细以掩盖非法占有行为，刘某主观上侵吞德州新华书店公款的故意是明确的。另外，刘某时任省新华书店总经理，对德州新华书店和张某某具有管理、制约关系，其实施侵吞公款的行为，认定为贪污罪更为恰当。②

（三）犯罪客观方面的证据

受贿客观方面的证据主要分为利用职务便利、为他人谋取利益、非法收受他人财物三类证据，每类证据根据案件情况又可以分为几个小项

①参见济宁市中级人民法院（2016）鲁 08 刑终字第 178 号刑事判决书。

②参见济宁市中级人民法院（2017）鲁 08 刑初字第 30 号刑事判决书。

加以论证，根据调研情况，下面将三类证据作逐一分析。

1. 利用职务便利的证据。

（1）职务便利必须具有“公务性”。职务便利“公务性”是区分受贿与其他犯罪的关键因素，在受贿四类犯罪主体中，对于国家机关工作人员及其第二类的国有独资公司、参照公务员法管理的事业单位和人民团体工作人员利用职务便利的行为，一般应当认定具有“公务性”，在选取的样本文书中也没有太大争议，根据被告人任职文件和职责分工即可认定。但对于其他三类人员是否利用从事公务这一职务便利存在较大争议。我们认为，根据相关法律规定，具有以下情形的可以认定其从事的职务便利具有“公务性”：第一，经国家机关、国有公司、企业、事业单位提名、推荐、任命、批准等，在国有控股、参股公司及其分支机构中从事公务的人员；经国家出资企业中负有管理、监督国有资产职责的组织批准或者研究决定，代表其在国有控股、参股公司及其分支机构中从事组织、领导、监督、经营、管理工作的人员的职务便利具有“公务性”，此类证明证据主要包括被告人供述、证人证言以及委派单位性质、任职文件、职责范围等书证。[①] 第二，国家机关、国有公司、企业、事业单位委派到非国有公司、企事业单位、人民团体从事公务的人员中的职务便利，此类证明证据主要包括委派单位性质、接受委派单位性质、委派文件及职责分工以及被告人供述、证人证言等，如果委派后实质上已经从事公务行为但尚未依照法定程序获取该单位职务的人员，仍然可以认定为国家工作人员。[②] 需要注意的是，此处“国有公司、企业”应作限制解释，限定为国有独资公司、企业，而非国有控股、参股公司。[③] 第三，其他事

①参见《最高人民法院、最高人民检察院关于办理国家出资企业中职务犯罪案件具体应用法律若干问题的意见》（法发〔2010〕49号）。

②参见最高人民检察院法律政策研究室《关于委派人员尚未依照规定程序获取该单位职务的人员是否适用刑事第九十三条第二款问题的答复》[（2004）高检研发第17号]。

③参见《刑事审判参考》总第112集，“工商银行神木支行、童某等国有公司滥用职权案”。

业单位人员从事公务的职务便利，证明证据主要有事业单位性质、任职文件、职责范围等，在办案中，事业单位人员的职务便利包括管理、监督等具有公务性质的职责，还包括利用自己本身技术、工作服务等的职务便利，前者具有公务性，后者不具有公务性，比如某人民医院的胸外科主任，人民医院属于事业单位，其是经人民医院任命的中层正职，其的职责有作为医生开处方看病的职务便利，还有管理、监督、采购建议科室所需器材等具有公务性质的职务便利。第四，协助乡镇政府管理的人员职务便利的“公务性”，首先他是村基层组织人员，并非普通老百姓，因此，在判断其主体身份时，首先要审查他在村组织中是否具有职务，下一步再审查他所协助的行为是否属于受乡镇政府委托从事行政管理工作，具有“公务性”，如果管理工作属于村民自治组织或非行政管理性质工作的，则以非国家工作人员论。

举几个样本文书案例加以解释论证。

案例 1：淄博市临淄区人民法院审理的被告人刘某某受贿案。公诉机关指控，2009 年至 2013 年间，刘某某利用担任中石化第十建设有限公司南方分公司（以下简称十化建南方分公司）经理、神华项目部经理的职务便利，收取下属单位及业务单位有关人员送的好处费共计 16.3 万元。经审理查明，十化建属于国有控股公司，2008 年 9 月 16 日，中共十化建公司党委研究决定刘某某任南方分公司党委副书记，同日，刘某某被十化建公司聘任为南方分公司经理，据此可认定刘某某系代表国家出资企业中负有管理、监督国有资产职责的组织在国有控股公司分支机构从事组织、领导、监督、经营、管理工作的人员，故刘某某在其担任十化建南方分公司经理期间系国家工作人员；但本案在案证据中，公诉机关并未提供刘某某系十化建公司党委研究决定而被聘任为南方分公司神华项目部经理的证据，故刘某某此时的主体身份由于缺少委派手续而认定为非国家工作人员，其收取张某某好处费 5 万元的行为因未达到非国家工作人员受贿数额较大的标准（6万元），依法不构成犯罪，故临淄区法院最终认定刘某某犯受贿，犯罪数额为11.3万元。[①]

案例2：临沂市中级人民法院审理的被告人高某某非国家工作人员受贿案。沂水县人民法院一审判决认定，自2009年至2014年，高某某利用担任沂水中心医院心内科主任的职务之便，在本单位购进心脏支架、球囊等卫生材料过程中，先后非法收受卫生材料供应商魏某某、马某某等人所送卫生材料回扣款共计816万余元（其中个人所得647万元），以受贿判处有期徒刑十年。后高某某不服上诉，辩解其应为非国家工作人员。经二审审理查明，高某某虽然作为科室主任，但不是在行使采购权的过程中收受回扣，其手术使用的耗材均是在医院确定的供应商之中，其收受的回扣也是因其在手术使用卫生材料过程中按比例提成；根据本案证据表明，高某某承担了科室内的主要手术，其收回扣数额最多，其他医生做手术，高某某也将相关回扣发放给有关医生。纵观全案，高某某主要是基于开处方的职务便利非法收受医药产品销售方财物，为医药产品销售方谋取利益，鉴于二审期间有立功表现，最终以非国家工作人员受贿改判有期徒刑七年。[②]

案例3：胶州市人民法院审理的被告人李某某非国家工作人员受贿案。公诉机关指控，2008年4月，时任胶州市胶东街道办事处安家村支部书记李某某，在新农村建设安家村硬化胡同、街道的进程中，利用其协助胶州市胶东街道办事处从事协调、统计、结算等工作的职务之便，非法收受竞标方王某某4.5万元。2012年，李某某在协助胶州市胶东街道办事处从事征地倒地的工作过程中（胶东街道办事处与安家村委会签订《土地使用补偿协议书》，由胶东街道办事处从安家村划出100亩土地给青岛紫城房地产开发有限公司的项目使用，胶东街道办事处与安家村

①参见淄博市临淄区人民法院（2015）临刑初字第262号刑事判决书。

②参见山东省临沂市中级人民法院（2017）鲁13刑终字第263号刑事判决书。

委员会在协议中约定胶东街道办事处使用该土地的期限为五十年），利用其职务之便，非法收受李某某给予的2万元，以便帮忙做村民倒地工作，应当以受贿追究其刑事责任。经法院审理查明，第一笔事实中，党委政府对新农村建设的政策是倡导、扶持，并未以行政命令方式推行，本案中安家村道路、胡同硬化是村两委决定实施的，资金来源是村委自筹，出标、签订合同、工程验收、工程款结算等也均是以村委会为主体进行，故该硬化工作是村务，属于村民自治范畴，李某某在该事务中未协助政府进行行政管理，不具备国家工作人员身份。第二笔事实中，胶东街道办事处无论是自己使用还是让第三方紫城房地产公司的项目使用安家村的100亩土地，其所依据的不是政府的行政管理权，而是基于办事处与安家村村委签订的土地使用协议，这种情况下李某某等村干部去做涉地村民工作，让涉地村民腾出土地的行为是履行合同义务而不是协助政府履行行政管理的职能，仍属履行村务，不具备国家工作人员身份，最终法院以非国家工作人员受贿判处李某某拘役3个月。①

（2）准确区分利用本人或他人职务行为。利用本人职务便利是指利用本人职务上主管、负责、承办某项公务事务的职务行为和利用职务上有隶属、制约关系的其他国家工作人员的职务行为。利用他人职务行为是指利用本人职权或地位形成的便利条件，通过没有隶属、制约关系的其他国家工作人员职务行为谋取利益。②具体到案件证据中，主要是指受贿和斡旋受贿中利用职权的证明标准。据样本文书分析，具有斡旋受贿情节的案件21件，占样本总数的8.97%。证明职务便利的证据一方面要从主体证据中去综合分析，如干部任免表、任职通知、职责分工等，另一方面也要靠证人证言、被告人供述、请托人陈述以及相关书证等去证实。

①参见青岛市胶州市人民法院（2017）鲁0281刑初字第355号刑事判决书。

②参见《全国法院审理经济犯罪案件工作座谈会纪要》（法〔2003〕167号）。

调研中，我们发现被告人利用职务便利的证据不难认定，但具体到如何区分普通受贿和斡旋受贿存在一定争议。我们认为，区分两种受贿类型的重点在于是否利用了职务便利中的“隶属关系、制约关系”。实践中可以认为，“隶属关系”是纵向制约关系，是指单位内部国家工作人员之间或者上下级单位国家工作人员之间的管理与被管理、领导与被领导的关系；“制约关系”是横向制约关系，是指被告人虽不直接领导、管理其他国家工作人员，但其职务范围内的权力能够派生出对其他国家工作人员的职务利害影响和相关约束力。① 例如，聊城中院审理的被告人胡某某受贿一案，2010 年，胡某某时任聊城市人民政府副秘书长兼办公室党组成员，给时任莘县委书记王某某打招呼，为他人谋取不正当利益，法院经审理认为，胡某某当时未协助副市长开展工作，在职务上对王某某没有隶属、制约关系，应当认定斡旋受贿。再比如，某地级市人大常委会副主任王某某给辖区某县委书记李某某打招呼，为他人谋取利益，因王某某是本市的副厅级干部，他对李某某的职务提拔晋升、监督工作开展等有职务利害影响，能够认定有制约关系。②

2. 为他人谋取利益的证据。为他人谋取利益主要包括承诺、实施和实现三个阶段的行为，只要具备其一就可认定为他人谋取利益。此类证据主要包括被告人供述、证人证言、行贿人陈述以及相关书证等，特别是在承诺阶段，主要靠言词证据予以证实，容易导致被告人翻供。另外，需要注意的是贪贿解释规定，国家工作人员索取、收受具有上下级关系的下属或者具有行政管理关系的被管理人的财物价值三万元以上，可能影响职权行使的，视为承诺为他人谋取利益，在调研中，我们发现对于该“三万元”是累计计算，还是单笔计算存在争议，如东营中院审理的

①刘凯：《“利用职务上便利”中“隶属关系、制约关系”解析》，载《中国纪检监察报》2018 年 5 月 30 日，第 8 版。

②参见聊城市中级人民法院（2017）鲁 15 刑初字第 2 号刑事判决书。

被告人葛某某受贿一案，2005 年至 2013 年，葛某某利用担任中国石化股份公司胜利油田分公司某采油厂厂长的职务便利，分别收受三名下属人员所送的 1.1 万元、2 万元、1 万元，东营中院认为，该三项指控因缺少为他人谋取利益的主观要件且财物价值不足三万元，不予认定。[①] 而连云港市中院审理的被告人公某某受贿一案，公某某利用担任连云港公安分局局长的职务便利，先后多次收受下属单笔不足三万元的财物，最终法院将所送财物价值累计计算。[②] 我们认为，根据贪贿解释立法原意和办案中实际情况，“价值三万元以上”一般应当累计计算（数额较小的除外），而不宜以单笔为限。[③] 在实际办案中，如果不累计计算，可能会导致放纵犯罪，如某县县委书记张某，在春节期间，先后收受 20 余名下属镇党委书记或科局长每人 1 万元至 2 万元不等现金，共收受 30 余万元，如果不累计计算且没有明确请托事项，将无法追究其刑事责任，同时这对于一笔收受数额在 3 万元以上、总数额较小的受贿案件也不公平。

为他人谋取利益中的“利益”，既可以是正当利益，也可以是不正当利益。在调研中，我们发现，对于认定不正当利益存有争议，《最高人民法院、最高人民检察院关于办理行贿刑事案件具体应用法律若干问题的解释》规定的“谋取不正当利益”是指，行贿人谋取利益违反法律、法规、规章、政策规定，或者要求国家工作人员违反法律、法规、规章、政策、行业规范的规定，通过非政策途径、程序为自己提供帮助或方便条件获取的利益。违背公平、公正原则，在经济、组织人事管理等活动中，谋取竞争优势获取的利益。在实际办案中，有的法院将“通过合法途径取得土地使用权、依法办理审批事项、顺利结算工程款”等合法谋

①参见山东省东营市中级人民法院（2016）鲁 05 刑初字第 2 号刑事判决书。

②参见江苏省连云港市中级人民法院（2016）苏 07 刑初字第 30 号刑事判决书。

③《刑事审判参考》总第 106 集中的《关于办理贪污贿赂刑事案件适用法律若干问题的解释》的理解与适用也支持了这种观点。

利事项认定为正当利益，从而没有认定斡旋受贿犯罪，如长春中院审理的被告人姚某某受贿一案中，姚某某利用担任松原市林业局局长形成的便利条件，接受行贿人孙某某的请托，帮助其向吉林省林业厅相关国家工作人员协调审批事项，促使审批手续在短期内办结，孙某某为感谢姚某某提供的帮助，两次送给其共计16万元，法院经审理认为，省林业厅工作人员证明该审批事项是依法办理，公诉机关未提供相关证据，应当认定为正当利益，由于斡旋受贿要求谋取的是不正当利益，因此长春中院没有认定此笔16万元受贿事实。① 我们认为，“通过合法途径取得土地使用权、依法办理审批事项、顺利结算工程款”等谋利事项虽然是合法行为，但不是一种确定的可得利益，退一步讲，通过受贿人向有关人员打招呼，在相同谋利事项面前，请托人的谋利事项也会有一种竞争优势，促使较短时间内获得利益，应当认定为不正当利益。②

3. 收受财物的证据。

收受贿赂物品是受贿中的重要物证，一般有以下证据予以证实：账目资料、购物发票、银行存取款凭证等书证证明贿赂物品的来源、数量等；搜查扣押物品清单、物证及照片；检验报告、鉴定意见证明物品的价值真伪等；行贿人证言、保管财物人员证言、被告人供述等。上述证据中，特别要注意审查扣押清单要有调查人员、物品持有人、见证人签名，物品名称、特征、数量等注明详细；对于行贿物品及照片，从完善证据链角度，应当经过行、受贿人双方的指认、辨认。

（1）通过分析样本文书，从收受物品种类看，收受财物主要包括现金（人民币、美元、欧元等）、房屋、汽车、字画、金条、股票、购物卡以及房屋装修、债务免除等物质利益。在调研中，我们发现收受物品证据主要存在以下需要注意的问题：

①参见吉林省长春市中级人民法院（2017）吉01刑初字第19号刑事判决书。

②苗有水：《刑法上的“谋取不正当利益”》，载《人民法院报》2018年4月11日，第6版。

第一，关于收受美元、欧元等折合人民币问题。一般情况下，如果行贿人有兑换外币时所具体花费人民币的客观证据，如取款凭证、兑换凭证等，应当以实际花费人民币数额计算犯罪数额；如果没有具体兑换时所花费人民币的数额，应当根据行、受贿人供述的行贿时人民币对外币汇率中间价来计算（如果二人供述的行贿时间不一致，且没有其他证据予以佐证，按照有利于被告人原则，以两个时间中的最低中间价来确定），在确定行贿时间时不仅要靠证人证言、被告人供述，还要靠相关书证来证实，如淄博中院审理的王某某受贿案中，行贿人宋某某证实，2009年5月，在与王某某一起到台湾地区招商期间，到达台湾地区的第一天，其到王某某酒店房间送给他5000美元，王某某供述与宋某某证言相互印证，经调取王某某、宋某某出入境记录，2009年5月24日中午12点二人乘机飞往台湾地区，因此，我们在计算5000美元兑换人民币汇率时，应当以2009年5月24日美元对人民币汇率中间价为准，而不能简单地以2009年5月美元对人民币汇率最低价计算。① 另外，在案件中存在人民币、美元、欧元等不同币种时，计算受贿数额应当一律折合成人民币，如德州中院审理的戴某某受贿一案中，戴某某共收受贿赂70万元人民币、5万美元，法院审理时，没有将5万美元折合成人民币，导致无法认定总的受贿数额，可能影响量刑；同时，该案没有扣押到5万美元，被告人只是退赃100万元人民币，法院在追缴赃款时，只是笼统表述扣押在案的100万元人民币赃款予以追缴、上缴国库，我们认为这样判罚是不准确的，因为5万美元并不必然换算为30万人民币。另外，在文书中不能出现“美金”二字。②

第二，关于收受字画、金条、房屋、汽车等物品价值计算问题。根据刑法及相关司法解释的规定，受贿数额应以收受财物的实际价值计

①参见山东省淄博市中级人民法院（2018）鲁03刑初字第6号刑事判决书。

②参见山东省德州市中级人民法院（2016）鲁14刑初字第5号刑事判决书。

算，财物的实际价值一般应以行贿方的购买价格认定，如在案证据不能证实财物购买价格的，应以鉴定价格作为认定依据；装修房屋费用、债务免除等均以实际花费金额认定犯罪数额。在审查鉴定意见时，我们不仅要看鉴定机构、鉴定资质、鉴定程序等形式上是否合法，还要对所选取检材、检材与待证事实关联性等进行实质审查，比如在对收受房屋进行鉴定时，所选取的检材应当为同一时期、同一地段、同一小区、同一或相似楼层，还要考虑选取检材性质是否与所鉴定房屋相同。实际办案中，在一些安置房中，曾出现过同一小区两栋楼间隔不到10米，但一个为商品房、另一个为小产权房，价格相差较大，因此在审查检材时要认真细致。另外，在对金条、金块、名人字画等物品鉴定其价格时，还要对金条、金块等作纯度（含金量）检验，对名人字画等古董作真伪检验，在审查上述物品价格鉴定意见时，除了审查意见本身外，还要审查对上述物品所做的检验报告，两者缺一不可。在调研中，我们发现个别案件对金条等有价物品没有作价格鉴定，没有折合成人民币的最终犯罪数额，如济宁邹城市人民法院审理的被告人谢某某受贿一案中，谢某某利用职务便利，借子女结婚之际，非法收受徐某某所送“两块金砖”等财物，该案判决书中并未见两块金砖的购买价格或鉴定价格，在计算受贿数额时和收受其他现金并列表述，显然不符合法律规定，这样会导致扣押金砖的纯度不知、价格不知，从而造成认定受贿数额不准确，无法到达“犯罪事实清楚、证据确实充分”的标准。①

第三，关于收受股票、银行卡、购物卡等有价证券价值计算问题。在收受干股的案件中，我们要注意审查被告人实际出资情况，没有出资或象征性出资（占有股份与实际出资不成比例），计算犯罪数额时，以被告人实际占有、控制的时间计算股份实际价格，后续的股份分红或增值部分计入孳息予以没收。股份未实际转让，以股份分红名义获取利益的，

①参见山东省邹城市人民法院（2015）邹刑初字第520号刑事判决书。

以实际获利数额作为受贿数额。例如，济南中院审理的被告人黄某某受贿、贪污一案，2007 年 4 月，黄某某利用担任职务之便，为某生物科技公司谋取利益，收受该公司负责人程某某给予的 72 万股股权，并授意将股权落在其儿媳郭某某名下。2008 年 11 月，该公司增资扩股，程某某为保证其绝对控股权，在黄某某、郭某某不知情的情况下，通过公司内部程序将郭某某名下的 42 万股股权转至自己名下，郭某某名下的股权减为 30 万股，价值 86.1 万元，后郭某某陆续将 30 万股票卖出。法院经审理认为，程某某通过公司内部程序回购了 42 万股，但并未告知黄某某，综合在案证据，虽然最初行受贿双方对行、受贿数额的意思表示、行贿数额明确一致，但后来行贿人通过公司内部程序将送出的 72 万股权收回了 42 万股，此情节说明行贿人对其最初的行贿意愿予以变更，客观上受贿人最终收受、占有的股权数额亦是 30 万股，遵循主客观相一致的原则，最终以收受 30 万股时点的股权价格认定受贿数额。①

调研中，我们还发现，有的案件被告人收受请托人银行卡后一直未将钱取出，后请托人将银行卡挂失将钱全部或部分取出，此种情况下受贿行为已既遂，行贿时卡内的存款数额一般应全部认定受贿数额。例如，菏泽市鄄城县人民法院审理的被告人龚某受贿案，2014 年 4 月，龚某利用职务之便，为请托人董某某的亲属安排工作提供帮助，收受董某某给予的 5 万元银行卡 1 张，2015 年 12 月，董某某将该银行卡挂失，并将存款取出，法院审理认为，龚某明知请托事项而收受董某某银行卡后存放在家中，直至案发被查获，主观上具有收受的故意，符合受贿的既遂构成要件。② 以此类推，被告人收受请托人的购物卡等有价证券，只要完成收受财物行为，至于购物卡是否被消费或被请托人挂失，不影响受贿既遂的认定。

① 参见山东省济南市中级人民法院（2016）鲁 01 刑初字第 26 号刑事判决书。

② 参见菏泽市鄄城县人民法院（2016）鲁 1726 刑初字第 174 号刑事判决书。

（2）通过分析样本文书，从受贿行为特征看，受贿案件中大体存在以下几种特殊受贿类型：

第一，以交易形式收受贿赂。主要包括低价购买房屋、汽车等物品，高价出售房屋、汽车等物品。在办案中受贿数额应当按照交易时当地市场价格与实际支付价格的差额计算，并且市场价格包括商品经营者事先设定的不针对特定人的最低优惠价格，如果只是以针对特定人的最低优惠价格低价购房的，应当认定受贿。以低价购房为例，要认真分析购房合同、购房发票、认购通知单、转账凭证、证人证言等案件证据，判断被告人低价购房时是否享受针对特定人的最低优惠价格，如武汉中院审理的被告人刘某某受贿一案，2012 年年初，刘某某利用担任武汉市民政局局长职务之便，为武汉某房产公司谋取利益，以明显低于市场价格的价格购买该公司房产，法院审理认为，根据该房产公司出售房屋优惠政策相关文件，该公司面向市场最大优惠幅度不能超过销售窗口价（即向房管部门备案的价格）的 3%，超过 3% 优惠幅度的要上报董事会批准，根据本案的事实，结合该房产公司制定的商品房销售方案等诸多因素，按照销售窗口价 3% 的优惠从刘某某的受贿数额中扣除，更符合本案的客观事实。① 本案中，如果刘某某通过找该房产公司董事长打招呼，董事会决定给予刘某某超过窗口价 3% 的优惠价，因为超过部分只针对特定群体，此部分应当计入受贿数额。另外，还有一种情况，被告人以明显低于市场价格的价格购买房屋后，不久将房屋通过中介卖掉的，是以出售价与购买价格差额为受贿数额，还是以鉴定价格与购买价格差额为受贿数额，我们认为，如果鉴定价格与出售价格差距不大，按照有利于被告人的原则，可以就低计算差价，如果差距过大，则应当以鉴定价格为准。例如，东营市垦利区人民法院审理的被告人杨某某受贿一案，2012 年 9 月 3 日，杨某某利用职务之便，以明显低于市场价格的价格购买某开发

① 参见湖北省武汉市中级人民法院（2015）鄂武汉中刑初字第 00195 号刑事判决书。

有限公司开发的联排别墅一套，共花费180万元，同年10月15日，杨某某通过中介公司以229万元价格将该别墅出售给李某某（与杨某某并不熟知），经过鉴定，该别墅价格为251万元，我们认为，在案证人证言、相关书证等均证实，2012年9月1日，该房产公司出售同小区另外两套同样户型别墅价格分别为260万元、240万元，购买人李某某亦证实其打听过相同面积、户型的别墅，开发商优惠后的最低报价是二百四五十万元，而杨某某之所以愿意229万元转让该别墅，不排除其只要“赚钱就卖”的心理。因此，综合全案证据，251万元的鉴定价格更符合当时该别墅的市场价格。① 至于高价卖房、卖车受贿形式，没有太大争议，受贿数额一般以转让登记时的鉴定价格和出售价格的差价为准，如泰安肥城市人民法院审理的被告人尹某某受贿一案，尹某某利用职务之便，明知自己系以5万元购买的车辆，后以顶账名义转让给行政被管理人员刘某某，并收受刘某某给予的车款12万元，经鉴定该车辆转让登记时价格为4万元，因此尹某某受贿数额为8万元。②

第二，以开办公司等合作投资名义收受贿赂。此类证据主要包括被告人供述、行贿人陈述、公司出资情况、股份构成比例、公司实际经营管理情况等。要重点审查被告人有无实际出资（或象征性出资）、是否参与实际经营管理等证据。受贿形式主要分为两种，一是由请托人出资，合作开办公司或投资的，以请托人给被告人实际出资额为受贿数额，如被告人王某某利用职务之便，与某公司董事长李某某合作开办公司，约定公司注册资金1000万元，后李某某替王某某出资200万元，占公司股份的20%，李某某占80%股份，此时，计算王某某的受贿数额即为李某某为其出资的200万元。二是以合作开办公司或其他投资名义获取“利润”，没有参与实际出资（或象征性出资，比例很小）、经营与管理的，

①参见山东省东营市垦利区人民法院（2015）垦刑初字第96号刑事判决书。

②参见山东省肥城市人民法院（2016）鲁0983刑初字第103号刑事判决书。

以实际获取的利润作为受贿数额。例如，广东省江门市中级人民法院审理的被告人程某某受贿一案，程某某利用职务之便帮助林某某取得某加油站的承包经营权，并在日常经营中提供帮助，林某某将加油的站每年利润的20%分给程某某表示感谢。1999年至2014年，程某某共投入51万元（与经营规模明显不成比例），在没有参与管理、经营的情况下，收受“利润”共计172万元。法院经审理认为，林某某为回报程某某的帮助，以合作经营加油站的名义每年给予程某某“利润分红”。在双方事前已约定程某某只取利润，不承担亏损风险的情况下，程某某在林某某经营加油站过程中，间隔性交给林某某少量资金用于购买油料并不承担亏损风险，不具有作为合伙股东投入资金性质，且投入金额与加油站的经营规模不成比例，属象征性出资。程某某在林某某经营加油站过程中了解、询问经营状况，亦不属于实质性参与加油站的经营管理。程某某与请托人林某某之间不属于正常平等主体间的合作投资经营关系，程某某没有实际出资和参与管理经营，不承担经营风险，林某某给予程某某“利润分红”，不是基于程某某是否投入资金或参与经营，而是基于程某某利用职权便利提供的帮助。象征性出资不能规避、掩盖权钱交易的本质特征，因此，程某某以合作投资利润分红名义收受林某某相关财物的行为应认定为受贿行为。①

第三，以委托请托人投资理财名义收受贿赂。主要是被告人委托请托人借投资理财名义，但未实际出资而获取“收益”或虽然实际出资，但获取的“收益”明显高于出资应得的受贿。除以上两种形式外，在实际办案中，还有一种以投资理财名义向被告人输送利益的形式，如某集团公司在收购某一破产企业整顿期间，设计操控了一款结构化信托产品，安排对某集团公司有帮助的人购买，借此向他们输送利益。后，集团公司负责人向被告人告知其公司设计了一款信托产品，收益很好，不会有

① 参见广东省江门市中级人民法院（2017）粤07刑初字第19号刑事判决书。

损失，建议其购买，被告人出资500万元购买公司信托产品，三个月后抛售赚取1000余万元利润，在审查此类受贿形式时，要重点关注其设计的信托产品等理财方式是否经过行贿方的精心设计，比如购买人范围、每人购买数额、购买时间、每股购买价格、配股比例、抛售时间等都经过周密安排和严格控制，能够确保买受人所购买信托产品没有风险，收益较高，可以认定为受贿。

第四，以特定关系人“挂名”领取薪酬方式收受贿赂。此类形式主要审查被告人供述、行贿人证言、特定关系人陈述、单位相关人员证言（特别是人力资源、财务部门负责人）等言词证据以及单位考勤表、会议纪要、工资发放表等书证。需要注意的是，在计算受贿数额时，除发放的工资外，单位为特定关系人缴纳的社会保险、公积金等也应当一并计算在内。例如，聊城莘县人民法院审理的被告人张某某受贿一案，张某某利用职务便利为某公司提供帮助，要求该公司安排其妻子刘某某在该公司工作。在其妻子刘某某未在该公司实际工作的情况下，自2009年10月至2013年6月，领取了该公司为其发放的工资、奖金20.35万元，该公司还为刘某某交纳了社会保险金、公积金2.42万元，共计22.7777万元，均应计入受贿数额。①

第五，以借为名收受贿赂。被告人为请托人谋取利益，以借为名，索取或非法收受他人财物，应当认定为受贿，此类证据主要有被告人供述、出借人陈述、转账凭证、取款凭证等。在审查此类证据时，除了要看有无出借手续、有无正当理由、有无谋利事项、是否完全占有控制以及财物去向、双方平时关系如何外，还要重点审查被告人有无还款意思表示、有无还款能力、未归还原因等。例如，淄博中院审理的被告人程某某受贿一案，程某某利用职务便利为某公司董事长徐某某谋取利益，后以借为名向其借款10万元，经法院审理查明，程某某与徐某某虽系老乡关系，但在公

① 参见山东省莘县人民法院（2017）鲁1522刑初字第284号刑事判决书。

司招标前并无往来。程某某以急用为由向徐某某借款，未出具借条，未约定期限，款到后并未实际使用。自借款至案发长达近五年，程某某未有归还的意思表示或行为且其有归还能力。综上，尽管徐某某安排公司财务人员给程某某汇款时说过借款，财务人员按照借款记入账目并作说明，但至案发，程某某在无正当借款事由，亦有能力归还的情况下，从未有还款的意思表示和行为，徐某某在借款时亦明白是程某某向其索要的好处费，也从未向他索要过该款。故不能以对方单位记账而掩盖以借款为名行索贿之实的本质。①再比如，茌平县人民法院审理的被告人于某某受贿一案，公诉机关指控，2011 年 4 月，于某某利用职务之便收受甲公司所送价值 21.88 万元的迈腾轿车一辆，法院审理后认为，于某某在某机关任职期间，甲公司为申请工业项目资金用车方便，购买迈腾车辆登记在公司名下，后交于某某用车，车钥匙公司留存一把，于某某一把，公司用车紧张时也可以使用，且车辆每年的年度审核都由公司办理，且公司在 2011 年、2012 年两次申请项目资金需被告人于某某协助办理，于某某并未实现对迈腾车辆的实际控制和占有，故法院不予认定此笔受贿事实。②

第六，离职后收受贿赂。被告人利用职务便利为请托人谋取利益，离职前后连续收受请托人财物的，离职前后收受部分均应计入受贿数额。在审查此类受贿犯罪时，要根据被告人供述、请托人陈述、相关谋利事项等的书证和收受财物及照片等证据，以此来判断收受请托人财物是否基于被告人离职前为请托人谋利这一基础。例如，淄博中院审理的被告人王某某受贿一案，2016 年至 2017 年，王某某利用职务上的便利，为天津某集团公司在项目推进等方面提供帮助，2017 年春节王某某收受该公司法定代表人高某某 5 万元，同年 6 月又收受高某某所送 20 万元，王某某于 2017 年 4 月退休。法院经审理认为，根据王某某供述、高某某证言

①参见山东省淄博市中级人民法院（2016）鲁 03 刑终字第 333 号刑事判决书。

②参见山东省茌平县人民法院（2015）茌刑初字第 140 号刑事判决书。

以及谋利工程书证等相关证据均证实，2016年至2017年王某某为高某某的公司提供了帮助，高某某正是基于王某某在职时提供的帮助，才会在其离职后又送给其20万元，离职前后共计收受高某某25万元，均应计入受贿数额。①

第七，收受贿赂物品未办理权属变更的不影响受贿的成立。现实中，被告人收受行贿人所送车辆、房屋等物品时，为了掩饰犯罪所得，大多数并未将上述物品权属登记在自己或近亲属名下，此种情况下能否认定受贿以及既遂、还是未遂存在不同认识。我们认为，只要行、受贿双方关于行贿物品权属上达成一致，并处于受贿方意志支配之下，即使未变更权属登记也可以认定既遂。比如，有的案件中，行贿方送给受贿方一套毛坯房，受贿方看过后表示接受，后行贿方按照受贿方喜欢的风格，对该房屋进行了装修，不久案发，受贿人被留置，此时房屋没有办理权属变更，房屋钥匙也没有交由受贿人，但这并不影响受贿人已对该房产实际控制，受贿人随时可以占用该房产，应当认定为受贿既遂。再比如，泰安肥城市人民法院审理的被告人尹某某受贿一案，2008年10月，尹某某利用职务之便向某公司董事长李某某借用一辆CRV汽车使用，至2015年4月案发该车始终由尹某某占有、使用，该车车主登记在该公司经理魏某某名下。法院审理后认为，刑法上非法占有的认定标准与物权法上合法所有的认定标准应有所区别，非法占有目的的实现并不以得到法律确认为条件，是否在法律上取得对房屋、汽车等的所有权，并不能成为认定已经实际占有房屋、汽车等的阻却事由，本案中虽然涉案车辆未登记在尹某某名下，但尹某某及其家人自2008年车辆购买之日便一直使用该车，使用时间长达7年，尹某某已经完全控制、占有该车辆，直至案发其家人才将车辆归还该公司，因此，应当认定为受贿。②

①参见山东省淄博市中级人民法院（2018）鲁03刑初字第6号刑事判决书。

②参见山东省肥城市人民法院（2016）鲁0983刑初字第103号刑事判决书。

（四）依法不能认定情形及其证据

1. 证据不足的不予认定。大体又可以分为单个证据有重大瑕疵不予采信和证据之间不能相互印证两种情况。在审查上述情况的证据时，要注意审查单项证据合法性、关联性与真实性，也要注意各项证据之间能否相互印证，只有各项证据均指向同一待证事实不存在无法消除的矛盾时才能作为定案依据。举两个反证来加以论证，第一，单项证据不符合证据“三性”的，不能作为定案证据。辽宁省鞍山市中级人民法院审理的白某某受贿一案，白某某利用职务之便为他人谋取利益，收受辛某某所送现金5万元，公诉机关提交的直接证据是证人辛某某证言、录音材料及物证纸袋。辛某某证言与白某某的辩解，客观上形成了证据的“一对一”。本案另一证据录音材料的来源（来自一个U盘，经鉴定送检的录音并非原件，也没有复制过程等情况说明和记载）和提取（没有相关提取笔录材料，具体提取时间、地点、经过、持有人等情况不清）存在瑕疵，且其中不存在能够直接、明确地证明白某某收受5万元的内容，亦不能作为定案的依据。关于物证纸袋（种类物的建行纸袋），在没有相关来源说明的情况下，无法证明与案件事实存在关联。因此，无法证实白某某收受辛某某5万元现金。法院依法宣告无罪。[①] 第二，证据之间不能相互印证，存在矛盾的，不能作为定案证据。受贿案中，最为常见的就是被告人供述与行贿人陈述“一对一”的情况， 在没有其他证据予以佐证的情况下，很难认定指控的犯罪事实。例如，东营市东营区人民法院审理的被告人程某受贿案中，公诉机关指控其中一笔受贿是程某利用职务之便收受陆某某现金6万元，证据有程某供述、陆某某陈述、存取款单据等，法院审理认为，关于收受贿赂的次数，经查，行贿人陆某某证实向程某行贿三次，只有在南京火车站的行贿有程某的供述和辩解予以

①参见辽宁省鞍山市中级人民法院（2017）辽03刑再字第2号刑事判决书。

佐证，取款单、对账单等只能证实资金流转情况，不能印证陆某某向程某行贿的其他事实，故只能认定陆某某在南京火车站向程某行贿一次；关于收取贿赂的数额，经查，对于本次受贿，程某供述收了五六万元现金，而行贿人陆某某证实只送了3万元现金，对于超过3万元的部分只有程某的供述，没有其他证据相互印证，故法院认定程某受贿数额为3万元。①

2. 排除非法证据的不予认定。排除非法证据，除了要审查提讯证、入所体检表、讯问场所规范，讯问主体适格，讯问时间等外，还要高度重视对讯问同步录音录像的审查。例如，青岛市李沧区人民法院审理的被告人杜某某受贿一案，辩护人提出侦查机关讯问过程中存在疲劳审讯、逼供等情形，并提供了非法取证的相关线索。法院经审理认为，公诉机关提交杜某某在侦查阶段的8份讯问笔录，经审查杜某某入所体检表、讯问笔录形式要件均合法，但经过审查笔录的同步录音录像，该8份讯问笔录中存在实际讯问时间、讯问人员与笔录中记载不一致或杜某某辩解意见不予记录的情形，公诉机关对此未作出合理解释，故依法排除了8份讯问笔录，但无证据证实该8份讯问笔录制作过程中存在刑讯逼供等非法方式，因此，对该8次口供应以相应的讯问录音录像为准。②关于同步录音录像与讯问笔录记载不一致的，是否一概予以排除，我们认为讯问笔录记载内容与同步录音录像只要没有重大实质性差异的，可不予排除，实际办案中，侦查人员很难将整个审讯过程一字不差的完全记录，侦查人员在进行归纳总结后予以记录，且在记录结束后，被告人核对笔录签字予以认可的，可以采信。

3. 无法排除合理怀疑的不予认定。此处所指的排除合理怀疑，主要是从合理性或情理上进行分析，非指单纯证据不足的情况。有的案件各个证据符合证据“三性”，也能相互印证，但根据日常生活常识或社会现

①参见山东省营市东营区人民法院（2017）鲁0502刑初字第126号刑事判决书。

②参见山东省青岛市李沧区人民法院（2016）鲁0213刑初字第186号刑事判决书。

实情况，无法排除被告人无受贿的主观故意或客观行为。例如，湖北省汉江中级人民法院审理的被告人鲁某某受贿一案，公诉机关指控，2013年7月，鲁某某拟为儿子在北京市购买住房，后利用职务之便，以借为名向某会计事务所负责人柴某索要20万元。鲁某某被“两规”后，其妻子周某通过转账的形式将20万元还给柴某。法院经审理后认为，第一，鲁某某向柴某借款有正当、合理的借款事由，且所借款项用于了其子北京购房；第二，从鲁某某的供述和证人柴某的证言看，在鲁某某此次向柴某借款20万元之前，鲁某某也曾向柴某借过10万元，并已归还（2006年至2007年，鲁某某以买房为由向柴某借款10万元，一年后鲁某某将借款还给了柴某）。第三，从2013年7月鲁某某向柴某借款到2014年1月鲁某某被“两规”时间较短，不能排除鲁某某向柴某归还借款的可能性。因此，对公诉机关的指控不予认定。①

4. 正常人情往来的不予认定。在受贿案件中，正常人情往来是被告人经常提出的辩解理由，据样本文书分析，被告人提出该辩解理由的28件，占案件总数的11.96%。审查此类情况证据主要从以下几个方面入手：（1）双方关系是否具有平等性。正常人情往来多存在于亲友之间，身份上具有平等性；行、受贿双方多存在上下级或管理与被管理、制约与被制约关系，是以“职权”为纽带基础。（2）送钱目的是否具有请托性。正常人情往来不存在请托事由，是基于礼节、道德约束；行、受贿双方多存在请托事项，并不要求具体明确，只要有“多关照或多提携”类似字样即可。（3）所送财物是否具有双向性及对称性。正常人情往来具有双向互动性，且双方所送财物价值大致相当；行、受贿双方一般不具有双向互动性，钱款流向具有单向性。有的行、受贿双方交往多年后，也存在互送财物的情况，但是如果双方互送财物价值方面明显不对称，则不属于正常人情往来。（4）所送财物是否超过正常往来的数额。在同一

① 参见湖北省汉江中级人民法院（2015）鄂汉江中刑初字第00004号刑事判决书。

区域，正常人情往来的标准相对透明，且存在具体的数额界限；贿赂数额则明显超过正常人情往来范围。另外，正常人情往来具有一定公开性，如将礼金登记在礼簿上，而贿赂款则具有隐秘性，通常在办公室、住所等“一对一”环境下进行。[①]

除上述四种依法不予认定情形外，办案中还存在主体不适格（不符合受贿主体身份），及时退还等，该两种情形已在前面进行阐述，在此不再赘述。

三、量刑情节方面的证据

从刑法及相关司法解释规定看，影响受贿量刑情节的证据主要包括索贿、前科、造成重大损失、自首、立功、积极退赃、认罪悔罪等。分析样本文书，在受贿量刑情节中，认罪悔罪的194件、积极退赃的171件、自首的61件、立功的18件，分别占案件总数的82.9%、73%、26%、7.69%。因本文前面已对索贿情节进行了阐述，认罪悔罪证据较容易把握，在此不再赘述。下面，我们将根据调研中发现有争议且对量刑有重大影响的自首、立功以及退赃情况的证据进行论证。

（一）认定自首的证据

自首情节需要证明两个方面的事实，一是被告人系自动投案，即被告人尚未受到调查谈话、讯问或未被宣布采取调查措施时，向办案机关或所在单位有关负责人投案的，是自动投案。二是如实供述罪行或交代办案机关尚未掌握的本人其他罪行以及办案机关所掌握线索针对犯罪事实不成立，在此范围内被告人交代同种罪行的。此类证据主要有被告人投案经过、有罪供述、其他证明如实交代自己罪行以及投案情况的材料。在办理受贿犯罪案件时，认定自首的关键证据是监察委出具的发破案经过证明材料，应当包括调查开始前监察机关已掌握被调查人涉嫌职务犯

① 庞维骏、冯雪景:《界定人情往来于贿赂从双方关系、送钱目的等4方面去把握》，载正义网，最后访问时间：2019年6月1日。

罪情况、线索来源、初步核实情况、立案调查时间、被调查人到案具体时间、到案方式、到案后主动交代罪行及其查证情况等。证据材料应加盖接受被调查人投案的单位印章，并有办案人员签名。调研中，我们发现有的案件由于监察委出具的发破案说明内容不完整，导致审理法院无法判断是否构成自首，按照有利于被告人原则，在证据存疑的情况下，应当作出有利于被告人的裁决。例如，济南中院审理的被告人李某某受贿、贪污一案，某市纪委出具的发破案材料对于纪委已掌握的线索是否包含李某某贪污、受贿的犯罪事实没有涉及，李某某当庭辩称其系由于领导干部个人事项问题被举报，且其到案后如实供述了贪污、受贿的犯罪事实，应当认定为自首。济南中院书面函告检察机关应当补充详细的发破案材料，但纪检部门以已出具过发破案经过为由，口头回复不再出具，按照有利于被告人原则，法院依法认定被告人构成自首。①

对于没有自动投案，经办案机关通知到案后，如实交代办案机关掌握线索所针对犯罪事实的，能否认定自首。调研中发现此种情况，绝大多数法院认定不构成自首，系坦白，个别法院也有认定为自首的，如广东中山市中级人民法院审理的被告人程某某受贿一案，在案证据证实，中山市纪委通知程某某到纪委调查谈话前，已掌握其收受冯某某 220 万元的线索（经查实收受冯某某 170 万余元），程某某被通知到案后如实交代了其受贿犯罪事实，中山法院认为其经纪委通知自动投案，并如实供述罪行，可以认定为自首。② 对于此问题，《最高人民法院、最高人民检察院关于办理职务犯罪案件认定自首、立功等量刑情节若干问题的意见》（法发〔2009〕13 号）明确规定，没有自动投案，在办案机关调查谈话、讯问、采取调查措施期间，犯罪分子如实交代办案机关掌握的线索所针对的事实的，不能认定为自首。因此，上述情况不能认定为自首。有人

①参见山东省济南市中级人民法院（2017）鲁 01 刑初字第 51 号刑事判决书。

②参见广东省江门市中级人民法院（2017）粤 07 刑初字第 19 号刑事判决书。

提出,《最高人民法院关于处理自首和立功具体应用法律若干问题的解释》(法〔1998〕8号)规定，犯罪事实或者犯罪嫌疑人未被司法机关发觉或者虽被发觉，但犯罪嫌疑人尚未受到讯问、未被采取强制措施时，主动、直接向公安机关、人民检察院或者人民法院投案，如实交代自己主要犯罪事实的，应当认定为自首，如公安机关发现了张某某盗窃的犯罪线索，电话通知其到案接受调查，后张某某主动到公安机关接受讯问并如实供述了盗窃的犯罪事实，根据上述司法解释，张某某行为能够认定自首。因此，上述两个规定在办案机关已掌握犯罪嫌疑人犯罪线索情况下，通知其到案后如实交代犯罪事实的，是否认定自首存在一定矛盾。我们认为，既然两高出台了专门针对职务犯罪的自首、立功的若干规定，那么对职务犯罪认定自首应当从严掌握，这也符合党中央全面从严治党、重拳打击腐败的政策部署。

在调研中，还存在个别案件认定“部分自首”的情况，根据《最高人民法院关于处理自首和立功具体应用法律若干问题的解释》(法〔1998〕8号)第一条第二款规定:“犯有数罪的犯罪嫌疑人仅如实供述所犯数罪中部分犯罪的，只对如实供述部分犯罪的行为，认定为自首。”由此可见，司法解释中规定的“部分自首”只适用于触犯不同种罪行的罪犯，但不能在同一罪名中适用。因此，我们认为在受贿中不存在“部分自首”的情况，应该综合考虑被告人交代的犯罪事实和未交代的犯罪事实的危害程度，决定是否认定为如实供述主要犯罪事实，以此来认定是否构成自首。例如，德州市德城区人民法院审理的被告人王某某受贿一案，检察机关根据群众举报王某某收受包工头章某某12万元这一线索立案，并将王某某传唤到案，经查证，王某某收受章某某12万元线索指向的事实不成立，王某某主动交代了其另外收受章某某的3万元犯罪事实，又经过检察机关深入侦查，王某某另外还收受了赵某某5万元的犯罪事实(王某某辩解系借款，后查证不属实，系受贿款)，据此，该院认为对王某某收受章某某3万元的犯罪事实认定自首。[①]我们认为，本案受贿总数额为8万元，王某某避重就轻，只交代了其中的3万元，不属于如实供述主要犯罪事实，依法不能认定自首。

另外，我们还发现，对于自首认定问题，个别判决书对自首情节的表述不够准确、说理不够透彻，容易引起炒作，甚至有打擦边球的嫌疑。例如，德州市平原县人民法院审理的王某某受贿、滥用职权一案，文书中认定自首时表述为：鉴于被告人王某某主动到案，并如实供述其犯罪事实，属自首，依法可予以从轻处罚。[②]至于平原县检察院传唤其到案前是否已掌握王某某受贿等犯罪线索，判决书内容没有显示，但是通过分析检察机关出具的立案、拘留说明，该案于2017年3月24日立案，当日下午传唤被告人到案，根据人民检察院刑事诉讼规则（试行）相关规定，检察机关一般只有已经初步掌握被告人的犯罪事实才能予以立案，此种情况是否属于自动投案存在疑问。

（二）认定立功的证据

立功证据材料一般应包括被调查人检举揭发材料及证明其来源的材料、办案机关的调查核实材料、被检举揭发人的供述等。检举揭发的案件已立案、侦破，被检举揭发人被采取调查措施、公诉或者审判的，还应审查相关的法律文书。证据材料应加盖接收被调查人检举揭发材料的单位印章，并有办案人员签名。

调研中，我们发现，被告人及其辩护人提出具有立功表现较多是“被告人‘检举揭发’与其共同收受贿赂的犯罪嫌疑人，经查证属实”。情况，比如，聊城市冠县人民法院审理的被告人马某某受贿案、四川省剑阁县人民法院审理的被告人魏某某受贿案等[③]，均是检举揭发同案犯，属于如

①参见山东省德州市德城区人民法院（2015）德城刑初字第205号刑事判决书。

②参见山东省平原县人民法院（2017）鲁1426刑初字第88号刑事判决书。

③参见山东省冠县人民法院（2016）鲁1525刑初字第38号刑事判决书、四川省剑阁县人民法院（2017）川0823刑初字第122号刑事判决书。

实供述犯罪事实，不构成立功，但在量刑时可以考虑从轻。另外，还要高度重视被告人检举揭发线索的来源，犯罪分子通过贿买、暴力、胁迫等非法手段，或者被羁押后与律师、亲友会见过程中违反监管规定，获取他人犯罪线索并“检举揭发”的，不能认定为自首；同时，犯罪分子将本人以往查办犯罪职务活动中掌握的，或者从负有查办犯罪、监管职责的国家工作人员处获取的他人犯罪线索予以检举揭发的，不能认定有立功表现。例如，日照五莲县人民法院审理的被告人杜某某犯受贿、国有公司、企业人员滥用职权罪一案，案发前杜某某先后担任日照某集团有限公司党委书记、总经理、董事长等职务，其归案后检举了该公司安全环保部工作人员尹某某在财务上报销费用约300万元的事实，后查证属实，辩护人认为杜某某构成立功。法院审理后认为，杜某某系日照某集团有限公司主要负责人，对单位职工有监督、管理的职责，在工作中发现职工有违法犯罪行为应当及时查处或上报司法机关系其应尽义务，故不能作为立功表现，其行为不构成立功。① 我们认为，该院认定是正确的。

（三）赃款赃物追缴情况的证据

此类证据主要是办案机关出具的涉案款物情况说明及其扣押清单。在办理受贿案件中，涉案款物追缴情况是重要的量刑情节，全部或大部分已经追缴的，可酌定从轻处罚，但要注意犯罪分子及其亲友主动退赃或者在办案机关追缴赃款赃物过程中积极配合的，在量刑时应当与办案机关查办案件过程中依职权追缴赃款赃物的有所区别，前者从轻幅度应当比后者大。

在调研中，我们发现有的案件对“赃款赃物已全部追缴”的理解存在误区，这里的“赃款赃物”是指被告人收受贿赂时的全部财物及产生的孳息，并非只要追缴到案的财产多于或等于受贿犯罪数额即视为已经全部追缴，很多案件追缴的赃款赃物中包含有大量孳息，两者不能画等号。例如，淄博中院审理的被告人秦某某受贿一案，公诉机关指控秦某

①参见山东省五莲县人民法院（2017）鲁1121刑初字第131号刑事判决书。

某利用职务之便，为他人谋取利益，收受他人所送财物共计折合人民币2086万余元，赃款赃物已全部追缴。法院经审理查明，扣押在案的秦某某收受行贿人王某某所送的某公司股票售出款1473万余元，其中388万余元为秦某某收受的股票本金，1085万余元应为收受股票所得孳息，孳息依法不能计入秦某某退赃数额，公诉机关关于“赃款赃物全部追缴”的意见不能成立，应予纠正。[①]

四、受贿证据标准应把握的几个问题

通过以上分析受贿样本文书存在的各种问题及各地法院解决办法，我们认为，实际办案中，从完善受贿证据链角度、使受贿证据标准更加严格、准确，应注意把握以下几个问题

（一）必须始终坚持主客观相统一原则

主客观相统一原则是我国刑法理论的基础性原则，是犯罪概念、犯罪构成及社会危害性理论得以建立的依据。受贿形式除了索贿外，其他类型的受贿，我们一般只要求非法收受他人财物和为他人谋取利益两个要件，但是非法收受财物必须建立在行为人主观上具有非法收受他人钱财的犯罪故意基础之上，如果行为人主观上没有这一主观故意，比如对行贿人的贿赂行为确实不知情或者虽然知道但碍于情面当时被迫收下财物，事后及时退还或上交的，均不能认定，另外还有“正常人情往来”“事后不知情”“正常借用行为”等，均是靠行为人的主观非法占有故意予以认定。另外，坚持主客观相统一原则，也有利于区分受贿与其他犯罪的关系，实践中在犯罪形式上，受贿与贪污罪、敲诈勒索罪、诈骗罪有时存在想象竞合问题，比如，某国家工作人员在他人有求于自己的职务行为时，谎称能为他人谋取利益并主动要求对方提供财物的，是受贿与诈骗罪的想象竞合。[②]

①参见山东省淄博市中级人民法院（2016）鲁03刑初字第15号刑事判决书。

②张明楷：《刑法学》，法律出版社2016年版，第1220页。

（二）必须更加注重间接证据的收集

实际办案中，我们发现受贿证据类型中最多的是言词证据，言词证据最大特点就是不稳定，容易出现被告人翻供情形，在没有其他证据相佐证情况下，就会出现我们常见的“一对一”证据形式，因此，为了确保受贿证据达到确实充分、排除合理怀疑的程度，必须注重间接证据的收据，以此来印证行受贿双方的言词证据，增加法官内心确信。通常要收集以下几方面证据：一是从行贿方入手，查明行、受贿双方是否存在权钱交易的条件和可能，涉案赃款赃物的来源、去向；有控告举报情形的，还要分析举报人的动机、目的。二是调查行受贿双方财产变化时间、情形等，如行、受贿方资金变动时间、数额等相近，受贿人的财产或支出明显超过其合法收入，有受贿可能性。[1] 三是查证行贿人获取利益的书证、物证及证人证言，如经济往来中实际账务收入或支出明显低于或高于同类行业的标准、建筑工程的造价明显高于其他同类同时同地的水平等，具有行贿的实际可能。

（三）必须高度重视同步录音录像取证问题

同步录音录像，对于遏制刑讯逼供，防止冤假错案，倒逼办案机关提升办案水平具有很大的推动作用。《国家监察法》第四十一条第二款规定，调查人员进行讯问以及搜查、查封、扣押等重要取证工作，应当对全过程进行录音录像，留存备查。《人民检察院刑事诉讼规则（试行）》第二百零一条第一款规定，人民检察院立案侦查职务犯罪案件，在每次讯问犯罪嫌疑人的时候，应当对讯问过程实行全程录音、录像，并在讯问笔录中注明。《最高人民法院关于适用〈中华人民共和国刑事诉讼法〉的解释》第八十条亦规定，必要时，可以调取讯问过程的录音录像、被告人进出看守所的健康检查记录、笔录，并结合录音录像、记录、笔录

---

① 马剑萍：《职务犯罪案件证据参考标准与审查运用》，中国检察出版社 2012 年版，第 116 页。

对被告人供述和辩解进行审查。因此，在“一对一”证据形式面前，如果被告人翻供，将会给认定犯罪事实带来很大障碍，这也是目前办案中最常见、也最让人担心的情况，而应对被告人翻供的最有效、最直接的措施就是同步录音录像，通过查看或当庭播放同步录音录像，能够最大限度还原讯问笔录的原始状态，能够最大程度分析判断被告人翻供的合理与否，对于增加法官内心确信、提高办案权威具有很强的指导性。在样本文书中，通过查看同步录音录像应对非法证据排除的说理性、权威性比没有查看的高很多，比如，四川省广安市中级人民法院审理的被告黄某某受贿一案，在非法证据排除说理部分，该院这样表述：经查，公诉机关出示的立案决定书、提讯证、拘留证、逮捕决定书等程序性书证和黄某某的入所体检表，能够证实本案办案程序合法。侦查阶段对黄某某的讯问共有5次，讯问场所规范，讯问主体适格，讯问时间均未超过两个小时，且全程同步录音录像，视频中黄某某精神状态良好，神情自然，思维清晰，表达流畅，回答问题时有明显停顿回忆，符合正常人回忆往事的表象。讯问结束后，侦查人员将笔录交由黄某某查看，黄某某认真查看笔录内容，在2015年4月2日作出有罪供述的讯问中，黄某某花了五六分钟对讯问笔录进行查看核实，确认记录无误后才予以签字确认。①

（四）必须严格遵守刑事证据裁判规则

刑事诉讼法确立了“以事实为根据，以法律为准绳”的原则，办理死刑案件证据规定“认定案件事实，必须以证据为根据”。在所选取的234件样本文书中，宣判无罪案件仅有2件。我们认为，所谓的冤假错案，并非仅指有罪与无罪问题，在受贿中，还包括没有严格依据事实和法律认定受贿数额、自首、立功等，导致量刑失衡，这些都关系到犯罪人的权利，我们常讲“不冤枉一个好人，也不放纵一个坏人”，因此，在配合国家反腐败大局严厉打击腐败的同时，刑事法官也要坚守刑事证据

① 参见四川省广安市中级人民法院（2017）川16刑终字第107号刑事裁定书。

裁判规则，敢于担当、善于担当，该补查的证据一定要补查，不能存疑判案，每项受贿事实都要有合法证据支撑，每项证据都经过法庭质证，毕竟客观真实是我国刑事司法的正当性基础之一，如果对某一类犯罪降低证据标准，会为案件质量留下隐患，也将导致客观真实在整个刑事司法领域的松动，会对我国多年来形成的证据裁判规则造成巨大冲击。因此，在办案中要严格遵守刑事证据裁判规则，力争将每一件案件都办成铁案，经得起法律、历史和人民的检验。

山东省高级人民法院
关于受贿案件证据审查认证指导意见

为依法、公正、准确、高效地办理受贿犯罪案件，确保有罪的人受到公正惩罚、无罪的人不受刑事追究，依照《中华人民共和国刑事诉讼法》《最高人民法院关于适用〈中华人民共和国刑事诉讼法〉的解释》等有关法律规定，结合全省法院办案实际，制定本指导意见。

第一章　认证总体要求

第一条　办理受贿犯罪案件，应当坚持依法取证，严禁刑讯逼供和以威胁、引诱、欺骗及其他非法方法收集证据，不得强迫任何人证实自己有罪。

第二条　办理受贿犯罪案件，应当重证据，重调查研究，不轻信口供。只有被告人供述，没有其他证据的，不能认定其有罪和处以刑罚。

第三条　办理受贿犯罪案件，应当全面、客观审查能够证实被告人有罪或者无罪、罪轻或罪重的证据材料。

第四条　认定受贿犯罪定案证据，均要已经法定程序查证属实，同时应当根据案件具体情况，从证据与待证事实的关联程度、证据之间的联系等方面进行审查判断。

证据之间具有内在联系，共同指向同一待证事实，不存在无法排除的矛盾和无法解释的疑问的，才能作为定案的根据。

第五条 被告人、辩护人申请排除非法证据，并提供相关线索或者材料的，办案机关应当调查核实，出具书面说明材料，并由办案人员签名、加盖公章。未经有关办案人员签名的，不得作为证据使用。上述说明材料不能单独作为证明取证过程合法的根据。

第六条 证据未经当庭出示、质证等法庭调查程序查证属实的，不得作为定案的根据，但法律和最高人民法院关于适用《刑事诉讼法》解释另有规定的除外。

第二章 证明受贿主体的证据

第七条 证明受贿自然人身份的证据，主要包括户籍证明、居民身份证、户口簿、出生证明文件、护照、港澳台通行证、个人履历表、入学、入伍、招干登记表等书证以及证人证言、被告人供述等。

证明被告人身份的户籍证明，应当由户籍所在地公安派出所出具，并加盖户籍专用章。证人证言要注意审查证人与被告人关系，一般情况下，二者应当系直系亲属或旁系血亲以及其他关系密切的知情人员。

对于年龄的认定，一般应当以公安机关出具的户籍证明等书证为准。被告人对自身年龄提出异议或者办案机关提出异议，并提供合理证据线索，经查证属实的，可以结合其他综合证据予以认定。

第八条 证明国家机关工作人员受贿犯罪特定身份的证据，主要包括所在单位或者组织人事部门出具的被告人身份、职务、职责权限、干部履历表、干部任免表、任职文件、工作分工等有关证明材料。中共党员、人大代表、政协委员、人民团体成员受贿犯罪的案件，应当注明身份，并附身份证明材料。

第九条 证明国有公司、企业、事业单位、人民团体中从事公务的人员受贿犯罪特定身份的证据，主要包括国有公司、企业、事业单位、人民团体法人证书或组织机构代码证，国有公司、企业的工商营业执照和工商注册档案等，以及干部登记表、职工登记表、聘书、聘用合同、干部履历表、任免文件、职责分工等书证，单位负责人或组织人事部门负责人以及其他单位同事的证言，被告人供述与辩解。

第十条 证明国有公司、企业、事业单位委派到非国有公司、企业、事业单位、社会团体从事公务的人受贿犯罪特定身份的证据，主要包括委派单位和受委派单位的法人证书或组织机构代码证，工商营业执照、注册档案等，委派单位之间合作协议、人事、业务、财产管理关系的相关文件；委派人的干部登记表、职工登记表、聘书、合同履历表、任免文件、委任书、委派决定会议记录、委派决定书等书证，单位负责人或组织人事部门负责人以及其他单位同事的证言，被告人供述与辩解。

第十一条 证明其他依照法律从事公务的人员受贿犯罪特定身份的证据，主要包括被告人本职所在单位性质、依照法律从事公务所在单位性质的证据，以及从事公务的依据文件；被告人本职所在单位提供的证明被告人本职身份、职责的书证等；依法从事公务所在单位提供的证明被告人依法从事公务、职责的书证、以及相应说明材料；被告人供述以及相关证人证言。

第十二条 对于被告人任职期间的职责范围，一般应以其隶属的管理部门出具的任命书、分工文件等书证为准。被告人对自身职责权限提出异议，并提供合理证据线索，经查证属实的，应当结合其他证据综合予以认定。

第十三条 书证等证明材料系复印件的，要由提供人、两名以上提取人签名或盖章，并注有“经核对，与原件一致，原件存于某处”的字样。

第三章 证明受贿主观方面的证据

第十四条 证明职务犯罪主观方面的证据，主要包括被调查人、对合犯、同案犯的供述和辩解，证人证言，个人履历、职权范围、会议记录、财务账目，计划方案、传真、信函等书证，电子邮件、电话记录、手机短信记录、微信、微博等电子证据，现场勘验、检查笔录、涉案物品价格鉴定意见等，以及案发后的态度、行为等情况的证据。

第十五条 对于被告人供述，应当详细审查犯罪故意产生时间、犯罪动机和目的、犯罪预谋、策划过程以及其学习、工作经历等背景；构成共同犯罪的，应当审查犯意的提起、各共犯之间共同故意形成过程、沟通交流内容。

第十六条 对于已经为他人实际谋取利益的主观证据，主要审查被告人供述、行贿人陈述、相关证人证言、谋取利益的相关书证等，并注意审查被告人职责权限与谋取利益之间是否具有因果关系。

第十七条 对于承诺为他人谋取利益或明知他人有具体请托事项证据，主要审查被告人供述、证人证言、相关书证等，并注意审查被告人的职责范围、行贿人职业及两者是否相互知悉。

第十八条 对于特定关系人受贿、被告人事后知情类型的证据，主要审查被告人供述、特定关系人陈述、行贿人证言、收受财物等，并注意审查被告人供述中，关于特定关系人收受行贿人财物的时间、地点、行贿物品特征及具体请托事项等细节的知情程度，是否与特定关系人供述与行贿人证言相互印证。

第十九条 对于及时退还或上交不具有受贿主观故意的证据，主要审查被告人供述及请托人或行贿人陈述，认定被告人有无退还的意思表示、收受财物与退还或上交财物时间间隔长短，是否存在阻却退还或上交财物的客观性事由，还要注意审查及时上交的对象是否为所在党组织或纪检监察部门、单位负责同志等以及是否如实交代了收受贿赂来源等情况。

第二十条 对于形式上是受贿，实质上是贪污的案件的证据，重点审查行、受贿双方有无制约管理关系、有无占有公共财物的共谋。作为受贿方明知道行贿方所送财物为公款，并积极与行贿方进行共谋实施的，应认定为贪污罪。

第二十一条 根据法律规定的基础事实推定被告人主观上是否具有明知、故意或特定目的的，应当注意全面收集证明相关基础事实的证据。按照最高人民法院关于审理职务犯罪的司法解释等规范性文件、若干规定、会议纪要及意见等，合法、合理、合情推断被告人的主观目的，做到严格证据、不枉不纵。

第四章 证明受贿客观方面的证据

第二十二条 国家机关工作人员及其国有独资公司、参照公务员法管理的事业单位和人民团体工作人员利用职务便利的行为，应当认定为“公务行为”，证明证据主要审查根据被告人任职文件和职责分工、被告人供述及相关证人证言。

第二十三条 经国家机关、国有公司、企业、事业单位提名、推荐、任命、批准等，在国有控股、参股公司及其他分支机构中从事公务的人员以及经国家出资企业中负有管理、监督国有资产职责的组织批准或者研究决定，代表其在国有控股、参股公司及其分支机构中从事组织、领导、监督、经营、管理工作的人员的职务便利行为，应当认定为“公务行为”，以国家工作人员论，证明证据主要审查被告人供述、证人证言以及委派单位性质、任职文件、职责范围等书证。

第二十四条 国家机关、国有公司、企业、事业单位委派到非国有公司、企事业单位、人民团体从事公务人员的职务便利行为，证明证据主要审查委派单位性质、接受委派单位性质、委派文件及职责分工以及被告人供述、证人证言等，如果委派后实质上已经从事公务行为但尚未依照法定程序获取该单位职务的人员，仍然可以认定为国家工作人员。

第二十五条 非参照公务员法管理的事业单位人员从事公务的职务便利的证据，主要审查事业单位性质、任职文件、职责范围等。实践办案中，有的事业单位人员的职务便利包括管理、监督等具有公务性质的职责，有的则是利用自己本身技术、工作服务等的职务便利，前者具有公务性，后者不具有公务性。

第二十六条 协助乡镇政府管理的人员职务便利的“公务性”，证明证据主要审查其在村组织中是否具有职务，其所协助的行为是否属于受乡镇政府委托从事行政管理工作；属于村民自治组织或非行政管理性质工作的，则以非国家工作人员论。

第二十七条 利用本人或他人职务行为的证据，主要包括证人证言、被告人供述、请托人陈述，干部任免表、任职通知、职责分工等相关书证。

普通受贿和斡旋受贿区分重点是是否利用了职务便利中的隶属或制约关系。隶属关系主要审查单位内部国家工作人员之间或者上下级单位国家工作人员之间的管理与被管理、领导与被领导的关系；制约关系主要审查被告人职务范围内的权力能够派生出对其他国家工作人员的职务利害影响和相关约束力。

第二十八条 为他人谋取利益的证据，主要审查被告人供述、证人证言、行贿人陈述、物证及相关书证等。谋取“利益”既可以是正当利益，也可以是不正当利益。

谋取不正当利益包括行贿人谋取利益违反法律、法规、规章、政策规定，或者要求国家工作人员违反法律、法规、规章、政策、行业规范的规定，通过非政策途径、程序为自己提供帮助或方便条件获取利益。违背公平、公正原则，在经济、组织人事管理等活动中，谋取竞争优势获取利益。

第二十九条 收受贿赂物品的主要证据，包括账目资料、购物发票、银行存取款凭证等书证证明贿赂物品的来源、数量等；搜查扣押物品清单、物证及照片；检验报告、鉴定意见证明物品的价值真伪等；行贿人证言、保管财物人员证言、被告人供述等。上述证据中，要注意审查扣押清单要有调查人员、物品持有人、见证人签名，物品名称、特征、数量等注明详细；对于行贿物品及照片，应当经过行、受贿人双方的指认、辨认。

第三十条 收受美元、欧元等折合人民币的证据，主要审查行贿人兑换外币时所具体花费人民币的客观证据，如取款凭证、兑换凭证等，一般以实际花费人民币数额计算犯罪数额；没有具体兑换时所花费人民币数额的，应当根据行、受贿人供述的行贿时间时的人民币对美元汇率中间价来计算，如二人供述的行贿时间不一致，且没有其他证据予以佐证的，按照有利于被告人原则，以两个时间中的最低中间价来确定。在确定行贿时间时不仅要靠证人证言、被告人供述，还要靠出入境记录、住宿登记、出行车票、飞机票等相关书证予以印证。

第三十一条 收受字画、金条、房屋、汽车等物品价值数额的证据，主要包括被告人供述、行贿人陈述、购买财物价格、鉴定意见、检验报告等。在认定受贿数额时，应以收受财物的实际价值计算，财物的实际价值一般应以行贿方的购买价格认定，如在案证据不能证实财物购买价格的，应以鉴定价格作为认定依据；装修房屋费用、债务免除等均以实际花费金额认定犯罪数额。在审查鉴定意见时，不仅要看鉴定机构、鉴定资质、鉴定程序等形式上是否合法，还要对所选取检材、检材与待证事实关联性等进行实质审查。

对金条、名人字画等物品鉴定其价格时，要对金条等作纯度检验（含金量），对名人字画等作真伪检验，鉴定意见和检验报告均要一并审查。

第三十二条 收受干股的证据，主要包括被告人供述、行贿人陈述、公司出资情况、股份构成比例等。要注意审查被告人实际出资情况，没有出资或象征性出资（占有股份与实际出资不成比例），计算犯罪数额时，以被告人实际占有、控制的时间计算股份实际价格，后续的股份分红或增值部分计入孳息予以没收。股份未实际转让，以股份分红名义获取利益的，以实际获利数额作为受贿数额。

第三十三条 收受银行卡、购物卡等有价证券的证据，主要包括被告人供述、行贿人陈述、扣押物证及照片、购买发票等。在认定有价证券价值时，被告人完成收受行贿人财物后，受贿数额应当以卡里数额为准，受贿后银行卡、购物卡等被行贿人挂失或消费的，不影响受贿既遂的认定。

第三十四条 以交易形式收受贿赂，主要指低价购买房屋、汽车等物品，高价出售房屋、汽车等物品。此类证据主要包括被告人供述、行贿人陈述、认购合同、购买发票、认购通知单、转账凭证、相关证人证言等。受贿数额应当按照交易时当地市场价格与实际支付价格的差额计算。市场价格包括商品经营者事先设定的不针对特定人的最低优惠价格，针对特定人的最低优惠价格低价购房、购车的，差价应当认定为受贿。

第三十五条 以开办公司等合作投资名义收受贿赂的证据主要包括：被告人供述、行贿人陈述、公司出资情况、股份构成比例、公司实际经营管理情况等相关证据。重点审查被告人有无实际出资（或象征性出资）、是否参与实际经营管理等证据。

由请托人出资，合作开办公司或投资的，以请托人给予被告人的实际出资额为受贿数额。以合作开办公司或其他投资名义获取“利润”，没有参与实际出资（或象征性出资）、经营与管理的，以实际获取的利润作为受贿数额。

第三十六条 以委托请托人投资理财名义收受贿赂主要是被告人委

托请托人借投资理财名义，但未实际出资而获取“收益”或虽然实际出资，但获取“收益”明显高于出资应得的受贿。上述证据主要包括被告人供述、行贿人陈述、理财产品出资比例、正常理财收益、被告人获取的收益等。在认定受贿犯罪数额时，未实际出资而获取收益的，以收益额计算；有实际出资的，以收益额与出资应得收益额的差额计算。

第三十七条 以特定关系人“挂名”领取薪酬方式收受贿赂的证据，主要审查被告人供述、行贿人证言、特定关系人陈述、单位相关人员（人力资源、财物部门负责人）等的证言以及单位考勤表、会议纪要、工资发放表等书证。在计算受贿犯罪数额时，除了发放的工资外，单位为特定关系人缴纳的社会保险、公积金等也应当一并计算在内。

第三十八条 以借为名收受贿赂的证据主要包括被告人供述、出借人陈述、相关证人证言及谋利事项相关书证等。在审查上述证据时，除了审查有无书面借款手续外，还要审查有无正当、合理的借款事由，借款去向，双方平时关系如何、有无经济往来，出借方是否要求被告人利用职务上的便利为其谋取利益，借款后是否有归还的意思表示及行为，是否有还款能力，借款时间长短，未归还的原因等，综合予以判断。

第三十九条 离职后收受贿赂，在审查此类受贿犯罪时，要根据被告人供述、请托人陈述、相关谋利事项等书证和收受财物及照片等证据，以此来判断收受请托人财物是否基于被告人离职前为请托人谋利这一基础。

第四十条 被告人收受贿赂物品未办理权属变更的不影响受贿的成立，证明证据主要有被告人供述、行贿人陈述、物品及照片、物品购买发票、转账记录、相关证人证言等。在审查时，要注意与借用的区分，具体认定时，除双方交代或书面协议之外，主要应当结合以下因素进行判断：1. 有无借用的合理理由；2. 是否实际使用；3. 借用时间的长短；4. 有无归还的条件；5. 有无归还的意思表示及行为。

第五章 证明受贿量刑情节的证据

第四十一条 认定自首的证据主要包括被告人供述、发破案情况说明、相关证人证言等。要重点审查办案机关出具的发破案情况说明，该说明一般应当具备以下内容：调查开始前监察机关已掌握被告人涉嫌职务犯罪情况、线索来源、初步核实情况、立案调查时间、被调查人到案具体时间、到案方式、到案后主动交代情况及查证情况等。说明材料应当加盖接受被告人投案的单位印章，并有办案人员签名。

第四十二条 成立自首需要具备自动投案和如实供述自己罪行两个方面的要件。犯罪事实或者被告人未被办案机关掌握，或者虽被掌握，但被告人尚未受到办案机关调查谈话、讯问，或者未被宣布采取调查措施时，主动向办案机关投案的，是自动投案。

被告人向所在单位等办案机关以外的具有管理、隶属关系的单位、组织或者有关负责人员投案的，应当视为自动投案。

第四十三条 没有自动投案，在办案机关调查谈话、讯问、采取调查措施期间，被告人如实交代办案机关掌握的线索所针对的犯罪事实的，不能认定为自首。

没有自动投案，但具有以下情形之一的，以自首论：（1）被告人如实交代办案机关未掌握的罪行，与办案机关已掌握的罪行属于不同种罪行的；（2）办案机关所掌握线索针对的犯罪事实不成立，在此范围外犯罪分子交代同种罪行的。

第四十四条 对于具有自首情节的被告人，应当根据犯罪的事实、性质、情节和对社会危害程度，结合自动投案的动机、阶段、客观环境，交代犯罪事实的完整性、稳定性以及认罪悔罪表现等具体情节，依法决定是否从轻、减轻或者免除处罚以及从轻、减轻处罚的幅度。

第四十五条 被告人依法不成立自首，但如实交代犯罪事实，有下列情形之一的，可以酌情从轻处罚:（1）办案机关掌握部分犯罪事实，被告人交代了同种其他犯罪事实的;（2）办案机关掌握的证据不充分，被告人如实交代有助于收集定案证据的。

被告人如实交代犯罪事实，有下列情形之一的，一般应当从轻处罚：（1）办案机关仅掌握小部分犯罪事实，被告人交代了大部分未被掌握的同种犯罪事实的;（2）如实交代对于定案证据的收集有重要作用的。

第四十六条 立功证据材料一般应当包括被告人检举揭发材料及说明其来源的材料、办案机关的调查核实材料、被检举揭发人的供述等。被检举揭发案件已被采取调查措施、立案、公诉或者审判的，还应审查相关法律文书。证据材料应加盖接受被告人检举揭发材料的单位印章，并有办案人员签名。

第四十七条 审查立功材料要查证是否为被告人本人实施的行为。为使被告人得到从轻处理，被告人的亲友直接向有关机关揭发他人犯罪行为，提供侦破其他案件的重要线索，或者协助司法机关抓捕其他犯罪嫌疑人的，不应当认定为被告人的立功表现。

第四十八条 据以立功的他人罪行材料应当指明具体犯罪事实。据以立功的线索或者协助行为对于侦破案件或者抓捕犯罪嫌疑人要有实际作用。被告人揭发他人犯罪行为时没有指明具体犯罪事实的；揭发的犯罪事实与查实的犯罪事实不具有关联性的；提供的线索或者协助行为对于其他案件的侦破或者其他犯罪嫌疑人的抓捕不具有实际作用的，不能认定为立功表现。

第四十九条 被告人揭发他人犯罪行为，提供侦破其他案件重要线索的，必须经查证属实，才能认定为立功。审查是否构成立功，不仅要审查办案机关的说明材料，还要审查有关事实和证据以及与案件定性处罚相关的法律文书，如立案决定书、审查起诉意见书、逮捕决定书、起诉书或者判决书等。

第五十条 据以立功的线索、材料来源有下列情形之一的，不能认定为立功:（1）被告人通过贿买、暴力、胁迫等非法手段，或者被羁押后与律师、亲友会见过程中违法监管规定，获取他人犯罪线索并检举揭发的。（2）被告人将本人以往查办犯罪职务犯罪活动中掌握的，或者从负有查办犯罪、监管职责的国家工作人员处获取的他人犯罪线索予以检举揭发的。

第五十一条 被告人检举、揭发他人犯罪，提供侦破其他案件重要线索，阻止他人犯罪活动，或者协助司法机关抓捕其他犯罪嫌疑人，犯罪嫌疑人、被告人依法可能被判处无期徒刑以上刑罚的，应当认定为有重大立功表现。其中，可能被判处无期徒刑以上刑罚，是指根据犯罪的事实、情节可能判处无期徒刑以上刑罚。案件已经判决的，以实际判处的刑罚为准。但是，根据犯罪的事实、情节应当判处无期徒刑以上刑罚，因被判刑人有法定情节经依法从轻、减轻处罚后判处有期徒刑的，应当认定为重大立功。

第五十二条 对于具有立功情节的被告人，应当根据犯罪的事实、性质、情节和对社会的危害程度，结合立功表现所起作用的大小、所破获案件的罪行轻重、所抓获犯罪嫌疑人可能判处的法定刑以及立功的时机等具体情节，依法决定是否从轻、减轻或者免除处罚以及从轻、减轻处罚的幅度。

第五十三条 被告人在接受调查、审查起诉、审理期间检举揭发他人犯罪行为或者提供侦破其他案件的重要线索，经审查认为该线索内容具体、指向明确的，应及时移交有关办案机关依法处理。办案机关在收到移送线索材料一个月内，应当出具书面材料，并加盖单位印章。无正当理由不予出具的，应当书面说明情况。

办案机关出具材料，表明在三个月内还不能查证并抓获被检举揭发的人，或者暂时不能查实的，审理案件可不再等待查证结果。

在案件审理过程中，对于办案机关超过三个月未出具相关材料，且已超过法定审理期限的，可依法判决。办案机关在案件生效判决后出具的查实立功的材料，可作为被告人刑罚执行期间减刑的重要依据。

第五十四条 赃款赃物追缴情况的证据主要是判决最终认定的受贿犯罪数额、办案机关出具的涉案款物情况说明及其扣押、查封清单等。“赃款赃物”是指被告人收受贿赂时的全部财物及所产生的孳息，要认真审查所追缴的赃款赃物中是否包含孳息，不能一概认定追缴到案的财产多于或等于受贿犯罪数额即视为已经全部追缴

第五十五条 涉案款物追缴情况是受贿的重要量刑情节，全部或大部分已经追缴的，可以酌定从轻处罚，但要注意犯罪分子及其亲友主动退赃或者在办案机关追缴赃款赃物过程中积极配合的，在量刑时应当与办案机关查办案件过程中依职权追缴赃款赃物的有所区别，前者从轻幅度应当比后者大。

第六章 依法不予认定情形及证据

第五十六条 证据不足的不予认定，主要分为单个证据有重大瑕疵不予采信和证据之间不能相互印证两种情况。在审查上述证据时，要注意审查单项证据合法性、关联性与真实性，也要注意各项证据之间能否相互印证，只有各项证据均指向同一待证事实，不存在无法消除矛盾时才能作为定案依据。

第五十七条 非法证据予以排除的不予认定，排除非法证据要审查提讯证、入所体检表、讯问场所是否规范、讯问主体是否适格、讯问时间是否合法等。对于被告人及其辩护人申请调取办案机关收集但未提交的讯问录音录像等证据材料的，人民法院经审查认为该证据与证据收集合法性有关的，应当予以调取，并进行实质审查。

第五十八条 对于存在以下情形之一的有关证据应当予以排除：确

认属于以非法方法收集证据情形的；对于应当对讯问过程录音录像的案件没有提供讯问录音录像，或者讯问录音录像存在选择性录制、剪接、删改等情形，现有证据不能排除以非法方法收集证据情形的；对于办案机关违反规定没有在规定的办案场所讯问，未作出合理解释的；对于负责案件移送审查起诉的部门在重大案件调查终结前未对讯问合法性进行核查，或者未对核查过程同步录音录像，或者录音录像存在选择性录制、剪接、删改等情形，现有证据不能排除以非法方法收集证据情形的；其他不能排除存在以非法方法收集证据情形的。

第五十九条 对于被告人在调查阶段的“重复供述”是否采信问题，在具体案件中，应当结合先前非法取证的性质和严重程度、诉讼程序的推进、取证主体的变更等情况综合衡量重复供述是否自愿、可靠，有无充分的证据排除被告人的供述存在被威胁的合理怀疑，从而决定是否排除重复供述。

第六十条 正常人情往来不予认定的证据，主要有被告人供述、行贿人陈述、证人证言及往来相关物证、书证等。重点审查双方关系是否具有平等性、送钱目的是否具有请托性、所送财物是否具有双向性及对称性、所送财物是否超过正常往来的数额、送财物时是否具有一定公开性等，综合予以认定。

第七章 附 则

第六十一条 本指引是规范受贿犯罪案件证据审查、判断工作的内部指导性意见，不具有法律约束力，不能作为规范性条文引用。

第六十二条 本指引由山东省高级人民法院刑二庭负责解释。

第六十三条 本指引没有涉及的，如有法律规定、司法解释的，要严格遵照执行；没有相关规定的，及时报告、再行协商。

第六十四条 本指引自下发之日起试行。

建设工程合同类案证明标准研究报告*

引　言

近年来，最高人民法院和地方各级法院在统一法律适用等方面做了大量工作，单纯的法律适用争议已非常态，而案件事实的认定往往成为困扰法官的问题。审判实践中，法官在认定案件事实时，会因法律素养、知识结构、思维方式等方面的差异而采取程度不同的证明标准，导致在相同证据面前作出不同的事实认定，进而导致类案不同判，影响了司法公信。如何统一类案证明标准，让法官对同类案件以同样的裁判尺度办案，让当事人对裁判结果形成理性预期、对司法公正增强内心确信，显得尤为现实和重要。

对此，为进一步深化落实司法责任制改革，切实提升法官裁判能力，推进类案规范化，统一裁判尺度，为完善中国特色社会主义诉讼制度贡献山东法院智慧，省法院党组立足解决审判实践中的突出问题，决定在省法院开展类案证明标准专项课题研究。

2018 年 5 月 14 日下午，省法院召开第二次类案证明标准研究会议，就类案证明标准具体安排进行部署。根据张甲天院长要求及会议部署，

*课题主持人：崔　勇　山东省高级人民法院民事审判第一庭　庭　长
课题组成员：栾建德　山东省高级人民法院民事审判第一庭　法　官
陈东强　山东省高级人民法院民事审判第一庭　副庭长
张　磊　山东省高级人民法院民事审判第一庭　法　官
孔祥昆　山东省高级人民法院民事审判第一庭　法官助理
付文文　山东省高级人民法院民事审判第一庭　法官助理
王新兵　山东省高级人民法院民事审判第一庭　法官助理
吕曰东　山东法官培训学院　教　授
课题执笔人：陈东强

结合民一庭审判实际，决定研究“建设工程合同案件类案证明标准”。为保证课题顺利开展，组成课题组，经过深入调研，完成了本研究报告。本研究报告分为三个部分。

第一部分　建设工程合同类案界定及样本来源

一、建设工程合同类案之界定

类案与个案相对应，类案是具有某些共性的个案的集合。最高人民法院《司法责任制实施意见（试行）》新创设了类案与关联案件检索机制，为类案检索指明了方向与路径，也为类案范畴进行了原则性的界定。

2011年，修改后的《民事案件案由规定》以民法理论对民事法律关系的分类为基础，以法律关系的内容即民事权利类型来编排体系，结合现行立法及审判实践，将建设工程合同纠纷案由界定为第三级案由。在其下细分为九类案由。

建设工程施工合同是指承包人进行工程建设，发包人支付价款的合同。本研究报告所指“建设工程合同案件类案”是指基于《民事案件案由规定》第一级案由“第四部分合同、无因管理、不当得利纠纷”和第二级案由“十、合同纠纷”之下的第三级案由“100.建设工程合同纠纷”之综合。包括（1）建设工程勘察合同纠纷（2）建设工程设计合同纠纷（3）建设工程施工合同纠纷（4）建设工程价款优先受偿权纠纷（5）建设工程分包合同纠纷（6）建设工程监理合同纠纷（7）装饰装修合同纠纷（8）铁路修建合同纠纷（9）农村建房施工合同纠纷。

二、建设工程合同案件审理基本态势

（一）案件总量不大。

2017年全省法院民事一审收案470435件，婚姻家庭继承141832件，占30%；侵权责任纠纷106688件，占23%；民间借贷纠纷96674件，占20%；房地产纠纷33253件，占7%；劳动争议28159件，占6%，

物权纠纷 17450 件，占 4%；建设工程纠纷 13459 件，占 3%。

（二）省法院审理的案件占比增加。

2016 年省法院民一庭共新收各类一审、二审案件 888 件，其中一审案件 40 件、二审案件 848 件。受理的案件中，民间借贷纠纷 217 件，占 24.44%；建设工程合同纠纷 178 件，占 20.05%；执行异议之诉纠纷 135 件，占 15.2%；其他 358 件，占 40.32%。建设工程合同纠纷案件居于第二位。2017 年民一庭收案 654 件，其中建设工程纠纷 246 件，占 38%；执行异议之诉 167 件，占 26%；民间借贷纠纷 87 件，占 13%；房地产纠纷 67 件，占 10%；其他类型纠纷 87 件，占 13%。建设工程合同纠纷案件超过民间借贷案件居于第一位。

（三）发改率居于高位。

省法院审结二审案件中，2017 年的建设工程施工合同纠纷 232 件，占审理二审案件总数的 31.1%，审结的 203 件发改案件中，建设工程施工合同案件为 82 件，占发改案件的 40.4%，再审申请率也居高不下，案件审理水平仍有待提高。

（四）主要案件类型。

山东法院 2017 年受理各类建设工程案件 13459 件，建设工程合同纠纷 4347 件，建设工程勘察合同纠纷 24 件，建设工程设计合同纠纷 74 件，建设工程施工合同纠纷 6878 件，监理合同纠纷 38 件，建设工程价款优先受偿纠纷 13 件，装饰装修合同纠纷 1381 件，建设工程分包合同纠纷 570 件，农村建房合同纠纷 130 件。

三、建设工程施工合同案件的特点

（一）专业技术性较强。

建筑业与其他行业相比出现较早，形成了一套专门的合同约定方式、技术术语和行业惯例，而且与建筑业相关产业部门较多。工程建设需要进行项目规划、勘查、设计，工程合同涉及诸多技术性规范，工程质量的检验监督有诸多专业性机构的参与等。因此，建设工程施工合同纠纷案件涉及的专业技术性较强。由于审理该类案件的法官大多不具有建设工程方面的专业性知识，这给该类案件的审理工作带来一定的困难。

（二）审理工作难度大。

建设工程施工合同纠纷涉及面较广，审理工作非常复杂。主要原因在于建设工程施工合同的主体确认比较复杂，施工合同性质及内容较难把握，双方争议的重要事项往往通过工程施工签证及技术鉴定才能予以认定，案件实体的处理要受到一系列建设法规，如《合同法》《建筑法》《土地管理法》《招标投标法》等法律以及国务院行政法规及其配套规章的调整。所以，与其他案件相比，该类纠纷无论从证据、事实认定还是适用法律方面都较为复杂。

（三）案件审理周期长。

审理建设工程施工合同纠纷案件相对其他案件周期较长，客观上主要有以下原因：首先，工程造价审计和工程质量鉴定的周期长。在建设工程施工合同纠纷案件中，工程造价的确认是认定案件事实的关键。如果双方当事人在合同中没有对工程价款作出明确约定，事后又达不成一致意见，对诉争工程的造价进行司法鉴定就成为解决争议的主要手段。同时发包方往往以建筑工程存在质量缺陷为由提出抗辩，对于工程的质量鉴定以及质量不符合设计要求或合同约定后修复费用的评估不但增加诉讼成本，而且使审理的实际周期漫长。其次，施工合同的履行期限长，当事人保存、固定证据相对困难，一方面对当事人的举证责任的要求提高，另一方面使双方当事人对证据的争议较多，对证据的审核和认定较为困难，致使审判周期延长。最后，由于涉案的标的额高，双方当事人争议大，矛盾极易激化，通常难以调解，或无法当庭调解，客观上延长了审判周期。

（四）涉及法律法规多。

建设工程合同本质上属于承揽加工合同，但由于建设工程事关国家和人民的财产人身安全，关系到国计民生，且具有公共性、危险性和风险性，因此《合同法》将该建设工程合同作为一种独立合同加以规定，并对建设工程合同规定了许多强制性和禁止性内容。此外建设工程施工合同纠纷案件实体处理还要受到一系列建设法规，如《建筑法》《土地管理法》《招标投标法》《城市规划法》等法律以及国务院行政法规及其配套规章的调整。这些法律、法规和行政规章有相当一部分条文涉及调整民事法律关系内容。因此，审理该类案件对法官的法律素养和业务水平提出了较高的要求。

（五）审理原则。

建设工程合同案件从宏观上属于房地产类型，从我国目前房地产案件的整体情况来看，纠纷领域主要在最高人民法院关于国有土地使用权、建设工程、商品房买卖三个司法解释中规定，上述司法解释出台时间集中在2005年以前，而十几年来房地产纠纷形势发生较大变化，因为当前房地产市场发展较快且呈现波动状态，不规范民事行为较多，争议较大。随着我国经济发展进入新常态、产业结构优化升级以及国家房地产政策的调整，建设工程作为宏观房地产市场的一项重要领域正面临着深层次的变化，必然带来新情况、新问题。而该类案件的审理紧密关系国家宏观经济政策、人民群众安居乐业和社会经济发展。因此，在该类案件审理中一般注重以下审理原则：一是维护公平交易原则。为维护正常的建设工程施工秩序，实现当事人订立合同的真实意思表示，防止通过法院判决的形式助长有违诚信原则的恶意毁约行为，造成当事人利益严重失衡。二是保障社会公共利益原则。建设工程质量等问题较多涉及社会公共利益，对案件审理的法律适用产生一定程度的影响。三是诚实信用原则。在建设工程合同的订立、履行、变更或解除中贯彻诚实信用原则，保护守约方的合法权益，准确界定违约方所应承担的责任。在案件审理中，注意把握民事权利义务分配是否失衡、当事人履行合同是否基于诚实信用的心态。充分发挥审判职能作用，制裁虚假诉讼，支持合同的正常履行。依法调整约定过高的违约金，维护社会公平。

四、关于遴选建设工程合同类案样本的说明

以中国裁判文书网为主要载体，结合本省建设工程合同案件，广泛搜集以“建设工程合同纠纷”为案由的生效裁判文书。针对搜集到的裁判文书我们进行了选择，主要是选择争议事实焦点清楚、事实认定过程明确的文书并剔除瑕疵文书不合目的要求的文书，如缺席判决、未生效判决、无事实争议的判决等。

最后共选取有效样本案例 210 个。分析如下：

样本地域分布，其中本省 102 件，占 48%，其他省 108 件，占 52%。

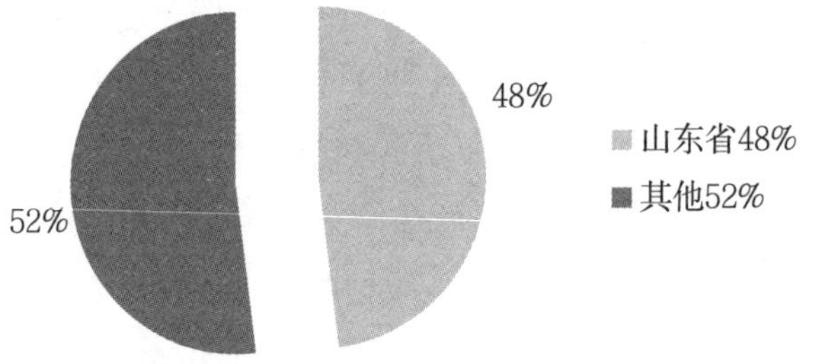

样本地域分布

样本审级分布。一审判决 172 个，占 82%，二审判决 34 个，占 16%，再审判决 4 个，占 2%。

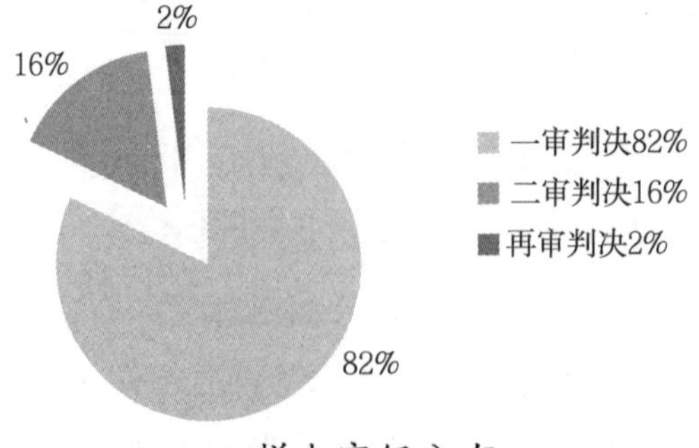

样本审级分布

样本判决时间分布。2018 年 61 件，2017 年 98 件，2016 年 28 件，2015 年之前 23 件。

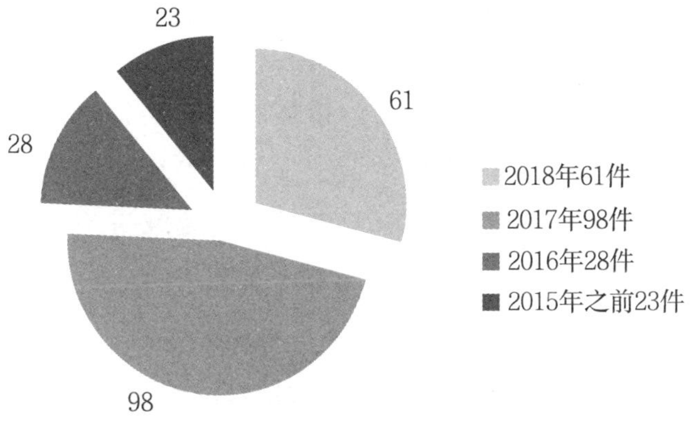

样本判决时间分布

第二部分　建设工程合同类案证明标准研究方法及步骤

一、建设工程合同类案证明标准研究方法

（一）以样本案例为基础

类案证明标准是刑事证明标准、民事证明标准、行政证明标准的下位证明标准。证明标准是待证事实的证明标准。依托中国裁判文书网，以具体案由为检索条件搜集类案，从每个裁判文书中提取争议的焦点事实、具体证据，总结归纳争议的焦点事实并按照法定证据种类进行归类，根据裁判文书中法官的认定，结合法律、司法解释及各地审判经验中的证据规范，明确各种证据的形式要件、内容要素。特别是既要注重采信证据的研究分析，又要注重对不采信证据等的研究分析。

（二）案例研究与经验总结相结合

判决书是案件审理的高度凝练和全面总结，调查全国有关案件尤其是中国裁判文书网时间上比较新颖的推荐案例的审判资料，分析提炼其争议事实（待证事实）、当事人提交的证据、法官的认证、事实的认定，能全面把握建设工程合同案件类案的争议事实证明，有助于从整体上研究建设工程合同案件类案证明标准。

但静态的文书不能完全替代丰富的审判经验，在调研中我们特别注重法官经验总结，通过多种方式根据类案证明标准研究所要求的内容，总结在审理建设工程合同案件中主要的、突出的事实问题、证据问题，以及其解决过程、方法以及结果。主要从三个方面进行收集和整理：

一是对长期从事建设工程合同案件审理的法官的审判经验，从证明标准的角度进行总结提炼；二是研究最高人民法院的相关司法解释、答复、解答、指导案例、改判意见等；三是总结下级法院对相关问题的请示、上级法院的指导性意见等。

把经验总结与案例研究相结合，对要研究的问题进行不断调整，以突出关键问题、解决主要矛盾。

二、建设工程合同类案证明标准研究路径及具体步骤

统一类案证明标准的实质就是基于对生效裁判文书的分析和司法经验总结形成“类案辅助办案系统”。研究建设工程合同案件类案证明标准基于以下三个步骤。

（一）第一步：提炼总结主要与事实有关的争议焦点分布，归类待证事实

证明标准是待证事实的证明标准，研究类案证明标准，必须首先研究类案中的待证事实。由于建设工程合同案件待证事实复杂多样，在样本中提炼主要与事实有关的争议，并计算其在样本中占有的比例，进而发现具体的争议事实，并在大量的事实中选取主要的和突出的问题，研究其证明标准。经过提炼，结果如下：

合同效力 72 个　　占总样本 34%；

工程款 65 个　　占总样本 31%；
违约 67 个　　占总样本 32%；
质量 38 个　　占总样本 18%；
优先受偿权 48 个　　占总样本 23%；
主体 32 个　　占总样本 15%；
合同解除 11 个　　占总样本 5%；
保证金 8 个　　占总样本 4%；
工程造价 13 个　　占总样本 6%。

另外还涉及工程量、诉讼时效、利息的起算时间等问题。对比如下图：

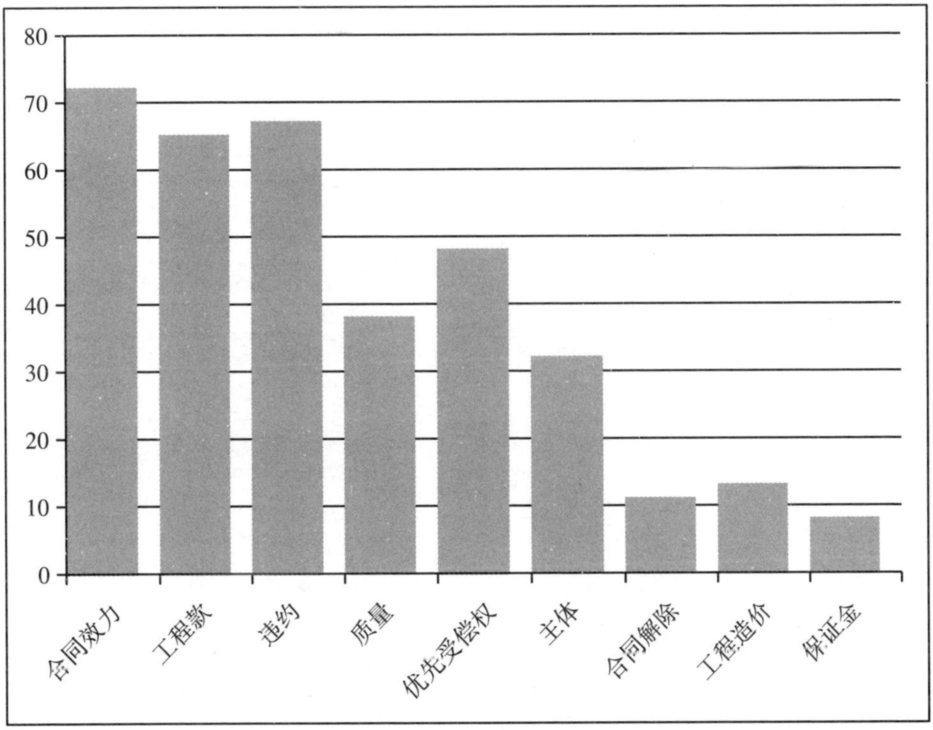

通过调研，我们发现建设工程合同案件典型和突出的与事实有关的问题中，诉讼主体、责任主体虽然占有较高比例，但其与合同效力、违

约问题密切相关，工程造价与工程款问题密切相关，所以我们重点研究合同效力、工程质量、工程价款、违约、优先受偿权五个问题。与这些问题相关的主要待证事实图示如下：

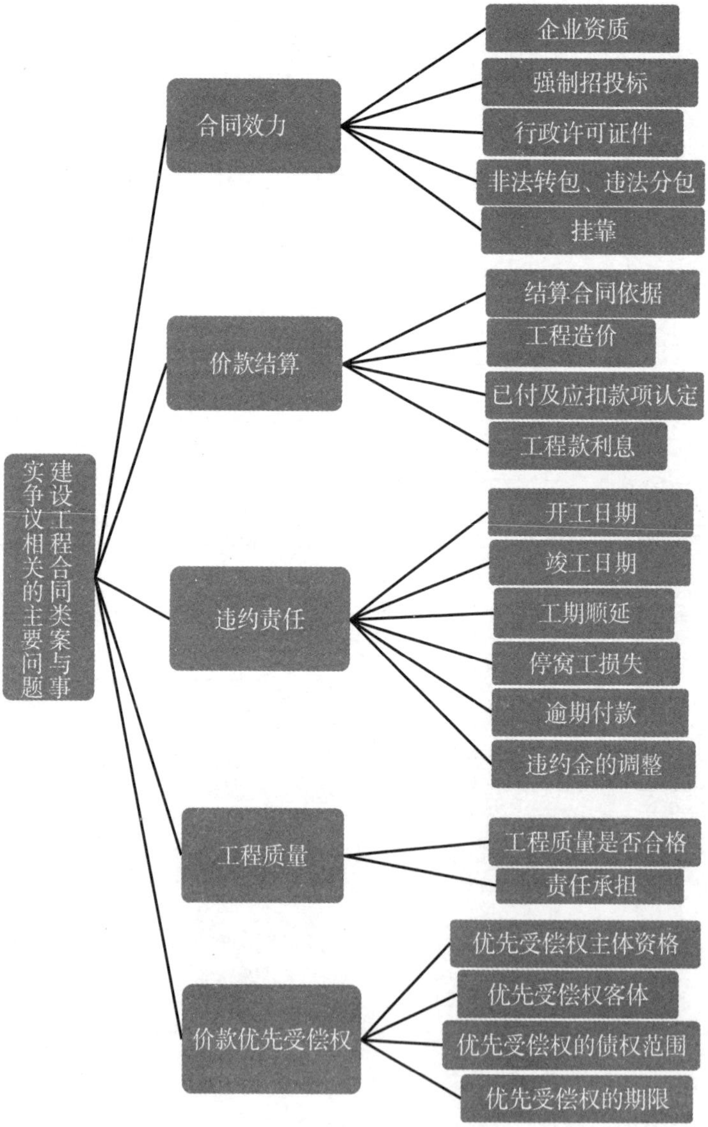

我们围绕这五类问题进行了深入的研究，以主要问题—待证事实—相关证据—分析判断为路径和主线，力图明确该类案中判断待证事实的基准。

证据涉及当事人的陈述、书证、物证、视听资料、电子数据、证人证言、鉴定意见、勘验笔录等，其中鉴定意见因其多样性、对认定待证事实（工程造价、工程质量、窝工损失等）的重要性凸显认定的复杂性。所以，对司法鉴定问题从三个角度进行特别研究：

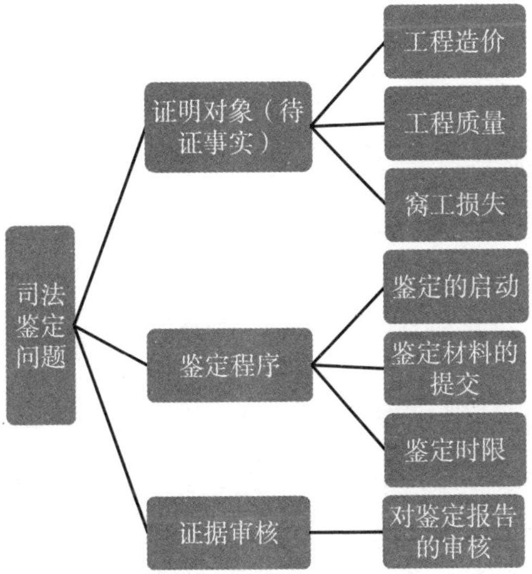

（二）第二步：证据采集及分类

研究类案证明标准从样本裁判文书中提取具体证据，根据裁判文书中法官的认定，结合法律、司法解释及审判经验中的证据规范，明确各种证据内容要素和证明对象，并以证明对象（待证事实）引领之。分述如下：

表 1　合同效力问题

主要问题	待证事实	相关证据
合同效力问题	企业资质	总承包企业资质文件
		专业承包企业资质文件
		劳务承包企业资质文件
	强制招投标	招标公告、投标书、中标通知书、中标合同书等招投标文件
		施工合同（备案）、施工合同（备案外签订）、会议纪要、备忘录等合同文件
		建设工程规划许可证、建设工程施工许可证等资质证件
		让利承诺书等
	行政许可证件	建设用使用权证、建设用地规划许可证、建设工程规划许可证、建设工程施工许可证以及相关行政主管部门审批手续等证件
		未依法办理上述手续而被行政主管部门处罚的通知书、缴款凭证等证据
	非法转包、违法分包	资质证书、施工合同等
		会议纪要、备忘录、现场签证、施工日志、报表等
	挂靠	总承包企业资质、专业承包企业资质、劳务承包企业资质等资质类证据
		挂靠协议、会议纪要、备忘录、现场签证、施工日志、报表等证据

表 2　价款结算问题

主要问题	待证事实	相关证据
价款结算问题	结算合同依据	招投标文件、合同约定、往来信函、会议纪要、框架协议等合同形成背景、过程和内容的证据
		结算报告、签证、施工日志、审核报告、欠款协议等具有结算性质和能够认定实际履行合同的证据
		确认函、短信、微信、邮件、录音记录等对方认可履行合同的其他证据
		授权委托书、聘用协议、劳动合同等能够证明是否构成有权代理或表见代理的证据
		合同达成后对方未提出异议、已按约全部履行或部分履行的证据

续表

主要问题	待证事实	相关证据
价款结算问题	结算合同依据	购买承建房产明显高于市场价格，无偿建设住房配套设施、让利、向建设方捐款等证据
		竣工验收报告、鉴定报告、验收记录、接收记录、工程实际使用等方面证据
	工程造价确认	招标公告、投标书（商务标书与技术标书）、中标通知书等招投标文件，施工合同及附件，施工设计文件（含图纸）、工程量清单、预算书，甲供材清单、批价文件、特殊设备购销文件，施工方案等约定工程量及详细组成、计价方式和标准的合同及文件
		补充协议、备忘录、会议纪要，设计变更指令、技术联系单、政策性调整文件、工程量调整文件，进度款支付审定单、工程签证、中间结算文件等施工过程中发生的补充、变更、确认的证据
		结算协议、审价报告、补偿协议、政府审计报告、第三方审计报告等施工完成后进行结算、确认、审价、审计等证据
		施工中存在减项、甩项，工程未完工，原承包范围部分工程由其他施工人实际完成的证据等
	已付及应扣款项认定	注明已付款和应扣款时间、金额、付款方式、内容等的清单，详细的付款凭证、银行打款记录，承兑汇票、领款单、取款记录、领款人授权文件、职务身份证明等补充资料
		请款单、借款单、领取记录等有关付款或扣款意思表示的证据
		代付社保金收款单、以房抵款协议、代付材料款清单、垫付民工工资款项等证据
	工程款利息	施工合同、补充协议、请款书、结算协议、备忘录、会议纪要等可体现工程预付款、进度款、结算款、垫资款数额和利息计付标准的证据
		合同、垫款协议等关于垫资款用途、利息约定的证据
		对付款时间具体约定的证据；工程实际交付时间的证据；提交竣工结算资料的邮寄资料、签收凭证，法庭或仲裁庭出具的回执凭证、受理通知书等证据

表 3 违约责任问题

主要问题	待证事实	相关证据
违约责任问题	开工日期	招投标文件、建设工程施工合同
		开工报审表、开工通知
	竣工日期	竣工验收申请报告、工程接收证书、竣工验收合格证明工程移交记录
		发包人拟使用涉案工程的通知、发包人实际使用工程的照片、视频等
	工期顺延	施工进度计划、暂停施工指示、复工指示、变更指示、变更图纸和说明、图纸会审和设计交底相关材料、工期顺延申请书面通知及签收资料、往来信函等
		开工报审表、开工通知、甲供材一览表（含材料、工程设备的品种、规格、型号、数量、单价、质量等级和送达地点）、甲供材进场通知、甲供材产品合格证明及出厂证明、甲供材接收文件、催告书面通知及签收资料、往来信函等
		不利物质条件、异常气候条件、不可抗力发生及造成损失的相关证据、中间报告或最终报告（说明不可抗力和履行合同受阻的情况）
		施工合同，开工报审表、开工通知、竣工验收申请报告、工程接收证书、竣工验收证明、工程质量鉴定意见等
	停窝工损失（违约金）	施工合同、暂停施工指示、复工指示、变更指示、变更图纸和说明、图纸会审和设计交底相关材料、工期顺延申请书面通知及签收资料
		甲供材进场通知、甲供材产品合格证明及出厂证明、甲供材接收文件、催告书面通知及签收资料、往来信函等
	逾期付款	施工合同、进度付款申请单（附已完成工程量报表和有关资料）、进度款支付证书、临时进度款支付证书、
		竣工结算申请单、结算资料、竣工付款证书、最终结清申请单、支付分解表、收付款凭证等
	违约金的调整	施工合同、停窝工损失、造成损失等关于违约金过高或过低的证据

表 4　工程质量问题

主要问题	待证事实	相关证据
工程质量问题	工程质量是否合格	图纸和说明、图纸会审和设计交底相关材料
		承包人提供的工程材料、设备或构配件产品合格证明及出厂证明、工程质量检验文件、工程试车试运行、交工验收报告
		现场勘查记录、工程移交记录、发包人拟使用涉案工程的通知、发包人实际使用工程的照片、视频等
	责任承担	能够反映工程质量状况客观真实的证据、工程质量保修书、修复通知、整改通知
		工程质量鉴定意见、工程修复方案鉴定意见、工程修复费用鉴定意见、修复后的竣工验收不合格证明等

表 5　价款优先受偿权问题

主要问题	待证事实	相关证据
价款优先受偿权问题	优先受偿权主体资格	招标公告、投标书（商务标书与技术标书）、中标通知书等招投标文件
		施工合同、装饰装修合同、分包合同及附件
		工程量清单、施工方案、施工签证，结算协议、审价报告等能够证明实际履行的证据
		工程债权转让合同，转让通知、声明，对于转让通知的签收等证据
	优先受偿权客体	结算协议、鉴定结论、审计报告等能够证明实际履行情况、工程增值情况的证据
		建设工程规划许可证、建设用地工程规划许可证、工程无法独立存在或者分割后影响主建筑使用功能的证据；工程是否属于事业单位、社会团体以公益目的建设的教育设施、医疗设施及其他社会公益设施的证据；工程是否属于国家机关的办公用房或者军事建筑；工程存在不能取得物权确认或物权不得转移的其他法定情形的证据；消费者是否购买了承包人承建的商品房，并已经办理商品房预告登记或产权变更手续的证据
		工程验收报告、鉴定结论等证明工程是否合格，不合格能否修复的证据
	优先受偿权的债权范围	施工合同、现场签证、招投标文件、会议纪要、结算协议等明确约定工程价款数额和范围、利息的证据
		材料支付凭据、工资发放记录、垫资款支付凭证、双方关于停工窝工损失的签证、会议纪要等证据

续表

主要问题	待证事实	相关证据
价款优先受偿权问题	优先受偿权的期限	竣工验收报告的提交、验收记录
		发包人已经进驻、营业、出租等实际使用涉案工程的证据
		转移占有建设工程的证据
		因发包人怠于支付工程款、甲供材提供不及时、甲方另行委托他人施工等原因致使工程未能竣工的证据
		合同解除或中止履行的证据

表 6　司法鉴定问题

主要问题	待证事实	需提交的相关证据
司法鉴定问题	工程造价	起诉状、答辩状、庭审笔录、质证笔录等诉讼材料
		对外委托工作交接表
		施工合同
		施工图纸（纸质版蓝图及电子版 CAD 图）
		招、投标书
		签证、设计变更、会议纪要、隐蔽工程验收记录等相关资料
		施工日志、打桩记录
		与工程价款结算有关的其他相关资料
	工程质量	起诉状、答辩状、庭审笔录、质证笔录等诉讼材料
		对外委托工作交接表
		施工合同
		设计图纸、图纸答疑和竣工图纸及红线图
		设计变更文件
		施工技术资料（隐蔽工程资料）
		地质勘查报告
		竣工验收报告
		监理及施工日志
		材料产品合格证明资料及进场交验记录
		其他与工程质量有关的材料

续表

主要问题	待证事实	需提交的相关证据
司法鉴定问题	窝工损失	起诉状、答辩状、庭审笔录、质证笔录等诉讼材料
		对外委托工作交接表
		施工合同
		设计图纸及变更文件
		有关停工、窝工内容的签证单或其他施工技术资料
		监理及施工日志
		其他与停工、窝工有关的材料

（三）分析判断证明标准规则

证明标准是待证事实的证明标准，研究类案证明标准，必须首先研究类案中的待证事实和证明待证事实的证据。在此基础上在样本中采集证明待证事实的证据。

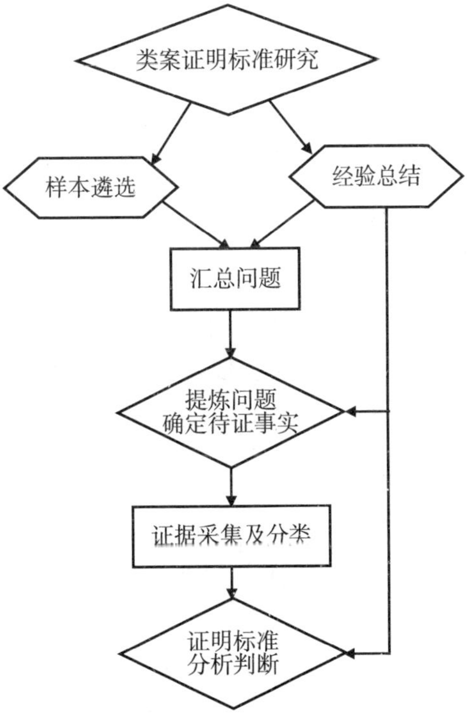

通过以上研究，可见建设工程合同案件待证事实和证据复杂多样，呈现出建设工程施工合同案件突出的特点。基于此，我们以主要问题—待证事实—相关证据—分析判断为研究的路径和主线。依托实践经验，从裁判结果入手，比较不同判决之间证据证明的共性和个性，研究其证明标准，力图将建设工程合同案件类案证明标准“客观化”。以期形成“类案辅助办案系统”，法官可以借助它的技术手段来帮助判断，以达到“统一”建设工程合同案件司法裁判、提高司法公信力的效果。

第三部分　建设工程合同类案证明标准

为依法妥善审理建设工程施工合同纠纷案件，根据《中华人民共和国合同法》、《中华人民共和国招投标法》、《中华人民共和国民事诉讼法》及《最高人民法院关于审理建设工程施工合同纠纷案件适用法律若干问题的解释》等相关司法解释规定，参照最高人民法院生效裁判及典型案例，结合山东审判实际，针对建设工程施工合同纠纷制定如下证明标准。

一、合同效力问题

（一）待证事实：企业资质问题

相关证据：总承包企业资质、专业承包企业资质、劳务承包企业资质等企业资质文件。

分析判断：

1. 承包人未提交总承包企业资质、专业承包企业资质、劳务承包企业资质等，应认定合同无效；

2. 承包人借用他人资质承揽工程的，应认定合同无效；

3. 承包人超越资质等级许可的业务范围承揽工程的，应认定合同无效；

4. 符合上述情形，若承包人在建设工程竣工前取得相应资质的，可以认定施工合同有效。

（二）待证事实：强制招投标问题

相关证据：

1. 招标公告、投标书、中标通知书、中标合同书等招投标文件；

2. 施工合同（备案）、施工合同（备案外签订）、会议纪要、备忘录等合同文件；

3. 建设工程规划许可证、建设工程施工许可证等资质证件；

4. 让利承诺书等。

分析判断：

1. 根据发包人提交的施工合同、建设工程规划许可证、建设工程施工许可证等判断是否属于法律规定的强制招投标工程，对于强制招投标范围内的工程，承包人无法提交投标书、中标合同书等证据的，施工合同无效。

2. 根据当事人提交的中标合同、施工合同、会议纪要、备忘录等证据，发现招投标过程中存在相互串通、弄虚作假、泄露标底等情形的，施工合同无效。

3. 承包人提交备案施工合同和备案外合同的，如果两份合同在建设工期、施工质量、工程价款等方面存在实质性变化的，备案外签订的施工合同为“黑合同”，该合同无效。

4. 当事人提交让利承诺书，若让利承诺书的内容与中标合同实质背离，影响了其他竞标人的公平竞争机会，给工程质量带来隐患的，该承诺书无效。

5. 低于成本价中标。

以企业个别成本计算，低于成本价中标的，中标合同无效。

（三）待证事实：行政许可证件

相关证据：

1. 建设用地使用权证、建设用地规划许可证、建设工程规划许可证、建设工程施工许可证以及相关行政主管部门审批手续等证件；

2. 未依法办理上述手续而被行政主管部门处罚的通知书、缴款凭证等证据。

分析判断：

1. 发包人未提交建设用地规划许可、建设工程规划许可审批手续的，该合同无效；

2. 符合上述情形，在一审法庭辩论终结前，发包人取得建设用地规划许可、建设工程规划许可审批手续或经主管部门批准的，该合同有效；

3. 发包人是否提交建设用地使用权证、建设工程施工许可证是否取得，一般不影响施工合同效力。

（四）待证事实：非法转包、违法分包

相关证据：

1. 资质证书、施工合同等；

2. 会议纪要、备忘录、现场签证、施工日志、报表等。

分析判断：

1. 非法转包

根据当事人提交的施工合同、会议纪要、备忘录、现场签证、施工日志等证据，发现承包人将其承包的全部工程转让给他人施工，并未承担工程的实质性施工组织管理和质量责任的，应认定为非法转包，转包合同无效。

承包人将工程的地基基础工程和主体工程全部交由他人来完成的，或者承包人将全部工程肢解以后，以分包的名义分别转给其他单位或个人施工的，亦应认定属于非法转包。

2. 违法分包

根据当事人提交的施工合同、会议纪要、备忘录、现场签证、施工日志等证据，发现承包人违反合同约定或未经发包人许可，将工程分包给没有相应资质的分包人或将工程分包后不参加现场管理的，属于违法分包，分包合同无效，但不影响发包人与承包人之间的合同效力。

（五）待证事实：挂靠

相关证据：

1. 总承包企业资质、专业承包企业资质、劳务承包企业资质等资质类证据；

2. 挂靠协议、会议纪要、备忘录、现场签证、施工日志、报表等证据。

分析判断：

1. 承包人没有提交资质证书或提交资质证书级别低于所承揽工程要求的，合同无效；

2. 承包人借用有资质、资质级别高的建筑企业名义承揽工程的，合同无效；

3. 根据挂靠协议、会议纪要、备忘录、现场签证、施工日志等证据，认真区分挂靠与内部承包。对建筑企业将工程分包给下属单位或者由单位内部项目经理组织施工，委派具有劳动关系的员工直接参与工程项目施工并在质量、进度等方面起到关键作用，对外由建筑企业直接向发包人承担合同上的权利义务的，属于内部承包行为，不宜否定其合同效力。

二、价款结算问题

（一）待证事实：结算合同依据

相关证据：

1. 招投标文件、合同约定、往来信函、会议纪要、框架协议等合同形成背景、过程和内容的证据；

2. 结算报告、签证、施工日志、审核报告、欠款协议等具有结算性质和能够认定实际履行合同的证据；

3. 确认函、短信、微信、邮件、录音记录等对方认可履行合同的其他证据；

4. 授权委托书、聘用协议、劳动合同等能够证明是否构成有权代理或表见代理的证据；

5. 合同达成后对方未提出异议、已按约全部履行或部分履行的证据；

6. 购买承建房产明显高于市场价格，无偿建设住房配套设施、让利、向建设方捐款等证据；

7. 竣工验收报告、鉴定报告、验收记录、接收记录、工程实际使用等方面的证据。

分析判断：

1. 合同有效的前提下，应根据双方签订的合同进行价款结算。合同无效，但提供竣工验收记录、鉴定结论等证明工程经竣工验收合格，承包人请求参照合同约定支付工程价款的，应予支持。承包人请求按照其他标准进行结算的，原则上不予支持。

2. 存在多份合同且均无效的情况下，当事人提交证据证明建设工程经竣工验收合格并提交了会议纪要、结算报告、审核报告、欠款协议等证据能够证明双方实际履行的合同，应参照实际履行合同进行结算。

3. 在签订的备案中标合同外，又签订在工程范围、建设工期、工程质量、工程造价等方面与备案合同存在明显差异的合同，或当事人之间作出明显高于市场价格购买承建房产、无偿建设住房配套设施、让利、向建设方捐款等承诺，应认定为对备案合同进行了实质性变更，仍应依备案的中标合同结算。

（二）待证事实：工程造价确认

相关证据：

1. 招标公告、投标书（商务标书与技术标书）、中标通知书等招投标文件，施工合同及附件，施工设计文件（含图纸）、工程量清单、预算书，甲供材清单、批价文件、特殊设备购销文件，施工方案等约定工程量及详细组成、计价方式和标准的合同及文件；

2. 补充协议、备忘录、会议纪要，设计变更指令、技术联系单、政策性调整文件、工程量调整文件，进度款支付审定单、工程签证、中间结算文件等施工过程中发生的补充、变更、确认的证据；

3. 结算协议、审价报告、补偿协议、政府审计报告、第三方审计报告等施工完成后进行结算、确认、审价、审计等证据；

4. 施工中存在减项、甩项，工程未完工，原承包范围部分工程由其他施工人实际完成的证据等。

分析判断：

1. 对工程量的确认

（1）一般应有施工人根据招投标文件等施工前约定，工程量清单、签证、图纸等施工过程中产生的文件以及施工后形成的结算报告等进行举证。

（2）发包人对工程量不认可或认为存在甩项、减项、工程未完工时，应提供相应签证等进行证明。

2. 对计价标准的确认

（1）一般应根据合同约定进行，合同未对计价标准做出约定，或难以认定双方计价标准的，可以按照定额进行确认。

（2）按定额标准确认，可能发生利益严重失衡的，可以按照签订合同时或实际施工时行政主管部门发布的计价标准进行认定。

3. 对工程造价的确定

（1）合同中有明确约定工程量增减不影响建设工程造价的条款，应按照固定价结算。

（2）合同明确约定发包人收到竣工验收结算报告后，在约定期限没有答复，视为认可竣工结算文件的，施工人举证证明结算文件已经按要求交付或相关人员已经签收结算文件未答复的，应按照送审价进行结算。

（3）合同有按照第三方审计进行结算的明确约定，一方已经委托有资质的第三方进行审核并经双方认可，或者双方当事人已经完成工程价款结算，结算结果已经双方签字认可时，应按照第三方审计进行结算。

（4）合同明确约定以审计、行政主管部门的审计结论作为工程造价结算依据，有关部门出具了有效的审计结论等证据的，应以审计确定工程造价。

（三）待证事实：已付及应扣款项认定

相关证据：

1. 注明已付款和应扣款时间、金额、付款方式、内容等的清单，详细的付款凭证、银行打款记录，承兑汇票、领款单、取款记录、领款人授权文件、职务身份证明等补充资料；

2. 请款单、借款单、领取记录等有关付款或扣款意思表示的证据；

3. 代付社保金收款单、以房抵款协议、代付材料款清单、垫付民工工资款项等证据。

分析判断：

1. 对于已付工程款及其他应扣款项，对方当事人没有异议的可以直接确认，有异议部分根据另行提供的付款凭证、领款单、取款记录、领款人授权文件等补充资料进行确认。

2. 通过有关付款或扣款意思表示的证据，如请款单、承兑汇票领取记录等，结合收款人是否是合同相对人、交易对象是否具有表见代理外观、双方是否存在特殊的付款习惯等证据，确定该款项是否纳入已付款范畴。

3. 代付社保金、以房抵款、代付材料款、垫付民工工资款项是建设工程施工合同中常见的应予抵扣的事项，应根据合同约定，结合代付社保金收款单等证据进行认定。

（四）待证事实：工程款利息

相关证据：

1. 施工合同、补充协议、请款书、结算协议、备忘录、会议纪要等可体现工程预付款、进度款、结算款、垫资款数额和利息计付标准的证据；

2. 合同、垫款协议等关于垫资款用途、利息约定的证据；

3. 对付款时间具体约定的证据，工程实际交付时间的证据，提交竣工结算资料的邮寄资料、签收凭证，法庭或仲裁庭出具的回执凭证、受理通知书等证据。

分析判断：

1. 利息从应付工程价款之日计付。当事人对付款时间没有约定或约定不明的，工程已经交付的，实际交付之日为应付款时间。没有交付的，提交竣工结算文件之日为应付款之日。没有交付的，工程价款也未结算的，起诉之日为应付款之日。

2. 当事人对欠付工程款利息计价标准有约定的，按照约定处理。没有约定的，按照人民银行发布的同期同类贷款利息处理。

3. 垫资款和垫资利息问题应按照双方约定进行返还和利息计算，但是约定利息高于人民银行发布的同期同类利率的部分除外。对垫资没有约定的，按工程欠款处理。对利息没有约定的，承包人请求支付利息的，不予支持。

三、违约责任问题

（一）待证事实：开工日期

相关证据：招投标文件、建设工程施工合同，开工报审表、开工通知

分析判断：

1. 以合同约定的开工日期为准；

2. 实际开工日期与约定开工日期不一致的，以记载实际开工日期的竣工验收报告、开工通知、双方认可的洽商记录或会议纪要等证据载明的实际开工日期为准。

（二）待证事实：竣工日期

相关证据：竣工验收申请报告、工程接收证书、竣工验收合格证明工程移交记录、发包人拟使用涉案工程的通知、发包人实际使用工程的照片、视频等。

分析判断：

1. 经竣工验收合格的，以竣工验收合格之日为竣工日期；

2. 承包人已经提交竣工验收报告，发包人拖延验收的，以承包人提

交验收报告之日为竣工日期；

3. 建设工程未经竣工验收，发包人擅自使用的，以转移占有建设工程之日为竣工日期。

（三）待证事实：工期顺延

情形一：工程量增加、设计变更导致顺延

相关证据：施工进度计划、暂停施工指示、复工指示、变更指示、变更图纸和说明、图纸会审和设计交底相关材料、工期顺延申请书面通知及签收资料、往来信函等。

分析判断：

1. 工程量增加、设计变更以及其他法定情形，经发包人签证确认，相应顺延；

2. 未取得签证确认，但能够证明在合同约定的办理期限内向发包人申请过工期顺延的，相应顺延。

情形二：发包人未履行协助义务等原因导致顺延

相关证据：开工报审表、开工通知、甲供材一览表（含材料、工程设备的品种、规格、型号、数量、单价、质量等级和送达地点）、甲供材进场通知、甲供材产品合格证明及出厂证明、甲供材接收文件、催告书面通知及签收资料、往来信函等

分析判断：

1. 发包人逾期支付工程进度款；

2. 发包人未按约定提供甲供材；

3. 发包人提供的甲供材不符合强制性标准的；

4. 发包人未提供施工场地、设计图纸及其他资料、手续；

以上情形致使承包人停窝工，承包人催告后发包人逾期仍不履行的，应顺延工期。

情形二：因客观原因导致顺延

相关证据：不利物质条件、异常气候条件、不可抗力发生及造成损失的相关证据、中间报告或最终报告（说明不可抗力和履行合同受阻的情况）

分析判断：

1. 出现废弃的地下管道、隧道掘进遇瓦斯等不可预见的自然物质条件、非自然的物质障碍和污染物，应合理顺延工期；

2. 出现发掘文物、古迹等具有地质研究或考古价值的遗迹、化石、钱币等物品，应合理顺延工期；

3. 出现台风、寒潮、雷雨大风、强降水等异常气候，应合理顺延工期；

4. 出现地震、海啸、瘟疫、骚乱、戒严暴动、战争等不可抗力，应合理顺延工期；

5. 出现环保令、国家重大活动采取的政府管制，应合理顺延工期。

情形四：因工程质量争议导致顺延

相关证据：施工合同，开工报审表、开工通知、竣工验收申请报告、工程接收证书、竣工验收证明、工程质量鉴定意见等

分析判断：

建设工程竣工前，当事人对工程质量发生争议的：

1. 工程质量经鉴定合格的，鉴定期间为顺延工期期间；

2. 工程质量经鉴定不合格的，则工期不能顺延，承包人逾期竣工的，应承担工期延误的违约责任。

（四）待证事实：停窝工损失（违约金）

相关证据：施工合同、暂停施工指示、复工指示、变更指示、变更图纸和说明、图纸会审和设计交底相关材料、工期顺延申请书面通知及签收资料、甲供材进场通知、甲供材产品合格证明及出厂证明、甲供材接收文件、催告书面通知及签收资料、往来信函等

分析判断：

具有以下情形的，应依据施工合同约定，由发包人承担承包人停窝工的违约责任：

1. 发包人未能按合同约定提供图纸或所提供的图纸不符合合同约定的，承担承包人停窝工的违约责任；

2. 发包人未能按合同约定提供施工现场、施工条件、基础资料、许可、批准等开工条件的，承担承包人停窝工的违约责任；

3. 发包人提供的测量基准点、基准线和水准点及其书面资料存在错误或疏漏的，承担承包人停窝工的违约责任；

4. 发包人未能在计划开工日期之日起 7 天内同意下达开工通知的，承担承包人停窝工的违约责任；

5. 发包人未能按合同约定日期支付工程预付款、进度款的，承担承包人停窝工的违约责任；

6. 监理人未按合同约定发出指示、批准文件的，承担承包人停窝工的违约责任。

（五）待证事实：逾期付款

相关证据：施工合同、进度付款申请单（附已完成工程量报表和有关资料）、进度款支付证书、临时进度款支付证书、竣工结算申请单、结算资料、竣工付款证书、最终结清申请单、支付分解表、收付款凭证等

分析判断：

1. 根据进度付款申请单、收付款凭证等证据，发包人未按照约定支付进度款的，应当支付逾期付款违约金；

2. 根据竣工结算申请单、结算资料、收付款凭证等证据，发包人未按照约定支付结算款的，应当支付逾期付款违约金。

（六）待证事实：违约金的调整

相关证据：施工合同、停窝工损失、造成损失等关于违约金过高或

过低的证据。

分析判断：

应当考虑以下因素，综合衡量，逾期付款违约金低于逾期付款损失的，当事人可以要求增加违约金，逾期付款违约金高于逾期付款造成损失的30%的，一般可以认定为逾期付款违约金过高，当事人可以请求适当减少。

1. 当事人请求；

2. 合同履行程度；

3. 当事人过错；

4. 预期利益；

5. 缔约地位强弱；

6. 是否使用格式合同或条款等。

四、工程质量问题

（一）待证事实：工程质量是否合格

相关证据：图纸和说明、图纸会审和设计交底相关材料、承包人提供的工程材料、设备或构配件产品合格证明及出厂证明、工程质量检验文件、工程试车试运行、交工验收报告、现场勘查记录、工程移交记录、发包人拟使用涉案工程的通知、发包人实际使用工程的照片、视频等。

分析判断：

1. 承包人不按工程设计图纸和施工技术规范施工，导致工程质量缺陷；

2. 承包人不按照工程设计要求、施工技术标准和合同的约定，对建筑材料、建筑构配件和设备进行检验，使用不合格的建筑材料、建筑构配件和设备等，导致工程质量缺陷；

3. 建筑物在合理使用寿命内，地基基础工程和主体结构的质量出现问题以及建筑工程竣工时，屋顶、墙面存在质量缺陷，导致工程质量缺陷；

4. 建设工程未经竣工验收合格，发包人擅自使用，导致工程质量缺陷。

（二）待证事实：责任承担

相关证据：能够反映工程质量状况客观真实的证据、工程质量保修书、修复通知、整改通知、工程质量鉴定意见、工程修复方案鉴定意见、工程修复费用鉴定意见、修复后的竣工验收不合格证明等。

分析判断：

1. 质量缺陷具备由承包人修复条件的，在保修期内因承包人原因造成工程的缺陷、损坏的，承包人应负责修复并承担修复费用；

2. 质量缺陷不具备由承包人修复条件的，如双方矛盾激化、承包人已离场等，发包人有权自行修复或委托第三方修复，所需费用由承包人承担，在工程款或质量保修金中扣除。

3. 双方就质量缺陷修复方案、修复费用协商不一致的，由法院委托进行鉴定，根据鉴定意见作出认定。

五、价款优先受偿权问题

（一）待证事实：优先受偿权主体资格

相关证据：

1. 招标公告、投标书（商务标书与技术标书）、中标通知书等招投标文件；

2. 施工合同、装饰装修合同、分包合同及附件；

3. 工程量清单、施工方案、施工签证，结算协议、审价报告等能够证明实际履行的证据；

4. 工程债权转让合同，转让通知、声明，对于转让通知的签收等证据。

分析判断：

1. 当事人是与发包人存在直接合同关系的承包人，可以主张优先受偿权；

2. 在建设工程施工中存在转包、分包关系的施工人，在发包人欠付工程款的情况下，如果总承包人怠于主张或不主张优先受偿权，实际施工人可以向发包人主张优先受偿权；

3. 借用资质的施工人且发包人明知借用资质事实的存在，可以主张优先受偿权；

4. 工程款债权的合法受让人，可以主张优先受偿权；

5. 特殊情况：勘察、设计、监理人等主体主张工程价款优先受偿权不予支持。

（二）待证事实：优先受偿权客体

相关证据：

1. 结算协议、鉴定结论、审计报告等能够证明实际履行情况、工程增值情况的证据；

2. 建设工程规划许可证、建设用地工程规划许可证、工程无法独立存在或者分割后影响主建筑使用功能的证据；工程是否属于事业单位、社会团体以公益目的建设的教育设施、医疗设施及其他社会公益设施的证据；工程是否属于国家机关的办公用房或者军事建筑；工程存在不能取得物权确认或物权不得转移的其他法定情形的证据；消费者是否购买了承包人承建的商品房并已经办理商品房预告登记或产权变更手续的证据；

3. 工程验收报告、鉴定结论等证明工程是否合格，不合格能否修复的证据。

分析判断：

1. 不宜折价、拍卖的工程不属于优先受偿权的客体范围。一般包括，未取得规划许可证或未按照规划许可证的要求进行建设的工程；未取得用地工程规划许可证或未按照用地规划许可证的要求进行建设的工程；无法独立存在的工程或者分割后影响主建筑使用功能的附属工程；事业单位、社会团体以公益目的建设的教育设施、医疗设施及其他社会公益设施；国家机关的办公用房或者军事建筑；不能取得物权确认或物权不得转移的工程，但对于上述工程的收益，可以主张优先受偿。

2. 工程经验收或鉴定质量不合格且无法予以修复的，不能主张优先受偿权。

3. 除上述1、2外承包人施工所完成的工程都是优先受偿权的客体范围。

（三）待证事实：优先受偿权的债权范围

相关证据：

1. 施工合同、现场签证、招投标文件、会议纪要、结算协议等明确约定工程价款数额和范围、利息的证据；

2. 材料支付凭据、工资发放记录、垫资款支付凭证、双方关于停工窝工损失的签证、会议纪要等证据。

分析判断：

1. 承包人为建设工程支出的工作人员报酬、材料款等实际支出费用，属于优先受偿权的范围；

2. 用于工程建设的垫资款属于优先受偿权的范围；

3. 经过双方签证认可的停工、窝工损失，限定在法定利率之内的工程款利息等属于优先受偿权的范围；

4. 预期可得利润、违约金不属于优先受偿权的范围。

（四）待证事实：优先受偿权的期限

相关证据：

1. 竣工验收报告的提交、验收记录；

2. 发包人已经进驻、营业、出租等实际使用涉案工程的证据；

3. 转移占有建设工程的证据；

4. 因发包人怠于支付工程款、甲供材提供不及时、甲方另行委托他人施工等原因致使工程未能竣工的证据；

5. 合同解除或中止履行的证据。

分析判断：

1. 工程已经竣工，则当事人应自工程竣工之日起六个月内行使优先权；

2. 非因承包人的原因，建设工程未能在约定时间内竣工，优先受偿权的主张不受影响，自建设工程实际竣工之日起6个月内主张，优先权不过期；

3. 工程未竣工，发包人与承包人解除合同或终止履行的，当事人应自合同解除或终止履行之日起六个月内行使优先权。

六、司法鉴定问题

（一）待证事实：工程造价

相关证据：当事人申请工程造价司法鉴定，应当提交鉴定材料（证据），编制包含材料名称、提交材料的当事人、主要内容、经合议庭质证认定情况、页码范围和备注等项目的证据材料目录清单。证据材料主要包括：

1. 起诉状、答辩状、庭审笔录、质证笔录等诉讼材料；

2. 对外委托工作交接表；

3. 施工合同；

4. 施工图纸（纸质版蓝图及电子版CAD图）；

5. 招、投标书；

6. 签证、设计变更、会议纪要、隐蔽工程验收记录等相关资料；

7. 施工日志，打桩记录；

8. 与工程价款结算有关的其他相关资料。

分析判断：

1. 当事人申请工程造价司法鉴定，经审查，有下列情形之一的，不予鉴定：

（1）当事人已就工程款数额协商一致并形成结算文件；

（2）当事人约定按照固定价结算工程价款（超出合同约定的部

分除外）；

（3）当事人诉前已经共同委托鉴定并出具了鉴定意见，但有充分证据推翻的除外；

（4）人民法院根据当事人提交的证据可以直接认定工程款数额；

（5）发包人在约定期限内未对承包人提交的结算资料提出异议，符合《最高人民法院关于审理建设工程施工合同纠纷案件适用法律问题的解释》第二十条规定的。

2. 计价标准的确定。

人民法院应当依照《最高人民法院关于审理建设工程施工合同纠纷案件适用法律问题的解释》第十六条规定确定工程造价的鉴定标准和方法。具体内容可以参照第二部分（二）待证事实：工程造价确认部分进行确定。

3. 争议事项的审查。

（1）瑕疵签证争议。如鉴定机构以由签证单有瑕疵为由，不予认定，应当由鉴定机构对不予认定的理由予以说明。人民法院可以要求鉴定机构对存疑部分的工程造价予以鉴定，列为争议部分造价，由合议庭审核判定。

（2）承包人施工范围争议。当事人对承包人实际施工范围和项目存在争议的，人民法院和鉴定机构应当通过施工资料以及组织双方当事人勘验现场予以确定。如争议工程属于施工图纸范围内，发包人主张由其另行分包施工的，应由发包人提供相关证据证明。

（3）计价标准争议。如当事人对于工程价款的计价方式约定不明或者存在多种约定的，鉴定机构应当按照法院要求的计价方式进行鉴定。人民法院也可以要求鉴定机构采用两种或多种计价方式出具鉴定意见，由人民法院审查判定。

（二）待证事实：工程质量

相关证据：

当事人申请工程质量司法鉴定，应当提交相关鉴定材料（证据），编制证据材料目录清单，主要包括：

1. 起诉状、答辩状、庭审笔录、质证笔录等诉讼材料；

2. 对外委托工作交接表；

3. 施工合同；

4. 设计图纸、图纸答疑和竣工图纸及红线图；

5. 设计变更文件；

6. 施工技术资料（隐蔽工程资料）；

7. 地质勘查报告；

8. 竣工验收报告；

9. 监理及施工日志；

10. 材料产品合格证明资料及进场交验记录；

11. 其他与工程质量有关的材料。

分析判断：

1. 发包人主张工程质量不符合合同约定，应当提交初步证据证明，否则应由发包人向人民法院申请鉴定。根据初步证据能够证明质量不符合合同约定的，应当由承包人申请鉴定。建设工程经竣工验收合格，承包人要求发包人支付工程价款，发包人以工程质量提出抗辩并要求对工程进行质量鉴定的，人民法院一般不予准许，但涉及地基基础工程和主体结构质量的除外。对于缺乏建设用地规划许可证、建设工程规划许可证、国有土地使用权证的“三无工程”，发包人主张工程存在质量问题申请鉴定的，人民法院一般不予准许。

2. 合同约定的质量标准高于国家规定的强制性标准，应当以合同约定的质量标准作为鉴定依据。合同约定的质量标准低于国家规定的强制性标准，应当依据国家规定的强制性标准进行鉴定。人民法院委托鉴定机构对建设工程质量进行鉴定，在确定鉴定事项时不仅应要求鉴定人作出质量合格或不合格的鉴定意见，还应当根据案件审理需要要求鉴定人对质量是否符合施工图设计文件以及相关标准、技术文件以及造成质量问题的原因和责任做出鉴定意见。对于工程存在质量缺陷，经有资质的鉴定机构确定修复方案后，鉴定机构可以根据鉴定时施工当地建设行政主管部门制定的工程计价依据计算修复加固费用。

（三）待证事实：窝工损失

相关证据：

当事人申请窝工损失司法鉴定，应当提交相关鉴定材料（证据），编制证据材料目录清单，主要包括：

1. 起诉状、答辩状、庭审笔录、质证笔录等诉讼材料；

2. 对外委托工作交接表；

3. 施工合同；

4. 设计图纸及变更文件；

5. 有关停工、窝工内容的签证单或其他施工技术资料；

6. 监理及施工日志；

7. 其他与停工、窝工有关的材料。

分析判断：

对于可以通过工程联系单、签证、函件等证据能够确认窝工损失问题的，不予鉴定。窝工损失司法鉴定，一般可以鉴定下列费用：

1. 保护、保管暂停施工部分的工程或全部工程的费用；

2. 由于暂停施工而引起的、必需的安全费用；

3. 项目经理部人员的工资及进入施工现场生产工人的工资；

4. 由于暂停施工而引起的需延期租赁的施工机械和施工机具租赁费用；

5. 为暂停施工部分的工程复工所必需的准备费用。

窝工损失原则上仅以实际发生额为限。对于现场机械设备费用损失，可以参考设备租赁合同和租赁费用支付凭证。对于工人工资损失，可以参考现场人员名单及工资发放凭证，相关材料可以经监理工程师确认。

工资标准无法确定的，可以套定额计价。

（四）鉴定程序

1. 鉴定的启动

当事人申请鉴定，应当在举证期限届满前以书面方式向人民法院提出。鉴定申请书应当载明需要鉴定的具体事项以及需要通过鉴定意见证明的事实。当事人逾期提出鉴定申请的，人民法院应当参照《最高人民法院关于适用〈中华人民共和国民事诉讼法〉的解释》第一百零一条、第一百零二条的规定处理。当事人在法庭辩论终结后提出鉴定申请，人民法院一般不予准许。

法院审判部门决定启动司法鉴定，应当制作对外委托工作交接表，同相关材料一并移送司法技术部门。对外委托工作交接表主要内容包括：移送部门、案号、案由、案情简介、鉴定要求、鉴定时限、承办人、当事人联系方式等。

鉴定人应当按照人民法院的委托范围、内容和要求进行鉴定，不得擅自变更鉴定事项。当事人对鉴定事项提出异议或者申请变更的，应当向人民法院提交书面意见，由法院审判部门审查处理。

2. 鉴定材料的提交

法院审判部门决定启动鉴定程序后，应当通知当事人在 15 日内提交鉴定材料并附材料清单。当事人申请延长提交期限，应当在指定期限届满前向人民法院提出书面申请，由人民法院决定是否准许。当事人无正当理由逾期不提供鉴定材料导致无法进行鉴定的，人民法院可以终结鉴定。

鉴定资料较多的，人民法院可以先行组织当事人对资料进行核对，确定无争议的资料和有争议的资料，由双方当事人对核对结果进行书面确认，再由人民法院组织当事人对于有争议的资料进行质证。

3. 鉴定时限

鉴定机构应当在 30 日内完成鉴定并出具鉴定报告。如遇特殊情况无法完成，需要延长鉴定期限的，应当向人民法院提交书面申请，由司法技术部门审查批准，但最长不得超过60日。鉴定机构未在规定期间完成鉴定工作的，人民法院可以终止委托，收回鉴定资料，要求鉴定机构退还全部鉴定费用。

（五）对鉴定报告的审核

人民法院收到鉴定报告后，应当及时将副本送达当事人。当事人对鉴定报告的内容有异议的，应当在十五日内以书面方式提出。对于当事人的异议，应当责令鉴定人作出解释、说明或者补充。人民法院认为有必要的，可以依职权要求鉴定人进行解释、说明和补充。

鉴定报告应当开庭质证，未经质证的鉴定报告不具有证据效力。当事人对鉴定意见有异议或者人民法院认为鉴定人有必要出庭的，人民法院应当在开庭三日前通知鉴定人出庭，接受当事人质询和人民法院询问。人民法院应当听取当事人质证意见及鉴定人意见，并结合其他相关证据进行审查，依法对双方争议事项作出认定。

当事人对鉴定意见有异议申请重新鉴定，存在下列情形之一的，人民法院应予准许：

1. 鉴定机构或鉴定人员不具备相应的鉴定资格，或者鉴定机构超出执业范围鉴定的；

2. 鉴定程序严重违法的；

3. 鉴定人应当回避而未回避的；

4. 鉴定意见不完整、不确定且无法通过补充鉴定的方式解决的；

5. 鉴定人在鉴定过程中存在违法行为，影响鉴定意见准确性的；

6. 其他严重影响鉴定意见中立性、公正性或科学性的情形。

对有缺陷的鉴定意见，可以通过补充鉴定、重新质证或者补充质证的方法解决的，不予重新鉴定。

银行卡盗刷类案证明标准研究报告*

【摘要】 因银行卡盗刷引发的民事纠纷成为近年来司法实务热点之一，一方面由于该类案件裁判标准不一，“同案不同判”现象日益受到关注；另一方面，考虑生效裁判对社会公众的指引作用，既要维护金融消费者的合法权益，又要促进银行卡产业的健康发展，并有效防范道德风险的发生，无疑使裁判者陷入进退两难的境地。为深入分析银行卡盗刷案件证明责任问题，以从中国裁判文书网选取的122份裁判文书作为样本，在对该类案件裁判差异现象及形成原因实证分析的基础上，重点对伪卡交易的认定、民事责任的承担等问题进行梳理和探讨，进而提炼出认定伪卡交易的证明标准及适用于该类案件的一系列裁判规则。

【关键词】 发卡行　持卡人　伪卡交易　证明责任　民事责任

近年来，因伪卡交易引发的银行卡纠纷持续上升，但司法实务中，囿于该类案件尚处于法律规定空白区域，加之属于新类型纠纷，各地法院甚至同一地区法院裁判标准不一。有的法院判决由发卡行承担全部赔偿责任，有的法院判决由发卡行、持卡人分担损失，甚至有个别法院判决发卡行不承担责任，此类案件“同案不同判”的裁判结果不仅严重损害司法公信力，也难以发挥生效裁判的规范、指引作用。为统一裁判标准，最大限度地减少分歧，笔者认为有必要对此类案件涉及的共性问题进行研究，总结、提炼出相应证明标准、裁判规则，从而指导审判实践。

*课题主持人：欧阳明程　山东省高级人民法院民事审判第二庭　庭　　长
课题组成员：董立强　山东省高级人民法院民事审判第二庭　　法官助理
课题执笔人：董立强

一、近年来银行卡盗刷案件特点及审理情况

银行卡盗刷（又称伪卡交易），是指他人盗用银行卡信息及密码，通过伪造或变造银行卡取现、转账和消费等，导致持卡人银行卡账户资金减少或透支数额增加的行为。银行卡一般包括借记卡和信用卡两种，囿于篇幅所限，本文仅探讨因借记卡盗刷所引发的民事纠纷。截至 2018 年 8 月 1 日，笔者通过在中国裁判文书网输入关键词“银行卡盗刷”，共检索出案情基本相似的裁判文书 122 份，从地域分布看，其中包括北京 30 份、广东 26 份、山东 22 份、上海 20 份、江苏 15 份、浙江 9 份。从全国范围看，122 件银行卡盗刷案件多发生于北上广等经济较发达地区，一定程度上也反映出该类案件发案率与经济发展的程度密切相关。（如图 1）

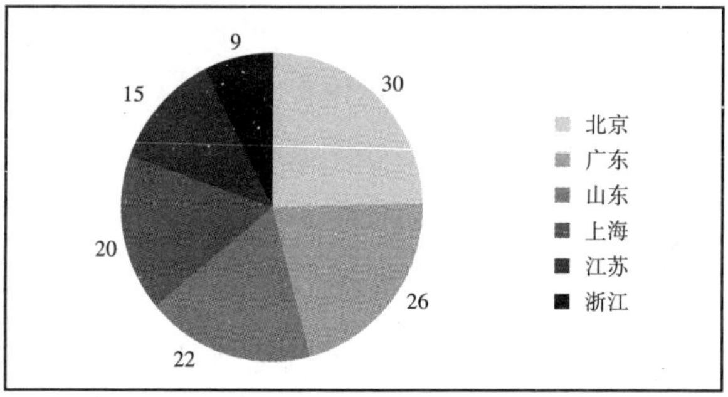

图 1　122 件银行卡盗刷案件地域分布示意图

从山东省内看，银行卡盗刷案件发案较多的地区是济南、潍坊、临沂，尤其是临沂市兰山区法院共受理银行卡盗刷案件 6 件，占全省该类案件的 27.27%。

（一）“同案不同判”现象广泛存在

1. 从基层法院层面来看，裁判思路差异较大

在选取的 122 份裁判文书中，涉及基层法院 51 份。这 51 份裁判文书涉及的案情基本相似，但判决发卡行、持卡人承担责任比例却存在较

大差异（见表 1），甚至同一中院下辖基层法院之间、基层法院内部裁判结果亦不相同（见表 2），一定程度上折射出该类案件裁判思路的差异。

表 1　不同地区基层法院裁判结果

法　院	案　件	发卡行承担责任	持卡人承担责任
上海市徐汇区人民法院	陈某一案	100%	0%
杭州市江干区人民法院	孙某某一案	90%	10%
北京市朝阳区人民法院	章某某一案	80%	20%
广州市海珠区人民法院	陈某某一案	70%	30%
山东省安丘市人民法院	夏某某一案	60%	40%
徐州市鼓楼区人民法院	张某某一案	50%	50%

表 2　同一地区基层法院裁判结果

<table>
<tr><th colspan="2">法　院</th><th>案　件</th><th>发卡行承担责任</th><th>持卡人承担责任</th></tr>
<tr><td rowspan="4">广州</td><td rowspan="2">天河区人民法院</td><td>刘某某一案</td><td>70%</td><td>30%</td></tr>
<tr><td>麦某一案</td><td>80%</td><td>20%</td></tr>
<tr><td>荔湾区人民法院</td><td>游某某一案</td><td>70%</td><td>30%</td></tr>
<tr><td>白云区人民法院</td><td>严某某一案</td><td>60%</td><td>40%</td></tr>
</table>

2. 从中级法院层面来看，不同中院间裁判尺度不一

在选取的 122 份样本中，涉及中级法院二审上诉案件共 71 件，其中维持 60 件，改判 11 件，上诉改判率为 15.49%，明显高于其他民商事案件改判率。分析发现，案情基本相似的案件在不同中院之间亦存在“同案不同判”的现象（见表 3）。因该类案件标的额通常较小，很少有涉及高级法院审理的案件，且不具有代表性，因此，本文不再探讨高级法院审理的该类案件。

表 3　中级法院裁判结果

法　院	案　件	发卡行承担责任	持卡人承担责任
北京市第一中级人民法院	曾某某一案	100%	0%
济南市中级人民法院	张某某一案	80%	20%

续表

法　院	案　件	发卡行承担责任	持卡人承担责任
广州市中级人民法院	罗某某一案	70%	30%
徐州市中级人民法院	邓某一案	50%	50%

3. 从全国法院层面来看，“同案不同判”问题凸显

就全国法院而言，“同案不同判”的现象更加明显和凸出，其中判决发卡行承担全部责任的 74 件，占比超过 60%；判决发卡行承担主要责任的 30 件，占全部案件的 24.59%；判决发卡行和持卡人承担同等责任的 7 件，数量较少，仅占 5.74%；判决发卡行承担次要责任或不承担责任的共 10 件，占全部案件的 8.20%。（见表 4）。

表 4　122 件银行卡盗刷案件发卡行、持卡人承担责任比例

序号	发卡行承担责任比例	持卡人承担责任比例	件数	占比
1	100%	0%	74	60.66%
2	90%	10%	3	2.46%
3	80%	20%	11	9.02%
4	70%	30%	14	11.48%
5	60%	40%	2	1.64%
6	50%	50%	7	5.74%
7	30%	70%	2	1.64%
8	0%	100%	8	6.56%
9	一审以涉嫌犯罪为由裁驳，二审指定审理		1	0.82%

（二）造成“同案不同判”现象的原因分析

1. 事实认定难

是否构成伪卡交易和银行卡信息、密码如何泄露是处理银行卡盗刷案件首先需要查明的两个主要事实。就伪卡交易的认定而言，若持卡人未及时发现盗刷事实或发现后未能采取有效措施搜集、固定和保全证据，将难以认定是否系伪卡交易。在选取的 122 份样本中，无法查清是否系

伪卡交易的案件占到6.56%。然而，要查清银行卡信息、密码泄露的原因更成为法庭调查的难点。持卡人大多主张自己尽到妥善保管义务，不存在故意或过失泄露信息或密码的情形，且个案查明的事实表明密码泄露与银行提供的ATM机、交易设备的运行周边环境是否安全存在关联。发卡行则以密码具有唯一性和私密性为由，主张可以推定持卡人未尽到妥善保管的义务。因此，在刑事案件尚未侦破的情况下，除非有证据证明持卡人未能尽到妥善保管银行卡信息、密码的义务，否则该事实将无法查清。

2. 法律适用难

目前，针对银行卡盗刷案件尚无明确法律规定，最高法院起草的《关于审理银行卡民事纠纷案件若干问题的规定》迟迟未能正式出台，导致该类案件尚处于法律适用的空白地带。从选取的122份样本看，有的法院判决银行承担全部责任，裁判理由是发卡行对持卡人账户资金负有安全保障义务，但提供的交易设备未能识别伪卡致使卡内资金被盗，故发卡行构成违约，负有义务向持卡人支付被盗刷的款项。也有法院判决由银行和持卡人分担造成的损失，裁判理由是发卡行未能有效识别伪卡，持卡人未能妥善保管银行卡密码，双方均存在过错，应按一定比例分担责任。因此，在法律适用不统一、不规范的情况下，加之又无相应的指导性案例，类似案件出现“同案不同判”的现象也就不足为奇了。

3. 监督指导缺位

在选取的122份样本中，涉及某中院下辖区法院的案件共13件，但各个区法院判决银行承担责任比例并不相同，判决银行承担60%责任的1件、70%责任的8件、80%责任的4件，甚至同一法院不同法官判决的两起案件划分的责任比例亦不相同。上述现象反映出同一地区法院之间、法院内部办案人员之间缺乏交流和沟通，亦反映出上级法院对下级法院的监督指导缺位。尤其在地域上比较接近法院，“同案不同判”的裁判结果着实难以令当事人信服，亦有损司法公信力。假如该中院针对辖区法院处理类似案件裁判标准不一的情况，能够及时通过召开座谈会、制定发改分析等方式统一裁判尺度的话，将避免出现上述尴尬情况。

（三）银行卡盗刷案件呈现特点

1. 涉案金额较小

在选取的122份样本中，通过ATM机实施盗刷的金额大多在5万元左右，原因在于各大银行均设置单日取款金额上限。（如图2）如该类案件虽然盗刷金额较小，但被盗刷人大多系普通工薪阶层或退休老人，盗刷行为对他们正常生产、生活产生较大影响，甚至有人因此抑郁自杀，故从抵御风险能力的角度出发，让银行多承担一点责任也是合理的。但是，近年来，随着网上银行、手机银行以及POS机刷单业务的普及，网上盗刷案件日益增多，且该类案件盗刷金额较大，少则几十万，多则上百万。

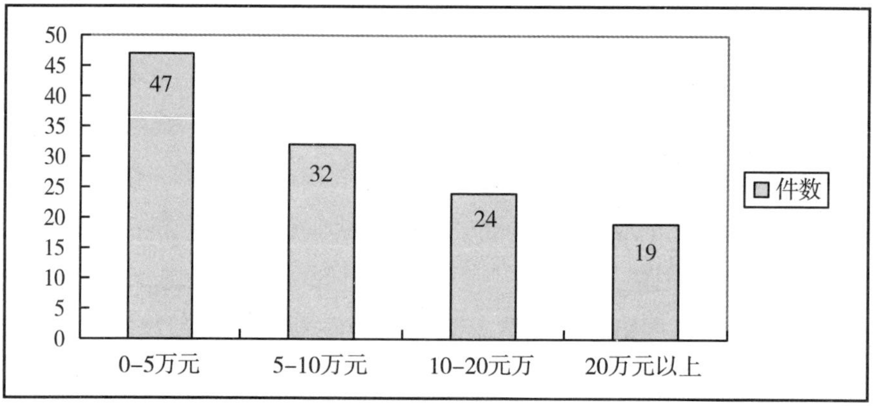

图2　122件银行卡盗刷案件盗刷金额示意图

2. 刑事破案率较低

通过对选取的122份样本分析发现，盗刷人大多选择贵州、青海、广西等经济比较落后、监控设备较少的地区作案，且盗刷人多选择零点前后作案，无形中增加了刑事破案的难度。持卡人发现盗刷后大多会选择到当地公安机关报案，但最终刑事案件侦破的只有3件。公安机关刑事立案后，大多采取询问持卡人、调取案发监控录像等方式侦查案件，但由于盗刷人取款时大多带着头盔、口罩、帽子等几乎难以识别面部特征，加上取款后又驾驶摩托车、电动车等迅速离开案发现场，因此，通过常规手段很难侦破此类案件。该类案件持续增长的一个重要原因就在于刑事有效打击率过低，难以起到刑罚的震慑作用。

3. 持卡人法律意识淡薄

部分持卡人由于没开通短信提示业务，导致伪卡交易后未能及时发现盗刷，因此难以证明案发时真卡由其本人持有。部分持卡人收到银行发送的余额短信提示后，未及时采取查询、挂失、报案等方式固定保全证据，从而无法证明系伪卡交易。例如，深圳某基层法院审理的李某与民生银行某支行借记卡纠纷一案中，家住深圳的李某虽然收到了账户余额异常变动的短信提示，但其在案发 4 小时后才选择报案。经查，该案盗刷地虽位于香港，但理论上在该段时间内完全有可能往返于深圳和香港两地。因此，单从时空距离，无法认定该笔交易系伪卡交易，法院最终判定银行无须承担责任。

二、伪卡交易的认定及证明标准

审判实践中，是否存在伪卡交易系处理银行卡盗刷案件首先需要解决的问题。在选取的 122 份样本中，全部都由持卡人来举证证明是否存在伪卡交易的事实。笔者认为，由持卡人承担举证责任，一方面符合“谁主张，谁举证”民事诉讼的基本举证规则，从而督促持卡人积极搜集、固定相关证据；另一方面将举证责任赋予持卡人，也有利于防范道德风险的发生。但是，各地法院对持卡人如何证明以及证明到何种程度才能认定伪卡交易在认知上存在较大差异。在案情基本相似、证据基本相同的情形下，有的法院认定系伪卡交易，而有的法院认定非伪卡交易。鉴于此，笔者选取了基层法院审理的 3 个能够认定存在伪卡交易事实的案例，并通过表格的形式直观展示持卡人提交的证据、发卡行的质证意见以及法院认证事实的过程。

（一）典型案例实证分析

1. 包某某与中国银行某支行借记卡纠纷一案[①]

原告举证	被告质证	法院认证
证据1：借记卡1张，证明包某某于2008年4月12日在中国银行某支行办理系争长城电子借记卡，该卡一直用于日常刷卡消费使用。	对证据1的真实性无异议。	鉴于被告对证据1、2、4的真实性无异议，本院予以采信。证据3证实，包某某发现存款被盗取后立即到公安局报案，至于公安是否立案并不影响该证据的效力，故本院予以采信。中国银行某支行虽对证据5的真实性有异议，但未提交反证，故本院对于证据5的真实性予以认可。证据6能够证实2015年9月12日包某某在上海市活动。综上，包某某提交的证据达到高度盖然性标准，能够认定涉案交易系伪卡交易。
证据2：《客户回单》1份，证明包某某于2015年9月13日在ATM机使用借记卡时发现卡内存款被盗，并立刻前往银行网点柜台打印明细，得知相应款项在异地被取现、转账。在银行工作人员的建议下，包某某立刻办理了存折现金清关户手续，以确保卡内余额的安全。	对证据2的真实性无异议，但包某某在银行卡被盗刷1天后才向银行报失，值得怀疑。	
证据3：《上海市公安局案件接报回执单》1份，证明包某某发现卡内存款被盗取后，立即持卡及明细前往上海市公安局闵行分局报案，但包某某直至开庭并未收到刑事立案通知。	对证据3的真实性无异议，但因公安局并未正式立案，不应作为证据使用。	
证据4：《综合服务申请表》、存款历史支转明细清单1份，证明2015年9月14日，包某某在银行工作人员的建议下办理了定制短信通知业务，之前包某某未办理过该业务。	对证据4的真实性无异议。	
证据5：上班打卡记录1份，证明包某某在借记卡被盗取期间均在单位上班，能够排除其持真卡异地取款的嫌疑。	对证据5的真实性不认可，无法证实系由包某某本人亲自打卡。	
证据6：上海野生动物园票据及微信朋友圈信息1份，证明2015年9月12日，包某某及妻子、女儿凭预定的电子票前往上海野生动物园游玩并拍摄照片。	对证据6的真实性无异议，但照片无法显示拍摄时间，持票游玩的主体不一定是包某某，故无法证明银行卡盗刷时其本人在上海。	

①参见上海市闵行区人民法院（2015）闵民四（商）初字第699号民事判决书。

本案中，因包某某没开通短信提示业务导致未能及时发现盗刷事实，此等情形下持卡人一般难以证明伪卡交易的事实，但由于包某某及时采取一系列证据保全措施，所提交证据相互印证、环环相扣，形成一条完整的证据链条，足以证实存在伪卡交易的情形。

2. 王某某诉交通银行某分行借记卡纠纷一案[①]

原告举证	被告质证	法院认证
证据1：综合查询打印凭证1份，证明涉案银行卡系王某某持有的银行卡。	对王某某提交证据1–4的真实性均无异议，但在刑事案件尚未侦破的情形下不足以认定涉案交易系伪卡交易。	鉴于交通银行某分行对王某某提交证据的真实性均无异议，故本院对证据1–4的真实性予以采信。王某某提交的证据证实，案发时真卡由王某某本人持有，且根据时空距离能够排除王某某本人实施交易的嫌疑。因此，能够认定涉案交易系伪卡交易。
证据2：ATM机操作凭证1份，证明在银行卡盗刷当天，王某某持有真实卡片。		
证据3：银行交易流水明细清单、两笔盗刷交易的具体信息1份，证明被盗刷的具体金额。		
证据4：《公安局接报回执单》《立案告知书》《受案回执》各1份，证明王某某发现银行卡被盗刷后，立即向公安机关报案且刑事案件已经立案。		

该案中，王某某发现盗刷事实，立刻持真实银行卡到ATM机操作和报案，得以证实案发时其本人持有真卡，从时空距离上排除了其本人或授权他人实施交易的嫌疑。王某某提交的银行交易明细亦足以证明因盗刷其遭受的具体损失。因此，盗刷交易发生后，持卡人能否及时发现盗刷将直接影响到举证的难易程度，发现越晚，举证越难。本案中，王某某因开通短信提示业务及时发现盗刷事实，并迅速采取证据保全措施，故王某某很容易证明伪卡交易的事实。相反，案例1中包某某因未能及时发现盗刷，举证难度明显加大。

① 参见上海市浦东新区人民法院（2017）沪0115民初字第29591号民事判决书。

3. 王某某诉中国农业银行某支行借记卡纠纷一案①

<table>
<tr><th>原告举证</th><th>被告质证</th><th>法院认证</th></tr>
<tr><td>证据1：王某某的身份证复印件、中国农业银行某支行工商登记信息各1份，证明原、被告双方主体适格；</td><td rowspan="2">对证据1、2的真实性无异议，双方确实存在储蓄存款关系。</td><td rowspan="3">鉴于中国农业银行某支行对王某某提供的《受案回执》《询问笔录》《情况说明》、世纪通宝白金卡等证据的真实性无异议，本院对证据1–3的真实性予以确认。王某某发现银行卡在异地被盗刷后，及时报案并向民警出具本人真实的银行卡，足以证明涉案交易系伪卡交易。</td></tr>
<tr><td>证据2：卡号62×××11的世纪通宝白金卡（金穗借记卡）及交易明细各1份，证明王某某、中国农业银行某支行存在储蓄合同关系以及个人账户被盗刷的具体数额。</td></tr>
<tr><td>证据3：景宁畲族自治县公安局鹤溪派出所出具的《受案回执》《询问笔录》《情况说明》各1份，证明王某某收到中国农业银行某支行发送的账户余额变动短信提示后，立即向公安机关报案并向办案民警出示本人真实的银行卡。</td><td>对证据3的真实性无异议，证明本案涉及刑事犯罪，应当中止审理，待刑事终结后再审理本案。</td></tr>
</table>

该案中，王某某提交的证据并不多，但由于其提交《受案回执》《询问笔录》《情况说明》属于关键证据，仅凭该份证据就足以证实存在伪卡交易的事实。因此，证明是否存在伪卡交易的事实并不在于提交证据的多少，而在于所提交证据与待证事实之间的关联程度。个别案件中持卡人虽提交了一份证据，但如果该份证据足以认定存在伪卡交易的事实，也可以认定持卡人完成了举证责任。

（二）持卡人证明伪卡交易通常所需提交的证据

通过上述3个案例，笔者认为，持卡人完成伪卡交易的举证责任，可以提供持有真卡、报警记录、挂失记录、刑事判决、银行交易明细等证据予以证明。当然，并非每个案件均需提交上述所有证据，而是应根据个案情况以及持卡人持有的证据确定。具体而言：

1. 借记卡、银行卡领用合约等。在伪卡交易案件审理过程中，持卡人首先需要证明其与发卡行存在储蓄存款合同关系，从而证明其作为原

①参见浙江省瑞安市人民法院（2016）浙0381民初字第9870号民事判决书。

告主体适格。

2. 银行账户交易明细、客户回单等。持卡人对于因伪卡交易导致其银行账户资金减少的事实负有举证责任，一般通过打印账户交易明细、客户回单等即可证明。

3. 用卡记录。持卡人收到账户余额异常变动的提示后，一般会持卡前往附近银行柜台或 ATM 柜员机查询余额。查询余额后，银行交易后台就会存储相应的交易记录，据此可证明伪卡交易发生时真卡由持卡人持有。

4. 挂失凭证。持卡人拨打挂失电话后，发卡行工作人员会主动核实持卡人的身份、银行卡号、余额等信息，以便确认涉案交易是否系本人交易。此外，伪卡交易发生后，持卡人及时挂失亦有助于防止损失的进一步扩大。

5. 报警记录、询问笔录等。持卡人发现卡内资金被盗刷后，大多会选择报警。报警后，公安机关一般会出具相应报警记录，必要时公安还会制作询问笔录。上述案例 3 中，持卡人不但选择报警，还当场向民警展示其真卡，很容易证实伪卡交易的事实。

6. 考勤表、生活照片等。目前，银行提供的短信提示业务是有偿的，只有开通付费短信提示业务，持卡人才会收到余额变动的短信提示。因此，对于未开通短信提示业务的持卡人而言，事后就需要积极搜集相关证据，如考勤表、生活照片等，证实案发时其本人活动的范围，从时空距离上排除本人实施异地盗刷的可能性。上述案例 1 中，持卡人包某某虽未及时发现伪卡交易的事实，但由于持卡人提供的打卡记录、微信朋友圈游玩照片等证据相互印证，亦能证实存在伪卡交易的事实。

7. 监控录像。案发后，持卡人可以要求银行协助提供涉案交易的监控录像。通过监控录像，可以看出持卡交易的人是否系持卡人本人以及所持银行卡的样式、颜色、标记等是否与真实银行卡存在明显差异。

8. 生效的刑事判决以及在刑事诉讼阶段取得的勘验笔录、视听资料、电子数据、讯问笔录、犯罪嫌疑人供述、证人证言等。生效的刑事判决可以直接认定存在伪卡交易的事实，但是刑事诉讼阶段取得的其他证据需要经过质证，并且是否采信由人民法院决定。

（三）认定伪卡交易事实的证明标准

人民法院应当全面审查持卡人提交的证据，按照高度盖然性证明标准，综合判断是否存在伪卡交易的事实。高度盖然性是指“法官基于盖然性认定案件事实时，应当能够从证据获得事实极有可能如此的心证，法官虽然还不能够完全排除其他可能性（其他可能性在缺乏证据支持时可以忽略不计），但已经能够得出待证事实十之八九是如此的结论”。[①]我国现行法上的高度盖然性标准接近于大陆法系德国实务和学说中居于通说地位的“真实确信”标准。当事人欲证明待证事实，需要使法官形成认为争议事实为真的主观确信。[②]对于此种主观确信，如果以概率的形式表达，则存在75%到90%不等范围的界定。学界的主流观点认为，这种标准有别于并且明显高于英美法系的盖然性优势标准。

在银行卡盗刷案件中，分析当事人之间的举证负担至少需要考虑以下几个方面的因素：一是举证双方的人力、物力、财力以及对专业知识的掌握程度；二是举证双方对于金融操作系统及操作平台的掌控程度；三是举证双方距离案件事实及证据的远近；四是举证双方对于银行卡盗刷风险防范能力的大小及化解风险成本的多少。通过对上述诸因素的对比分析我们可以发现：发卡行一方对于持卡人而言，在专业知识、平台掌控、证据可得性、防范能力及成本方面无疑具有显著的优势。

考虑到我国民事诉讼证明标准的相对严苛性和银行卡盗刷案件中双

① 李浩：《民事诉讼证明标准的再思考》，载《法商研究》1999年第5期。

② 吴泽勇：《“正义标尺”还是“乌托邦”——比较视野中的民事诉讼证明》，载《法学家》2014年第3期。

方举证能力方面的显著差异，如何有效地缓解持卡人对于伪卡交易事实的举证负担是审理该类案件不得不面对的现实问题。就法官评价证据认定事实的心证程度这个侧面而言，在认识过程中人为地降低证明标准来回避真伪不明状态的出现是一种可能的操作方式。关于这种方法在比较法上已有相当深入的研究，但因法官为此享有更大裁量空间并相应应承担更多责任，所以在我国实务界和法学界尚未对此予以证明地承认。[①]同时，考虑到证明标准为法律所明定，法官通过自由裁量的方式人为地调高或降低证明标准似有不妥。于是，解决的路径似乎就指向了以下两条：一是利用证明标准兼跨事实和法律的特性，选择从事实领域解决问题，即法官在适用原则性证明标准的前提下，通过对事实本身的权衡，让案件的处理达到一个相对公平的结果。[②]二是充分利用现有民事证据法的理论命题和概念工具，通过法律解释的方法在减轻当事人举证负担方面形成通用性和定型化的实务操作方法，通过减轻当事人举证负担的方式帮助其实现从接近证明标准到达到证明标准的跃升，从而在个案中实现实质意义上的证明标准降低。

在事实的认定和权衡方面，可以明确充实“伪卡交易”这一要件的具体事实或可以认定伪卡交易的特定情形，当事人只需证明该具体事实或特定情形的存在，即为符合“伪卡交易”事实的证明标准。据此，若持卡人能够举证证明存在下列情形之一的，应认定系伪卡交易:（1）结合交易发生地和持卡人持有的银行卡所在地、交易时间等时空距离判断，持卡人难以使用同一张银行卡往返两地操作的;（2）监控录像显示持卡交易人并非持卡人本人或者其委托代理人，且交易中的银行卡的样式、颜色、标记等与真实银行卡有较大差异 的;（3）生效刑事判决认定案涉交

①王亚新、陈杭平、刘君博:《中国民事诉讼法重点讲义》，高等教育出版社 2017 年版，第 110 页。

②吴泽勇:《中国法上的民事诉讼证明标准》，载《清华法学》2013 年第 1 期。

易系罪犯所为伪卡交易的;(4)其他能够证明伪卡交易的情形。但是，若持卡人接到发卡行有关账户变动通知后，未及时对账户变动情况提出异议且未及时报警或挂失，导致法院无法查明是否存在伪卡交易事实的，持卡人应承担举证不能的法律后果。此外，发卡行对于伪卡交易的认定亦负有配合持卡人提供相关证据的义务，若发卡行接到持卡人关于伪卡交易的通知后，未及时向持卡人核实银行卡持有情况、引导持卡人留存和固定证据，或者未及时封存对账单、签购单或监控录像等证据，导致诉讼中有关证据无法获得的，发卡行应承担举证不能的不利后果。

基于传统辩论主义原则的基本假设，任何一方当事人无须为对方当事人提供武器，亦无自我揭示不利事实之义务。此则意味着，若一方当事人对于某要件事实不承担主张责任及证明责任，则完全可以以逸待劳，待对方就该事实完成本证后，再行提供己方掌握的证据予以反驳即可。如果将此种理念贯彻到银行卡盗刷案件中，显然只会进一步拉大双方举证能力的差距，从事实上封闭持卡人寻求救济的途径。

从路径二的思路来考察，民事证据法理论中存在非负举证责任一方当事人之事案解明义务的理论命题。在举证责任分配法则及主张责任分配法则下，应负主张责任及举证责任者，负有主张及提出证据方法之义务；而非负主张及举证责任一方当事人，在一定前提条件下，例如应负主张责任者就其主张已足够具体化或已出示相当证据等，即当然应负说明及提出证据资料，以协力使事案解明之义务。[①] 在德国实务上亦承认在应负举证责任的一方当事人不可归责地因处于事件发生过程外，以致未能掌握知识，而未能为适当之事实主张时，若依诚信原则，该非负举证责任一方当事人可期待提供较近之说明时（如事件发生在其领域之内），则非负举证一方当事人有信息提出之义务。[②] 前已述及，在银行卡盗刷案

①姜世明:《举证责任与真实义务》，厦门大学出版社2017年版，第96页。

②姜世明:《举证责任与真实义务》，厦门大学出版社2017年版，第114页。

件中，持卡人需要对“伪卡交易”这一事实承担举证责任。针对该事实而言，双方的关系明显符合下列的特征：应负举证责任的持卡人处于盗刷事件的发生经过之外；持卡人不可归责地对于盗刷事件无法知悉；非负举证责任的发卡行却能够较容易的针对盗刷事件进行说明（现有技术条件下，人工柜台取款或 ATM 机取款均有系统监控）；依诚信原则要求发卡行提出盗刷信息具有期待可能性。在银行卡盗刷案件中，持卡人能否及时发现盗刷将直接影响到举证的难易程度，发现越晚，举证越难。若持卡人于盗刷事件发生后未能及时通过挂失、报警等方式固定证据，往往因为难以证明伪卡交易事实而败诉。为化解上述难题，如若持卡人通过证据能初步证明其于盗刷发生时不可能出现在盗刷地点（如当时正在其他地点从事其他活动），则法院可以要求发卡行提供伪卡交易发生时银行系统中的所有监控记录资料（如监控录像等）促进本案的事案解明。

从规范依据而言，现行《民事诉讼法》第六十四条第一款规定了“当事人对自己提出的主张，有责任提供证据”。同时，第二款也例外性的规定：“当事人及其诉讼代理人因客观原因不能自行收集的证据，或者人民法院认为审理案件需要的证据，人民法院应当调查收集。”《最高人民法院关于适用〈中华人民共和国民事诉讼法〉的解释》（以下简称《民诉法解释》）第九十四条和第九十六条进一步对上述例外情形具体化。根据《民诉法解释》第九十六条的规定，证明伪卡交易事实的证据不能被“人民法院认为审理案件需要的证据”所涵摄，那么唯一可能的规范依据则落在《民诉法解释》第九十四条第一款第（三）项的兜底性规定：“当事人及其诉讼代理人因客观原因不能自行收集的其他证据。”单纯从文义解释而言，发卡行所掌握的记录银行卡盗刷过程的信息属于“因客观原因不能收集的证据”（在发卡行不予配合的情况下）。但是，结合该款第（一）项、第（二）项的限制，我们并不当然地认为所有“因客观原因不能收集的证据”均为该款第（三）项所涵摄。进一步从体系上结合《民诉法解释》第九十五条的反向限制性规定，证明银行卡盗刷过程的监控证据等显然不属于“与待证事实无关、对证明待证事实无意义或者其他无调查必要的”证据。再结合学理解释来看，学者认为，在强调当事人举证责任的背景下，民事诉讼赋予当事人申请调查取证权，是非常必要的，其体现在保障当事人证明权的需要、保障当事人平等进行诉讼的需要、法院发现真实完成民事诉讼任务的需要、减少适用证明责任判决的需要等方面。[1] 赋予承担举证责任的持卡人针对伪卡交易事实的申请调查举证权，相应地，要求不负举证责任的发卡行就伪卡交易事实承担信息提出义务，无疑是符合上述要求的。

如果考虑到一般化的事案解明义务的确立可能对现有的证明责任体系造成冲击，那么另一种可以参考的思路则为在特定类型的案件中进行特殊、例外的而非一般化的事案解明义务的法解释论作业及法的续造工作。[2]《民诉法解释》第一百一十二条规定了“书证提出义务”并将提出的客体限制为我国民事证据种类中的“书证”，这无疑具有局限性。从大陆法系国家的规定来看，其“文书提出命令制度”也适用于所谓的“准文书”，即那些直接记载信息资料，包括电子数据的物件，如照片、磁带、光盘、硬盘等。[3] 权威释义书中也曾明确，上述第一百一十二条规定的文书提出义务“其内容与大陆法上的文书提出命令基本相同”[4]。之所以采取“书证”而非“文书”的表述，主要是为了与民诉法对证据种类的规定保持一致。因而，我们完全可以采用目的性扩张的法律解释方法，在银行卡盗刷案件中，将“书证提出义务”适用的客体扩展解释到“准

①参见李浩：《论民事诉讼当事人的申请调查取证权》，载《法学家》2010 年第 3 期。

②陈杭平：《“事案解明义务”一般化之辨——以美国“事证开示义务”为视角》，载《现代法学》2018 年第 5 期。

③张卫平：《民事诉讼法》，法律出版社 2016 年版，第 207 页。

④沈德咏：《最高人民法院民事诉讼法司法解释理解与适用（上）》，人民法院出版社 2015 版，第 372 页。

文书”层次的“监控视频”等直接记载信息的资料或者在严格恪守我国《民事诉讼法》对于证据法定种类界定的前提下，采取个案的类推适用。实际上，司法实务当中已有法院采取或为扩张解释或为参照适用的路径。[①]

然后，进一步需要明确的问题在于，银行卡盗刷案件中持卡人的提出申请是否满足“书证提出义务”的构成要件。从《民诉法解释》第一百一十二条的表述来看，我国的书证提出义务的程序性要件为“举证期限届满前”和“书面申请”，实质性要件为“书证处在对方控制之下”并且“法院认为申请理由成立”。如果从实质性要件概括、抽象表述的角度分析，可以说我国在规范层次所确立的“书证提出义务”为诉讼上的一般义务。基于诉讼双方武器平等的基本原则，有必要对此种一般化的条款加以具体化的限定，否则容易造成一方滥用“书证提出义务”而造成诉讼双方的攻守失衡。从实务处理的情况而言，只有“书证确实（或推定）存在”“书证确实处在对方控制之下”“书证确有提出的必要”等条件满足时，法院一般才会责令对方提出书证。结合我国银行系统现有的监控保障体系和证据对证明伪卡交易的重要性而言，申请一方要满足上述条件并非难事。从学理层面而言，若申请一方要求提出的书证是“引用文书”、“权利文书”、“利益文书”和“法律文书”之一的，对方一般有提出的必要。[②]所谓的“利益文书”是指为了举证人的利益而做成的文书。根据《商业银行法》第六条的规定:“商业银行应当保障存款人的合法权益不受任何单位和个人的侵犯。”因而，银行安全保障系统中对于伪卡交易的任何监控、记录资料可以在双重意义上进行解读。一方面可以作为金融系统自身防范风险的需要而记录，另一方面也完全可以视为发卡行基于对持卡人的资金保障义务而制作留存，因而是“为当事人利

①参见（2017）粤2071民初字第3778号、（2017）粤52民终字第638号民事判决书。

②参见王亚新:《对抗与判定——日本民事诉讼的基本结构》，清华大学出版社2010年版，第139页；姜世明:《新民事证据法论》，厦门大学出版社2017年版，第3页。

益而作成”，满足“利益文书”的要件。从而，可以适用《民诉法解释》第一百一十二条责令发卡行提供信息。

三、发卡行承担民事责任的理论基础和法律依据

（一）发卡行承担责任的理论基础

在伪卡交易中，盗刷人侵害的是发卡行还是持卡人的权益历来存在分歧，大致分为两种观点。第一种观点认为，盗刷人侵害的是发卡行的权益。理由：持卡人将货币存入发卡行后，货币所有权就转移给发卡行。持卡人基于存款合同对发卡行只享有给付存款本息的债权请求权，并不享有返还存款的物权请求权。因此，盗刷人实施的伪卡交易行为侵害的是发卡行的权利，发卡行仍负有向持卡人支付存款本息的合同义务。若发卡行拒绝支付，则对持卡人构成违约。第二种观点认为，盗刷人侵害的是持卡人的权益。理由：持卡人将货币存入银行后，银行只负有保管义务，所有权并未发生转移。因此，盗刷人实施的行为侵害了持卡人的权益，构成民事侵权。在发卡行无过错的情况下，持卡人应依侵权理论直接向盗刷人追偿，发卡行对于盗刷的款项不再负有继续付款的义务。笔者赞同上述第一种观点，理由如下：

“在民法理论上，按照学界通说，货币属于特殊种类物，‘占有即所有’系认定货币归属的一般原则。货币的特殊种类性和流通性决定其占有权和所有权在时空上不能相分离。”[①] 持卡人将货币存入银行后，银行即取得货币所有权，享有占有、使用、收益、处分的权利。因此，持卡人要求银行给付存款本息的权利并非依据其对货币所享有的所有权，而是依据借记卡领用合约、借记卡章程等合同文本对银行享有的债权请求权。按照上述理论，在银行卡盗刷案件中，第三人实施的盗刷行为侵害的并非持卡人的权利，而是银行的权利，因此，盗刷人实施的行为构成对发卡行的侵权行为，持卡人基于合同关系仍有权要求发卡行支付被盗刷的款项。

---

①梁慧星：《民法总论》，法律出版社2011年版，第156~157页。

“在经济学上，如果一项法律规定允许一个人或者是为了经济上需要，或者是为了他自己的利益使用物件、雇佣职员或者开办企业等具有潜在危险的情形，他不仅应当享受由此带来的利益，而且也应当承担由此危险对他人造成的任何损害的赔偿责任；获得利益者负担损失。”[①] 纵观大量伪卡交易案件，被盗刷的银行卡大多属于磁条卡，相较于目前使用的芯片卡，磁条卡制作技术门槛较低，与芯片卡相比更容易被复制。据了解，磁条卡的制作和维护成本相对较低，而芯片卡的成本较高，发卡行出于成本考虑不愿意主动为客户更换芯片卡。因此，从经济学角度分析，使用磁条卡降低了银行交易成本，但却加大了持卡人资金被盗刷的风险，故按照利益风险对等原则，既然银行从中获取了利益，相应的风险就应当由银行承担，而不应转嫁给客户。当前 ATM 机大范围地推广和使用减少了银行柜员的工作量，提高了工作效率，亦为客户带来了诸多便捷，但“技术的开发、推广、破解、淘汰是永恒的主题”[②]。ATM 机既然由银行提供及维护，那么银行就负有通过不断更新技术、升级软件等措施来保障交易安全，降低交易风险的责任。

（二）发卡行承担责任的法律依据

《合同法》第一百二十一条规定：“当事人一方因第三人的原因造成违约的，应当向对方承担违约责任。当事人一方和第三人之间的纠纷，依照法律规定或者按约定解决。”坚持合同相对性，严格区分内、外部关系是处理合同纠纷案件的重要原则。本文选取的 122 份样本中，法院大多援引该条规定，认为虽然银行违约是因第三人实施的违约行为导致，但基于合同相对性，银行仍负有向储户给付存款本息的义务。发卡行未能识别伪卡而实施的错误给付行为不能视为对持卡人的给付，其仍负有

①[德] 克雷斯蒂安·冯·巴尔：《欧洲比较侵权行为法》（上卷），张新宝译，法律出版社 2001 年版，第 10 页。

②戴欣悦、章军侃、许肖茜：《银行卡盗刷纠纷责任认定与分配的类型化研究——以 152 份判决书为研究对象》，载《法律适用》2017 年第 3 期。

向持卡人继续给付的义务。例如，在袁某某诉中国农业银行某支行一案[①]中，南京中院二审判决中国农业银行某支行对于盗刷损失承担100%的责任，其裁判理由如下："袁某某与农行形成的合同关系是当事人真实意思表示，内容不违反法律、行政法规的强制性规定，合法有效，双方均应依约履行。农行向袁某某发放银行卡后，对袁某某负有支付本息和保障安全交易的义务。农行所认可的各种交易终端机具、交易系统未能有效识别伪卡，导致发生伪卡交易、卡内资金被盗刷，可认定农行未尽到合同义务，应当承担违约责任。另外，根据合同相对性原则，即便损失系因他人实施伪卡交易所致，亦不能免除农行对袁某某给付存款本息的责任。"

《侵权责任法》第三十七条规定："宾馆、商场、银行、车站、娱乐场所等公共场所的管理人或者群众性活动的组织者，未尽到安全保障义务，造成他人损害的，应当承担侵权责任。"《商业银行法》第六条规定："商业银行应当保障存款人的合法权益不受任何单位和个人的侵犯。"根据上述法律规定，发卡行对持卡人账户资金负有安全保障义务，有义务按约给付存款本息、为存款人保密、挂失止付及保障持卡人用卡安全等。伪卡交易的发生恰恰证明发卡行并未尽到上述安全保障义务，发卡行对于持卡人因此遭受的损失理应予以赔偿。审判实践中，审查发卡行是否尽到安全保障义务，不仅依据法律、行政法规和参照部门规章等规范性文件，还要遵循交易惯例，从银行卡以及银行卡交易场所、设备、系统是否具有安全性，发卡行工作人员在办理银行卡业务时是否尽到审慎审核义务，是否尽到对风险提示、告知义务等进行综合认定。

综上，伪卡交易发生后，无论按照侵权还是违约责任处理，在持卡人无过错的情况下，发卡行均应承担偿还所盗刷款项本息的付款义务。事实上，在选取的122份样本中，发卡行承担100%责任的就有74件，占到全部案件的60.66%。

① 参见江苏省南京市中级人民法院（2016）苏01民终字第4690号民事判决书。

四、减轻和免除发卡行民事责任的情形及考量因素

（一）发卡行责任的减轻

根据银行卡领用合约、借记卡章程等规定，持卡人负有妥善保管、使用银行卡信息及密码的义务，认真核对发卡行发送的账户变动信息，及时将盗刷情况告诉发卡银行，以避免损失进一步扩大。如果有证据证明银行卡信息及密码泄露系因持卡人使用行为及保管不当所致，则应适当减轻发卡行的责任。审判实践中，认定持卡人是否尽到妥善保管银行卡及密码的义务，应当从持卡人是否依照法律、行政法规、行政规章等规定和通常做法，妥善保管银行卡卡片、卡片信息、密码，以具有安全性的方式使用银行卡等方面进行综合认定。

《合同法》第一百二十条规定，“当事人双方都违反合同义务的，应当各自承担相应的责任。”因此，在处理银行卡盗刷案件时还应考虑持卡人对于第三人实施的侵权行为有无过错这一因素。如第三人获取银行卡信息或交易密码系因持卡人日常使用银行卡不规范、保管不善等所致，则应适当减轻发卡行的责任。在选取的100份样本中，判决持卡人承担30%责任的13件，承担20%责任的5件，承担10%责任的3件。减轻发卡行责任的情形，大致包括以下三种情况：第一，刑事侦查或判决结果证实持卡人未妥善使用、保管银行卡信息、密码。如东莞中院审理的谢某某与中国工商银行某支行一案[①]，根据生效刑事判决查明的事实可知，谢某某轻信犯罪分子所称的充值优惠活动，随意在路边小摊使用银行卡，其用卡不规范的行为导致犯罪分子轻易窃取其银行卡信息及密码。法院据此认定谢某某对于银行卡被盗刷存在过错，应适当减轻发卡行责任，最终判定谢某某自行承担50%的责任。第二，发卡行提交的监控录像、短信记录等证据证明持卡人存在不规范用卡的行为。例如，林某某诉中

①参见东莞市中级人民法院（2014）东中法民二终字第562号民事判决书。

国建设银行某支行一案[①]中，银行提交了一段“自助柜员机监控录像视频”，证实林某某存在将银行卡及交易密码交给第三人使用的行为，法院据此认定林某某对于卡内资金盗刷存在过错并判定其自行承担30%的责任。又如，孙某某诉杭州银行某支行一案[②]中，银行提交的证据显示，盗刷行为发生前，银行后台系统曾向孙某某发送短信，提示其发生了一笔余额查询业务，但孙某某并未引起足够重视，存在一定过错，法院据此判定孙某某自行承担10%的责任。第三，基于银行卡密码的唯一性、私密性等特性，推定持卡人未尽到妥善保管银行卡信息或交易密码的义务。例如，周某某与中国建设银行某支行一案[③]中，法院认为，“银行卡密码是持卡人在办理银行卡时向银行预留的、未来办理业务时提供给银行自动识别客户身份、权限的数字、字母或其组合，具有私有性、唯一性和秘密性。正常情况下，银行卡信息尤其是密码为持卡人设定并仅为其掌握，交易时通过银行系统数据库自动扫描的形式核对，他人包括柜台交易时的银行工作人员并不知晓，同持卡人身份证、签名一样，具有身份识别功能，是持卡人进入电子交易系统的钥匙或身份凭证，从而起到电子签名的作用。本案并无证据证明银行对周某某涉案借记卡的密码泄露存在过错，故推定持卡人周某某没有尽到保管银行卡密码的义务，更符合经验规则”。当然，笔者并不赞同该观点，后文将专门阐述。

（二）发卡行责任的免除

《合同法》第四十九条规定:“行为人没有代理权、超越代理权或者代理权终止后以被代理人名义订立合同，相对人有理由相信行为人有代理权的，该代理行为有效。”在民法上，第三人未经持卡人同意实施的盗刷行为可视为无权代理，若发卡行有证据证实第三人实施的行为构成表见

①参见广东省汕尾市城区人民法院（2016）粤1502民初字第540号民事判决书。

②参见浙江省杭州市江干区人民法院（2015）杭江商外初字第23号民事判决书。

③参见广东省深圳市中级人民法院（2016）粤03民终字第17156号民事判决书。

代理，则第三人与发卡行之间的交易行为有效，发卡行对于持卡人账户减少的资金不负有赔偿义务。第三人实施的盗刷行为构成表见代理应符合以下两个条件：一是在客观上具有使发卡行相信第三人具有代理权的外观表象；二是发卡行有理由相信第三人有代理权，即发卡行主观上已尽了谨慎注意义务，是善意的。例如，在明某某与中国邮政储蓄银行某支行一案[①]中，法院认为，涉案交易既然通过网上支付方式进行，中国邮政储蓄银行某支行收到网上支付指令后，核验输入银行卡信息和动态验证码正确后，完全有理由相信该笔交易系持卡人明某某本人操作的合法交易，故中国邮政储蓄银行某支行的付款行为构成表见代理，无须承担责任。当然，通过ATM机、POS机实施的盗刷案件中，如果持卡人不能证明系伪卡交易，亦应免除发卡行的责任。

（三）划分发卡行、持卡人承担责任比例应考虑的因素

在划分发卡行、持卡人承担责任比例时还应充分考虑立法目的、价值取向、当事人经济地位、承担风险能力等因素。具体而言：

1. 考虑平衡保护问题

银行卡业务自诞生以来，不但大大降低银行交易成本，也为持卡人带来了诸多便捷，因此，要鼓励银行卡产业大力发展。与此同时，要通过制定银行卡业务规范、规范发卡行行为等方式，维护持卡人作为金融消费者的合法权益，实现实质公平，二者不可偏废其一。过分保护持卡人权益，必将提高发卡行的交易成本，发卡行则会通过调高卡片发售价格、交易费率等方式将成本转嫁给持卡人，最终损害的仍是持卡人利益且不利于银行卡产业发展。过分保护发卡行利益，则有违公平原则，也与当前注重保护消费者合法权益的立法初衷相悖。因此，实践中，要充分发挥生效裁判对社会公众的指引作用，在保护银行卡产业健康发展的同时注重维护消费者的合法权益，不断提高银行卡的安全性能，亦督促

① 参见北京市第二中级人民法院（2016）京02民终字第10630号民事判决书。

持卡人妥善使用和保管银行卡信息、密码，从而形成良性发展的格局。

2. 考虑利益风险一致原则

发卡行作为银行卡业务的提供者，在获得收益的同时也制造了风险，因此，按照"获得利益者负担损失"的原则，相应损失由发卡行负担更加合理。同时，"发卡行作为危险的制造者，也更有条件、能力通过技术升级、更新换代等方式消除危险源，避免损害发生。当然，持卡人对于损害的发生存在过错的，应依据过错程度减轻或免除发卡行的责任"。①

3. 适当考虑当事人举证能力和抗风险承受能力

与持卡人相比，发卡行具有绝对优势地位，了解所提供金融产品的性能及缺陷，因此，从举证所需要的专业知识角度分析，发卡行有条件占有或接近证据材料。此外，伪卡交易案件中持卡人大多系自然人，虽然盗刷金额不大，但可能因此遭受致命打击；相反，发卡行具有雄厚的资金实力，有能力负担相应损失且不会因此导致成本大幅上升。"事实上，根据银行卡非授权交易损失分担的损失分散原则、损失减少原则和损失确定原则，银行比持卡人具有更强的风险防范和损失分散能力，更适合承担严格责任。"②"从国外情况看，美国1970年立法将非授权交易的损失明确规定主要由银行承担，这并未导致信用卡使用风险的显著增加，一定程度上说明该损失分担机制是合理的。"③

五、司法实务中应注意的其他相关问题

（一）案由的界定

民事案由的准确、清晰界定对于正确认定基础法律关系，明确各方当事人权利义务至关重要，但司法实务中，因伪卡交易引发的银行卡纠

①张雪楳：《银行卡纠纷疑难问题研究》，载《法律适用》2015年第3期。

②北京市第二中级人民法院课题组：《银行卡盗刷案件审判思路探析——以案件相关主体间的法律关系分析为重点》，载《法律适用》2017年第3期。

③彭冰：《银行卡非授权交易中的损失分担机制》，载《社会科学》2013年第11期。

纷在案由的确定上较为混乱，有将其列为储蓄存款合同纠纷的，也有将其列为银行卡纠纷的，亦有将其列为合同纠纷的。2011 年修订的《民事案件案由规定》分别将“储蓄存款合同纠纷”和“银行卡纠纷”作为并列的三级案由，在“银行卡纠纷”这一三级案由下设立了“借记卡纠纷”和“信用卡纠纷”两个四级案由。上述修改将“储蓄存款合同纠纷”和“银行卡纠纷”予以区分,并将“银行卡纠纷”具体划分为“借记卡纠纷”和“信用卡纠纷”。因此，根据上述案由规定，因申领、使用银行卡产生的纠纷应认定为“银行卡纠纷”而非“储蓄存款合同纠纷”，并依据案涉银行卡的种类为借记卡或者信用卡的不同，分别界定为“借记卡纠纷”或者“信用卡纠纷”。例如，汪某某与中国工商银行一案中，一审法院将案由定为储蓄合同纠纷，二审法院根据《民事案件案由规定》改为借记卡纠纷。

（二）民刑交叉情形下的受理问题

因伪卡交易引发的银行卡纠纷，只要持卡人起诉符合《民事诉讼法》规定的受理条件的，人民法院就应当予以受理，不能以该类案件涉及刑事犯罪为由不予受理或受理后裁定驳回起诉。《最高人民法院关于在审理经济纠纷案件中涉及经济犯罪嫌疑若干问题的规定》第一条规定：“同一公民、法人或其他经济组织因不同的法律事实，分别涉及经济纠纷和经济犯罪嫌疑的，经济纠纷案件和经济犯罪嫌疑案件应当分开审理。”发卡行与持卡人之间因银行卡使用产生的纠纷和犯罪嫌疑人实施盗刷行为分属两个独立的法律事实，按照民事、刑事分别立案、分别审理的原则，无须等待盗刷刑事案件终结后再启动民事案件受理、审理程序。《最高人民法院关于银行储蓄卡密码被泄露导致存款被他人骗取引起的储蓄合同纠纷应否作为民事案件受理问题的批复》（法释〔2005〕7 号）进一步明确规定：“因银行储蓄卡密码被泄露，他人伪造银行储蓄卡骗取存款人银行存款，存款人依其与银行订立的储蓄合同提起民事诉讼的，人民法院应当依法受理。”该批复起草人亦明确指出：“当事人请求银行支付存款与银行存款被骗是两个独立的法律事实，利用银行卡骗取银行存款的犯罪行为是针对银行的犯罪行为，而不是针对存款人的犯罪行为，因银行支付的对象不是真正的存款人，故银行支付存款的行为属于民法上的不适当履行行为。”[①] 已经受理的案件，案件基本事实的查明不需要等待刑事案件审理结果的，发卡行要求中止审理案件的，不应予以支持。

（三）银行卡信息或密码泄露的举证责任

关于银行卡信息或密码泄露原因的举证责任应由谁承担，历来都是审判实践中饱受争议和诟病的问题。有人认为，只有持卡人掌握银行卡密码，且持卡人负有妥善保管银行卡密码的义务，故可以推定银行卡密码泄露是由于持卡人原因所致。也有人认为，固然银行卡密码由持卡人掌握，但根据破获刑事案件犯罪嫌疑人交代，其通过在 ATM 机上安装针孔摄像头的方式窃取密码，因此，密码之所以被泄露不排除系因发卡行提供的交易设备使用环境不安全导致。笔者认为，鉴于目前发行的银行卡信息较易复制且交易设备不能有效识别伪卡的情形下，银行卡信息及密码泄露的举证责任分配给银行更为合理。理由如下：第一，根据证明责任分配现代学说，主张积极事实的人，应当举证；主张否定事实的人，即为消极事实陈述的人，不负证明责任。消极事实不负证明责任的理由在于消极事实是指未发生的事实，未发生的事实无从举证，而且从因果关系的角度解释，消极事实不会产生某种结果，当然也就不可能成为某种结果的原因。[②] 伪卡交易案件中，发卡行大多以持卡人泄露银行卡信息及密码为由要求免责或减轻责任，而持卡人会极力予以否认。根据上述证明责任理论，发卡行主张的事实属于积极事实，持卡人的抗辩则属于消极事实，故持卡人无须对自己并未泄露银行卡信息及密码这一消极行为举证。第二，盗刷纠纷实质上是发卡行错将犯罪嫌疑人当作给付对象

①最高人民法院民一庭编：《民事审判指导与参考》，法律出版社 2006 年版，第 22 页。

②李浩：《举证责任研究》，中国政法大学出版社 1993 年版，第 134 页。

实施的错误给付行为，对持卡人不产生法律效力，发卡行仍负有向持卡人履行义务的责任。发卡行以此为由要求减轻其责任的，应举证证明持卡人实施了泄露银行卡信息及密码的行为。第三，从现有案件反映情况来看，银行卡信息及密码泄露的原因大多是由于银行对ATM机、POS机的使用环境维护不力造成的，因持卡人故意或重大过失导致银行卡信息及密码泄露的较为少见。因此，在无任何证据证明持卡人自行泄露银行卡密码的情况下，不应判令持卡人承担部分损失，从而减轻发卡行的赔偿责任。

（四）“凡密码相符的交易均视为本人合法交易”条款的效力

我国《银行卡业务管理办法》第三十九条规定，“发卡银行依据密码等电子信息为持卡人办理的存取款、转账结算等各类交易所产生的电子信息计录，均为该项交易的有效凭据”。根据上述规定，在持卡人设置有交易密码的情形下，只要密码相符的交易，均应视为本人交易。在伪卡交易引发的银行卡纠纷案件中，发卡行大多援引银行卡章程、银行卡领用合约等文件中规定的“凡密码相符的交易均视为本人合法交易”条款，要求免除自身责任，但该条款系发卡行事先、单方制定的，且属于免除、减轻自身责任的条款，故该条款应认定为“格式条款”。我国《合同法》第四十一条规定：“对格式条款的理解发生争议的，应当按照通常理解予以解释。对格式条款有两种以上解释的，应当作出不利于提供格式条款一方的解释。格式条款和非格式条款不一致的，应当采用非格式条款。”因此，在伪卡交易引发的银行卡纠纷案件中，应遵循格式条款效力的认定原则，对于该条款的理解发生分歧时应作出不利于发卡行一方的解释。

一般而言，私人密码的使用意味着对交易身份及交易内容予以认可，但在伪卡交易案件中，犯罪嫌疑人使用的密码系通过非法盗取方式取得，并未获得持卡人的授权，故不应视为持卡人本人行为。此外，适用该条款免责的另一个重要前提是所使用的银行卡必须是真实、合法、有效的，但伪卡交易中，犯罪嫌疑人所使用是通过犯罪手段伪造的卡片。目前各大银行发行的银行卡防伪技术不高，在银行卡交易设备、交易系统的安全性均有待提高的现实情形下，为更好地保护持卡人合法权益，对于该条款的适用亦应做出更加严格解释，从而督促发卡行加大技术投入力度，不断提高防伪技术水平。因此，借记卡章程关于“凡密码相符的交易均视为本人合法交易”的规定，仅适用于真实的借记卡交易，并不适用于伪卡交易，银行不能据此免责。

山东省高级人民法院
关于审理银行卡盗刷纠纷案件的意见

为正确审理银行卡盗刷案件，统一裁判尺度，有效保护持卡人、发卡行的合法权益，依照《中华人民共和国合同法》《中华人民共和国侵权责任法》《中华人民共和国商业银行法》等有关法律规定，结合审判实践，制定本意见。

第一条 （案由）本意见所称银行卡盗刷（又称伪卡交易），是指他人盗用银行卡信息及密码，通过伪造或变造银行卡取现、转账和消费等，导致持卡人银行卡账户资金减少或透支数额增加的行为。因该类纠纷引发的案件，根据2011年4月1日实施的最高人民法院《民事案件案由规定》法发〔2011〕42号的规定，案由界定为借记卡纠纷或信用卡纠纷。

第二条 （受理）持卡人基于银行卡合同向人民法院提起民事诉讼，符合《中华人民共和国民事诉讼法》第一百一十九条规定的受理条件，人民法院不能仅以涉嫌刑事犯罪为由裁定不予受理或受理后裁定驳回起诉。

第三条 （审理）银行卡纠纷案件的审理不需要以刑事案件审理结果为依据的，案件应继续审理；发卡行以涉嫌刑事犯罪或刑事追赃尚未结束为由主张中止审理的，人民法院不予支持。

第四条 （伪卡交易的举证责任）持卡人对于伪卡交易的事实负有举证责任，可以提供持有真卡、报警记录、挂失记录、刑事判决、银行交易明细等证据予以证明。

第五条 （伪卡交易的事实认定）人民法院应当全面审查持卡人提交的证据，按照高度盖然性证明标准和优势证据规则，综合判断是否存在伪卡交易的事实。具备下列情形之一，人民法院可以认定存在伪卡交易的事实：

（一）结合交易发生地和持卡人持有的银行卡所在地、交易时间等时空距离判断，持卡人难以使用同一张银行卡往返两地操作的；

（二）监控录像显示持卡交易人并非持卡人本人或者其委托代理人，且交易中的银行卡的样式、颜色、标记等与真实银行卡有较大差异的；

（三）生效刑事判决认定涉案交易系罪犯所为伪卡交易的；

（四）其他能够证明伪卡交易的情形。

第六条 （发卡行的安全保障义务）发卡行负有为持卡人保密、挂失止付及保障用卡安全等安全保障义务；人民法院应当从银行卡以及交易场所、设备、系统是否安全，发卡行是否尽到风险提示、告知义务等方面予以审查，综合认定发卡行是否存在过错。

第七条 （发卡行的通知义务）在持卡人开通短信提示业务的情形下，因发卡行原因未及时告知持卡人银行卡账户交易变动情况，导致无法查明伪卡交易事实的，发卡行应承担举证不能的法律后果。

发卡行有证据证明已即时发出通知，该通知已到达或者非因发卡行原因应到达而未实际到达持卡人的，应认定发卡行尽到了通知义务。

第八条 （持卡人妥善保管银行卡、密码义务）持卡人负有妥善保管银行卡和密码的义务，人民法院应当从持卡人是否妥善保管银行卡、密码及以具有安全性的方式使用银行卡等予以认定。

第九条 （持卡人的告知、报警或挂失义务）持卡人在知道或者应当知道发卡行发送了银行卡账户交易变动的通知后，未及时告知发卡行伪卡交易的事实、挂失或报警，导致无法查明伪卡交易事实的，应承担举证不能的法律后果。

第十条 （责任承担及减轻、免除）发生伪卡交易，持卡人要求发卡行支付盗刷本金、利息的，人民法院应予支持。

持卡人对于银行卡盗刷存在过错的，应在过错范围内减轻或者免除发卡行的责任。

持卡人未及时采取措施导致损失过大的，对于扩大损失应自行承担。

第十一条 （格式条款适用）银行卡领用合约关于“凡密码相符的交易均视为本人合法交易”的规定，仅适用于真实的银行卡交易，并不适用于伪卡交易，发卡行不能据此免责。

第十二条 （附则）本意见自下发之日起施行。在施行中，法律、司法解释另有规定的，以法律、司法解释的规定为准。

侵害商标权类案证明标准研究报告*

引言

证明标准在大陆法系被称为证明尺度，是对案件事实等待证事项的证明所须达到的要求。一方面对当事人举证具有指导意义，即承担证明责任的当事人提供证据对要件事实加以证明到何种程度，才能完成证明责任。另一方面是法官对争议事实进行心证的标尺。根据现有法律的规定，[①] 我国一般民事案件采用“高度盖然性”的证明标准，对特殊待证事实采用“排除合理怀疑”的证明标准，即对于一般民事案件法官依据明显优势证据规则，便可判定案件“事实清楚，证据充分”。当下，一般的证明标准具有一定的合理性，[②] 但是，商标侵权案件具有自身的特殊性，

*课题主持人：马莉莉　山东省高级人民法院民事审判第三庭　庭　长
课题组成员：于军波　山东省高级人民法院民事审判第三庭　副庭长
于志涛　山东省高级人民法院民事审判第三庭　法　官
刘晓梅　山东省高级人民法院民事审判第三庭　法　官
张金柱　山东省高级人民法院民事审判第三庭　法　官
刘爱萍　山东法官培训学院　教　授
邢晓娟　山东法官培训学院　讲　师
课题执笔人：刘爱萍　于志涛　于军波　刘晓梅　张金柱　邢晓娟

①对于证明标准，《民事诉讼法》没有明确规定，《最高人民法院关于民事诉讼证据的若干规定》第七十三条第一款规定：“双方当事人对同一事实分别举出相反的证据，但都没有足够的依据否定对方证据的，人民法院应当结合案件情况，判断一方提供证据的证明力是否明显大于另一方提供证据的证明力，并对证明力较大的证据予以确认。”该条文设定了民事案件“高度盖然性”证明标准，《最高人民法院关于适用〈中华人民共和国民事诉讼法〉解释》第一百零八条第一款规定“对负有举证证明责任的当事人提供的证据，人民法院经审查并结合相关事实，确信待证事实的存在具有高度可能性的，应当认定该事实存在”，第三款规定：“法律对待证事实所应达到的证明标准另有规定的，从其规定”。第一百零九条紧随其后规定：“当事人对欺诈、胁迫、恶意串通事实的证明，以及对口头遗嘱或者赠与事实的证明，人民法院确信该待证事实存在的可能性能够排除合理怀疑的，应当认定该事实存在。”

②关于民事诉讼一般证明标准，理论界存有争议，本研究报告不作评价。

案情迂回复杂，涉案品类繁多，证据良莠不齐、真假难辨，司法实践中，应在遵循民事案件证据“高度盖然性”证明标准的基础上，根据证据的证明力及与待证事实的关联程度，对待证事实进行综合、整体的认定。商标侵权案件审理中，把握具体的证明标准，更有利于保护商标权人的合法权益，平衡商标权人、其他市场经营者以及消费者之间的利益，促进市场经济的发展。

为进一步深化落实司法责任制改革，切实提升法官裁判能力，推进类案规范化，统一裁判尺度，为完善中国特色社会主义诉讼制度贡献山东法院智慧，省法院党组立足解决审判实践中的突出问题，决定在省法院开展类案证明标准专项课题研究。2018 年 5 月 14 日下午，省法院召开第二次类案证明标准研究会议，就类案证明标准具体安排进行部署。根据张甲天院长要求及会议部署，民三庭结合知识产权案件审判实际，经过多次研讨和调研，决定对“商标侵权类案证明标准”展开研究，并抽选业务骨干成立了课题组，在省法院研究室的有力支持下，顺利开展课题研究工作。

研究报告通过对遴选的 500 份生效裁判文书所涉具体案件证据要素的分析，研究各类证据之间的互相印证程度，以及证据之间的逻辑关系等，总结司法经验，提炼证据规则，在此基础上制定《山东省高级人民法院关于侵害商标权纠纷案件证明标准规范》，以期将抽象的证明标准“客观化”，为法院审查、运用证据认定案件事实提供规范指引。本研究报告分为四个部分。

第一部分　商标侵权类案界定及其证明标准研究路径

统一类案证明标准的实质就是基于对生效裁判文书的分析和司法经验总结形成“类案辅助办案系统”。商标侵权类案证明标准研究可以遵循以下路径进行。详见图 1。

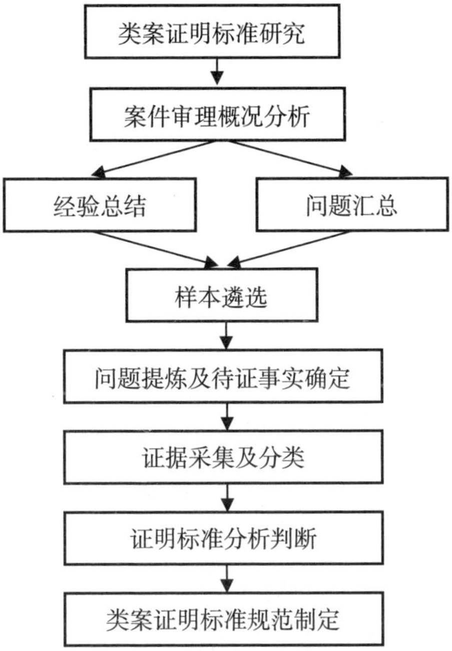

图 1　商标侵权类案证明标准研究路径图

一、商标侵权类案的界定

相对应于个案而言，类案是具有某些共性的个案的集合。《最高人民法院司法责任制实施意见（试行）》新创设了类案与关联案件检索机制，为类案检索指明了方向与路径，也对类案范畴进行了原则性的界定。现行的《民事案件案由规定》以民法理论对民事法律关系的分类为基础，以法律关系的内容即民事权利类型来编排体系，将侵权责任纠纷列为第一级案由。在第一级案由项下，细分为四十三类案由，作为第二级案由（以大写数字表示）；在第二级案由项下列出了 424 种案由，作为第三级案由（以阿拉伯数字表示），第三级案由是司法实践中最常见和广泛使用的案由。

本研究报告所指"商标侵权类案"是指基于《民事案件案由规定》第一级案由"第五部分知识产权与竞争纠纷" 项下的第二级案由"十四、

知识产权权属、侵权纠纷”项下的第三级案由“143. 商标权权属、侵权纠纷”项下的第四级案由“(2)侵害商标权纠纷”。

二、案件审理概况分析

为了呈现商标侵权类案证明标准研究的重要性，为遴选研究样本奠定基础，需要从裁判时间分布、审级分布、地域分布等角度对商标侵权案件审理概况进行分析，总结经验，发现问题。本研究报告通过对 2013–2017 年五年来山东法院民事一审、二审商标权案件和商标侵权案件相关数据的分析，比较直观地展示了山东法院商标侵权案件的审理概况及存在的主要问题，为商标侵权类案证明标准研究提供样本遴选、问题提炼及待证事实确定、证据采集、证明标准分析判断等依据，同时为《山东省高级人民法院关于侵害商标权纠纷案件证明标准规范》的制定和适用提供参考。

三、商标侵权类案样本的遴选

民事案件案由具有层次性，商标侵权类案证明标准是民事证明标准的下位证明标准。研究类案证明标准原则上应该从最低层次的案由为检索条件所形成的类案为研究对象。本研究报告立足全省法院商标侵权案件审判实际，借助人民法院大数据管理和服务平台的数据管理平台、中国裁判文书网、类案智能推送、中国司法案例库、法信平台等，以具体案由为检索条件搜集类案，从山东法院审理的民事二审商标侵权案件中遴选出 500 份生效裁判文书作为分析样本，从裁判结果入手，比较不同判决之间证据证明标准的差异，分析类案中相同裁判结果的裁判文书，研究其证明标准，明确各类证据的证明力，以确定统一的规则。

(一)样本裁判时间分布

以案件裁判日期为标准，遴选的 500 份分析样本中，2013 年 5 件，2014 年 99 件，2015 年 74 件，2016 年 59 件，2017 年 155 件，2018 年 108 件。详见图 2。

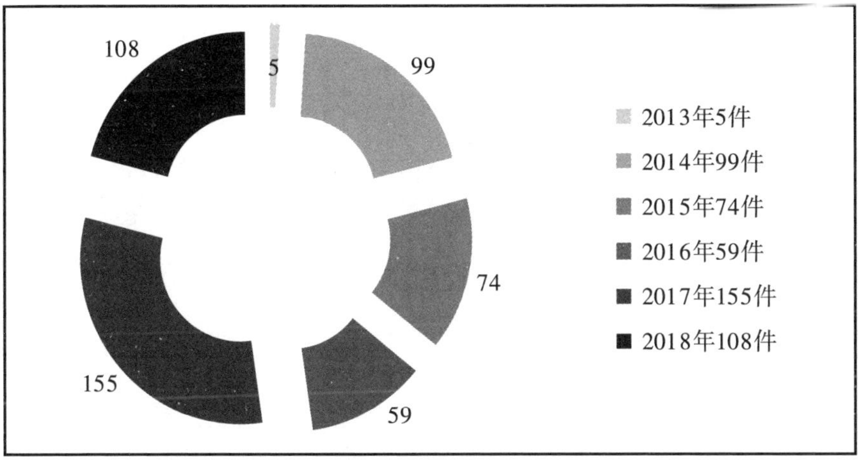

图 2　样本裁判时间分布（件）

（二）样本地域分布

以案件审理法院为标准，遴选的 500 份分析样本中，省法院 463 件，青岛中院 32 件，济南中院 4 件，烟台中院 1 件。详见图 3。

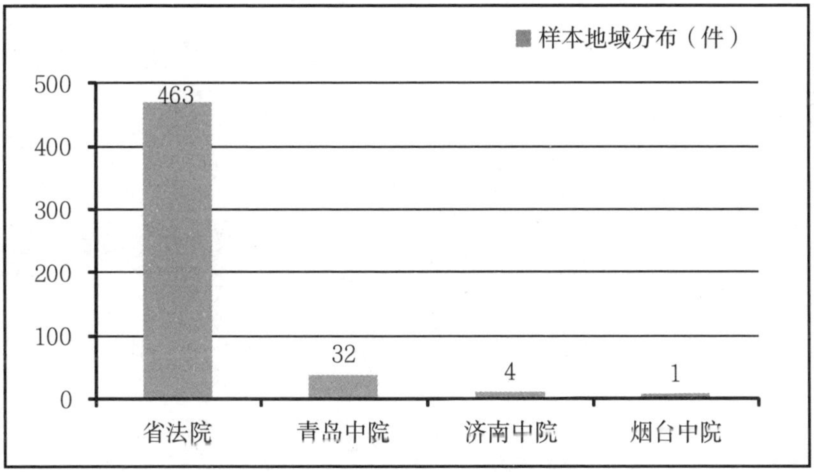

图 3　样本地域分布（件）

（三）样本侵权行为分布

我国商标法相关法律法规对商标侵权行为采取的是列举式的立法模

式，为了法律的周延性以及应对社会情势的变迁，《中华人民共和国商标法》（以下简称《商标法》）第五十七条规定了“给他人的注册商标专用权造成其他损害的”属于侵犯注册商标专用权行为这一兜底性条款。除了现行法律明确列举的几种侵害注册商标专用权的行为之外，哪些行为属于《商标法》第五十七条所述的“给他人的注册商标专用权造成其他损害的”行为，不同的人在不同的背景下可能会有不同的解释。遴选的500份分析样本中，以山东法院审判实践存在的大量侵权行为为蓝本，采取归纳法，归纳出常见的七种商标侵权行为。详见图4。

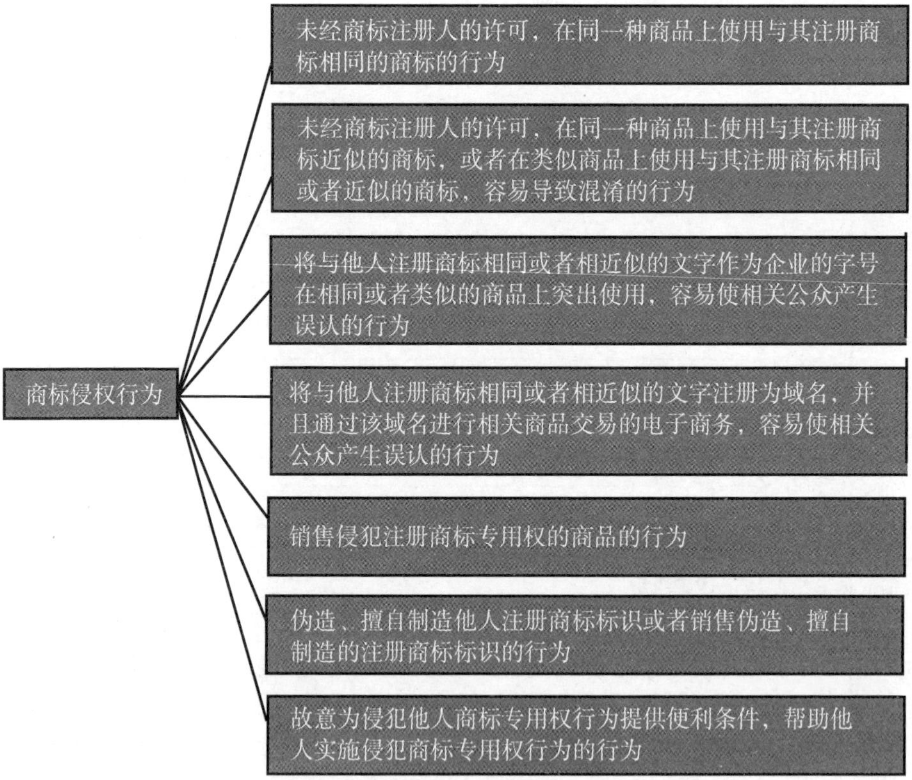

图4　商标侵权行为类型

四、问题提炼及待证事实确定

以实践中侵害商标权案件审理思路为基础，从“实用性”出发，将规范和解决实际问题作为重点，进行问题提炼及待证事实确定。证明标准是待证事实的证明标准，研究类案证明标准，必须首先研究类案中的待证事实。由于商标侵权案件待证事实复杂多样，在样本中，提炼主要与事实有关的争议，并计算其在样本中的占比，进而发现具体的争议事实，并在大量的事实中选取主要的和突出的问题，研究其证明标准。本研究报告以主要问题—待证事实—相关证据—分析判断为路径和主线，力图明确商标侵权类案中判断待证事实的基准。

五、证据采集及分类

没有证明就没有诉讼，证明标准是待证事实的证明标准。研究类案证明标准，首先必须研究类案中的待证事实和证明待证事实的证据，在此基础上在样本中采集证明待证事实的证据。既要注重采信证据的研究分析，又要注重对不采信证据等反证的研究分析。本研究报告从遴选样本中提取具体证据，根据裁判文书中法院的认定，结合法律、司法解释及审判经验中的证据规范，明确各种证据内容要素和证明对象。

商标侵权案件一般应当具备的证据有：证明商标专用权的证据、证明侵权行为主体的证据、证明商标侵权行为的证据、证明被告抗辩事由的证据、证明被告侵权责任的证据。因此，要根据商标侵权案件审理的特点，将《民事诉讼法》及相关司法解释规定的当事人的陈述、书证、物证、视听资料、电子数据、证人证言、鉴定意见、勘验笔录八种证据，类型化到商标侵权案件证据类型之中。详见图 5。

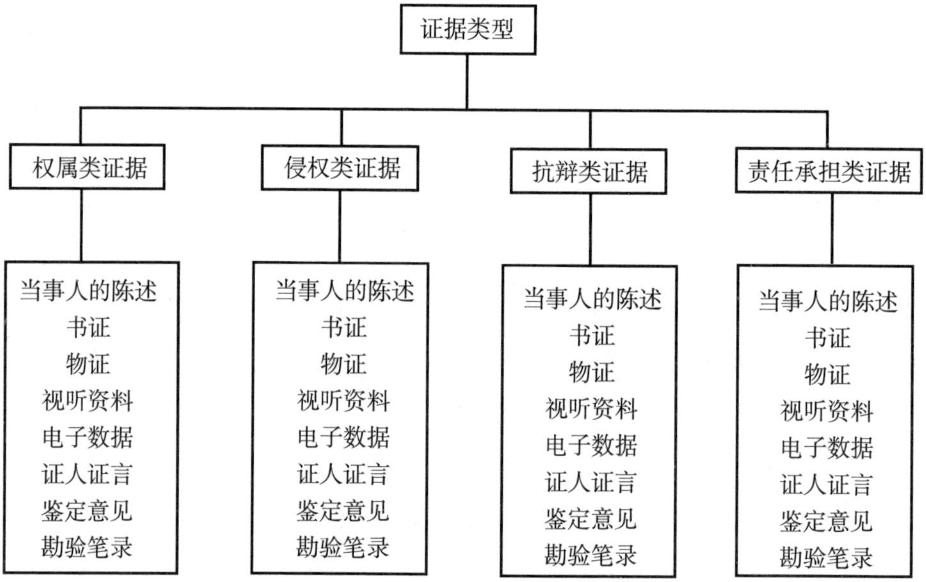

图 5　商标侵权证据类型

（一）权属类证据

原告应当提交下列权属证据，证明其享有商标权或者商标许可使用权，以证明其主体适格。证明商标权利主体及权利内容的证据一般应当包括：商标权证、商标查询档案、商标使用许可合同、商标转让合同、商标续展手续、注册商标财产权利继承人能够继承注册商标财产权利的证明等证据。

（二）侵权类证据

原告应当提交证据证明被告已经实施或者即将实施侵犯商标权的行为。主要证据类型有：被诉侵权商品，被诉侵权商品包装，被诉侵权服务场所的装潢，被诉侵权服务场所所使用的物品，与被诉侵权服务有联系的资料，被诉侵权商品或服务交易文书，广告宣传材料及展览材料，在报纸、杂志、电视、网络等媒体上使用的商标证据，商标获得的荣誉证书，商标权人的正品商品（涉及假冒商品的判断时），《商标注册用商品和服务国际分类表》《类似商品和服务区分表》；被诉侵权人的营业执照或工商登记查询材料、行政机关的处罚决定书等。

（三）抗辩类证据

在侵权案件中，被告通常会针对原告诉讼请求提出否定原告商标权的抗辩，如商标被提异议、商标被提无效；侵权行为不成立的抗辩，如正当使用抗辩和在先使用抗辩；不承担民事责任或者减轻民事责任等抗辩，如连续三年不使用抗辩和合法来源抗辩。司法实践中，因为具体案件千差万别，情况各异，必然会存在其他的抗辩事由。

（四）责任承担类证据

商标侵权案件中，民事责任认定部分主要涉及停止侵害、消除影响、赔偿损失等较为常见的责任形式。原告应当提交证据证明其主张的责任承担方式。被告抗辩其不承担民事责任或者减轻民事责任的证据，如连续三年不使用抗辩和合法来源抗辩。确定赔偿数额的证据主要有：权利人的损失、侵权人的获利、注册商标许可使用费、合理开支、侵权人具有恶意且情节严重适用惩罚性赔偿的等。

六、证明标准分析判断

本研究报告从裁判文书入手，依托实践经验，围绕“侵权行为主体、侵权行为、抗辩事由、侵权责任”要素，研究每一个遴选样本中，各证据达到什么样的证明力以及证据之间达到什么样的印证程度时，能够认定构成侵权行为，裁决被告承担侵权责任以及承担侵权责任的大小。然后通过数据汇总，统计各类形态证据之间的证明力大小以及印证关系等，依此明确“侵权行为主体、侵权行为、抗辩事由、侵权责任”这一链条需要的证据及证据规则。通过对遴选的500份分析样本的分析，总结司法经验，将类案证明标准“客观化”。

七、类案证明标准规范制定[①]

当事人通过证明活动使法官形成内心确信，而证明标准就像一把标尺，衡量着其主张的事实为真、为假还是真伪不明。为进一步审理好商标侵权案件，依法、全面、规范审查该类案件证据，提高审判水平，统一裁判尺度，根据《中华人民共和国商标法》《最高人民法院关于审理商标民事纠纷案件适用法律若干问题的解释》《中华人民共和国商标法实施条例》等法律和司法解释的相关规定，结合山东法院商标侵权案件审判实践，制定《山东省高级人民法院关于侵害商标权纠纷案件证明标准规范》。

第二部分　山东法院商标侵权案件审判概况

商标作为辨别商品或服务来源的标志，其所蕴含的经济价值和商业声誉越来越受到市场主体的关注和重视，商标侵权案件也随之日益增多。通过对 2013–2017 年五年来山东法院民事一审、二审商标权案件和商标侵权案件相关数据的分析，可以比较直观地纵览山东法院商标侵权案件的审理概况及存在的主要问题，呈现商标侵权类案证明标准研究的重要意义，为商标侵权类案研究提供样本遴选、问题提炼及待证事实确定、证据采集、证明标准分析判断等依据。

一、商标侵权案件裁判现状[②]

从全省法院知识产权案件主要类型分布情况看，商标权案件无论是绝对值还是相对值，都成为全省法院知识产权案件的主要组成部分，这不仅反映了市场主体品牌保护意识的逐渐增强，而且更多地反映出市场主体从选择行政维权到司法维权的转变，展示了司法维权在保护权利人

①制定《山东省高级人民法院关于侵害商标权纠纷案件证明标准规范（讨论稿）》，详见附件 1。

②本部分分析所用基础数据来源：省法院研究室、省法院民三庭。

利益和净化市场等方面的综合功效。

1. 商标权案件在知识产权案件中占比高

在2013年至2017年五年间，全省法院共受理民事一审各类型知识产权案件32247件，其中，民事一审商标案件占到41%。以2017年为例，2017年全省法院新收知识产权民事一审案件中，商标案件3758件，占比高达47.5%。详见图6。

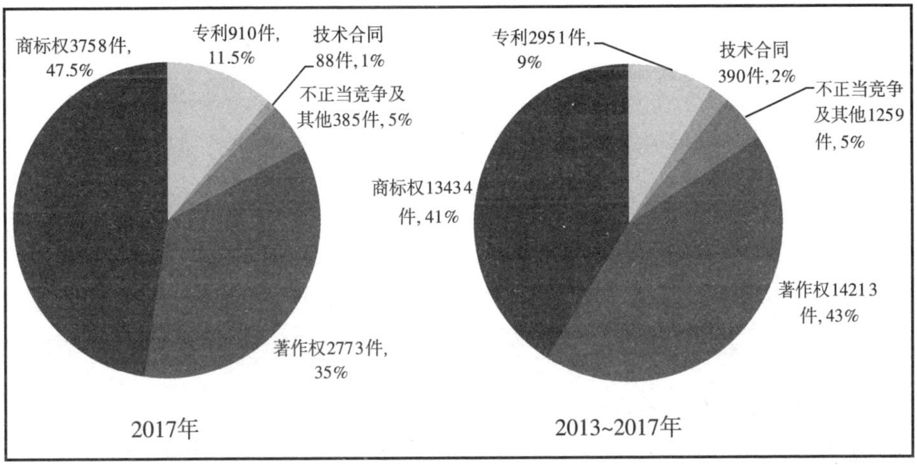

图6　2013-2017年山东法院知识产权民事一审案件收案案由分布

2. 商标权案件增长速度快

在2013年至2017年五年间，商标案件同比增长最大，是近年来知识产权案件数量的主要增长点。以2017年为例，2017年全省法院新收知识产权民事一审案件中，著作权案件2773件，同比下降31.4%；商标案件3758件，同比增长37%；专利案件910件，同比增长34%；技术合同案件88件，同比增长1%；不正当竞争案件97件，同比下降13.4%。详见图7。

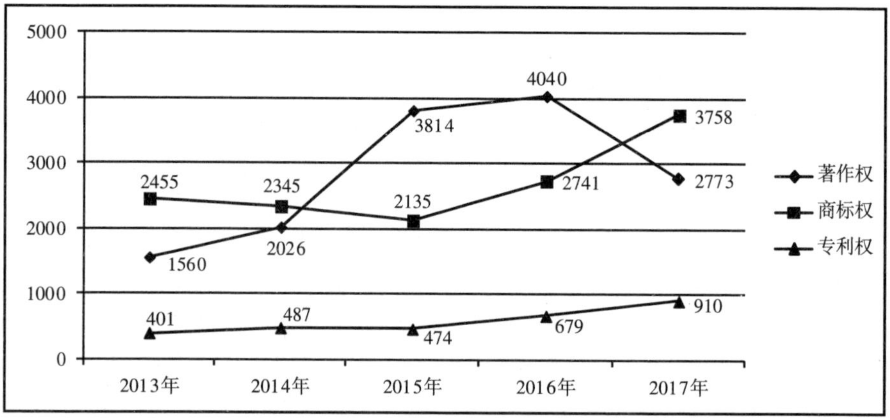

图 7　2013-2017 年全省法院一审商标、著作权、专利案件收案数量（件）

在 2013 年至 2017 年五年间，商标权案件数量从 2013 年的 2455 件上升到 2017 年的 3758 件，增长率 53%，是近年来知识产权案件数量的主要增长点。其中，商标侵权案件在商标权案件中无论是绝对数量还是相对数量都毫无争议地居于首位。详见图 8、图 9。

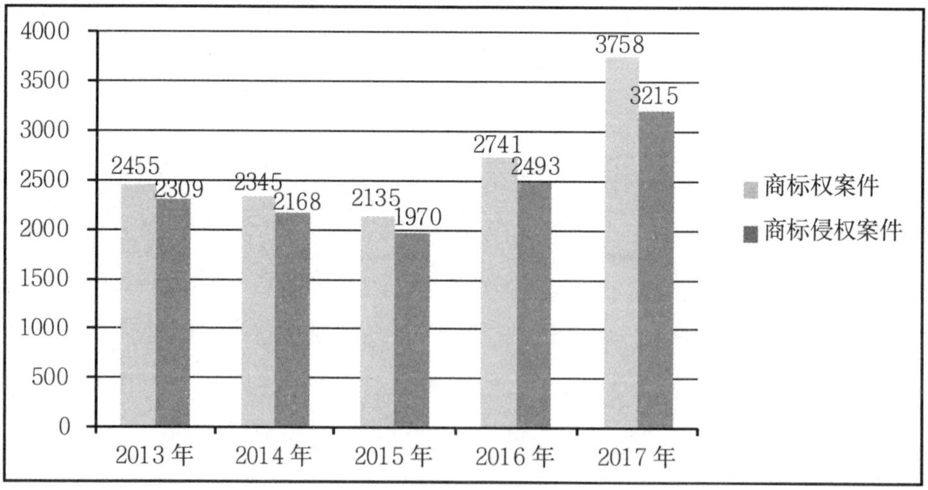

图 8　2013-2017 年全省法院一审商标权、侵害商标权纠纷案件收案数量（件）

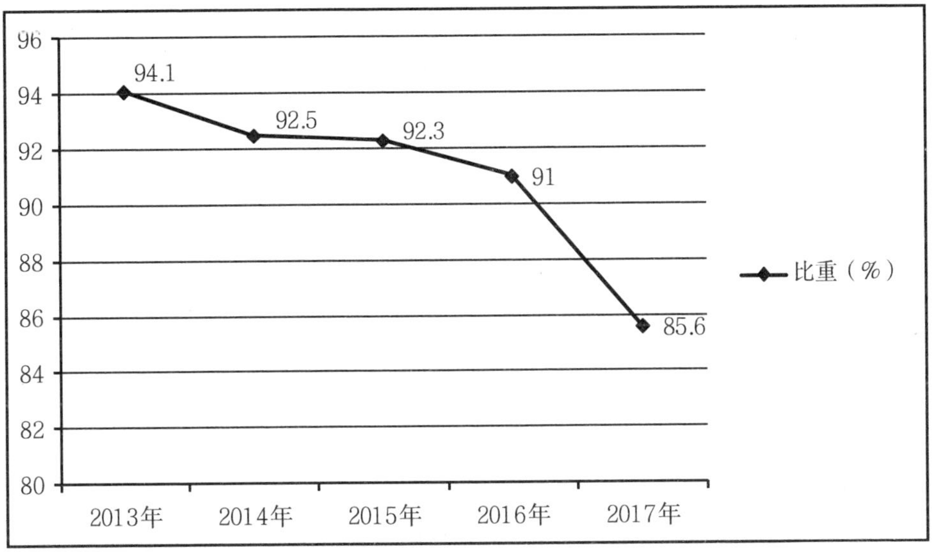

图 9　2013-2017 年山东法院商标侵权占商标权一审案件比重（%）

3. 涉案知名品牌越来越多并日趋国际化

与案件数量大幅上升相对应的是案件的复杂化趋势。近年来，商标案件涉及的品牌和企业愈加分散，除了本省的海尔、青岛啤酒、九阳、稻香园、东阿阿胶等企业继续维权之外；省外的中石化、中石油、五粮液、完美、七匹狼、小米科技、云南白药等企业也加入商标维权的队伍中，体现了市场竞争已从传统的商品之间的竞争转向商标等知识产权布局的竞争。并且，我省涉外商标案件已涉及美、英、德、法、日、韩、意大利、我国香港及台湾地区等多个国家和地区，涉及路易威登（LV）、CK、西门子、施耐德、沃尔沃、捷豹路虎、鳄鱼恤等国际著名品牌。例如，在审结的一审商标侵权案件中，2014 年涉外 3 件；2015 年涉外 3 件，涉澳 1 件；2016 年涉外 2 件，涉台 2 件。涉外商标案件的增多，充分反映了我省商标司法保护水平已经日益赢得外方商标权人的认可，山东法院日益成为当事人信赖的国际商标知识产权争端解决的“优选地”。

二、商标侵权案件审理中的主要问题

伴随商标侵权案件数量的大幅上升和案件复杂化趋势增大等现状，山东法院审理侵害商标案件中存在的问题应引起高度重视，对其中存在的普遍性问题应进行概括和回应，特别是证明标准方面的问题应重点研究，这关系着商标侵权类案的妥当处理。

（一）商标侵权事实认定难度大

审判实践中，如何认定商标侵权是一个比较复杂的问题，需要综合考量多种因素，其中，首先需查明案件事实。无论是当事人为了证明自己主张的可信度，还是法院为了作出客观、公正的裁判，都必须依据确实、充分的证据，查明案件事实。为此，人民法院要依法、全面、客观地审核证据，对证据有无证明力和证明力大小进行判断，确信待证事实的存在具有高度可能性的，应当认定该事实存在。法律对于待证事实所应达到的证明标准另有规定的，从其规定。

商标侵权的证据与事实认定问题是商标侵权案件的关键所在，100% 的案件均涉及商标侵权认定问题。如图 11，山东法院 2013 年至 2017 年五年间，共审结民事二审商标权案 654 件，其中改发案件合计 51 件，改发率为 7.8%。在改判或发回重审的案例中，绝大多数是基于原判决认定事实错误或认定事实不清、证据不足作出的；部分是源于当事人在一审中未提供证据，二审时提供了新证据而导致的。

（二）证据种类复杂多样

商标权利人为了使其诉求得到法院充分的支持，往往会提供各种与诉争商标有关的证据材料。司法实践中，当事人提交证据的具体种类复杂多样。遴选的 500 份分析样本中，权属类证据、实物类证据及公证类证据提交的比例最大，100% 的案件都会提交权属类证据和实物类证据，90% 以上的案件会提交公证类证据和票据类证据。复杂多样的证据，增加了证据和事实的认定难度。详见表 1。

表1 商标侵权类案的证据形态

序号	证据种类	比重
1	权属类证据（商标注册证、商标续展手续、商标使用许可合同等）	100%
2	资质类证据（营业执照、检验报告等）	100%
3	公证类证据（公证书等）	95%
4	法院裁判文书及行政决定书（商标异议、商标决定等）	12%
5	票据类证据（增值税发票、财税发票、银行电汇凭证、收据等）	98%
6	陈述类证据（证人证言、相关机构出具的证明函或者说明函等）	67%
7	实物类证据（商品实物、商品外包装实物，从广义上讲还包括以呈现前两种证据为内容的照片等）	100%
8	合同类证据（委托加工合同、经销合同、加盟合同、采购合同、销售合同、广告宣传合同、外包装印制合同、商标标识印制合同等）	37%
9	宣传类证据（报刊、新闻报道、户外广告、宣传海报、产品宣传图册、推广活动、参展会证据等）	51%
10	其他证据（产品说明书、产品合格证据、产品检验报告、获奖证明、生产车间照片、出库单、入库单、销售记录、网络查询打印件等）	26%

（三）证据真伪难辨

人民法院面对纷繁复杂的证据需要作出抉择与筛选。在商标侵权案件中，证据类型复杂多样、良莠不齐且真伪难辨，使法院对证据认证的难度大幅度增加，一定程度上也导致了案件裁判尺度的不一致。例如，商标权利人为了证明侵权行为成立，尽可能地提交各种各样的证据，而有些证据仅以复印件的形式提交。此外，由于诚信诉讼的法律意识不强，销售商为证明其销售的商品具有合法来源，不惜铤而走险，提供伪造的进货合同、出库单、产品检验报告、供货商的证明等。

（四）商标权利人在诉讼阶段多补充提交“新证据”

对于诉讼阶段新出现的证据，目前人民法院基本上是接受此类证据并予以质证认证。由于商标侵权案件在各个程序环节中证据没有关联，后判决撤销前判决的案例较为常见。以（2016）鲁民终字第291

号上诉人保定某某乳业有限公司（以下简称保定某乳业公司）因与上诉人内蒙古某某乳业（集团）股份有限公司（以下简称内蒙古某乳业公司）、被上诉人青岛某某有限公司（以下简称青岛某公司）侵害商标权纠纷案为例，一审法院判决：一、内蒙古某乳业公司赔偿保定某乳业公司7万元；二、驳回保定某乳业公司的其他诉讼请求。二审期间，当事人围绕诉讼请求均依法提交了“新证据”，其中，保定某乳业公司提交了4份“新证据”，内蒙古某乳业公司提交了8份“新证据”，二审法院组织当事人进行了证据交换和质证，在对当事人“新证据”认定的基础上认为，因为出现新的证据导致事实认定发生变化，保定某乳业公司的上诉请求部分成立。判决：一、撤销山东省青岛市中级人民法院（2010）青民三初字第190号民事判决第二项；二、变更山东省青岛市中级人民法院（2010）青民三初字第190号民事判决第一项为内蒙古某乳业公司于本判决生效之日起十日内赔偿保定某乳业公司经济损失300万元；三、内蒙古某乳业公司于本判决生效之日起立即停止生产、销售侵害保定某乳业公司第1415139号注册商标专用权的商品的行为；四、青岛某公司于本判决生效之日起立即停止销售侵害保定某乳业公司第1415139号注册商标专用权的商品的行为；五、驳回保定某乳业公司的其他诉讼请求。

（五）赔偿数额举证难

在商标侵权案件中对被告侵权判赔数额的确定问题上，遴选的500份分析样本中有高达98%的案件，是通过法定赔偿方式确定的，且判赔数额普遍不高，多数为2万元以上30万元以下，少量案件仅判赔几千元。正是因为原告的举证不能或怠于举证，才导致法院不得不大量适用法定赔偿方法，凸显了法院在损害赔偿数额确定方面存在的困难以及原告在特定情况下申请法院进行调查取证的必要性。商标侵权案件中，判赔数额较低难以弥补权利人损失或惩戒侵权人，不利于商标权的严格保护。当前，如何利用大数据资源以及证据妨碍排除等规则，合理分配举证责任，在一定事实证据的基础上提高赔偿数额，一方面着力破解“侵权获利与获赔不对等”问题，另一方面真正实现司法指引知识产权的市场定价作用，是不容回避的现实问题。

第三部分　基于证据要素的样本分析

商标侵权事实的查明始终是商标侵权案件的焦点、重点与难点。商标侵权事实的证明标准不仅直接影响裁判结果，更关系着商标权制度功能的发挥。而对商标侵权事实的证明只能且必须依靠证据实现。因此，商标侵权证据的认证规则在商标侵权案件中至关重要，有必要以证据中的关键证据为核心考察整个证据链条

一、商标侵权案件审理思路

在商标侵权案件中，一般的审理思路是：首先，确定权利。即确定原告是否有权主张权利，解决原告主体是否适格的问题。在该步骤中实际解决两个问题，一是原告要求保护的权利是什么，二是原告是否有权主张权利。其次，侵权认定。在原告有权主张权利的情况下，依次固定被诉侵权行为、确定该行为是否为被告实施、根据商标侵权的认定规则对被诉侵权行为是否构成侵权进行审查和认定。最后，厘清责任。即在被告实施了侵权行为的情况下，根据侵权行为的性质、情节等因素决定保护的强度，从而合理确定被告应承担的侵权责任。具体认证逻辑详见图 10。

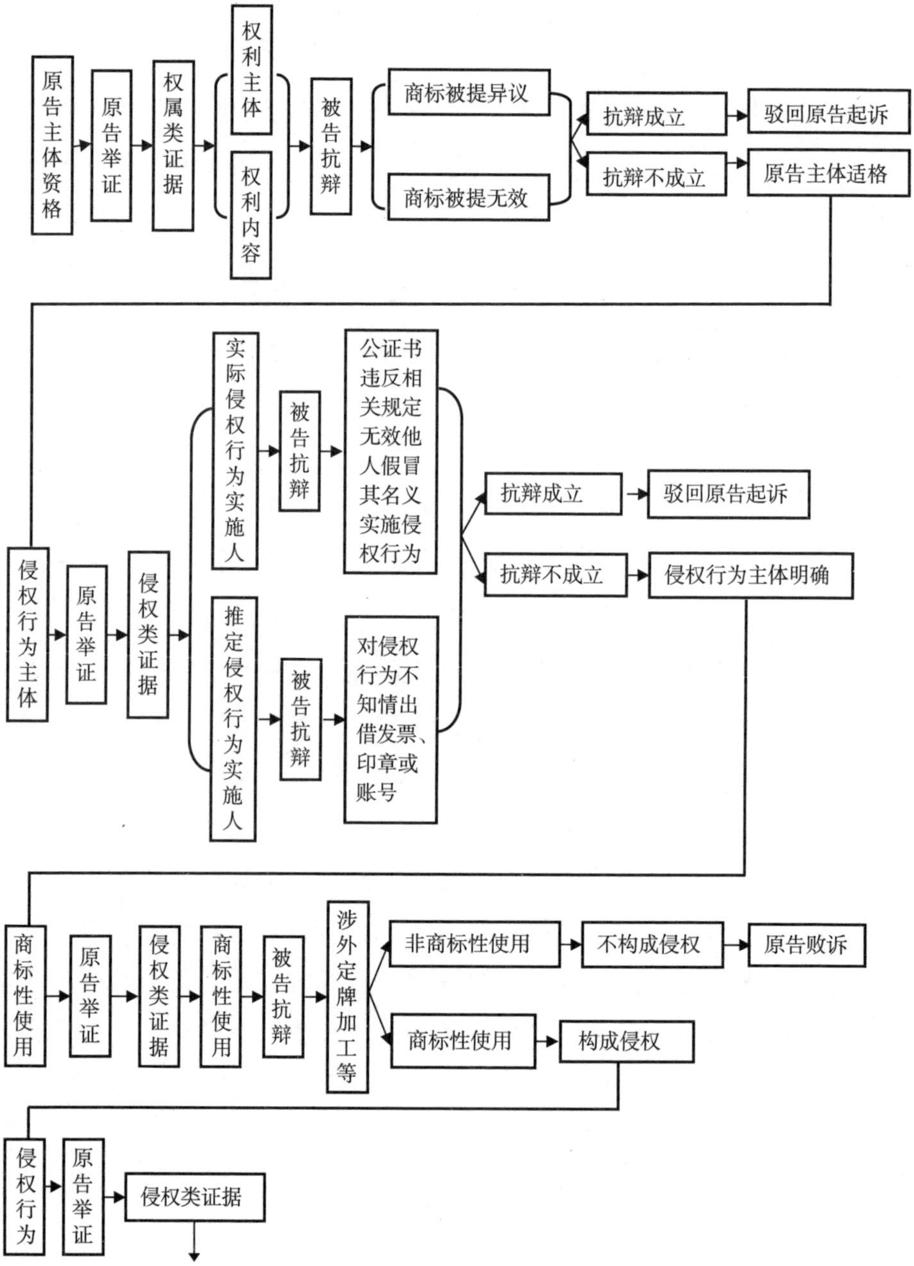
原告主体资格
原告举证
权属类证据
权利主体
权利内容
被告抗辩
商标被提异议
商标被提无效
抗辩成立
驳回原告起诉
抗辩不成立
原告主体适格
侵权行为主体
原告举证
侵权类证据
实际侵权行为实施人
被告抗辩
公证书违反相关规定无效他人假冒其名义实施侵权行为
推定侵权行为实施人
被告抗辩
对侵权行为不知情出借发票、印章或账号
抗辩成立
驳回原告起诉
抗辩不成立
侵权行为主体明确
商标性使用
原告举证
侵权类证据
商标性使用
被告抗辩
涉外定牌加工等
非商标性使用
不构成侵权
原告败诉
商标性使用
构成侵权
侵权行为
原告举证
侵权类证据

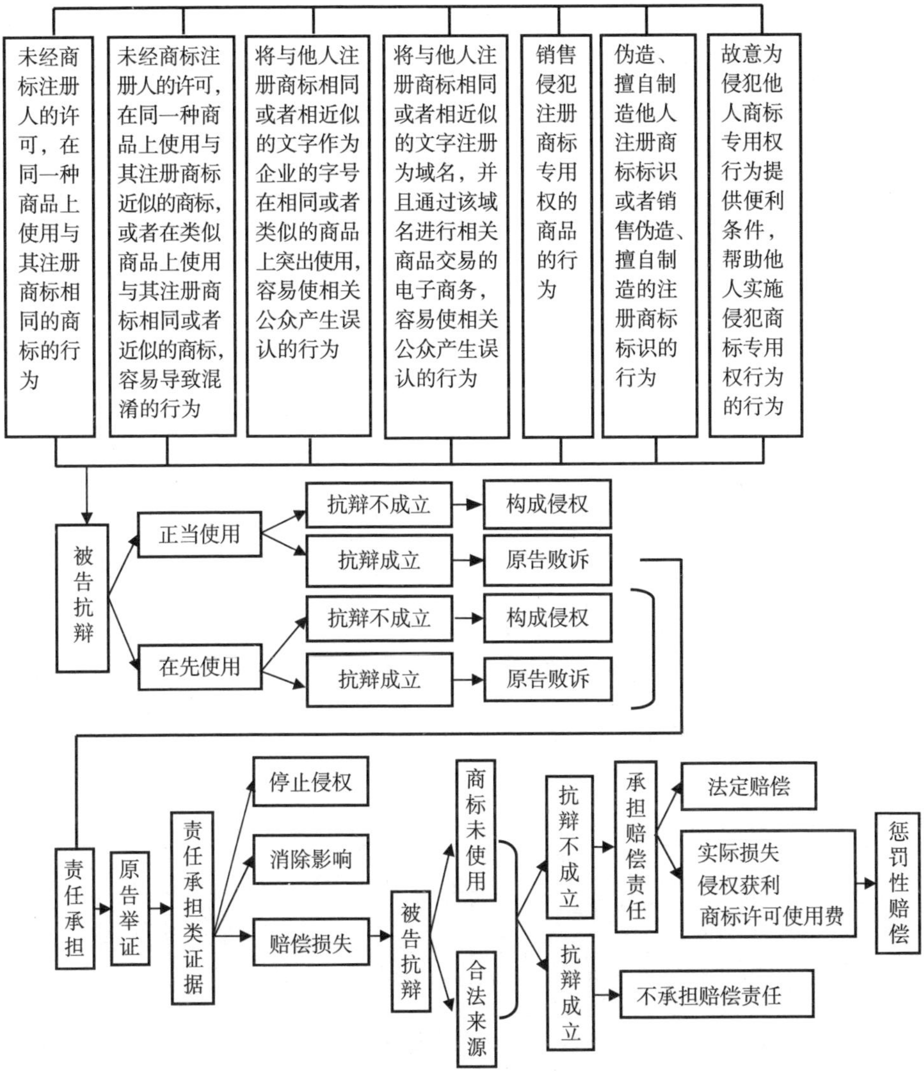

图 10　商标侵权案件审理思路示意图

二、基于证据要素的样本分析

对于商标侵权案件而言，证明标准问题是一个动态的过程，不仅存在于一审中，即使到了二审，人民法院也需要对证据是否达到相关证明标准进行进一步的认定，以统一裁判标准。从2013–2017年山东法院商标民事二审案件维持、改发情况分析，从证据的认证及商标侵权要件方面所进行的梳理和分析可以看到，从上级法院对下级法院监督指导的角度看，对案件事实不清，证据不足或确因当事人提交新证据导致案件基础事实认定发生变化的，二审法院对一审判决依法改判或发回重审；对案件事实清楚、证据确实充分的，从法院审查当事人提交证据的角度看，予以维持原判，支持了某一方当事人的主张。详见图11。

图11　2013–2017年山东法院民事商标权二审案件维持、改发情况

关于原告主体资格以及商标权范围部分，人民法院需要主动审查，无论被告是否就前述问题对原告的起诉提出异议，均应该在判决书中予以准确描述；被诉侵权行为、被告抗辩事由以及被告的侵权责任等内容，人民法院需要根据原告的诉求以及被告抗辩进行审理。具体分析如下：

（一）权利主体的认定

权利主体的认定是商标侵权案件审理的前提，当事人主张权利首先要举证证明自己是适格的权利主体。

1. 原告主体资格的认定

对于权利主体的认定，司法实践中存在不同的认识。以（2017）鲁民终字第470号上诉人东营区某建材总汇与被上诉人东营区某门窗加工部侵害商标权纠纷案为例，商标权人是案外人北京某公司，刘某是某门窗的经营者，二审法院认为涉案合同书和授权委托书是否为北京某公司真实意思表示不明，即使涉案合同书和授权委托书是北京某公司的真实意思，但根据涉案合同书，北京某公司仅是授权刘某在东营地区代理销售标有涉案商标的铝材，并未将涉案商标权许可刘某使用，即其并未获得涉案商标的许可使用权，亦未获得以自己或某门窗名义维权的权利。据此，二审法院认为本案现有证据不能证明刘某或某门窗是涉案商标的利害关系人，故其对于侵害涉案商标权的行为无权提起诉讼，驳回了原审原告的起诉。

2. 侵权行为实施主体的认定

关于侵权行为实施主体，由于当事人举证的不同，存在不同的认定，主要涉及如何认定侵权行为实际实施人与推定实施人的问题。以（2013）鲁民三终字第 198 号内蒙古某羊绒有限公司诉苏州某控股股份有限公司侵害商标权纠纷案为例，案外人某某公司认可其系侵权商品生产商，内蒙古某公司亦认可。在此情况下，原告内蒙古某公司在没有其他证据的情况下，仅凭侵权商品上标有苏州某公司（授权）等信息不能证明苏州某公司也是生产商。再如，（2015）鲁民三终字第 262 号山东某股份有限公司诉张某侵害商标权纠纷案中，山东某公司公证购买行为时取得的 POS 单显示的商户系张某，再没有其他证据能够证明有其他主体实施侵权行为，虽然张某称其系把 POS 机借给他人使用，但其未能举证证明，所以，只能推定张某系销售行为实施人。还如，（2017）鲁民终字第 1128 号关于被诉侵权商品生产商的认定过程中，如果存在他人假冒被诉侵权人生产、销售被诉侵权商品的可能性，法院应对被诉侵权商品上标记商品来源的商标、企业名称、地址等指向生产商的登记信息做进一步查实。仅以单一相同信息即认定被诉侵权人为生产商的，证据不充分，认定事实不清。

（二）侵权行为的认定

侵权行为是商标侵权案件审理中的关键部分，涉案商标的相同、近似及商品的相同、类似认定，也涉及商标的使用、生产及销售等行为的认定等，是证明标准适用最为复杂的部分。如商标使用认定中，涉及商品或服务未体现商标标志、未显示使用时间、非核定商品类别上的使用等。以（2016）鲁民终字第350号成都市某食品有限责任公司诉山东某某食品有限公司侵害商标权纠纷案为例，成都某公司在其注册商标固有显著性差的情况下，未能举证证明其商标的知名度情况，也未能举证证明山东某某公司存在攀附其商标商誉的主观故意的情况，法院认定山东某某公司的行为不构成侵权。再如，（2017）鲁民终字第1363号某集团有限公司诉烟台某酒业有限公司侵害商标权纠纷案中，因某集团未能举证其注册商标具有较高知名度，法院认定烟台某公司的行为不构成侵权。

（三）侵权阻却事由的认定

侵权阻却事由实际上就是不侵权的抗辩事由，对于抗辩是否成立，被诉方提交的证据必须符合法定要件。如对于在先使用抗辩，以（2016）鲁民终字第1862号上诉人济南某机械有限公司与被上诉人济南某建材机械有限公司侵害商标权纠纷案为例，二审法院就是否构成商标法上的在先使用证明标准问题依据法定要件进行了分析。二审认为，首先，某建材公司提供的证据证明其在2009年1月即已经使用被控侵权标识，也即建材公司先于涉案商标申请注册日之前使用被控侵权标识。其次，关于是否具有一定影响力的问题。建材公司一审及二审虽提供了宣传发票和杂志，但其提供的发票仅有两份系涉案商标申请注册前发生的，且体现不出与被控侵权标识的关系，而杂志仅有两种五期，其中一种四期均系2009年出版，故现有证据中个别的广告宣传尚不足以证明被控侵权标识经建材公司使用具有了一定的影响力。最后，建材公司虽于2001年经许可获得使用第854408号商标使用权，但其实际使用的被控侵权标识并非第854408号商标，且建材公司原法定代表人高某某曾是济南公司职工，在对济南赛信公司使用双菱形图形标识及英文字号为“SAIXIN”明知的情况下组合使用被控侵权标识，具有攀附济南赛信公司的意图，因此，其使用被控侵权标识的行为不具有合理性，一审法院认为赛信建材公司变更使用有一定的合理性不当。综上，赛信建材公司在先使用抗辩不能成立，赛信建材公司的行为侵犯了济南赛信公司的涉案商标权。

（四）责任承担的认定

责任承担是侵权行为的法律后果，包括停止侵权、赔偿损失等，这方面因是对于侵权行为民事责任的定性和定量，证明标准要求更为复杂和多样。以（2017）鲁民终字第1341号上诉人钱柜企业股份有限公司与被上诉人荣成市崖头华畅兄弟娱乐城侵害商标权及不正当竞争纠纷案为例，二审法院认为，根据查明的事实，涉案商标经钱柜公司多年使用，已经具有较高知名度；华畅娱乐城经营面积3500平方米，在大众点评网及美团网的销售总额为321769.6元，其侵权规模较大，销售数额较高；钱柜公司为维权支出公证费、取证消费、差旅费等费用共计4369元，钱柜公司为本案诉讼支出的律师费未提交有效证据证明，将酌情予以确定。依据上述法律规定，综合考虑钱柜公司的知名度、钱柜公司许可他人使用涉案商标的许可费用、华畅娱乐城使用多个与钱柜公司近似的标识、华畅娱乐城同时存在商标侵权及不正当竞争行为、钱柜公司为制止侵权行为支出的合理开支等因素，综合确定本案的赔偿数额为8万元。一审法院确定2万元的赔偿数额过低，予以调整。再如（2014）鲁民三终字第152号在西安鑫润科工贸有限公司诉鲍清均侵害商标权纠纷案中，法院认为，鑫润科公司虽主张15万元损害赔偿，但并没有提供相关证据证明其实际损失，对于其合理支出费用，其也未提交律师代理合同、差旅费原始单据等证据，所以未支持其15万元的赔偿额请求，法院综合考虑鑫润科公司涉案商标注册时间较短、知名度不高、未实际投入商业性使用、侵权时间较短等因素，确定赔偿数额为 3000 元。

三、证据审查认证规则

商标侵权案件中，对个案证据认证的基本逻辑是：主体的权属证据—商标侵权行为的证据—抗辩证据—民事责任承担相关的证据，具体到对上述证据类型的认证和判断，可遵循如下规则：

（一）总的原则

首先审查证据的真实性，证据的真实性可以确认的，该证据证明的事实就可以认定。然后审查上述证据事实与案件的关联性，如果与案件有关，那该证据一般可以予以采信。从审判实践来看，极少遇到证据不合法的情形，故证据的合法性通常不是商标侵权案件审查的重点。

（二）权属证据的认证

权属类证据如商标注册证、商标续展手续、商标使用许可合同等，法院对该类证据通常予以采信，并结合营业执照等证据，确定商标权属主体。

（三）侵权证据的认证

商标侵权最直接的体现是商品的公开销售，但商品流通包含了生产、推广宣传、销售多个环节，涉及的证据如出库单、销售记录、宣传广告、侵权商品等。商标侵权案件中的实物证据如商品实物、商品实物外包装袋等，具有相对的稳定性，是商标侵权案件的关键证据。实践中，通常会将实物证据结合公证书、宣传广告、销售发票等进行综合判断，各类侵权证据相互印证的，可以采信，形成证据链证明侵权行为的存在。

（四）抗辩证据的认证

商标侵权案中最为常见的侵权阻却事由为正当使用抗辩、在先使用抗辩和非商标性使用等。一方当事人有证据证明商标系正当使用，如被诉侵权商标系通用名称、直接表明原料、特点的，或者通过生产加工合同、宣传广告、票据等证据能证明其在先使用、定牌加工等情形的，法院结合注册商标时间、实际使用情况等，可以采信该类抗辩证据。

（五）责任承担证据的认证

关于赔偿损失的证据，实践中，权利人在被侵权期间因被侵权所受到的实际损失的证据、侵权人在侵权期间因侵权所获得利益的证据相对难以收集，但诸如线上销售的，销售记录或侵权人一方宣传的销售数量、数额、商标使用许可费用、上市公司公开的年报收支情况等可以作为判赔数额的参考。合理开支中的律师费、公证费、差旅费等票据与实际情况相符的，法院一般予以认可，并结合涉案商标的知名度（如加盟合同、销售服务地域范围）、商品或服务类型、价格等证据确定具体的赔偿数额。商标侵权案件中销售商有合法进货渠道的凭证或单据的，能够证明被诉侵权商品具有合法来源的，法院一般予以采信，可以免除销售商赔偿责任。商标权人对注册商标三年不使用系一种消极事实，侵权人提出该抗辩理由的，除商标权人提出此前三年使用注册商标的证据，证明三年内确有使用的事实，否则侵权人的抗辩成立，侵权人不承担赔偿责任。

第四部分　商标侵权类案证明标准分析

商标侵权案件中，通过证据认证规则构建的证据体系，关系着该类案件的妥当处理。为进一步审理好侵害商标权纠纷案件，依法、全面、规范审查该类案件证据，提高审判水平，统一裁判尺度，根据《中华人民共和国商标法》《最高人民法院关于审理商标民事纠纷案件适用法律若干问题的解释》等法律和司法解释的相关规定，结合山东法院审判实践，制定商标侵权类案证明标准。

一、商标专用权的证明标准

商标专用权必须经原告举证，不得因对方当事人承认而免除原告的举证责任。

（一）权利主体和权利内容

商标权利主体包括商标注册人及利害关系人。利害关系人包括注册商标使用许可合同的被许可人、注册商标财产权利的合法继承人等。在注册商标专用权被侵害时，商标注册人或利害关系人可以向人民法院起诉。

商标使用许可合同分为独占、排他或普通使用许可合同。独占使用许可合同的被许可人可以单独向法院起诉；排他使用许可合同的被许可人可以和商标注册人共同向法院起诉，也可以在商标注册人不起诉的情况下，自行起诉；普通使用许可合同的被许可人经商标注册人明确授权，可以起诉。

商标权转让后，受让人只能对其受让商标权后的侵权行为主张权利，之前的侵权行为仍然由之前的商标权人行使权利，除非有前商标权人的明确授权。

商标权利内容一般应当包括商标核定使用商品或服务的类别，商标标识的样态，商标权的期限，商标使用许可的期间、地域及方式等。

证明商标权利主体及权利内容的证据一般应当包括：商标权证、商标查询档案、商标使用许可合同、商标转让合同、注册商标财产权利继承人能够继承注册商标财产权利的证明等证据。在上述证据真实有效的情况下，能够确认商标权的权利主体身份及权利内容。

对于证明权利主体和权利内容的证据，应重点审查合同或证明等证据中盖章或签字的真实性。此外，还应注意商标许可合同未经备案不影响商标许可合同的效力，不影响被许可人作为商标权利主体的身份。

（二）被告的抗辩

审判实践中，当原告的举证责任完成后，被告往往会采取否定原告商标权的理由进行抗辩，抗辩理由主要有商标被提异议、被提无效等情形。

1. 商标被提异议的情形

《商标法》第三十三条、第三十五条规定，对初步审定公告的商标，自公告之日起三个月内，在先权利人、利害关系人认为违反本法第十三条第二款和第三款、第十五条、第十六条第一款、第三十条、第三十一条、第三十二条规定的，或者任何人认为违反本法第十条、第十一条、第十二条规定的，可以向商标局提出异议。对初步审定公告的商标提出异议的，商标局自公告期满之日起十二个月内做出是否准予注册的决定。商标局做出不予注册决定，被异议人不服的，可以自收到通知之日起十五日内向商标评审委员会申请复审。商标评审委员会应当自收到申请之日起十二个月内做出复审决定。被异议人对商标评审委员会的决定不服的，可以自收到通知之日起三十日内向人民法院起诉。

在审判实践中，如果商标的初审公告期满三个月内被他人提出异议的，因商标尚未核准注册，商标注册人尚未取得商标权。即使商标已经被注册公告，只要查实商标在上述期间内被提出异议，该商标的注册公告亦无效。所以，在商标最终被核准注册之前，商标注册人无权主张权利。

证明商标被提异议的证据一般应当包括国家商标局的商标异议申请受理通知书、商标异议决定书、商标异议复审决定书及行政判决书等证据。审查上述证据时需注意各阶段法律文书的连续性、对应性。

2. 商标被提无效的情形

《商标法》第四十四条规定，已经注册的商标，违反本法第十条、第十一条、第十二条规定的，或者是以欺骗手段或者其他不正当手段取得注册的，由商标局宣告该注册商标无效；其他单位或者个人可以请求商标评审委员会宣告该注册商标无效。当事人对商标局的决定不服的，可以自收到通知之日起十五日内向商标评审委员会申请复审。当事人对商标评审委员会的决定不服的，可以自收到通知之日起三十日内向人民法院起诉。其他单位或者个人请求商标评审委员会宣告注册商标无效的，商标评审委员会应当自收到申请之日起九个月内做出维持注册商标或者宣告注册商标无效的裁定。当事人对商标评审委员会的裁定不服的，可以自收到通知之日起三十日内向人民法院起诉。第四十五条规定，已经注册的商标，违反本法第十三条第二款和第三款、第十五条、第十六条第一款、第三十条、第三十一条、第三十二条规定的，自商标注册之日起五年内，在先权利人或者利害关系人可以请求商标评审委员会宣告该注册商标无效。商标评审委员会做出维持注册商标或者宣告注册商标无效的裁定后，当事人对商标评审委员会的裁定不服的，可以自收到通知之日起三十日内向人民法院起诉。

在审判实践中，商标权被宣告无效后，商标注册人无权主张权利。已经注册的商标，他人可以请求商标评审委员会宣告该注册商标无效，商标权被商标评审委员会宣告无效后，商标权人还可以申请复审以及提起行政诉讼。在最终的无效决定生效之前，虽然商标权处于不稳定状态，但商标注册人仍享有商标权，其可以行使权利。

证明商标被提无效的证据一般应当包括商标无效宣告受理通知书、商标无效宣告决定书，商标无效复审决定书、行政判决书等证据。审查上述证据时需注意各阶段法律文书的连续性、对应性。

二、侵权行为主体的证明标准

侵权行为主体根据原告的举证情况，可以分为实际侵权行为实施人与推定侵权行为实施人。

（一）实际侵权行为实施人的证明标准

证明实际侵权行为实施人一般应当有以下证据：被诉侵权人陈述、标注有生产商或销售商信息的被诉侵权商品、记载生产过程或销售过程的公证书、网络域名备案信息、标注有被诉侵权人信息的被诉侵权网页等证据。

对于上述证据，应当重点审查：①被诉侵权商品的来源是否正当，即要排除被诉侵权商品系原告造假的可能性；②对公证书中是否存在矛盾内容影响到公证书客观真实性进行审查，重点审查公证书所附光盘与公证记载内容是否不一致、公证封存实物与公证记载是否一致、公证书所附发票记载商品与实际购买商品是否一致、多个不同地点公证行为的时间是否存在不合理之处等情形；③被诉侵权网页是否标注有被诉侵权人的名称、地址、联系方式等完整信息，仅标有名称的不宜认定系行为实施人。在上述证据真实有效的情况下，可以认定侵权行为实施人，除非被诉侵权人有证据推翻上述认定。

被诉侵权人反驳其是侵权行为实施人的主张主要有他人假冒其名义实施侵权行为及公证书违反相关规定无效等。1. 被诉侵权人抗辩称被诉侵权商品系假冒其生产的商品，应当提交其向工商行政机关报案的证据、工商行政机关曾对假冒其生产的商品进行处罚的证据等；2. 公证过程违反跨地域公证等公证程序管理性规定的不影响公证书的效力。

（二）推定侵权行为实施人的证明标准

推定侵权行为实施人的情况常见于确定销售商或服务提供者时，当实际的销售商或服务提供者无法确定时，需要根据相关证据推定侵权行为实施人，无法确定的情形如销售商或服务提供者没有进行工商登记，无法确定行为实施主体等情形。证明推定侵权行为实施人一般应当有以下证据：被诉侵权人出具的发票、收取款项的账号等。在上述证据真实有效的情况下，可以认定侵权行为实施人，除非被诉侵权人有证据推翻上述认定。

被诉侵权人反驳其是侵权行为实施人的主张主要有其系出借发票、印章或账号对侵权行为不知情等。被诉侵权人应当提供能够证明实际侵权行为人的证据，并提供其与实际侵权行为人之间确实存在出借关系的证据，此时还应重点审查被诉侵权人是否假借出借关系掩盖共同侵权之实。

三、商标侵权行为的证明标准

（一）商标性使用

人民法院在判定是否构成商标仿冒侵权时，首先应当审查对被诉侵权标识的使用是否属于商标使用行为，不是商标使用行为的不构成侵权。

《商标法》第四十八条规定，商标的使用，是指将商标用于商品、商品包装或者容器以及商品交易文书上，或者将商标用于广告宣传、展览以及其他商业活动中，用于识别商品来源的行为。

1. 商标使用的方式。商品商标的使用包括：①将商标用于商品、商品包装或者容器以及商品交易文书上；②将商标用于广告宣传、展览；③在报纸、杂志、电视、网络等媒体上使用商标。服务商标的使用包括：①在服务场所内外标明服务商标；②在为提供服务所使用的物品上标明其服务商标；③在和服务有联系的文件资料上标明其服务商标；④在报纸、杂志、电视、网络等媒体上标明其服务商标；⑤其他在商业活动中标明其服务商标的行为。

2. 证明商标性使用一般应当有以下证据：被诉侵权商品，被诉侵权商品包装，被诉侵权服务场所的装潢，被诉侵权服务场所使用的物品，与被诉侵权服务有联系的资料，被诉侵权商品或服务交易文书，广告宣传材料及展览材料，在报纸、杂志、电视、网络等媒体上使用商标证据等。

对上述证据的审查，应当注意：被诉侵权商品是否在国内流通；被诉侵权标识在上述证据中的使用方式，是否单独、突出使用，是否标注TM或R商标申请注册或注册标识；被诉侵权标识是否在国内发挥识别商品或服务来源的作用；在商标权人未能提交被诉侵权商品在国内市场流通的证据，被诉侵权人抗辩称其是涉外定牌加工，其对被诉侵权标识的使用不是商标性使用的情况下，被诉侵权人还应当提交其与外方之间的委托加工合同、外方在域外对被诉侵权标识享有权利的证据等。

（二）相同商品相同商标的商标侵权行为的证明标准

《商标法》第五十七条第（一）项规定，未经商标注册人的许可，在同一种商品上使用与其注册商标相同的商标的行为属于侵害注册商标专用权的行为。

审查该种侵权行为需要注意以下几点：

1. 被诉侵权商品或服务与注册商标核定使用的商标或服务相同。

2. 被诉侵权标识与注册商标相同，此处相同也包括二者在视觉上、听觉上基本无差别。

相同文字商标标识是指商标标识使用的语种相同，且文字构成、排列顺序完全相同，或字体、字母大小写或者文字排列方式仅使两个标志存在细微差别。相同图形商标标识是指商标标识图形在视觉效果上基本无差别。相同组合商标标志是指商标标识的文字构成、图形外观及其排列组合方式相同，使商标标识在呼叫和整体视觉效果上基本无差别。

3. 证明该种侵权行为应当具备以下证据：商标权证、商标查询档案；前述证明商标性使用的相关证据；商标权人的正品商品（涉及假冒商品的判断时）等。

对上述证据应当重点审查：被诉侵权商品或服务的类别、被诉侵权标识的样态；被诉侵权标识与注册商标相同并非指商标完全一样，也包括二者在视觉上、听觉上基本无差别；被诉侵权人称被诉侵权标识系其注册商标，其系合法使用时，被诉侵权人应当提交被诉侵权标识的商标权证、商标查询档案等证据，此时重点审查被诉侵权人是否规范使用其注册商标，即是否在核定商品或服务类别范围内使用了商标标识；判断假冒商品时，要注意比对被诉侵权商品与正品商品的区别，商标权人出具的鉴别证书性质系商标权人陈述，不能单独作为判断是否假冒商品的依据。

（三）相同商品近似商标及类似商品相同商标、近似商标的商标侵权行为的证明标准

《商标法》第五十七条第二项规定，未经商标注册人的许可，在同一种商品上使用与其注册商标近似的商标，或者在类似商品上使用与其注册商标相同或者近似的商标，容易导致混淆的行为属于侵犯注册商标专用权的行为。

审查该种侵权行为需要注意以下几点：

1. 被诉侵权商品或服务与注册商标核定使用的商标或服务相同。

2. 被诉侵权商品或服务与注册商标核定使用的商标或服务类似。

类似商品是指在商品的功能、用途、生产部门、销售渠道、消费对象等方面相同，或者相关公众一般认为其存在特定联系的商品。类似服务是指在服务的目的、内容、方式、对象等方面相同，或者相关公众一般认为存在特定联系的服务。类似商品与服务是指商品和服务之间存在特定联系。认定商品或者服务是否类似，应当以相关公众对商品或者服务的一般认识水平，从功能、用途、生产部门、销售渠道、消费对象以及服务目的、内容、方式、对象等因素综合判断商品或服务之间存在的特定联系。

相关公众，是指与商标所标识的某类商品或者服务有关的消费者和与前述商品或者服务的营销有密切关系的其他经营者。

3. 被诉侵权标识与注册商标相同，判断标准与“相同商品相同商标的商标侵权行为”的相应判断标准一致。

4. 被诉侵权标识与注册商标近似。

商标近似，是指被控侵权的商标与原告的注册商标相比较，其文字的字形、读音、含义或者图形的构图及颜色，或者其各要素组合后的整体结构相似，或者其立体形状、颜色组合、声音近似。认定商标相同或者近似，应当以相关公众的一般注意力为标准；既要对商标的整体进行比对，又要对商标主要部分进行比对，比对应当在比对对象隔离的状态下分别进行；还应该考虑请求保护注册商标的显著性和知名度以及与所使用商品的关联程度。

5. 混淆判断。

容易导致混淆是指相关公众在购买商品时，施以通常的注意力有较大可能性会对商品的来源产生误认，或者认为与被诉商标的经营者之间具有许可使用、关联企业关系等特定联系，不要求实际混淆，也并不要求完全没有混淆。相关公众是否会混淆误认，既包括将使用被诉侵权标识的商品误认为商标权人的商品或者与商标权人有某种联系，也包括将商标权人的商品误认为被诉侵权人的商品或者误认商标权人与被诉侵权人有某种联系。

法院应当综合考量如下因素以及因素之间的相互影响，认定是否容易导致混淆：商标标志的近似程度；商品的类似程度；请求保护商标的显著性和知名程度；相关公众的注意程度等。被诉侵权人的主观意图以及实际混淆的证据可以作为判断混淆可能性的参考因素。

6. 证明该种侵权行为应当具备以下证据：商标权证、商标查询档案；前述证明商标性使用的相关证据；商标获得的荣誉证书、对商标进行的广告宣传、使用注册商标商品的销售合同等；《商标注册用商品和服务国际分类表》《类似商品和服务区分表》。

对上述证据应当重点审查：被诉侵权商品或服务的类别、被诉侵权标识的样态；商标获得的荣誉证书的层级；商标广告宣传的地域范围以及宣传的内容是否与商标相关；注册商标商品销售合同所涵盖的地域范围；《商标注册用商品和服务国际分类表》《类似商品和服务区分表》仅作为判断商品或服务是否类似的参考，而不是依据，应当依据最高法院司法解释确定的规则进行判断。被诉侵权人称被诉侵权标识系其注册商标，其系合法使用时，被诉侵权人应当提交被诉侵权标识的商标权证、商标查询档案等证据。此时重点审查被诉侵权人是否规范使用其注册商标，即是否在核定商品或服务类别范围内使用了商标标识。

（四）字号突出使用侵害商标权的证明标准

《最高人民法院关于审理商标民事纠纷案件适用法律若干问题的解释》第一条第一项规定，将与他人注册商标相同或者相近似的文字作为企业的字号在相同或者类似商品上突出使用，容易使相关公众混淆的行为属于侵犯注册商标专用权的行为。该种行为实质上系注册商标权与企业名称权的权利冲突。

审查该种侵权行为需要注意以下几点：

1. 审查该行为时企业字号与注册商标相同或近似的判断、商品类别相同或类似的判断以及混淆的判断标准均与“相同商品近似商标及类似商品相同商标、近似商标的商标侵权行为”的相应判断标准一致。

2. 证明该种侵权行为应当具备以下证据：商标权证、商标查询档案；前述证明商标性使用的相关证据；前述证明商标使用情况及知名度的证据;《商标注册用商品和服务国际分类表》《类似商品和服务区分表》；被诉侵权人的营业执照或工商登记查询材料。

对于以上证据，应当重点审查：企业字号是否在商品或服务上使用，如果仅仅注册了企业字号，但未在商品或服务上使用，不构成商标侵权；字号必须突出使用，不突出使用不构成商标侵权，字号突出使用的情形通常包括字号单独使用或字体放大、加粗、醒目颜色、字间距加大、前置等情形；当被诉侵权人抗辩其企业字号系经合法登记注册，系合法使用时，应当注意审查被诉侵权人的实际使用方式是什么，是否规范使用其企业名称，其登记注册的是完整的企业名称全称，而不是其中的字号，如果有突出使用行为即视为未规范使用其企业名称，不影响商标侵权的审查判断。

（五）域名侵害商标权的证明标准

《最高人民法院关于审理商标民事纠纷案件适用法律若干问题的解释》第一条第三项规定，将与他人注册商标相同或者相近似的文字注册为域名，并且通过该域名进行相关商品交易的电子商务，容易使相关公众产生误认的行为属于侵犯注册商标专用权的行为。

审查该种侵权行为需要注意以下几点：

1. 电子商务是指在网页上的宣传、招商或销售等行为，既包括与他人进行相关商品交易的意图，也包括实际发生交易的情形。

2. 审查该行为时除涉及被诉侵权域名与商标相同或近似及相关公众混淆的判断外，还应注意相关商品交易是与涉案商标核定商品类别相同商品或者类似商品的交易。

3. 证明该种侵权行为应当具备以下证据：商标权证、商标查询档案、网络域名备案信息、被诉侵权网页、商标获得的荣誉证书、对商标进行的广告宣传、使用注册商标商品的销售合同等；可以提交《商标注册用商品和服务国际分类表》《类似商品和服务区分表》作为判断商品或服务是否类似的参考。

（六）销售侵犯注册商标专用权的商品的侵权行为证明标准

《商标法》第五十七条第（三）项规定，销售侵犯注册商标专用权的商品的属于侵犯注册商标专用权的行为。

审查该种侵权行为需要注意以下几点：

1. 证明该侵权行为应当首先证明被诉商品系侵权商品，然后再证明销售行为，应当具有的证据与上文“确定侵权行为主体”部分的内容中有关销售商的证据及前述第（二）（三）（四）种侵权行为的证据相同。

2. 对于以上证据，应当注意有时虽然在销售票据上使用了被诉侵权标识，但是必须结合该票据指向的商品才能判断是否构成侵权，即仅在销售票据上使用被诉侵权标识的行为不足以认定构成商标侵权。

（七）商标标识侵权行为的证明标准

《商标法》第五十七条第（四）项规定，伪造、擅自制造他人注册商标标识或者销售伪造、擅自制造的注册商标标识的行为属于侵犯注册商标专用权的行为。

审查该种侵权行为需要注意以下几点：

1. 所谓“伪造”，是指未经商标注册人许可而仿照他人注册商标的图样及物质实体制造出与该注册商标标识相同的商标标识。

2. 所谓“擅自制造”，主要是指未经商标注册人许可在商标印制合同规定的印数之外，又私自加印商标标识的行为。

3. 销售伪造、擅自制造的注册商标标识的行为，则是指以这两种商标标识为标的进行买卖，既包括批发也包括零售，既包括内部销售也包括在市场上销售。

4. 伪造、擅自制造他人注册商标标识的行为，目的在于以之用于自己的或供他人用于其生产或者销售的同一种商品或者类似商品上，以便以假充真、以次充好，误导消费者；而销售伪造、擅自制造的注册商标标识的行为，其目的是直接获取非法利益。

5. 证明该侵权行为应当具有以下证据：商标标签、封签、合格证等；用于制作商标的专用模具、专用工具等，对该类证据，需要注意该类商标标识系依附于商品之上，不能够独立存在，是直接在商品上制造完成的。

（八）帮助商标侵权行为的证明标准

《商标法》第五十七条第（六）项规定，故意为侵犯他人商标专用权行为提供便利条件，帮助他人实施侵犯商标专用权行为的行为属于侵犯注册商标专用权的行为。

审查该种侵权行为需要注意以下几点：

1. 主观上须为故意，如果行为人对自己的行为具有辅助侵权的性质没有认识或者没有认识的可能性，就不应承担相应的责任。

2. 客观上须为侵犯他人商标专用权行为提供便利条件，帮助他人实施侵犯商标专用权行为，为侵犯他人注册商标专用权行为提供仓储、运输、邮寄、隐匿等便利条件的行为。

3. 证明该侵权行为应当具有以下证据：仓储合同、运输合同；邮寄单证、物流查询信息等。

最后需要注意的是，上述各种商标侵权行为中，原告为支持其主张可能会提交行政机关的处罚决定书等证据证明被告的被诉行为已经被行政机关认定侵权，但是行政机关的认定在司法程序中不能直接用于证明侵权行为的成立，法院仍然要按照通常的商标侵权案件审理思路对案件进行审理。

四、侵权阻却事由的证明标准

商标侵权的阻却事由又称为商标侵权的抗辩事由，是指在商标侵权案件审理中，被告方对于原告方提出的商标侵权构成要件进行反驳，提出侵权构成的违法性阻却事由，以实现阻止原告主张的侵权行为构成的诉讼目的。从遴选的500份分析样本看，司法实践中，商标侵权阻却事由主要有正当使用抗辩、在先使用抗辩等。

（一）正当使用抗辩

注册商标专用权是法律赋予商标权人的一种排他性使用权利，但并非绝对的垄断性权利，当被告援引的相关事由符合正当使用的条件时，可构成正当使用抗辩。依据《商标法》第五十九条第一款、第二款的规定，注册商标中含有的本商品的通用名称、图形、型号，或者直接表示商品的质量、主要原料、功能、用途、重量、数量及其他特点，或者含有的地名，注册商标专用权人无权禁止他人正当使用；三维标志注册商标中含有的商品自身的性质产生的形状、为获得技术效果而需要的商品形状或者使商品具有实质性价值的形状，注册商标专用权人无权禁止他人正当使用。

正当使用抗辩一般应提交以下证据：使用的是被诉侵权商品的通用名称、图形、型号的证据，如国家标准、行业标准以及专业工具书籍、辞典中载明的商品名称、图形、规格、型号等；使用的是直接表示被诉侵权商品的质量、主要原料、功能、用途、重量、数量及其特点的证据，如国家、行业标准及行业惯例的证明；使用的是地名的证据，如正规出版的地图、书籍、辞典、相关机构权威性的证明等；使用的是三维标志注册商标中含有的商品自身的性质产生的形状、为获得技术效果而需要的商品形状或使商品具有实质性价值的形状的证据，如相关生产技术标准、相关权威性机构的意见等。

关于商品的质量、重量、数量等词汇，可以依照生活常识作出判断，地名则可通过政府地名办公室等官方认证或民间约定俗成的地理称谓作出认定，但应注意的是对于知名度较高且已经超过地名本身含义具有稳定指代意义的商标，被诉侵权商品使用该地名时应当规范使用。对于通用名称，一般指的是反映一类商品与另一类商品根本区别的规范化称谓，可分为法定通用名称和约定俗成的通用名称。法定通用名称可以依据国家标准、行业标准以及专业工具书籍、辞典中载明的商品名称予以认定，约定俗成的通用名称则应考虑一定范围内相关公众的通常认识。

在审查上述形式证据要件的情形下，还要结合使用意图、使用方式、使用效果综合认定正当使用抗辩事由是否成立。第一，使用意图。即审查行为人的主观意图是否为善意，是否为了描述或说明自身产品的特性而不是为了标识商品的来源或与他人产品进行不正当竞争。第二，使用方式。即使用方式上应当具备正当合理的要求，即是否仅属于描述性使用或说明性使用。对于“正当合理”的判断可参考商业惯例、行业惯例或专业协会的意见等。第三，使用效果。即使用效果是否会导致消费者产生混淆误认。判断混淆是否成立要以相关公众的审查角度，综合考虑注册商标的显著性和知名度以及历史沿革等因素。

（二）在先使用抗辩

被告针对原告主张权利的注册商标，提出在原告申请注册之前，被告已经实际使用该注册商标，该类抗辩事由就是在先使用抗辩。《商标法》第五十九条第三款规定，商标注册人申请商标注册前，他人已经在同一种商品或者类似商品上先于商标注册人使用与注册商标相同或者近似并有一定影响的商标的，注册商标专用权人无权禁止该使用人在原使用范围内继续使用该商标，但可以要求其附加适当区别标识。

在先使用抗辩主要应提交以下证据：被告在注册商标之前使用被诉标识进行经营的证据，如销售网站、销售合同、发货单据、产品图片等；被告在先使用被诉标识具有一定影响的证据，如销售规模、认证证书、广告宣传材料等。

对于在先使用抗辩事由的审查，主要审查在先使用的时间及是否有一定影响，有一定影响力指未注册商标经过行为人的使用，在一定范围和区域或行业内具有一定的影响力，被一定范围的消费者所认同。但对于具有特别人身信任关系人代理人或代表人以及同一地区的同行业竞争者的抢注行为，即使在先商标未达到一定影响要求，被告也可以以此进行抗辩。

五、确定侵权责任的证明标准

人民法院在审理侵犯注册商标专用权纠纷案件中，依据法律规定和案件具体情况，可以判决侵权人承担停止侵害、消除影响、赔偿损失等民事责任。

（一）停止侵权

通常来说，只要证明了侵权人实施了前述侵权行为，就推定侵权行为一直持续，侵权人就应承担停止侵权的民事责任。除非侵权人能够证明侵权行为在判决前已经停止。为证明该事实，应当具有以下证据：权利人认可侵权行为已经停止的陈述；记载侵权行为已经停止的公证书等。

需要注意的是，在字号侵害商标权案件中，判决规范使用企业名称足以制止侵权行为的，可以判令侵权人规范使用企业名称或者不得突出使用企业字号，而无须判令侵权人停止使用该企业名称。

（二）消除影响

消除影响民事责任的承担应当与侵权行为造成的不良影响相适应。在商标侵权案件中，权利人通过将商标投入市场实际使用后，在其实际使用该商标的地域内商标权受到侵害，积累的商誉受到损害，降低了消费者对其商品质量的社会客观评价。为证明该事实，应当具有以下证据：网站中大量的公众评论；权利人商品销售量下降或者销售商大量退货的证据等。对于网站中的公众评论，应审查社会公众对其商标或商品出现了相比侵权行为发生前明显的负面评价；对商品销售量下降或者销售商大量退货，应排除上述情况的出现是由于商品本身的质量、可替代性商品的出现以及其他市场性正当原因造成的。

需要注意的是：商标权人不具有人格权的属性，商标权人请求法院判令侵权人承担赔礼道歉民事责任的，不予支持。

（三）赔偿损失

依据《商标法》第六十三条第一款的规定，侵犯商标专用权的赔偿数额，按照权利人因被侵权所受到的实际损失确定；实际损失难以确定的，可以按照侵权人因侵权所获得的利益确定；权利人的损失或者侵权人获得的利益难以确定的，参照该商标许可使用费的倍数合理确定。对恶意侵犯商标专用权，情节严重的，可以在按照上述方法确定数额的一倍以上三倍以下确定赔偿数额。赔偿数额应当包括权利人为制止侵权行为所支付的合理开支。因此，对权利人的损失、侵权人的获利、注册商标许可使用费、合理开支以及侵权人具有恶意、侵权人妨害举证等待证事实，应当由权利人提供证据予以证明。

1. 权利人的损失。证明权利人实际损失，应当具有以下证据：权利人在侵权行为发生前后的利润审计报告；权利人商品在侵权行为发生后销售量减少的证据；注册商标商品的单位利润或行业平均利润。对于以上证据，应当注意审查利润或销量的减少与侵权行为的关联性，是否还有其他因素导致利润的减少。

2. 侵权人的获利。证明侵权人获利，应当具有以下证据：侵权人一方宣传的销量情况；网店中显示的销量情况；侵权商品的单位利润或注册商标商品的单位利润或行业平均利润；与侵权行为相关的侵权人账簿、资料。

3. 注册商标许可使用费认定。证明商标许可使用费，应当具有以下证据：在商标局备案并经过公告的商标许可使用合同；虽未经备案但已实际履行商标许可使用合同；

4. 合理开支。证明合理开支，应当具有以下证据：公证费发票；律师委托合同及发票；交通费、住宿费、伙食费等发票；调查、取证等费用的发票；对于以上证据，应当注意如果权利人对合理开支费用单独提出了诉讼请求，应在赔偿数额外单独计算。

5. 惩罚性赔偿。证明侵权人具有恶意、情节严重，适用惩罚性赔偿的，应当具有以下证据：权利人曾向侵权人提出过侵权警告，而侵权人仍继续实施侵权行为的证据；侵权行为曾被司法处理或行政处罚，侵权人仍继续实施侵权行为的证据；侵权人以侵权为业的证据；侵权行为已经造成相关公众实际性混淆的证据；侵权人在多种商品上使用权利人商标或者使用权利人多个商标的证据等。惩罚性赔偿仅适用于以因侵权受到的损失、侵权获利和参照许可使用费三种方式确定赔偿数额。

6. 法定赔偿。依据《商标法》第六十三条第三款的规定，权利人因被侵权所受到的实际损失、侵权人因侵权所获得的利益、注册商标许可使用费均难以确定的，法院可以适用法定赔偿，根据侵权行为的情节判决三百万元以下的赔偿。适用法定赔偿确定赔偿数额时，权利人应提供以下证据：生产商赔偿的地域范围，如果权利人主张全国范围的话，应当具有生产商在网络上宣传销售侵权商品的证据或生产商在多个省份宣传销售侵权商品的证据；侵权行为的性质、期间、后果的证据；商标知名度、商标声誉证据；权利人证明其实际损失、侵权人获利或商标许可使用费的证据（当权利人虽然提交证据，但权利人因被侵权所受到的实际损失、侵权人因侵权所获得的利益、注册商标许可使用费仍均难以确定时）。

7. 侵权人妨害举证。依据《商标法》第六十三条第二款的规定，人民法院为确定赔偿数额，在权利人已经尽力举证，而与侵权行为相关的账簿、资料主要由侵权人掌握的情况下，可以责令侵权人提供与侵权行为相关的账簿、资料；侵权人不提供或者提供虚假的账簿、资料的，人民法院可以参考权利人的主张和提供的证据判定赔偿数额。在上述情形下，法院可以减轻权利人的举证负担，提高赔偿数额，以加大知识产权保护力度。

（四）赔偿责任阻却事由

在侵权案件中，被告通常会依据《商标法》第六十四条规定的连续三年不使用抗辩和合法来源，针对原告提出不承担民事责任或者减轻民事责任的抗辩。

1. 注册商标未使用抗辩。依据《商标法》第六十四条第一款的规定，注册商标专用权人请求赔偿，被诉侵权人以注册商标专用权人未使用注册商标提出抗辩的，人民法院可以要求注册商标专用权人提供此前三年内实际使用该注册商标的证据。注册商标专用权人不能证明此前三年内实际使用过该注册商标，也不能证明因侵权行为受到其他损失的，被诉侵权人不承担赔偿责任。权利人应当对商标权人此前三年内实际使用过该注册商标提交以下证据：在市场上流通的使用注册商标的商品；对商标在报纸、杂志、网络等进行广告宣传的证据；商标许可使用合同等。

需要注意的是：商标权人使用注册商标的时间应当为被诉侵权行为发生前三年；许可使用合同是否实际履行，仅提供许可使用合同而无实际履行的，不能认定实际使用过注册商标。

2. 合法来源抗辩。依据《商标法》第六十四条第二款的规定，销售不知道是侵犯注册商标专用权的商品，能证明该商品是自己合法取得并说明提供者的，不承担赔偿责任。因此，销售商进行合法来源抗辩，应举证证明该商品是其合法取得并能说明提供者且其不知道销售的是侵权商品。

（1）证明侵权商品系合法取得，销售商应当具有以下证据：供销双方签订的进货合同；进货发票；供货单位出具的供货清单和货款收据；

供货单位的陈述或证明。对上述证据，应当注意：进货合同是否已真实履行；合同及发票记载事项是否与涉案商品对应；仅有供货商的认可但未提供任何证据的，不能认定系合法取得。

（2）证明提供者，销售商应当具有以下证据：提供者的营业执照复印件或工商登记查询证明；提供者企业信息公示系统打印件；提供者出庭作证。

（3）证明销售商不知道其销售的商品系侵权商品，应当具有以下证据：侵权商品的进货价格和销售价格证据；销售商的经营范围、经营规模证据；注册商标的知名度证据；侵权商品实物。对上述证据，应当注意：侵权商品的进货价格和销售价格不能明显低于正品价格；大型销售商或某类商品的专营销售商应当对其所销售的商品是否为侵权商品具有较高注意义务；注册商标的知名度越高，销售商对其所销售的商品是否为侵权商品所负的注意义务越高；如侵权商品系无生产厂家、无生产日期及无质量合格证的“三无产品”，应认定销售者知道该商品系侵权商品；如销售商既销售侵权商品也销售正品的，应当认定其知道该商品系侵权商品。

需要注意的是，同一案件中，生产商承担了责任，并不意味着销售商就当然免除赔偿责任，销售商仍然要证明合法来源抗辩成立。

结语

商标侵权类案证明标准研究是新时代赋予商标侵权案件审判工作的新使命、新课题，我们要以习近平新时代中国特色社会主义思想为指导，在依法审理好商标侵权案件的基础上，积极探索总结商标侵权类案证明标准，思想再解放、观念再更新、作为更主动，以创新的方式保护创新，为提高商标权司法保护水平，依法服务保障山东新旧动能转换重大工程，贡献山东法院的智慧和力量。

附件

山东省高级人民法院
关于侵害商标权纠纷案件证明标准的指引

为进一步审理好侵害商标权纠纷案件，依法、全面、规范审查该类案件证据，提高审判水平，统一裁判尺度，根据《中华人民共和国商标法》《最高人民法院关于审理商标民事纠纷案件适用法律若干问题的解释》等法律和司法解释的相关规定，结合我省审判实践，制定本指引。

一、商标侵权案件一般应当具备以下证据：

（一）证明商标专用权的证据；

（二）证明侵权行为主体的证据；

（三）证明商标侵权行为的证据；

（四）证明被告抗辩事由的证据；

（五）证明被告侵权责任的证据。

二、商标专用权的证据审查

证据的形式审查：要求当事人尽量提供原件，提供原件有困难的，可以提供经过公证的复制件；如果是在相关国家机关网站上可以查询到的公开内容，可以提交打印件。

（一）权利主体和权利内容

证明权利主体和权利内容，应当具有以下证据：

1. 商标权证书或商标查询档案；

2. 商标使用许可合同；

3. 商标转让合同；

4. 注册商标财产权利继承人能够继承注册商标财产权利的证明等材料。

对于以上证据的审查认证：

1. 商标权证书与商标查询档案不要求同时具备；

2. 合同或证明等证据中盖章或签字的真实性；

3. 商标许可合同未经备案不影响商标许可合同的效力，不影响被许可人作为商标权利主体的身份；

4. 在上述证据真实有效的情况下，且被告未抗辩称商标被提异议、被提无效等情形或异议、无效不成立的，能够确认商标权的权利主体身份及权利内容。

对于以上事实，应当注意：

1. 商标专用权必须经当事人举证，不得因对方当事人承认而免除举证责任；

2. 商标核定使用商品或服务的类别，商标标识的样态，商标权有效期间；

3. 商标使用的期限、地域、方式等。

（二）商标专用权被提异议

证明商标专用权被提异议，应当具有以下证据：

1. 商标异议申请受理通知书、商标异议决定书；

2. 商标异议复审决定书；

3. 行政裁判文书等。

对于以上证据的审查认证：

1. 商标异议各阶段法律文书的连续性、对应性；

2. 商标异议各阶段认为商标异议成立或不成立的理由；

3. 在上述证据真实有效的情况下，可以确认商标被提异议的事实。

对于以上事实，应当注意：

在审判实践中，如果商标的初审公告期满三个月内被他人提出异议的，因商标尚未核准注册，商标注册人尚未取得商标权。即使商标已经被注册公告，只要查实商标在上述期间内被提出异议，该商标的注册公告亦无效。所以，在商标最终被核准注册之前，商标注册人无权主张权利。

（三）商标专用权被提无效

证明商标专用权被提无效，应当具有以下证据：

1. 商标无效宣告受理通知书、商标无效宣告决定书；

2. 商标无效复审决定书；

3. 行政裁判文书等。

对于以上证据的审查认证：

1. 商标无效各阶段法律文书的连续性、对应性；

2. 商标无效各阶段认为商标无效成立或不成立的理由；

3. 在上述证据真实有效的情况下，可以确认商标被提无效的事实。

对于以上事实，应当注意：

在审判实践中，商标权被宣告无效后，商标注册人无主张权利。已经注册的商标，他人可以请求商标评审委员会宣告该注册商标无效，商标权被商标评审委员会宣告无效后，商标权人还可以申请复审以及提起行政诉讼。在最终的无效决定生效之前，虽然商标权处于不稳定状态，但商标注册人仍享有商标权，其可以行使权利。

三、侵权行为主体的证据审查

（一）侵权行为实施人

证明侵权行为实施人，应当具有以下证据：

1. 被诉侵权人陈述；

2. 标注有生产商或销售商信息的被诉侵权商品；

3. 记载生产过程或销售过程的公证书；

4. 网络域名备案信息；

5. 标注有被诉侵权人信息的被诉侵权网页等证据。

对于以上证据的审查认证：

1. 被诉侵权商品的来源渠道是否正当，即要排除被诉侵权商品系原告或他人造假的可能性，如果被诉侵权商品的来源渠道正当，可以按照被诉侵权商品上的标注确定侵权行为实施人；

2. 对公证书中是否存在实质性瑕疵影响公证书客观真实性进行审查，重点审查公证书所附照片、光盘等与公证记载内容是否一致、公证封存实物与公证记载是否一致、公证书所附发票记载商品与实际购买商品是否一致、多个不同地点公证行为的时间是否存在不合理之处、公证过程是否具有连续性等情形，如果公证书的客观真实性没有令人有合理怀疑之处，可以按照公证书的记载确定侵权行为实施人；另外，跨地域公证等违反公证程序管理性规定的不影响公证书的效力；

3. 被诉侵权网页是否标注有被诉侵权人的名称、地址、联系方式等完整信息，如果标注了上述完整信息，可以按照上述信息确定侵权行为实施人，仅标有名称而无其他信息的，一般不宜仅据此确定侵权行为实施人；

4. 当被诉侵权商品中所有标注的信息均指向被诉侵权人，而被诉侵权人抗辩称被诉侵权商品系假冒其生产的商品时，其应当提交其诉前向工商机关报案的证据、工商机关曾对假冒其生产的商品进行处罚的证据等，并尽可能说明被诉侵权商品与其所生产商品的区别，当被诉侵权人尽到上述举证责任时，不宜认定其系侵权行为实施人。

（二）推定侵权行为实施人

证明推定侵权行为实施人，应当具有以下证据：

1. 被诉侵权人出具的发票；

2. 被诉侵权人收取款项的账号、POS 机小票等证据。

对于以上证据的审查认证：

1. 在以上证据真实有效的情况下，可以依据发票上日印章、收款账号及 POS 机小票等指向的主体确定侵权行为实施人；

2. 被诉侵权人抗辩其系出借发票、印章或账号对侵权行为并不知情的，应当提供能够证明实际侵权行为人的证据，并提供其与实际侵权行为人之间确实存在出借关系的证据，此时应重点审查被诉侵权人是否假借出借关系掩盖共同侵权之实。

四、商标侵权行为的证据审查

（一）商标性使用

证明被诉侵权标识是否商标性使用，应当具有以下证据：

1. 被诉侵权商品、被诉侵权商品包装；
2. 被诉侵权商品在国内市场流通的证据；
3. 被诉侵权服务场所的装潢；
4. 被诉侵权服务场所所使用的物品；
5. 与被诉侵权服务有联系的资料；
6. 被诉侵权商品或服务交易文书；
7. 被诉侵权商品或服务的广告宣传材料及展览材料；
8. 在报纸、杂志、电视、网络等媒体上使用被诉侵权标识日证据等。

对于以上证据的审查认证：

1. 被诉侵权商品是否在国内流通，若在国内市场流通，被诉侵权商品上使用的标识系商标性使用；

2. 被诉侵权标识在上述证据中的使用方式，是否单独、突出使用，是否标注 T M或R 商标申请注册或注册标识，若单独、突出使用或标注 T M、R 等商标申请注册标识，则系商标性使用；

3. 被诉侵权标识是否在国内发挥识别商品或服务来源的作用，若发挥识别商品或服务来源的作用，则系商标性使用；

4. 在商标权人未能提交被诉侵权商品在国内市场流通的证据，被诉侵权人抗辩称其是涉外定牌加工，其对被诉侵权标识的使用不是商标性使用的，被诉侵权人应当提交其与外方之间的委托加工合同、外方在域外对被诉侵权标识享有权利的证据等。

（二）未经商标注册人的许可，在同一种商品上使用与其注册商标相同的商标的行为的侵权判断证据审查

证明该侵权行为，应当具有以下证据：

1. 商标权证、商标查询档案；

2. 前述证明商标性使用的相关证据；

3. 商标权人的正品商品（涉及假冒商品时的判断）。

对于以上证据的审查认证：

1. 通过对商标权证或商标查询档案、前述证明商标性使用的相关证据的审查认证，确定商标核定使用商品或服务的类别，商标标识的样态以及被诉侵权商品或服务的类别，被诉侵权标识的样态等事实，以便于之后的侵权判断；

2. 正品商品一般由商标权人自行提供，除非被告有证据证明商标权人提供的正品商品有误。

对于以上事实，应当注意：

1. 被诉侵权标识与注册商标相同并非指商标完全一样，也包括二者在视觉上、听觉上基本无差别；

2. 相同文字商标标志是指商标标志使用的语种相同，且文字构成、排列顺序完全相同，或字体、字母大小写或者文字排列方式仅使两个标志存在细微差别；相同图形商标标志是指商标标志图形在视觉效果上基本无差别；相同组合商标标志是指商标标志的文字构成、图形外观及其排列组合方式相同，使商标标志在呼叫和整体视觉效果上基本无差别；

3. 被诉侵权人抗辩称被诉侵权标识系其注册商标，其系合法使用时，被诉侵权人应当提交被诉侵权标识的商标权证等证据。此时重点审查被诉侵权人是否规范使用其注册商标，即是否在核定商品或服务类别范围

内使用了相同的商标标识，若非规范使用，则其该抗辩不能成立；

4. 判断假冒商品时，要注意比对被诉侵权商品与正品商品的区别，商标权人出具的仅有结论的鉴别证书性质是系商标权人陈述，不能单独作为判断是否假冒商品的依据。

（三）未经商标注册人的许可，在同一种商品上使用与其注册商标近似的商标，或者在类似商品上使用与其注册商标相同或者近似的商标，容易导致混淆的行为的侵权判断证据审查

证明该侵权行为，应当具有以下证据：

1. 商标权证、商标查询档案；

2. 前述证明商标性使用的相关证据；

3. 商标获得的荣誉证书、对商标进行的广告宣传、使用注册商标商品的销售合同等；

4.《商标注册用商品和服务国际分类表》《类似商品和服务区分表》。

对于以上证据的审查认证：

1. 通过对商标权证或商标查询档案、前述证明商标性使用的相关证据的审查认证，确定商标核定使用商品或服务的类别，商标标识的样态以及被诉侵权商品或服务的类别，被诉侵权标识的样态等事实，以便于之后的侵权判断；

2. 商标获得的荣誉证书的层级，层级越高，知名度越高；

3. 商标广告宣传的地域范围以及宣传的内容是否与商标相关，宣传内容须与商标相关，宣传的地域范围越广，商标知名度越高；

4. 商品销售合同所涵盖的地域范围以及商品是否系使用注册商标的商品，商品销售合同中的商品须为使用注册商标的商品，涵盖的地域越广，商标知名度越高；

5.《商标注册用商品和服务国际分类表》《类似商品和服务区分表》仅作为判断商品或服务是否类似的参考，判断商品或服务是否类似应当

依据最高法院司法解释确定的规则进行判断；

6. 被诉侵权人抗辩称被诉侵权标识系其注册商标，其系合法使用时，被诉侵权人应当提交被诉侵权标识的商标权证等证据。此时重点审查被诉侵权人是否规范使用其注册商标，即是否在核定商品或服务类别范围内使用了相同的商标标识，若非规范使用，则其该抗辩不能成立。

对于以上事实，应当注意：

1. 类似商品是指在商品的功能、用途、生产部门、销售渠道、消费对象等方面相同，或者相关公众一般认为其存在特定联系的商品。类似服务是指在服务的目的、内容、方式、对象等方面相同，或者相关公众一般认为存在特定联系的服务。类似商品与服务是指商品和服务之间存在特定联系。认定商品或者服务是否类似，应当以相关公众对商品或者服务的一般认识水平，从功能、用途、生产部门、销售渠道、消费对象以及服务目的、内容、方式、对象等因素综合判断商品或服务之间存在的特定联系。

相关公众，是指与商标所标识的某类商品或者服务有关的消费者和与前述商品或者服务的营销有密切关系的其他经营者。

2. 商标近似，是指被控侵权的商标与原告的注册商标相比较，其文字的字形、读音、含义或者图形的构图及颜色，或者其各要素组合后的整体结构相似，或者其立体形状、颜色组合、声音近似。认定商标相同或者近似，应当以相关公众的一般注意力为标准；既要对商标的整体进行比对，又要对商标主要部分进行比对，比对应当在比对对象隔离的状态下分别进行；还应该考虑请求保护注册商标的显著性和知名度以及与所使用商品的关联程度，显著性越强、知名度越高、关联程度越紧密，认定近似的可能性越大。

3. 容易导致混淆是指相关公众在购买商品时，施以通常的注意力有较大可能性会对商品的来源产生误认，或者认为与被诉商标的经营者之间具有许可使用、关联企业关系等特定联系，不要求实际混淆，也并不要求完全没有混淆。相关公众是否会混淆误认，既包括将使用被诉侵权标识的商品误认为商标权人的商品或者与商标权人有某种联系，也包括将商标权人的商品误认为被诉侵权人的商品或者误认商标权人与被诉侵权人有某种联系。

法院应当综合考量如下因素以及因素之间的相互影响，认定是否容易导致混淆：商标标志的近似程度；商品的类似程度；请求保护商标的显著性和知名程度；相关公众的注意程度等。被诉侵权人的主观意图以及实际混淆的证据可以作为判断混淆可能性的参考因素。

（四）将与他人注册商标相同或者相近似的文字作为企业字号在相同或者类似商品上突出使用，容易使相关公众混淆的行为的侵权判断证据审查

证明该侵权行为，应当具有以下证据：

1. 商标权证、商标查询档案；

2. 前述证明商标性使用的相关证据；

3. 前述证明商标知名度的证据；

4.《商标注册用商品和服务国际分类表》《类似商品和服务区分表》；

5. 被诉侵权方的营业执照或工商登记查询材料。

对于以上证据的审查认证：

通过对商标权证或商标查询档案、前述证明商标性使用的相关证据以及商标知名度证据的审查认证，确定商标核定使用商品或服务的类别，商标标识的样态以及被诉侵权商品或服务的类别，被诉侵权标识的样态，商标知名度等事实，以便于之后的侵权判断。

对于以上事实，应当注意：

1. 企业字号必须在商品或服务上使用，如果仅仅注册了企业字号，但未在商品或服务上使用，不构成商标侵权；

2. 字号突出使用的情形通常包括字号单独使用或字体放大、加粗、

醒目颜色、字间距加大、前置等情形；

3. 字号与商标的相同近似以及混淆的判断均与上个行为的判断标准一致；

4. 当被诉侵权人抗辩其企业字号系经合法登记注册，系合法使用时，应当注意审查被诉侵权人的实际使用方式是什么，是否规范使用其企业名称，其登记注册的是完整的企业名称全称，而不是其中的字号，如果有突出使用字号行为即未规范使用其企业名称，不影响商标侵权的审查判断。

（五）将与他人注册商标相同或者近似的文字注册为域名，并通过该域名进行相关商品交易的电子商务，容易使相关公众混淆的行为的侵权判断证据审查

证明该侵权行为，应当具有以下证据：

1. 商标权证、商标查询档案；

2. 前述证明商标知名度的证据；

3. 网络域名备案信息；

4. 被诉侵权网页；

5.《商标注册用商品和服务国际分类表》《类似商品和服务区分表》。

对于以上证据的审查认证：

通过对商标权证或商标查询档案、被诉侵权网页、商标知名度证据的审查认证，确定商标核定使用商品或服务的类别，商标标识的样态，被诉侵权域名样态以及商标知名度等事实，以便于之后的侵权判断。

对于以上事实，应当注意：

1. 此处所称的相关商品交易是指与涉案商标核定商品类别相同的商品或者类似商品的交易。

2. 电子商务是指在网页上的宣传、招商或销售等行为，即包括与他人进行相关商品交易的意图，也包括实际发生交易的情形。

（六）销售侵犯商标专用权商品行为的证据审查

证明该侵权行为应当首先证明被诉商品系侵权商品，然后再证明销售行为，应当具有的证据与上文第三部分“侵权行为主体的证据审查”的内容中有关销售商的证据及第四部分“商标侵权行为的证据审查”（二）（三）（四）的证据相同。

对于该行为，需要注意的是销售商有时虽然在销售票据上标注了被诉侵权标识，但是必须结合该票据指向的商品才能判断是否构成侵权，即仅在销售票据上使用被诉侵权标识的行为不足以认定侵权成立。

（七）仿造、擅自制造他人注册商标标识或者销售伪造、擅自制造的注册商标标识的行为的证据审查

证明该侵权行为，应当具有以下证据：

1. 商标标签、封签等；

2. 用于制作商标的专用模具、专用工具等。

对于上述第二类证据，需要注意该类商标标识系依附于商品之上，不能够独立存在，是直接在商品上制造完成的。

（八）商标帮助侵权行为的证据审查

被诉侵权人实施了下列行为，即故意为侵犯他人注册商标专用权的行为提供诸如仓储、运输、邮寄、隐匿等方面的条件，从而帮助他人完成实施侵犯商标专用权的行为。

证明该侵权行为，应当具有以下证据：

1. 仓储合同、运输合同；

2. 邮寄单证、物流查询信息等；

3. 帮助人知道或应当知道直接侵权行为的证据。

对于以上证据，应当注意审查帮助人与直接侵权人是否具有主观上的共谋，二者是否具有特殊的人身关系或其他关联关系等。

五、侵权阻碍事由

（一）注册商标中含有的本商品的通用名称、图形、型号，或者直接表示商品的质量、主要原料、功能、用途、重量、数量及其他特点，或者含有的地名，注册商标专用权人无权禁止他人正当使用。三维标志注册商标中含有的商品自身的性质产生的形状、为获得技术效果而需要的商品形状或者使商品具有实质性价值的形状，注册商标专用权人无权禁止他人正当使用

证明正当使用，应当具有以下证据：

1. 国家标准、行业标准、专业工具书籍、辞典、历史文献资料等；

2. 正规出版的地图、书籍、辞典、相关机构权威性的证明等；

3. 相关生产技术标准、相关权威性机构的意见等。

对于以上证据的审查认证：

1. 对于通用名称，一般指的是反映一类商品与另一类商品根本区别的规范化称谓，可分为法定通用名称和约定俗成的通用名称。法定通用名称可以依据国家标准、行业标准以及专业工具书籍、辞典中载明的商品名称予以认定，约定俗成的通用名称则应考虑一定范围内相关公众的通常认识。

2. 关于商品的质量、重量、数量等词汇，可以依照日常生活常识作出判断，地名则可通过政府地名办等官方认证或民间约定俗成的地理称谓作出认定，但应注意的是对于知名度较高且已经超过地名本身含义具有稳定指代意义的商标，被诉侵权商品使用该地名时应当规范使用。

（二）商标注册人申请商标注册前，他人已经在同一种商品或者类似商品上先于商标注册人使用与注册商标相同或者近似并有一定影响的商标的，注册商标专用权人无权禁止该使用人在原使用范围内继续使用该商标，但可以要求其附加适当区别标识

证明在先使用，应当具有以下证据：

1. 销售网站、销售合同、发货单据、产品图片等；

2. 销售规模、认证证书、广告宣传材料等。

对于以上证据的审查认证：

1. 上述证据是否均指向被诉侵权商品及标识；

2. 被诉侵权标识具有一定影响是否在商标申请注册前；

3. 对于具有特别人身信任关系人、代理人或代表人以及同一地区的同行业竞争者的抢注行为，即使在先商标未达到一定影响要求，被告也可以以此进行抗辩；

4. 被诉标识的使用是否超原有范围对于被诉侵权人来说是消极事实，应当由原告对被诉侵权人使用标识超原有生产或经营范围进行举证。

六、责任承担的证据审查

（一）停止侵权

通常来说，只要证明侵权人实施了前述侵权行为，就推定侵权行为一直持续，侵权人就应承担停止侵权的民事责任。除非侵权人能够证明侵权行为在判决前已经停止，侵权人为证明该事实，应当具有以下证据：

1. 权利人认可侵权行为已经停止；

2. 记载侵权行为已经停止的公证书等。

需要注意的是，在字号侵害商标权案件中，判决规范使用企业名称足以制止侵权行为的，可以判令侵权人规范使用企业名称或者不得突出使用企业字号，而无须判令侵权人停止使用该企业名称。

（二）消除影响

为证明侵权人应当承担消除影响民事责任，权利人应当证明其商标商誉受到损害，具体应当具有以下证据：

1. 网络中的负面公众评论；

2. 权利人商品销售量下降或者销售商大量退货的证据等。

对于以上证据的审查认证：

1. 对于网站中的公众评论，应审查社会公众对其商标或商品是否出现了相比侵权行为发生前明显的负面评价；

2. 对商品销售量下降或者销售商大量退货，应排除上述情况的出现是由于商品本身的质量、可替代性商品的出现以及其他市场性正当原因造成的。

（三）赔偿损失

1. 商标侵权赔偿数额确定因素的证据审查

（1）权利人实际损失

证明权利人实际损失，应当具有以下证据：

①权利人在侵权行为发生前后的利润审计报告；

②权利人商品在侵权行为发生后销售量减少的证据；

③注册商标商品的单位利润或行业平均利润。

对于以上证据，应当注意审查利润或销量的减少与侵权行为的因果关系，是否还有其他因素导致利润的减少。

（2）侵权人获利

证明侵权人获利，应当具有以下证据：

①侵权人自己宣传的销量情况；

②网店中显示的销量情况；

③侵权商品的单位利润或注册商标商品的单位利润或行业平均利润；

④侵权人与侵权行为相关的账簿、资料。

（3）商标许可使用费

证明商标许可使用费，应当具有以下证据：

①在商标局备案并经过公告的商标许可使用合同；

②虽未经备案但已实际履行商标许可使用合同。

（4）制止侵权行为合理开支

证明合理开支，应当具有以下证据：

①公证费发票；

②律师委托合同及发票；

③交通费、住宿费、伙食费等发票；

④调查、取证等费用发票。

对于以上证据，应当注意如果权利人对合理开支费用单独提出了诉讼请求，应在赔偿数额外单独计算。

（5）恶意侵权、情节严重的适用惩罚性损害赔偿

证明侵权人具有恶意、情节严重，应当具有以下证据：

①权利人曾向侵权人提出过侵权警告，而侵权人仍继续实施侵权行为的证据；

②侵权行为曾被司法处理或行政处罚，侵权人仍继续实施侵权行为的证据；

③侵权人以侵权为业的证据；

④侵权行为已经造成相关公众实际性混淆的证据；

⑤侵权人在多种商品上使用权利人商标或者使用权利人多个商标的证据等。

（6）法定赔偿

适用法定赔偿确定赔偿数额时，权利人应提供以下证据供法院考虑：

①生产商赔偿的地域范围，如果权利人主张全国范围的话，应当具有生产商在网络上宣传销售侵权商品的证据或生产商在多个省份宣传销售侵权商品的证据；

②侵权行为的性质、期间、后果的证据；

③商标知名度、商标声誉证据；

④权利人证明其实际损失、侵权人获利或商标许可使用费的证据（当权利人虽然提交该类证据，但权利人因被侵权所受到的实际损失、侵权人因侵权所获得的利益、注册商标许可使用费仍均难以确定时，该类证

据可以作为法定赔偿考虑的因素）。

2. 赔偿责任阻却事由

（1）商标权人近三年未使用注册商标，侵权人不承担赔偿责任

权利人应当对商标权人此前三年内实际使用过该注册商标提交以下证据：

①在市场上流通的使用注册商标的商品；

②对商标在报纸、杂志、网络等进行广告宣传的证据；

③商标许可使用合同等。

对于以上证据的审查认证：

①商标权人使用注册商标的时间应当为被诉侵权行为发生前三年；

②许可使用合同是否实际履行，仅提供许可使用合同而无实际履行的，不能认定实际使用过注册商标。

（2）销售商合法来源抗辩不承担赔偿责任

销售商进行合法来源抗辩，其应举证证明该商品是其合法取得并能说明提供者且其不知道销售的是侵权商品。

证明侵权商品系合法取得，销售商应当具有以下证据：

①供销双方签订的进货合同；

②进货发票；

③供货单位出具的供货清单和货款收据；

④供货单位的陈述或证明。

对上述证据的审查认证：

①进货合同是否已实际履行；

②合同及发票记载事项是否与涉案商品对应；

③仅有供货商的认可但未提供任何证据的，不能认定系合法取得。

说明提供者，销售商应提供以下证据：

①提供者的营业执照或工商登记查询证明；

②提供者的企业信息公示系统信息打印件；

③提供者出庭作证。

证明销售商不知道其销售的商品系侵权商品，应当具有以下证据：

①侵权商品的进货价格和销售价格证据；

②销售商的经营范围、经营规模证据；

③注册商标的知名度证据；

④侵权商品实物。

对上述证据的审查认证：

①侵权商品的进货价格和销售价格不能明显低于正品价格，否则应当认定销售商知道该商品系侵权商品；

②大型销售商或某类商品的专营销售商应当对其所销售的商品是否侵权商品具有较高注意义务；

③注册商标的知名度越高，销售商对其所销售的商品是否侵权商品所负的注意义务越高；

④如侵权商品系无生产厂家、无生产日期及无质量合格证的“三无产品”，应认定销售者知道该商品系侵权商品；

⑤如销售商既销售侵权商品也销售正品的，应当认定其知道该商品系侵权商品。

（3）虽然前述两种情形，侵权人不承担赔偿责任，但由于侵权人行为已构成侵权，在原告有相关合理费用证据支持的情况下，对原告要求侵权人支付其为制止侵权行为支出的合理费用的主张应予支持。

国有土地上房屋征收决定类案证明标准研究报告*

为依法妥善审理国有土地上房屋征收行政案件，根据《中华人民共和国行政诉讼法》《国有土地上房屋征收与补偿条例》及相关司法解释规定，结合山东行政审判实际，制定如下证明标准。

第一部分　受案范围

一、房屋征收决定

1. 证明标准

原告需要提交房屋征收决定，也可以提供与房屋征收决定原件核对无误的复印件、照片、节录本等。

2. 审查要素

审查是否存在房屋征收决定或被告是否作出了房屋征收决定。

3. 裁判意见

裁判结论：被告作出房屋征收决定的，属于受案范围。没有房屋征收决定的，起诉房屋征收决定不符合行政诉讼受理条件。

裁判理由：根据《中华人民共和国行政诉讼法》第十二条第一款的

*课题主持人：黄明春　山东省高级人民法院行政审判庭　庭　长
课题组成员：侯　勇　山东省高级人民法院行政审判庭　副庭长
姚美科　山东省高级人民法院行政审判庭　法　官
温贵能　山东省高级人民法院行政审判庭　法官助理
孙继发　济南市中级人民法院　法　官
徐奎浩　青岛市中级人民法院　法　官
郭喜珂　德州市中级人民法院　法　官
课题执笔人：黄明春　侯　勇　姚美科　温贵能　孙继发　徐奎浩　郭喜珂

规定，国有土地上房屋征收决定属于行政诉讼受案范围，公民、法人或者其他组织对行政机关作出的房屋征收决定不服，可以提起行政诉讼。

《中华人民共和国行政诉讼法》第四十九条第（三）项规定，提起诉讼应当有相应的事实根据，行政机关未作出房屋征收决定，原告起诉房屋征收决定的，不符合行政诉讼起诉条件。

法条链接:《国有土地上房屋征收与补偿条例》第八条、第十四条

案例索引：1. 最高人民法院（2017）最高法行申字第 479 号姬某意诉江苏省新沂市人民政府行政征收再审审查与审判监督行政裁定书

2. 最高人民法院（2017）最高法行申字第 7098 号鲁某保诉新郑市人民政府行政征收再审审查与审判监督行政裁定书

3. 最高人民法院（2016）最高法行申字第 177 号杨某妹、黄某培等与浙江省金华市婺城区人民政府行政征收申诉行政裁定书

二、房屋征收公告

1. 证明标准

原告需要提交房屋征收决定公告，也可以提供与房屋征收决定公告原件核对无误的复印件、照片、节录本等。

2. 审查要素

（1）审查被告在发布房屋征收公告前是否作出了房屋征收决定；

（2）审查被告是否未作出征收决定，而是在征收公告中载明征收的具体内容。

3. 裁判意见

裁判结论：原告起诉房屋征收公告，但是被告在公告之前作出房屋征收决定的，房屋征收公告不可诉，人民法院可以告知原告起诉房屋征收决定。原告不同意变更的，不符合行政诉讼受理条件。被告未作出房屋征收决定，在征收公告中载明征收具体内容的，公告可诉。

裁判理由：房屋征收公告在一般情况下系对经征收决定规定的征收

事项，在不改变其内容的情况下予以公示，其性质属于告知，本身并不对被征收人及其他利害关系人产生实质性影响，真正对被征收人及利害关系人产生实质性影响的是房屋征收决定，故被征收人及其利害关系人应当对房屋征收决定提起行政诉讼，而不能对公告提起诉讼。但是在个别情况下，人民政府未作出房屋征收决定，而是在征收公告中载明征收的具体内容的，此类公告确定了被征收人及其利害关系人的权利义务关系，并对他们直接产生了法律效果，因此是可诉的。

法条链接:《国有土地上房屋征收与补偿条例》第十三条第一款、《中华人民共和国行政诉讼法》第二十五条第一款

案例索引: 1. 最高人民法院（2015）最高法行监字第 1130 号张某敬诉河南省商丘市梁园区人民政府、天成家园项目建设指挥部行政征收申诉行政裁定书

2. 最高人民法院（2017）最高法行申字第 7058 号黄某诉安徽省合肥市蜀山区人民政府行政征收再审审查与审判监督行政裁定书

3. 江苏省高级人民法院（2015）苏行终字第 00073 号王某松、张某等诉徐州市泉山区人民政府行政征收二审行政判决书

4. 山东省高级人民法院（2016）鲁行终字第 1450 号李某、王某平、柳某珂、郝某忠诉济南市历下区人民政府行政征收二审行政判决书

第二部分　原告主体资格

一、房屋所有权人

1. 证明标准

原告需要提供下列证据：

（1）房屋产权证书等权属证明材料；

（2）房屋征收决定或公告。

2. 审查要素

（1）审查房屋产权证书等材料，判断原告对涉案房屋是否拥有合法产权；

（2）审查房屋征收决定，判断涉案房屋是否在征收范围内。

3. 裁判意见

裁判结论：房屋所有权人具有原告主体资格。

裁判理由：根据《国有土地上房屋征收与补偿条例》第二条之规定，房屋所有权人与房屋征收决定具有利害关系，有原告主体资格。

法条链接：《国有土地上房屋征收与补偿条例》第二条、第十四条，《中华人民共和国行政诉讼法》第二十五条第一款

案例索引：1. 山东省高级人民法院（2016）鲁行终字第1450号李某、王某平、柳某珂、郝某忠诉济南市历下区人民政府行政征收二审行政判决书

二、公房承租人

1. 证明标准

原告需要提供下列证据：

（1）租用公房凭证或房地产交易中心等部门公房租赁合同登记备案资料等；

（2）租赁当事人身份证明；

（3）房屋征收决定或公告。

2. 审查要素

（1）审查租用公房凭证或房地产交易中心等部门公房租赁合同登记备案资料及当事人身份证明，判断涉案房屋是否系公房，原告是否系公房承租人；

（2）审查房屋征收决定，判断涉案房屋是否在征收范围内。

3. 裁判意见

裁判结论：公房承租人具有原告主体资格。

裁判理由：公房承租人在其所租住的公房被征收时，可以要求获得补偿，尤其是直管公房、单位管理的国有公房被征收时，政府应当给予安置或补偿，公房承租人具有原告主体资格。

法条链接：《国有土地上房屋征收与补偿条例》第二条、第十四条、第二十五条，《中华人民共和国行政诉讼法》第二十五条第一款

案例索引：1. 兰州铁路运输中级法院（2016）甘71行终字第143号刘某英诉兰州市西固区人民政府房屋征收行政裁定书

2. 重庆市高级人民法院（2017）渝行终字第700号姚某明诉重庆市九龙坡区人民政府房屋征收行政裁定书

3. 最高人民法院（2017）最高法行申字第7783号李某秀等诉长沙市天心区人民政府房屋征收行政裁定书

三、经租房承租人

1. 证明标准

原告需要提供下列证据：

（1）经租房租用凭证或房地产交易中心等部门租赁合同登记备案资料等；

（2）租赁当事人身份证明；

（3）房屋征收决定或公告。

2. 审查要素

（1）审查经租房租用凭证或房地产交易中心等部门租赁合同登记备案资料及当事人身份证明，判断涉案房屋是否系经租房，原告是否系经租房承租人；

（2）审查房屋征收决定，判断涉案房屋是否在征收范围内。

3. 裁判意见

裁判结论：经租房承租人具有原告主体资格。

裁判理由：经租房是指城市中的一些私有房产，这些房产由政府统一经营出租，收取房租，政府房管部门负责经租房的经营。经租房与公房承租人的区别，仅仅是经租房承租人所居住的房屋不是公房。经租房被征收后，经租房承租人丧失了低房租的福利。因此，经租房的承租人与征收决定之间具有利害关系，具有原告主体资格。

法条链接:《国有土地上房屋征收与补偿条例》第二条、第十四条、第二十五条,《中华人民共和国行政诉讼法》第二十五条第一款

案例索引：暂无

四、廉租房承租人

1. 证明标准

原告需要提供下列证据：

（1）住房保障管理部门审核通过的廉租房登记材料；

（2）租赁当事人身份证明；

（3）房屋征收决定或公告。

2. 审查要素

（1）审查住房保障管理部门审核通过的廉租房登记材料及当事人身份证明，判断涉案房屋是否系廉租房，原告是否系廉租房承租人；

（2）审查房屋征收决定，判断涉案房屋是否在征收范围内。

3. 裁判意见

裁判结论：廉租房承租人具有原告主体资格。

裁判理由：廉租房是解决低收入家庭住房问题的一种制度。廉租房是政府以租金补贴或者是实物配租的方式，以最低生活保障标准向住房困难的城镇居民家庭提供社会保障性质的住房。廉租房的分配形式以租金补贴为主，实物配租和租金减免为辅。征收廉租房，将会使廉租房的承租人失去补贴，因此廉租房的承租人具有原告主体资格。

法条链接:《国有土地上房屋征收与补偿条例》第二条、第十四条、

第二十五条，《中华人民共和国行政诉讼法》第二十五条第一款

案例索引：暂无

五、购买房屋但未办理转移登记的购买人

1. 证明标准

原告需要提供以下证据：

（1）购房合同或其他相关证据材料；

（2）房屋所有权人出具的不存在房屋所有权争议的书面情况说明或房屋所有权争议已通过民事诉讼等途径予以解决的生效法律文书；

（3）当事人身份证明；

（4）房屋征收决定或公告。

2. 审查要素

（1）审查购房合同或其他相关证明材料及当事人身份证明，判断原告是否系涉案房屋的购买人；

（2）审查房屋所有权人出具的不存在房屋所有权争议的书面情况说明或房屋所有权争议已通过民事诉讼等途径予以解决的生效法律文书，判断涉案房屋权属是否有争议；

（3）审查房屋征收决定，判断涉案房屋是否在征收范围内。

3. 裁判意见

裁判结论：房屋权属无争议的，购买人具有原告主体资格。房屋权属有争议的，购买人不具有原告主体资格。

裁判理由：征收已经进行交易但未办理过户登记的房屋，如果买卖双方没有权属争议或权属争议已通过司法途径解决的，购买人具有原告主体资格。

法条链接：《国有土地上房屋征收与补偿条例》第二条、第十四条，《中华人民共和国行政诉讼法》第二十五条第一款

案例索引：暂无

六、征收范围内未包含原告的房屋

1. 证明标准

原告或被告需要提供如下证据：

（1）房屋所有权证等房屋权属证明材料；

（2）当事人身份证明；

（3）房屋征收决定或公告。

2. 审查要素

（1）审查房屋所有权证等材料及当事人身份证明，判断原告是否系涉案房屋的所有权人；

（2）审查房屋征收决定，判断涉案房屋是否在征收范围内。

3. 裁判意见

裁判结论：起诉人房屋未在征收范围内，其所有权人不具备原告主体资格。

裁判理由：根据《中华人民共和国行政诉讼法》第二十五条第一款规定，有权提起行政诉讼的原告，应该是行政行为的相对人以及其他与行政行为有利害关系的公民、法人或者其他组织。房屋征收决定针对征收范围内国有土地上的房屋，当事人的房屋未在征收红线范围内，与房屋征收决定没有利害关系，不具有原告主体资格。

法条链接：《国有土地上房屋征收与补偿条例》第二条、第十四条，《中华人民共和国行政诉讼法》第二十五条第一款

案例索引：最高人民法院（2016）最高法行申字第417号王某爱诉安徽省合肥市瑶海区人民政府行政征收申诉行政裁定书

七、一般承租人

1. 证明标准

原告或被告需要提供如下证据：

（1）房屋所有权证等权属证明材料；

（2）租赁合同；

（3）房屋征收决定或公告。

2. 审查要素

（1）审查房屋所有权证、租赁合同，判断原告是否系被征收房屋的一般承租人；

（2）审查房屋征收决定，判断涉案房屋否在征收范围内。

3. 裁判意见

裁判结论：房屋的一般承租人不具备原告主体资格。

裁判理由：房屋的一般承租人不是被征收人，不是房屋征收行政行为的相对人，与征收决定没有法律上的利害关系，因此不具备原告主体资格。承租人与被征收人之间的租赁权利义务可通过民事法律规范调整。

法条链接：《国有土地上房屋征收与补偿条例》第二条、第十四条，《中华人民共和国行政诉讼法》第二十五条第一款

案例索引：1. 最高人民法院（2017）最高法行再字第 5387 号海口龙华湘水源商务宾馆诉海南省海口市龙华区人民政府行政征收行政裁定书

2. 浙江省高级人民法院（2014）浙行终字第 284 号张某安等诉浙江省新昌县人民政府房屋行政征收行政裁定书

八、被征收人已签订征收安置补偿协议或领取补偿款、安置房

1. 证明标准

原告或被告需要提供如下证据：

（1）房屋所有权证；

（2）征收安置补偿协议；

（3）领取补偿款或安置房的材料；

（4）房屋征收决定或公告。

2. 审查要素

（1）审查房屋所有权证及房屋征收决定，判断涉案房屋是否在征收

范围内；

（2）审查征收安置补偿协议及领取补偿款或安置房的材料，判断原告是否已签订征收安置补偿协议、领取补偿款或安置房。

3. 裁判意见

裁判结论：被征收人已签订征收安置补偿协议、领取补偿款或安置房后，仍对房屋征收决定不服的，具备原告主体资格。

裁判理由：即使被征收人已与房屋征收部门签订征收安置补偿协议，已领取补偿款或安置房屋的，如其坚持认为房屋征收行为违法，仍可在法定期限内依法对房屋征收决定提起诉讼，而不能认为其丧失对原房屋的合法权益，从而与征收决定不再具有利害关系。但被征收人在征收安置补偿协议中明确表示放弃相关权利的除外。

法条链接：《国有土地上房屋征收与补偿条例》第二条、第十四条，《中华人民共和国行政诉讼法》第二十五条第一款

案例索引：最高人民法院（2017）最高法行申字第 173 号方某梅等诉江苏省人民政府行政复议行政裁定书

第三部分　有具体的诉讼请求

一、诉讼请求过于笼统的情形

1. 证明标准

原告对房屋征收决定提起行政诉讼，其诉讼请求一般应当为：请求判决撤销房屋征收决定、请求确认房屋征收决定违法、请求确认房屋征收决定无效等。

2. 审查要素

审查原告的诉讼请求是否明确具体。

3. 裁判意见

裁判结论：原告起诉请求撤销或确认整个征收行为违法的，属于没

有明确的诉讼请求的情形。

裁判理由：国有土地上房屋征收行为既包含征收决定行为，又包含征收补偿行为，原告对整个征收行为不服提起诉讼时，人民法院应当要求原告明确对房屋征收过程中的哪一个行为提起行政诉讼。经释明，当事人拒不予以明确的，不符合行政诉讼受理条件。

法条链接:《中华人民共和国行政诉讼法》第四十九条第（三）项、《最高人民法院关于适用〈中华人民共和国行政诉讼法〉的解释》第六十八条第一款、第二款

案例索引：甘肃省高级人民法院（2017）甘行终字第654号李某玲诉民勤县人民政府、民勤县国土资源局、民勤县住房和城乡建设局房屋征收拆迁行政裁定书

二、诉讼请求涉及多个行政行为的情形

1. 证明标准

原告对房屋征收决定提起行政诉讼，其诉讼请求一般应当为：请求判决撤销房屋征收决定、请求确认房屋征收决定违法、请求确认房屋征收决定无效等。

2. 审查要素

审查原告的起诉状中有几项诉讼请求，其诉讼请求所涉及的行政行为是否属于不同类型的行政行为。

3. 裁判意见

裁判结论：原告除针对房屋征收决定外，还针对其他行政行为在同案中提起诉讼的，不符合行政诉讼起诉条件。

裁判理由：因行为主体、审查重点、适用法律规范等并不相同，原告提出的多项诉讼请求涉及多个行政行为，不宜在一案中审查。经释明，当事人拒不予以明确的，不符合行政诉讼起诉条件。

法条链接:《中华人民共和国行政诉讼法》第四十九条第（三）

项、《最高人民法院关于适用〈中华人民共和国行政诉讼法〉的解释》第六十八条第一款、第二款

案例索引：1. 最高人民法院（2016）最高法行申字终 3061 号陈某崧、陈某文诉湖南省湘潭市人民政府、湘潭市国土资源局征收土地再审审查与审判监督行政裁定书

2. 最高人民法院（2017）最高法行申字第 3782 号田某民诉邵阳市双清区人民政府再审审查与审判监督行政裁定书

三、一并提起行政赔偿的情形

1. 证明标准

原告对房屋征收决定提起行政诉讼，其诉讼请求一般应当为：请求判决撤销房屋征收决定、请求确认房屋征收决定违法、请求确认房屋征收决定无效等。原告在提起上述诉讼请求的同时，一并提起行政赔偿诉讼请求。

2. 审查要素

审查原告在起诉状中是否一并提起了行政赔偿请求。原告一并提起行政赔偿请求的，有无具体的赔偿事项以及数额等。

3. 裁判意见

裁判结论：原告一并提起行政赔偿请求，但无具体的赔偿事项以及数额的，属于没有明确的诉讼请求的情形。

裁判理由：原告一并请求行政赔偿的，应当有明确具体的赔偿事项以及数额。经释明当事人拒不予以明确的，不符合行政诉讼起诉条件。

法条链接：《中华人民共和国行政诉讼法》第四十九条第（三）项，《最高人民法院关于适用〈中华人民共和国行政诉讼法〉的解释》第六十八条第一款、第二款

案例索引：山东省高级人民法院（2016）鲁行终字第 994 号王某来、张某华诉枣庄市人民政府、枣庄市薛城区人民政府、枣庄高新技术产业

开发区管理委员会、枣庄高新技术产业开发区兴仁街道办事处行政强制及行政赔偿案行政裁定书

第四部分　有明确的被告且被告适格

一、被告明确

1. 证明标准

原告起诉状中指向了具体的、特定的被诉行政机关。

2. 审查要素

审查起诉状，判断原告提供的被告的名称等信息是否足以使被告与其他行政机关相区别。

3. 裁判意见

裁判结论：起诉状列写被告信息不足以认定明确的被告的，不符合行政诉讼起诉条件。

裁判理由："有明确的被告"，是指起诉状指向了具体的、特定的被诉行政机关。原告提供的被告的名称等信息足以使被告与其他行政机关相区别的，可以认定为"有明确的被告"。

起诉状列写的被告信息不足以认定明确的被告的，人民法院可以告知原告补正；原告补正后仍不能确定明确的被告的，不符合行政诉讼起诉条件。

法条链接：《中华人民共和国行政诉讼法》第四十九条第（二）项《最高人民法院关于适用〈中华人民共和国行政诉讼法〉的解释》第六十八条第一款、第二款，《国有土地上房屋征收与补偿条例》第四条、第八条

案例索引：1. 最高人民法院（2017）最高法行申字第 366 号李某山诉安徽省怀远县人民政府房屋行政强制行政裁定书

二、被告适格

1. 证明标准

原告需要提供以下证据：房屋征收决定或公告。

2. 审查要素

审查房屋征收决定，判断被诉行政机关是否作出了被诉房屋征收决定。

3. 裁判意见

裁判结论：被诉行政机关不适格的，人民法院应当告知原告变更被告，原告不同意变更的，不符合行政诉讼起诉条件。

裁判理由：被告适格是指被诉行政机关作出了被诉的行政行为，一般遵循“谁行为、谁被告”的原则。如果没有证据证明被诉行政机关作出了被诉的房屋征收决定，则该行政机关不是本案的适格被告。人民法院应告知原告变更被告，原告不同意变更的，不符合行政诉讼起诉条件。

通常情况下，作出房屋征收决定的市、县级人民政府，由国务院、省级人民政府批准设立开发区管理机构均系房屋征收决定案件的适格被告。征收拆迁项目等指挥部以自己的名义作出房屋征收决定的，成立该指挥部的市县级人民政府系适格被告。

法条链接:《行政诉讼法》第四十九条,《最高人民法院关于适用〈中华人民共和国行政诉讼法〉的解释》第二十一条,《国有土地上房屋征收与补偿条例》第四条、第八条

案例索引：

最高人民法院（2016）最高法行申字第 2907 号刘某运诉山东省庆云县人民政府行政强制及行政赔偿行政裁定书

第五部分　起诉期限

一、行政机关告知诉权和起诉期限的情形

1. 证明标准

原告需要提供房屋征收决定或公告。

2. 审查要素

（1）审查房屋征收决定或公告中是否明确告知了诉权和起诉期限；

（2）审查房屋征收决定或公告向当事人送达或公开发布的日期。

3. 裁判意见

裁判结论：房屋征收决定或公告中明确告知了诉权和起诉期限，原告在六个月内起诉的，不超过法定起诉期限；超过六个月起诉的，超过法定起诉期限。

裁判理由：行政相对人只有在法定期间内提起行政诉讼，才有可能获得司法救济。超过法定起诉期限起诉的，人民法院裁定不予立案或驳回起诉。

法条链接：《中华人民共和国行政诉讼法》第四十六条第一款

案例索引：最高人民法院（2017）最高法行申字第 5376 号田某俊诉徐州市泉山区人民政府再审审查与审判监督行政裁定书

二、原告先行申请行政复议的情形

1. 证明标准

原告需要提供：

（1）房屋征收决定或公告；

（2）行政复议决定书。

2. 审查要素

（1）审查行政复议决定书向当事人的送达时间；

（2）审查复议决定书中是否明确告知诉权和起诉期限；

（3）审查对原行政行为的起诉是否超过了法定起诉期限。

3. 裁判意见

裁判结论：原告收到行政复议决定书之日起十五日内起诉的，符合法定起诉期限；超过十五日提起诉讼的，超过法定起诉期限。

裁判理由：行政复议机关在法定的复议期间作出行政复议决定，并按照规定方式送达复议申请人，告知其诉权和起诉期限的，复议申请人不服的，应在收到复议决定书之日起十五日内提起诉讼。

法条链接：《中华人民共和国行政诉讼法》第四十五条

案例索引：最高人民法院（2016）最高法行申字第1741号纪某战诉河北省沧州市人民政府再审审查审判监督裁定书

三、行政机关未告知诉权和起诉期限的情形

1. 证明标准

原告需提供房屋征收决定或房屋征收公告。

2. 审查要素

（1）原告提起行政诉讼的时间；

（2）被告作出被诉征收行政行为的时间；

（3）征收机关是否告知了原告诉权和起诉期限；

（4）原告知道或应当知道被诉征收决定的时间，是否有证据证明原告知道或者应当知道被诉征收行为；

（5）行政机关未告知诉权或起诉期限的，原告自知道或应当知道征收行政行为作出之日起提起诉讼是否超过1年。

3. 裁判意见

裁判结论：行政机关作出房屋征收决定，未告知诉权和起诉期限的，原告从知道或应当知道行政行为内容之日起提起诉讼不超过1年的，符合起诉期限的规定；超过1年的，超过法定起诉期限。

裁判理由：行政机关作出行政行为时，未告知公民、法人或者其他组织诉权或者起诉期限的，起诉期限从知道或者应当知道行政行为内容之日起最长不得超过一年。这里的“知道”包括实际知道和法律上推定的“应当知道”。行政诉讼法规定的起诉期限是从行政相对人知道或者应当知道行政行为之日起开始计算，而并非从行政相对人知道或应当知道行政行为违法起开始计算。

法条链接:《最高人民法院关于适用〈中华人民共和国行政诉讼法〉的解释》第六十四条

案例索引：最高人民法院（2016）最高法行申字第1798号崔某武诉乳山市人民政府再审审查与审判监督行政裁定书

四、不属于起诉人自身的原因延误期限的情形

1. 证明标准

原告需要提供因不可抗力等非自身原因导致起诉超过法定起诉期限或已经向人民法院起诉，人民法院应立案而未立案等证据材料。

2. 审查要素

（1）原告是否因不可抗力等原因造成延误起诉期限；

（2）原告是否有证据证明就同一案件向法院提起过诉讼，而受诉法院既不立案，也未出具书面裁定；

（3）原告是否因申诉信访等自身原因延误起诉期限。

3. 裁判意见

（1）裁判结论：因不可抗力等原因造成延误起诉的，应予扣除相应期限。因当事人单方向有关部门申诉信访耽误的期间，不应扣除。

裁判理由：根据《中华人民共和国行政诉讼法》第四十八条第一款规定，只有在“不属于起诉人自身的原因被耽误的时间”的情形下，才应当扣除相应期限。所谓“不属于起诉人自身的原因被耽误的时间”，是指基于地震、洪水等客观因素耽误的期间，或者基于对相关国家机关的信赖，等待其就相关争议事项进行处理的期间。仅仅是当事人单方向有关部门申诉信访，因申诉信访耽误的期间，没有可保护的信赖利益，属于当事人自身放弃通过法定诉讼途径解决争议耽误起诉期限的情形，不属于第四十八条规定应予扣除的期间。

（2）裁判结论：因人民法院应当立案而未立案导致超过起诉期限的，应予扣除起诉期限。

裁判理由：对于当事人提起的行政诉讼，人民法院应当立案而未立案，又未出具书面裁定，造成当事人向其他部门上访、申诉并继续向人民法院起诉的，不能归责于当事人，不应将当事人第一次起诉被拒绝后，由于非自身原因延误的时间，计算在起诉期限内。

法条链接：《中华人民共和国行政诉讼法》第四十八条

案例索引：最高人民法院（2017）最高法行申字第 1348 号范某明诉黑龙江省哈尔滨市南岗区人民政府再审行政裁定书

第六部分　按照法律规定由法定代理人、指定代理人、代表人为诉讼行为

1. 证明标准

原告需要提供下列证据：

（1）当事人身份证明；

（2）法定代理人、指定代理人、代表人身份证明。

2. 审查要素

（1）审查原告是否系无诉讼行为能力人；

（2）法定代理人、指定代理人、代表人身份是否适格。

3. 裁判意见

裁判结论：无诉讼行为能力人本人或其他人提起诉讼的，不符合行政诉讼起诉条件。

裁判理由：无诉讼行为能力人由他的监护人作为法定代理人代为诉

讼。法定代理人之间互相推诿代理责任的，由人民法院指定其中一人代为诉讼。法人由其法定代表人进行诉讼。其他组织由其主要负责人进行诉讼。法定代理人、指定代理人、代表人可以委托一至二人作为诉讼代理人。无诉讼行为能力人本人或其他人提起诉讼的，不符合起诉条件。

法条链接:《最高人民法院关于适用〈中华人民共和国行政诉讼法〉的解释》第六十九条第一款第（四）项

案例索引：暂无

第七部分　不属于重复起诉或撤回起诉后再行起诉具有正当理由

一、起诉因没有事实根据被驳回起诉后，具有新证据的情形

1. 证明标准

原告需要提供下列证据：

（1）驳回起诉裁定；

（2）所起诉的事实存在或房屋征收决定等新证据。

2. 审查要素

（1）审查原告是否曾提起相关诉讼及相应裁判文书；

（2）本次诉讼是否具有新的事实依据。

3. 裁判意见

裁判结论：原告的起诉曾因事实不存在被驳回起诉后，具有新证据的，其再次起诉不构成重复起诉。

裁判理由：起诉因事实不存在被驳回起诉后，原告提供的新证据确实能够证明其起诉存在事实依据的，不构成重复起诉。

法条链接:《最高人民法院关于适用〈中华人民共和国行政诉讼法〉的解释》第六十条、第六十一条、第六十九条第一款第（六）、（七）项

案例索引：1. 最高人民法院（2018）最高法行申字第149号薛某平诉

洛阳高新技术产业开发区管理委员会土地行政管理行政裁定书

2. 最高人民法院（2016）最高法行申字第2720号陈某生诉安徽省金寨县人民政府房屋行政征收行政裁定书

3. 江苏省南通市中级人民法院（2017）苏06行终字第760号侯某诉海门市住房和城乡建设局要求履行法定职责行政裁定书

二、起诉因被告不适格被驳回起诉后或听从法院释明后，以适格被告提起诉讼的情形

1. 证明标准

原告需要提供以下证据：

（1）驳回起诉裁定；

（2）房屋征收决定或公告等相关证据。

2. 审查要素

（1）审查原告是否曾提起相关诉讼及相应裁判文书；

（2）本次起诉的被告是否作出了房屋征收决定。

3. 裁判意见

裁判结论：以适格被告重新提起诉讼不构成重复起诉。

裁判理由：以适格被告重新提起诉讼或按照法院释明意见以适格被告重新提起诉讼的，不构成重复起诉。

法条链接：《最高人民法院关于适用〈中华人民共和国行政诉讼法〉的解释》第六十条、第六十一条、第六十九条第一款第（六）、（七）项

案例索引：辽宁省高级人民法院（2012）辽行终字第23号秦某祥诉大连市甘井子区人民政府房屋行政强制行政裁定书

三、未按规定缴纳案件受理费按撤诉处理后再次起诉的情形

1. 证明标准

原告需要提供以下证据：

（1）驳回起诉裁定；

（2）缴纳案件受理费凭据；

（3）房屋征收决定或公告。

2. 审查要素

（1）审查原告是否曾提起相关诉讼及其裁判文书；

（2）本次起诉是否已缴纳案件受理费。

3. 裁判意见

裁判结论：本次起诉已缴纳案件受理费的，不构成重复起诉。

裁判理由：原告或者上诉人未按规定的期限预交案件受理费，又不提出缓交、减交、免交申请，或者提出申请未获批准的，按自动撤诉处理。在按撤诉处理后，原告或者上诉人在法定期限内再次起诉或者上诉，并依法解决诉讼费预交问题的，人民法院应予立案。

法条链接：《最高人民法院关于适用〈中华人民共和国行政诉讼法〉的解释》第六十条、第六十一条、第六十九条第一款第（六）、（七）项

案例索引：暂无

第八部分　对合法权益不产生实际影响

一、房屋征收补偿安置方案

1. 证明标准

原告需要提交房屋征收补偿安置方案或与原件核对无误的复印件、照片、节录本等。

2. 审查要素

审查房屋征收补偿安置方案是否对原告权利义务产生实际影响。

3. 裁判意见

裁判结论：对房屋征收补偿安置方案不服提起诉讼的，不符合行政诉讼起诉条件。

裁判理由：在国有土地房屋征收与补偿问题上，对被征收人产生直

接影响的是房屋征收决定和补偿决定，对房屋征收决定和房屋补偿决定不服的，被征收人可以通过依法申请行政复议或者提起行政诉讼直接实现权利救济，复议机关和人民法院对补偿决定的审查也包括对补偿方案的附带审查，足以保障被征收人的合法权利。征收补偿方案不能单独对被征收人的权利义务产生实际影响，依法不属于行政诉讼的受案范围。

法条链接:《国有土地上房屋征收与补偿条例》第十条、《最高人民法院关于适用〈中华人民共和国行政诉讼法〉的解释》第一条第二款第（十）项

案例索引:1. 山东省高级人民法院（2016）鲁行终字第905号李某欣诉莱西市人民政府行政征收、行政补偿二审行政裁定书

2. 包头市中级人民法院（2015）包行初字第77号赵某芹等诉包头市九原区人民政府征收补偿方案一审行政裁定书

3. 太原市万柏林区人民法院（2017）晋03行初字第81号刘某杰诉太原市万柏林区人民政府行政确认一审行政裁定书

4. 德州市中级人民法院（2013）德中行终字第81-1号叶某民、任某尧诉德州市人民政府行政二审判决书

二、拟房屋征收决定、公告

1. 证明标准

原告需要提交拟房屋征收决定、公告或与原件核对无误的复印件、照片、节录本等。

2. 审查要素

审查行政机关发布的拟房屋征收决定、公告是否对原告权利义务产生实际影响。

3. 裁判意见

裁判结论：对拟房屋征收决定、公告行为提起诉讼的，不符合行政诉讼起诉条件。

裁判理由：拟房屋征收决定或公告行为属于正式作出征收决定前的

不成熟行政行为，在行政机关的最终决定作出之前，其效力将还处不完全确定的状况之中，有可能被最终决定所否定，对行政相对人的权利和义务不产生实际影响。

法条链接:《国有土地上房屋征收与补偿条例》第十条、第十三条，《最高人民法院关于适用〈中华人民共和国行政诉讼法〉的解释》第一条第二款第（十）项

案例索引: 宁德市中级人民法院（2014）宁行初字第54号孙某鉴、宋某金、陈某彬等10人诉宁德市蕉城区人民政府一审裁定书

三、征收补偿方案的论证、公布或征求公众意见及意见修改情况公布、听证行为、调查询问等行为

1. 证明标准

原告需要提交行政机关组织征收补偿方案的论证、征求意见、听证行为、调查询问、社会稳定风险评估等活动的书面证明材料。

2. 审查要素

审查征收补偿方案的论证、公布或征求公众意见及意见修改情况公布、听证行为、调查询问等行为对原告权利义务是否产生实际影响，有无可能造成被征收人及其利害关系人实体权利损害的情形。

3. 裁判意见

裁判结论：对行政机关组织征收补偿方案的论证、征求意见、听证行为、调查询问、社会稳定风险评估等活动提起诉讼的，上述行为原则上不可诉，不符合行政诉讼起诉条件。

裁判理由：程序性行政行为属于预备性行为或者阶段性行为，未对行政相对人实体上的权利义务产生实际影响，不应纳入行政诉讼受案范围。

但有下列情形之一的，人民法院应当受理：程序性行政行为可能造成被征收人及其利害关系人实体权利损害的；因不得进入后续程序，使

其申请的目的无法实现的；行政行为可以进入执行程序的；法律法规规定的其他情形。

法条链接：《国有土地上房屋征收与补偿条例》第十条、第十一条，《最高人民法院关于适用〈中华人民共和国行政诉讼法〉的解释》第一条第二款第（六）项

案例索引：1. 甘肃省高级人民法院（2018）甘行终字第 15 号祁某苏诉兰州市七里河区人民政府房屋征收上诉案行政裁定书

2. 江苏省高级人民法院（2015）苏行终字第 00026 号李某华诉泰兴市人民政府房屋征收二审行政裁定书

3. 湖南省高级人民法院（2016）湘行申字第 735 号赖某峨诉长沙市岳麓区城市房屋征收和补偿办公室再审行政裁定书

四、社会稳定风险评估

1. 证明标准

原告需要提交社会稳定风险评估报告等书面证明材料。

2. 审查要素

审查社会稳定风险评估报告是否影响原告的合法权益。

3. 裁判意见

裁判结论：对社会稳定风险评估行为提起诉讼的，不符合行政诉讼起诉条件。

裁判理由：社会稳定风险评估系市、县级人民政府作出房屋征收决定前按照有关规定，对可能影响社会稳定的因素开展调查、预测、分析和评估，制定风险应对措施和预案。其基本目的是有效预防、控制可能发生的社会稳定风险，维护社会稳定，保障房屋征收项目的顺利实施。社会稳定风险评估并非市、县级人民政府对外行使行政管理职权作出的行政行为，亦不实际影响公民、法人或者其他组织的合法权益。

法条链接：《国有土地上房屋征收与补偿条例》第十二条、《最高人民法院

关于适用〈中华人民共和国行政诉讼法〉的解释》第一条第二款第（十）项

案例索引：1. 最高人民法院（2016）最高法行申字第4422号郭某玲、李某锁诉天津市人民政府再审审查与审判监督行政裁定书

2. 湖北省高级人民法院（2015）鄂武汉中行终字第00509号李某杰、杨某富等诉武汉市青山区人民政府二审行政裁定书

五、征收调查登记

1. 证明标准

原告需要提交相关征收调查登记资料。

2. 审查要素

审查征收调查登记行为对原告权利义务是否产生实际影响。

3. 裁判意见

裁判结论：对征收调查登记行为提起诉讼，不符合行政诉讼起诉条件。

裁判理由：《国有土地上房屋征收与补偿条例》第十五条规定的调查登记行为一般在房屋征收决定前进行，是对征收房屋进行评估，进而确定补偿金额的前提和基础，调查登记并非独立的、最终会对行政相对人合法权益产生实际影响的行为，属于不成熟的行政行为。对于调查登记结果不服的，可以通过复核、鉴定程序予以解决，也可以在征收补偿决定案件中，将其作为事实一并进行审查。

法条链接：《国有土地上房屋征收与补偿条例》第十五条，《中华人民共和国物权法》第十六条、第十七条，《最高人民法院关于适用〈中华人民共和国行政诉讼法〉的解释》第一条第二款第（十）项

案例索引：1. 最高人民法院（2016）最高法行申字第1584号贾某帮、贾某花诉吉林省磐石市人民政府行政征收申诉行政裁定书

2. 山西省高级人民法院（2015）晋行终字第62号曹某芳子诉晋中市人民政府房屋行政征收二审行政判决书

3. 江苏省高级人民法院（2015）苏行终字第00032号李某顺诉徐州

市泉山区人民政府行政征收二审行政判决书

4. 湖南省高级人民法院（2014）湘高法行终字第 194 号汪某梅诉长沙市芙蓉区人民政府房屋征收补偿决定二审行政判决书

六、对未经登记的建筑进行调查、认定和处理

1. 证明标准

原告需要提供证据证明房屋征收部门是否对征收范围内未经登记的建筑进行了调查、认定和处理。

2. 审查要素

审查市、县级人民政府确定的房屋征收部门对或者未对未经登记的建筑进行调查、认定和处理的行为，是否对原告权利义务产生实际影响。

3. 裁判意见

裁判结论：对房屋征收部门未经登记的建筑进行调查、认定和处理行为提起诉讼，不符合行政诉讼起诉条件。

裁判理由：在国有土地上房屋征收过程中，房屋征收部门依法对征收范围内未经登记的建筑进行调查、认定和处理，仅是对嗣后评估机构依法作出评估报告，以及市、县级人民政府依法决定补偿作出准备、创造条件，其本身并不对征收补偿法律关系产生终局性影响，不在行政机关与被征收人之间直接设定行政法上的权利义务关系，因而不属于行政诉讼的受案范围。

但房屋征收部门以外的其他有权机关对未经登记的建筑作出的认定和处理，属于行政诉讼受案范围。

法条链接：《国有土地上房屋征收与补偿条例》第十五条；《中华人民共和国城乡规划法》第六十四条；《最高人民法院关于适用〈中华人民共和国行政诉讼法〉的解释》第一条第二款第（十）项

案例索引：最高人民法院（2017）最高法行申字第 4275 号廖某庆诉上海市杨浦区人民政府要求履行法定职责申诉行政裁定书

第九部分　诉讼标的未被生效裁判或者调解书所羁束

1. 证明标准

原告需要提供下列证据：

（1）生效裁判或者调解书；

（2）房屋产权证书；

（3）房屋征收决定。

2. 审查要素

（1）审查其他公民、法人或者组织是否针对房屋征收决定曾提起相关诉讼以及相应的裁判文书；

（2）本次诉讼与其他诉讼是否针对同一行政行为；

（3）判断诉讼标的是否被生效裁判或者调解书所羁束。

3. 裁判意见

裁判结论：房屋征收相关事实被生效裁判或者调解书所羁束的，其认定的事实直接适用于本次诉讼。

裁判理由：当事人起诉所指向的诉讼标的已经不具有可争议性。诉讼标的物的归属或者法律关系的性质，已经被生效的人民法院判决所确认。生效判决具有对世的法律效力，不仅对案件当事人有羁束力，对案件当事人之外的公民、法人或者其他组织同样具有羁束力。被诉行政行为与不同案件的当事人之间存在相同或相似的诉的理由与诉的利益，应认定诉讼标的已受生效判决效力所羁束；前诉裁判中的诉讼标的以及对前诉裁判所依据的主要事实和列为争议焦点经质证辩论后认定的事实，同样具有既判力。但生效裁判中记载的当事人诉辩主张、事实陈述和请求，以及在审理查明部分所认定的一般性事实，不具有既判力。

法条链接：《最高人民法院关于适用〈中华人民共和国行政诉讼法〉的解释》第六十条、第六十一条、第六十九条第一款第（九）项。

案例索引：

1. 最高人民法院（2016）最高法行申字第4713号王某诉山东省青岛市市南区人民政府行政赔偿及行政复议行政裁定书

2. 最高人民法院（2018）最高法行申字第2950号郭某诉郑州市管城回族区人民政府房屋征收决定行政裁定书

第十部分　符合管辖规定

1. 证明标准

原告需要指明作出征收决定或作出征收相关行为的具体行政机关。

2. 审查要素

审查原告提起的诉讼是否属于受诉人民法院管辖范围。

3. 裁判意见

裁判结论：由市、县级人民政府作出的房屋征收决定，由所在地中级人民法院管辖。立案后发现不属于本院管辖的，应移送有管辖权的人民法院。

裁判理由：属于受诉人民法院管辖主要是立案阶段的审查内容。若已经立案，则依照《中华人民共和国行政诉讼法》第二十二条的规定，发现案件不属于本院管辖的，应当移送有管辖权的人民法院。移送管辖须在一定时限内完成，允许在诉讼的任何阶段移送管辖有违诉讼经济原则。依照《最高人民法院关于适用〈中华人民共和国民事诉讼法〉的解释》第三十五条的规定，移送管辖应当在一审开庭前作出。若已开庭审理，再以没有管辖权为由移送，则明显会导致诉讼程序的空转，徒增当事人行使诉权的负担，浪费司法资源，积压争议。

法条链接：《中华人民共和国行政诉讼法》第二十二条、第四十九条第（四）项，《最高人民法院关于适用〈中华人民共和国民事诉讼法〉的解释》第三十五条案例索引：最高人民法院（2017）最高法行再字第63号刘某安、刘某本诉重庆市云阳县人民政府、重庆市云阳县国土资源和房屋管理局再审行政裁定书

第十一部分 征收主体资格

一、市、县级人民政府

1. 证明标准

被告需要提交下列证据：

加盖单位印章的征收文书（征收决定、征收公告等）。

2. 审查要素

审查作出房屋征收决定的市、县级人民政府是否具有相应的职权。

3. 裁判意见

裁判结论：市、县级人民政府具有作出国有土地上房屋征收决定的法定职权。

裁判理由：根据《国有土地上房屋征收与补偿条例》第四条第一款的规定，市、县级人民政府负责本行政区域的房屋征收与补偿工作，为了保障国家安全、促进国民经济和社会发展等公共利益的需要，确需征收房屋的，由市、县级人民政府作出房屋征收决定。根据上述规定，市、县级人民政府具有作出征收决定的法定职权。

法条链接:《国有土地上房屋征收与补偿条例》第四条第一款、第八条,《山东省国有土地上房屋征收与补偿条例》第四条第一款

案例索引：1. 最高人民法院（2016）最高法行申字第470号陈某诉浙江省杭州市下城区人民政府房屋征收行政补偿再审审查裁定书

2. 最高人民法院（2016）最高法行申字第1189号黄某珍诉浙江省金华市婺城区人民政府房屋征收行政补偿再审审查裁定书

3. 最高人民法院（2016）最高法行申字第4500号王某华、王某浩、

王某浩诉天津市河北区人民政府房屋征收行政补偿再审审查裁定书

4. 最高人民法院（2017）最高法行申字第 5111 号张某诉天津市红桥区人民政府房屋行政征收再审审查裁定书

二、开发区管理委员会

1. 证明标准

被告需要提供下列证据：

（1）加盖单位印章的征收文书（征收决定、征收公告等）；

（2）开发区管理委员会的批准设立文件。

2. 审查要素

审查开发区管理委员会的批准设立机关是否为国务院或者省级人民政府。

3. 裁判意见

裁判结论：国家级经济技术开发区管理委员会和省级经济技术开发区管理委员会有权对辖区内国有土地上房屋进行征收。

裁判理由:《国有土地上房屋征收与补偿条例》第四条第一款规定，市、县级人民政府负责本行政区域的房屋征收与补偿工作。国家级经济开发区管委会和省级经济开发区管委会是开发区所在地市级人民政府的派出机构，对开发区实行统一领导和管理，根据《国有土地上房屋征收与补偿条例》第二条、第四条以及《山东省经济开发区条例》第七条第一款之规定，具有相应的行政管理职能，对其行政区域内的房屋征收与补偿工作负有相应的法定职责。

法条链接:《国有土地上房屋征收与补偿条例》第二条、第四条,《山东省经济开发区条例》第七条第一款

案例索引：山东省高级人民法院（2017）鲁行终字第 498 号张某彬诉山东德州运河经济开发区管理委员会房屋征收补偿二审判决书

第十二部分　公共利益需要

一、因国防和外交的需要实施征收

1. 证明标准

被告需要提供下列证据：

（1）国民经济和社会发展规划；

（2）土地利用总体规划；

（3）城乡规划；

（4）专项规划。

2. 审查要素

（1）审查需征收房屋的建设活动是否符合“四规划”；

（2）如果不能提供“四规划”，根据被告提交的建设项目立项批准文件、政府工作报告、政府年度工作计划、其他有关国家机关证明文件等审查被告作出房屋征收决定是否为了国防和外交的需要。

3. 裁判意见

裁判结论：因国防和外交的需要作出房屋征收决定的，符合公共利益的需要。

裁判理由：规划是政府为了满足公共需要、提供公共服务、促进国民经济社会发展、提升城市功能、改善居民的生活生产条件和环境，在充分征求社会各界和群众意见、充分考虑当地实际情况的基础上，依法编制并经过批准的，是调整各种相邻关系的一种手段，符合规划应当是符合公共利益的应有之义。因国防和外交的需要对国有土地上的房屋实施征收，系为了保障国家安全、促进国民经济和社会发展等公共利益的需要。

法条链接:《国有土地上房屋征收与补偿条例》第八条第（一）项、第九条

案例索引：暂无

二、因基础设施建设的需要实施征收

1. 证明标准

被告需要提供下列证据：

（1）国民经济和社会发展规划；

（2）土地利用总体规划；

（3）城乡规划；

（4）专项规划。

2. 审查要素

（1）审查需征收房屋的建设活动是否符合“四规划”；

（2）如果不能提供“四规划”，根据被告提交的建设项目立项批准文件、政府工作报告、政府年度工作计划、其他有关国家机关证明文件等审查被告作出征收决定是否系由政府组织实施的能源、交通、水利等基础设施建设的需要。

3. 裁判意见

裁判结论：因基础设施建设的需要作出房屋征收决定的，符合公共利益的需要。

裁判理由：规划是政府为了满足公共需要、提供公共服务、促进国民经济社会发展、提升城市功能、改善居民的生活生产条件和环境，在充分征求社会各界和群众意见、充分考虑当地实际情况的基础上，依法编制并经过批准的，是调整各种相邻关系的一种手段，符合规划应当是符合公共利益的应有之义。基础设施是为社会和居民生活提供公共服务的工程设施，是用于保证国家或地区社会经济活动正常进行的公共服务系统。因基础设施建设的需要对国有土地上的房屋实施征收，系为了促进国民经济和社会发展而进行的征收，符合公共利益的需要。

法条链接：《国有土地上房屋征收与补偿条例》第八条第（二）项、第九条案例索引：最高人民法院（2017）最高法行申字第3342号窦某征诉郑州市二七区人民政府、郑州市人民政府行政征收及行政复议再审审查裁定书

三、因公共事业的需要实施征收

1. 证明标准

被告需要提供下列证据：

（1）国民经济和社会发展规划；

（2）土地利用总体规划；

（3）城乡规划；

（4）专项规划。

2. 审查要素

（1）审查需征收房屋的建设活动是否符合“四规划”；

（2）如果不能提供“四规划”，根据被告提交的建设项目立项批准文件、政府工作报告、政府年度工作计划、其他有关国家机关证明文件等审查被告作出征收决定是否系由政府组织实施的科技、教育、文化、卫生、体育、环境和资源保护、防灾减灾、文物保护、社会福利、市政公用等公共事业的需要。

3. 裁判意见

裁判结论：因公共事业的需要作出房屋征收决定的，符合公共利益的需要。

裁判理由：规划是政府为了满足公共需要、提供公共服务、促进国民经济社会发展、提升城市功能、改善居民的生活生产条件和环境，在充分征求社会各界和群众意见、充分考虑当地实际情况的基础上，依法编制并经过批准的，是调整各种相邻关系的一种手段，符合规划应当是符合公共利益的应有之义。公共事业是面向社会，以满足社会公共需要为基本目标、直接或间接提供公共服务的社会活动。因公共事业的需要

对国有土地上的房屋实施征收，系为了促进国民经济和社会发展而进行的征收，符合公共利益的需要。

法条链接:《国有土地上房屋征收与补偿条例》第八条第（三）项、第九条

案例索引：最高人民法院（2017）最高法行申字第1353号王某娟诉黑龙江省哈尔滨市南岗区人民政府、黑龙江省哈尔滨市人民政府房屋征收决定及行政复议决定再审审查裁定书

四、因保障性安居工程建设的需要实施征收

1. 证明标准

被告需要提供下列证据：

（1）国民经济和社会发展规划；

（2）土地利用总体规划；

（3）城乡规划；

（4）专项规划；

（5）国民经济和社会发展年度计划。

2. 审查要素

（1）审查需征收房屋的建设活动是否符合“四规划一计划”；

（2）如果不能提供 “四规划一计划”，根据被告提交的建设项目立项批准文件、政府工作报告、政府年度工作计划、房屋征收申请书、建议书、其他有关国家机关证明文件等审查被告作出征收决定是否系由政府组织实施的保障性安居工程建设的需要。

3. 裁判意见

裁判结论：因保障性安居工程建设的需要作出房屋征收决定的，符合公共利益的需要。

裁判理由：规划是政府为了满足公共需要、提供公共服务、促进国民经济社会发展、提升城市功能、改善居民的生活生产条件和环境，在

充分征求社会各界和群众意见、充分考虑当地实际情况的基础上，依法编制并经过批准的，是调整各种相邻关系的一种手段；市、县级国民经济和社会发展年度计划应当经过市、县级人民代表大会审查和批准。人大是民意的代表机关，符合“四规划一计划”应当是符合公共利益的应有之义。保障性安居工程大致包括三类：一是城市和国有工矿棚户区改造，以及林区、垦区棚户区改造；二是廉租住房、经济适用住房、限价商品住房、公共租赁住房等；三是农村危房改造。国有土地上房屋征收一般只涉及前两类。保障性安居工程建设与广大城镇居民生活、工作密切相关，这些项目的实施既改善了城镇居民居住、工作条件，又改善了城市环境，提升了城市功能。因此，因保障性安居工程建设的需要对国有土地上房屋进行征收，符合公共利益的需要。

法条链接:《国有土地上房屋征收与补偿条例》第八条第（五）项、第九条

案例索引：暂无

五、因旧城区改建的需要实施征收

1. 证明标准

被告需要提供下列证据：

（1）国民经济和社会发展规划；

（2）土地利用总体规划；

（3）城乡规划；

（4）专项规划；

（5）国民经济和社会发展年度计划。

2. 审查要素

（1）审查需征收房屋的建设活动是否符合“四规划一计划”；

（2）如果不能提供 “四规划一计划”，根据被告提交的建设项目立项批准文件、政府工作报告、政府年度工作计划、房屋征收申请书、建

议书、其他有关国家机关证明文件等审查被告作出征收决定是否系由政府依照城乡规划法有关规定组织实施的对危房集中、基础设施落后等地段进行旧城区改建的需要。

3. 裁判意见

裁判结论：因旧城区改建的需要作出房屋征收决定的，符合公共利益的需要。

裁判理由：规划是政府为了满足公共需要、提供公共服务、促进国民经济社会发展、提升城市功能、改善居民的生活生产条件和环境，在充分征求社会各界和群众意见、充分考虑当地实际情况的基础上，依法编制并经过批准的，是调整各种相邻关系的一种手段；市、县级国民经济和社会发展年度计划应当经过市、县级人民代表大会审查和批准。人大是民意的代表机关，符合“四规划一计划”应当是符合公共利益的应有之义。旧城区改建旨在解决城市基础配套设施不完善和片区居住环境较差等问题，与广大城镇居民生活、工作密切相关，这些项目的实施既改善了城镇居民居住、工作条件，又改善了城市环境，提升了城市功能。有些旧城区改建项目经征询后得到了绝大多数被征收人的支持。因此，因政府依照城乡规划法有关规定组织实施的对危房集中、基础设施落后等地段进行旧城区改建的需要而对国有土地上的房屋进行征收，符合公共利益的需要。

法条链接：《国有土地上房屋征收与补偿条例》第八条第（五）项、第九条

案例索引：1. 最高人民法院（2017）最高法行申字第 7042 号陈某、刘某强、许某、黄某诉合肥市蜀山区人民政府房屋征收决定再审审查裁定书

2. 最高人民法院（2017）最高法行申字第 8596 号陆某明等诉上海市虹口区人民政府、上海市人民政府房屋征收决定及行政复议再审审查裁定书

六、通过商业开发的形式或市场化运作模式进行保障性安居工程建设或旧城区建设是否符合公共利益的需要

1. 证明标准

被告需要提供下列证据：

（1）国民经济和社会发展规划；

（2）土地利用总体规划；

（3）城乡规划；

（4）专项规划；

（5）国民经济和社会发展年度计划。

2. 审查要素

审查被告征收房屋所进行的建设活动是否属于公共利益的需要。

3. 裁判意见

裁判结论：通过商业开发的形式或市场化运作模式进行保障性安居工程建设或旧城区改建不能否定征收的公益目的。

裁判理由：在社会主义市场经济条件下，建立公共服务供给的社会和市场参与机制是必然趋势，不能以是否采用市场化的运作模式作为界定公共利益的标准。在保障性安居工程建设和旧城区改建的过程中，政府通过商业开发的形式来补充资金的不足，其目的仍是为了改善被征收人的居住环境、提高生活品质。商业开发仅是房屋被征收后土地利用的一种手段，只要房屋征收补偿安置确保了被征收人获得安置补偿的选择权，就不能据此否定征收的公共利益目的，也不能因为保障性安居工程建设和旧城区改建中包含必要的商业服务设施等商业开发，就将其置于公共利益范畴之外。

法条链接：《国有土地上房屋征收与补偿条例》第八条

案例索引：1. 最高人民法院（2017）最高法行申字第6950、6952、6953号苑某华、陈某权、张某诉海口市美兰区人民政府、海口市人民政

府房屋征收决定再审审查裁定书

2. 最高人民法院（2017）最高法行申字第7046号曾某芝诉武汉市硚口区人民政府、武汉市人民政府房屋行政征收行政复议再审审查裁定书

3. 最高人民法院（2016）最高法行申字第1919号李某强等15人诉内蒙古自治区包头市人民政府房屋行政征收行政复议再审审查裁定书

4. 最高人民法院（2017）最高法行申字第2925号杨某琴诉南阳市卧龙区人民政府、南阳市人民政府房屋征收行政复议再审审查裁定书

七、将个别建设年限较短的房屋纳入棚户区改造范围是否符合公共利益的需要

1. 证明标准

被告需要提供下列证据：

（1）国民经济和社会发展规划；

（2）土地利用总体规划；

（3）城乡规划；

（4）专项规划；

（5）国民经济和社会发展年度计划。

2. 审查要素

审查被告征收房屋所进行的建设活动是否属于公共利益的需要。

3. 裁判意见

裁判结论：将个别建设年限较短的房屋纳入棚户区改造范围不能否定征收的公共利益目的。

裁判理由：棚户区改造项目属于乡政府依照《国有土地上房屋征收与补偿条例》第八条第（五）项规定组织实施的集中征收改建项目。棚户区一般是指城市和乡镇范围内使用年限久、简易结构房屋多、房屋质量差、人均建筑面积小、基础设施配套不齐全、交通不便利、治安和消防隐患大、环境卫生脏乱差的区域。但棚户区也是一个相对性概念，不

同地区的棚户区界定标准需要结合该区域发展规划和实际需要等情况具体确定。如果基于棚户区改造整体规划和建设实际情况，将个别建设年限较短、不属于危旧房屋的建筑纳入改造征收范围，并不违反法律规定。

法条链接:《国有土地上房屋征收与补偿条例》第八条

案例索引:1.最高人民法院（2017）最高法行申字第6950、6952、6953号苑某华、陈某权、张某诉海口市美兰区人民政府、海口市人民政府房屋征收决定再审审查裁定书

2.最高人民法院（2017）最高法行申字第6959号梁某诉海口市美兰区人民政府、海口市人民政府房屋征收决定再审审查裁定书

3.最高人民法院（2017）最高法行申字第7533号欧某晖诉长沙市天心区人民政府、长沙市人民政府房屋征收决定再审审查裁定书

第十三部分　房屋征收范围

一、房屋征收范围在批准用地范围内

1.证明标准

被告需要提供下列证据:

（1）建设项目批复;

（2）国有土地使用权证明;

（3）房屋征收范围红线图。

2.审查要素

审查确定的房屋征收范围是否在批准用地范围内。

3.裁判意见

裁判结论：如果征收红线范围没有超出批准用地范围，则认为确定的房屋征收范围合法；如果征收红线范围超出批准用地范围，则认为确定的房屋征收房屋违法。

裁判理由：经审查，划定的房屋征收范围红线图四至标注清楚，与

实地勘验无误，不存在模糊地带，红线范围没有超出征收批复所确定的范围，应认定确定的房屋征收范围合法。

经审查，如果红线范围明显超出批复用地范围或者红线范围四至标注不清晰或存在模糊地带或与实地勘验不一致，被告不能改正、消除影响的，应认定确定的房屋征收范围违法。

法条链接:《山东省国有土地上房屋征收与补偿条例》第十条第三款

案例索引：最高人民法院（2017）最高法行申字第6950、6952、6953号苑某华等三人诉海口市美兰区人民政府、海口市人民政府房屋征收决定再审审查裁定书

二、房屋征收范围既包括国有土地上的房屋又包括集体土地上的房屋

1. 证明标准

被告需要提供下列证据：

（1）建设项目批复；

（2）国有土地使用权证明；

（3）房屋征收范围红线图。

原告需要提供下列证据：

（1）集体土地使用权证；

（2）房屋权属证明。

2. 审查要素

审查房屋征收决定中房屋征收范围是否既包括国有土地上的房屋，又包括集体土地上的房屋。

3. 裁判意见

裁判结论：如果房屋征收决定中的房屋征收范围既包括国有土地上的房屋，又包括集体土地上的房屋，则认为确定的房屋征收范围违法。

裁判理由：国有土地上房屋的征收与集体土地上房屋的征收，在征

收程序和所适用的法律等方面存在明显区别。在集体土地未经依法征收、土地权属性质并未改变的情况下，直接作出包含该集体土地的房屋征收决定，明显违反土地管理法的规定。因此，不能在同一征收程序中既征收国有土地上的房屋，又征收集体土地上的房屋。

如果征收行为涉及范围较大，人数众多，且撤销房屋征收决定会给社会公共利益造成重大损害的，可以确认房屋征收行为违法但不撤销该行为。

法条链接：《国有土地上房屋征收与补偿条例》第四条至第十三条、《中华人民共和国土地管理法》第四十四条至第四十八条

案例索引：最高人民法院（2016）最高法行申字第1863号孟某诉山西省太谷县人民政府行政征收再审审查裁定书

三、特定情况下征收红线范围外的部分房屋

1. 证明标准

被告需要提供下列证据：

（1）建设项目批复；

（2）国有土地使用权证明；

（3）房屋征收范围红线图。

原告需要提供房屋权属证明。

2. 审查要素

审查行政机关特定情况下征收红线范围外的部分房屋是否合法。

3. 裁判意见

裁判结论：征收超出规划红线范围外的部分房屋，且该房屋属于整栋建筑一部分时，可以认为确定的房屋征收范围合法。

裁判理由：在房屋征收过程中，如果因规划不合理，致使整栋建筑的一部分未纳入规划红线范围内。在此情形下，如果只征收红线范围内部分房屋，则红线范围外部分房屋在拆迁过程中将会变成危房，失去了

房屋应有的价值和作用。因此，考虑到公共利益之需要、房屋的实用性及社会安全性等因素，将红线范围外部分房屋一并予以征收，并能够给予被征收人合理补偿，符合《国有土地上房屋征收与补偿条例》的立法精神和比例原则。人民法院应当在综合考量的基础上作出判断，将未纳入规划的部分一并予以征收，进而认定房屋征收范围的合法性，这也体现了以人为本，有利于征收工作的顺利推进。

法条链接:《国有土地上房屋征收与补偿条例》第四条、第八条

案例索引：株洲市中级人民法院（2013）株中法行终字第14号杨某芬诉株洲市人民政府房屋征收决定行政判决书（人民法院征收拆迁十大案例）

第十四部分　房屋调查登记

一、对征收范围内的房屋进行调查登记

1. 证明标准

被告需要提供下列证据：

（1）被征收房屋现状测绘调查表；

（2）房屋调查结果公示及公示照片；

（3）房屋统计明细表及公示照片。

2. 审查要素

审查被告是否对征收范围内的房屋进行调查登记并公布调查结果。

3. 裁判意见

裁判结论：如果被告提供的房屋调查登记材料经审查合法，则认为被告履行了房屋调查登记职责，程序合法。如果被告提供的房屋调查登记材料经审查不具有真实性、合法性，则认为被告未依法履行房屋调查登记职责。

裁判理由：房屋征收决定作出前，被告需要对征收范围内的房屋进

行摸底、查勘，并通过对被征收房屋的调查公示，确定其坐落、用途、类别、建筑结构、建筑尺寸、面积等相关信息，从而使被征收人明确房屋情况、权利义务及救济途径等。如果被告提供的房屋调查登记材料经审查符合《国有土地上房屋征收与补偿条例》的相关规定，则认为被告履行了房屋调查登记职责，程序合法。

法条链接:《国有土地上房屋征收与补偿条例》第十五条、第十六条

案例索引：最高人民法院（2016）最高法行申字第477号傅某芳诉临沂市兰山区人民政府房屋征收决定再审审查裁定书

二、对征收范围内未登记的房屋进行处理

1. 证明标准

被告需要提供下列证据：

（1）被征收房屋现状测绘调查表；

（2）房屋调查结果公示及公示照片；

（3）房屋统计明细表及公示照片。

原告需要提供对房屋依法享有处分权利的相关证据材料。

2. 审查要素

审查被告是否对征收范围内未登记的房屋依法进行处理。

3. 裁判意见

裁判结论：除未登记的房屋属于违法建筑之外，被告将未登记的房屋纳入征收范围并依法调查公示的，则认为被告履行了房屋调查登记职责，程序合法。被告未将未登记的房屋纳入征收范围并依法调查公示的，则认为被告未依法履行房屋调查登记职责。

裁判理由：未经登记的房屋，可能是违法建筑，也可能是无证房屋。被告对此应当区分情况，作出合理认定。如果未登记的房屋属于违法建筑，则通过违法建筑认定处理程序解决。如果未登记的房屋属于因历史遗留或经规划许可批准建造的无证房屋，一般推定为合法建筑，被告应

当依法对其调查登记并纳入征收范围，否则将导致房屋调查登记程序不合法。

法条链接:《国有土地上房屋征收与补偿条例》第十五条、第十六条

案例索引: 最高人民法院（2016）最高法行申字第2545号迟某军诉内蒙古自治区赤峰市红山区人民政府房屋征收再审审查裁定书

第十五部分　征收补偿方案

一、征收补偿方案的论证、征求公众意见及意见修改

1. 证明标准

被告需要提供下列证据：

（1）市、县级人民政府组织论证征收补偿方案的材料；

（2）公布征收补偿方案并征求公众意见的材料；

（3）公布征求意见情况的材料；

（4）公布根据公众意见修改方案的材料。

2. 审查要素

（1）审查征收补偿方案的作出部门是否是房屋征收部门；

（2）审查市、县级人民政府是否对征收补偿方案进行了论证，组织论证的主体是否是市、县级人民政府；

（3）审查征求意见情况是否进行了公布；

（4）审查是否根据公众意见对征收补偿方案进行了修改。

3. 裁判意见

裁判结论：被告作出征收补偿方案履行了论证、公布、征求意见、修改方案等程序，程序符合法律规定。被告作出征收补偿方案未组织论证征收补偿方案、未向公众征求意见的，属于违反法定程序。

裁判理由：征收补偿方案是国有土地上房屋征收补偿的核心和关键，组织论证、向公众征求意见均属于确保征收补偿方案合法和维护被征收

人利益的重要程序。未履行上述程序构成《中华人民共和国行政诉讼法》第七十条第（三）项所规定的“违反法定程序”的情形，依法应予撤销。项目涉及社会公共利益，撤销征收决定可能会给国家利益、社会公共利益造成重大损害的，可以适用《中华人民共和国行政诉讼法》第七十四条第一款第（一）项之规定，确认征收决定违法但不撤销该行政行为。

法条链接:《国有土地上房屋征收与补偿条例》第十条、第十一条，《山东省国有土地上房屋征收与补偿条例》第十三条第二款，《中华人民共和国行政诉讼法》第七十四条第一款第（一）项

案例索引: 1. 山东省高级人民法院（2015）鲁行终字第 9 号傅某芳诉临沂市兰山区人民政府房屋征收行政判决书

2. 山东省高级人民法院（2014）鲁行终字第 138 号李某涛诉潍坊市奎文区人民政府房屋行政征收行政判决书

3. 青岛市中级人民法院 （2017）鲁 02 行初字第 316 号齐某英诉青岛市市北区人民政府、青岛市人民政府房屋征收及行政复议行政判决书

二、听证程序

1. 证明标准

被告需要提供下列证据：

（1）征收项目为旧城区改建项目；

（2）征求意见材料显示过半数被征收人有异议的；

（3）听证会笔录或有关证明材料。

2. 审查要素

（1）审查是否有过半数被征收人提出了异议；

（2）审查是否有召开听证会的材料，参加听证会的人员中是否有公众代表和被征收人代表，听证会是否提前通知，通知是否送达，听证会主持人员是否符合规定，听证会是否形成了笔录，是否根据笔录记载形成了报告等；

（3）审查根据听证会报告，如果征收补偿方案确有不符合规定之处，是否进行了修改。

3. 裁判意见

裁判结论：被告召开听证会，符合《国有土地上房屋征收与补偿条例》第十一条第二款的规定，听证会程序合法。被告未召开听证会或听证程序违法的，确认听证程序不符合《国有土地上房屋征收与补偿条例》第十一条第二款的规定。

裁判理由：听证会是确保被征收人表达意见和诉求的法定途径，若听证会存在程序违法，如未通知到被征收人、参加人员构成不符合规定等，将影响到被征收人表达意见，可以认定房屋征收违反法定程序。

法条链接：《国有土地上房屋征收与补偿条例》第十一条第二款；《山东省国有土地上房屋征收与补偿条例》第十四条第二款

案例索引：1. 山东省高级人民法院（2015）鲁行终字第9号傅某芳诉临沂市兰山区人民政府房屋征收行政判决书

2. 青岛市中级人民法院（2017）鲁02行初字第316号齐某英诉青岛市市北区人民政府、青岛市人民政府房屋征收及行政复议行政判决书

3. 济宁市中级人民法院（2012）济行初字第12号孔某丰诉泗水县房屋征收决定行政判决书

三、征收补偿方案的公示

1. 证明标准

被告需要提供下列证据：

征收补偿方案公告或与征收补偿方案公告原件核对无误的复印件、照片等。

2. 审查要素

审查征收补偿方案公示期限是否少于30日。

3. 裁判意见

裁判结论：征收补偿方案公示时间不少于 30 日的，符合《国有土地上房屋征收与补偿条例》第十一条的规定。征收补偿方案公示时间不足 30 日的，不符合《国有土地上房屋征收与补偿条例》第十一条的规定，违反法定程序。

裁判理由：制定征收补偿方案是国有土地上房屋征收补偿的核心和关键环节，征求意见的时限是为了确保被征收人能够有充足时间反映方案中存在的问题，虽仅为时限性规定，但实质上影响到被征收人实体权利。因此，被告未履行上述程序属于违反法定程序的情形。

法条链接：《国有土地上房屋征收与补偿条例》第十条、第十一条，《山东省国有土地上房屋征收与补偿条例》第十四条第一款，《中华人民共和国行政诉讼法》第七十条第（三）项、第七十条第一款第（一）项

案例索引：福建省高级人民法院（2014）闽行终字第 146 号吴某娜诉厦门市思明区人民政府房屋征收行政判决书

四、征收补偿方案的内容

1. 证明标准

被告需要提供下列证据：

市、县级人民政府批准的征收补偿方案。

2. 审查要素

审查征收补偿方案是否包含以下内容：

（1）房屋征收部门、房屋征收实施单位；

（2）房屋征收范围、征收依据、征收目的、签约期限等；

（3）被征收房屋的基本情况；

（4）补偿方式、补偿标准和评估办法；

（5）用于产权调换房屋的地点、单套建筑面积、套数，产权调换房屋的价值认定；

（6）过渡方式和搬迁费、临时安置费、停产停业损失补偿费标准；

（7）补助和奖励。

3. 裁判意见

裁判结论：征收补偿方案的内容包含上述全部内容，符合《山东省国有土地上房屋征收与补偿条例》第十三条第二款的规定。征收补偿方案的内容缺少一项或多项的，违反《山东省国有土地上房屋征收与补偿条例》第十三条第二款的规定。

裁判理由：征收补偿方案应包含《山东省国有土地上房屋征收与补偿条例》第十三条第二款所规定的全部内容，如果有所缺失，将影响被征收人的实体权利。人民法院在确认征收决定违法的同时，可以责令被告采取补救措施，即对征收补偿方案中缺失的内容进行补正。

法条链接:《山东省国有土地上房屋征收与补偿条例》第十三条第二款;《中华人民共和国行政诉讼法》第七十条第（三）项、第七十条第一款第（一）项

案例索引：青岛市中级人民法院（2017）鲁02行初字第316号齐某英诉青岛市市北区人民政府、青岛市人民政府房屋征收及行政复议行政判决书

五、征收补偿方案中补偿方式、补偿标准

1. 证明标准

被告需要提供下列证据：

市、县级人民政府批准的征收补偿方案。

2. 审查要素

（1）审查征收补偿方案中被征收房屋的基本情况是否符合事实；

（2）补偿方式是否符合《国有土地上房屋征收与补偿条例》的规定；

（3）补偿标准是否符合当地相关政策；

（4）评估方法是否符合《国有土地上房屋征收评估办法》的规定；

（5）产权调换房屋的价值认定是否符合《国有土地上房屋征收评估办法》的规定；

（6）搬迁费和临时安置费的标准是否符合所在市的相关政策；

（7）停产停业损失是否符合《山东省国有土地上房屋征收停产停业损失补偿办法》的规定等。

3. 裁判意见

裁判结论：征收补偿方案确定的补偿方式、补偿标准合理的，符合《国有土地上房屋征收与补偿条例》《山东省国有土地上房屋征收与补偿条例》《国有土地上房屋征收评估办法》《山东省国有土地上房屋征收停产停业损失补偿办法》等法规的强制性规定。征收补偿方案确定的补偿方式、补偿标准不合理或不符合上述法律规定，征收补偿方案违反法律、规定的强制性规定。

裁判理由：征收补偿方案中涉及的补偿方式、补偿标准等应符合法律法规的强制性规定以及地方性政策规定，否则将直接影响被征收人的实体权利。征收补偿方案中的确定的补偿方式、补偿标准应当符合合理、合法的原则，人民法院应进行必要的实质审查。

法条链接：《山东省国有土地上房屋征收与补偿条例》第十三条第二款

案例索引：1. 江苏省高级人民法院（2015）苏行终字第00339号王某喜、王某芝诉徐州市泉山区人民政府房屋行政补偿行政判决书

2. 安徽省高级人民法院 （2016）皖行终字第378号余某亮诉池州市贵池区人民政府房屋征收行政判决书

3. 济宁市中级人民法院（2012）济行初字第12号孔某丰诉泗水县人民政府房屋征收决定行政判决书

第十六部分　社会稳定风险评估报告

1. 证明标准

被告需要提供社会稳定风险评估报告。

2. 审查要素

审查被告是否进行了社会稳定风险评估。

3. 裁判意见

裁判结论：被告进行了社会稳定风险评估，符合《国有土地上房屋征收与补偿条例》第十二条的规定；被告没有进行社会稳定风险评估，属于违反法定程序的情形。

裁判理由：社会稳定风险评估是作出征收决定的必经前置程序，未履行该程序构成《中华人民共和国行政诉讼法》第七十条第（三）项所规定的“违反法定程序”的情形。

法条链接：《国有土地上房屋征收与补偿条例》第十二条第一款、《山东省国有土地上房屋征收与补偿条例》第十五条第一款

案例索引：山东省菏泽市中级人民法院（2015）菏行终字第 87 号张某力等 42 人诉菏泽市牡丹区人民政府房屋征收行政判决书

第十七部分　政府常务会议讨论决定

1. 证明标准

被告需要提供下列证据：

（1）征收决定涉及被征收人数量较多的材料；

（2）提交经政府常务会议讨论决定的材料。

2. 审查要素

审查在涉及被征收人数量较多的情况下，房屋征收决定是否经过了政府常务会议讨论决定。

3. 裁判意见

裁判结论：被告在征收决定涉及人数较多的情形下，经过政府常务会议讨论决定，符合《国有土地上房屋征收与补偿条例》第十二条的规定；未经过政府常务会议讨论决定，属于违反法定程序的情形。

裁判理由：涉及被征收人数较多的房屋征收决定，涉及面广，问题多而复杂，需要进一步加强规范、约束，促使政府更为慎重行使行政征收权力。被告在征收决定涉及人数较多的情形下未履行该程序，构成违反法定程序。

法条链接:《国有土地上房屋征收与补偿条例》第十二条第一款,《山东省国有土地上房屋征收与补偿条例》第十五条第一款,《中华人民共和国行政诉讼法》第七十条第（三）项、第七十条第一款第（一）项

案例索引：1. 青岛市中级人民法院（2017）鲁 02 行初字第 133 号郝某工、张某艳、金某文诉青岛市市北区人民政府房屋征收决定行政判决书

第十八部分　征收补偿费用

一、征收补偿费用到位情况

1. 证明标准

被告需要提供下列证据：

相关部门（如财政部门）出具的房屋征收补偿资金已足额到位的证明或银行出具的转账凭证、资金存储证明等。

2. 审查要素

（1）审查是否有相关资金存储证明，存储证明上显示的数额是否构成足额到位；

（2）审查征收补偿费用到位时间是否是在征收决定作出之前。

3. 裁判意见

（1）征收补偿费用已经足额到位

裁判结论：被告提供的证据能够证实征收补偿费用已经足额到位，符合《国土地上房屋征收与补偿条例》第十二条第二款的规定。

裁判理由：征收补偿费用足额到位是保障房屋征收实施顺利进行的前提条件，也是确保被征收人合法权益的重要前提，直接影响被征收人合法权益，被告提供的证据能够证实征收补偿费用已经足额到位，符合《国有土地上房屋征收与补偿条例》第十二条第二款的规定。

（2）征收补偿费用未足额到位

裁判结论：被告未能提供证据证明征收补偿费用在征收决定作出前已经足额到位的，违反《国土地上房屋征收与补偿条例》第十二条第二款的规定。

裁判理由：征收补偿费用足额到位是确保被征收人合法权益的重要前提，直接影响被征收人合法权益，被告未能提供证据证明征收补偿费用在征收决定作出前已经足额到位，违反《国有土地上房屋征收与补偿条例》第十二条第二款的规定。

（3）征收补偿费用既包括实物补偿又包括货币补偿的认定

裁判结论：有证据证明大部分被征收人已经选择房屋安置等实物安置的，应在总额中扣减房屋等实物安置费用，不宜仅以资金数额认定征收补偿费用是否足额到位。

裁判理由：征收补偿费用的足额到位，是指用于征收补偿安置的房屋、资金数量应当符合补偿方案的要求，能够保证全部被征收人得到依法补偿和妥善安置。判断征收补偿费用是否足额到位，应当综合考虑房屋安置和资金补偿两种因素。

（4）征收补偿费用足额到位的时间在作出征收决定之后

裁判结论：被告提供的证据显示征收补偿费用在征收决定作出后才到

位的，不符合《国有土地上房屋征收与补偿条例》第十二条第二款之规定。

裁判理由：征收补偿费用在征收决定作出前足额到位是确保被征收人合法权益的重要前提，是作出征收决定的前提，征收补偿费用在征收决定作出后才到位的，不符合《国有土地上房屋征收与补偿条例》第十二条第二款之规定。

法条链接:《国有土地上房屋征收与补偿条例》第十二条第二款，《中华人民共和国行政诉讼法》第七十条第（三）项、第七十条第一款第（一）项

案例索引：山东省高级人民法院（2014）鲁行终字第66号刘某善诉滕州市人民政府房屋行政征收行政判决书

二、征收补偿费用专户存储情况

1. 证明标准

被告需要提供下列证据：相关部门（如财政部门）出具的房屋征收补偿资金已足额到位的证明或银行出具的转账凭证或资金存储证明等。

2. 审查要素

审查是否是专户存储，补偿费用是否存储于政府或相应职能部门名下。

3. 裁判意见

裁判结论：被告提供的证据证实征收补偿费用已存入专门用于征收补偿费用的存储账户，符合《国有土地上房屋征收与补偿条例》第十二条第二款的规定。被告提供的证据显示资金并非存储于被告或相应职能部门名下，而是存储于其他单位名下且无证据佐证资金用途的，不符合《国有土地上房屋征收与补偿条例》第十二条第二款的规定。

裁判理由：被告或相应职能部门账户下的资金存储证明能够证实被告已准备好足额资金用于征收补偿，这是征收补偿工作能够顺利开展的资金保障。如果被告提供的资金存储证明显示款项存储于其他单位名下，且没有旁证能够证实存储于其他单位名下的该笔资金就是专项用于征收

补偿的，则无法确认该资金存储证明与征收补偿之间的关联性，即被告提交的证据不足以证明用于征收补偿的资金专户存储、足额到位。

法条链接:《国有土地上房屋征收与补偿条例》第十二条第二款、第七十条第一款第（一）项。

案例索引：江苏省高级人民法院（2014）苏行终字第00137号南京威达天宇医疗器械有限公司诉南京市建邺区人民政府房屋行政征收行政判决书

第十九部分　作出房屋征收决定及公告

1. 证明标准

被告需要提供下列证据：

（1）房屋征收决定；

（2）房屋征收决定公告；

（3）房屋征收决定公告在征收范围内张贴或采用其他方式公布的相关材料。

2. 审查要素

（1）审查房屋征收决定公告是否实际张贴或是否采用其他方式公布；

（2）审查房屋征收决定公告是否载明了征收决定的内容及征收补偿方案；

（3）是否载明了行政复议、行政诉讼等权利救济途径等事项。

3. 裁判意见

（1）被告是否发布了房屋征收决定公告。

裁判结论：被告提供的证据证实已经公告了房屋征收决定，符合《国有土地上房屋征收与补偿条例》第十三条的规定；被告提供的证据不能证明发布过公告的，违反了《国有土地上房屋征收与补偿条例》第十三条的规定。

裁判理由：征收公告是告知被征收人决定进行房屋征收的重要载体，被告未发布房屋征收决定构成程序违法。

（2）房屋征收决定公告是否附有征收补偿方案

裁判结论：被告提供的房屋征收决定公告中附有征收补偿方案，符合《国有土地上房屋征收与补偿条例》第十三条的规定；被告提供的房屋征收决定公告中未附有征收补偿方案，不符合《国有土地上房屋征收与补偿条例》第十三条的规定。

裁判理由：征收补偿方案是国有土地上房屋征收补偿的核心和关键，公告未附有征收补偿方案违反了《国有土地上房屋征收补偿条例》第十三条的强制性规定。

（3）是否在房屋征收决定公告中载明了权利救济途径

裁判结论：被告在公告中载明了权利救济途径，符合《国有土地上房屋征收补偿条例》第十三条的规定。被告在公告中未载明权利救济途径，违反了《国有土地上房屋征收补偿条例》第十三条的规定。

裁判理由：房屋征收决定公告中应当告知被征收人可以依法行使行政复议、行政诉讼的权利，并一并告知申请行政复议的期限或者提起行政诉讼的期限。

法条链接:《国有土地上房屋征收与补偿条例》第十三条第一款，《山东省国有土地上房屋征收与补偿条例》第十六条第一款、第二款，《中华人民共和国行政诉讼法》第七十条第（三）项、第七十条第一款第（一）项

案例索引：青岛市中级人民法院（2017）鲁02行初字第133号郝某工、张某艳、金某文诉青岛市市北区人民政府房屋征收决定行政判决书

图书在版编目（CIP）数据

类案证明标准研究／山东省高级人民法院研究室编．—北京：中国法制出版社，2020.10

ISBN 978－7－5216－0549－5

Ⅰ．①类…　Ⅱ．①山…　Ⅲ．①法院－审理－案例－中国　Ⅳ．①D926.2

中国版本图书馆 CIP 数据核字（2019）第 203403 号

责任编辑：韩璐玮（hanluwei666@163.com）　　封面设计：杨泽江

类案证明标准研究

LEI'AN ZHENGMING BIAOZHUN YANJIU

编者/山东省高级人民法院研究室

经销/新华书店

印刷/三河市国英印务有限公司

开本/710 毫米×980 毫米　16 开　　印张/28　字数/435 千

版次/2020 年 10 月第 1 版　　2020 年 10 月第 1 次印刷

中国法制出版社出版

书号 ISBN 978－7－5216－0549－5　　定价：109.00 元

北京西单横二条 2 号

邮政编码 100031　　传真：010－66031119

网址：http：//www.zgfzs.com　　**编辑部电话：010－66070084**

市场营销部电话：010－66033393　　**邮购部电话：010－66033288**

（如有印装质量问题，请与本社印务部联系调换。电话：010－66032926）